# Interviews

# 磯崎新 Interviews
## インタヴューズ

磯崎 新
日埜直彦

ISOZAKI Arata & HINO Naohiko

LIXIL出版

# 目次

# はじめに

日埜直彦

本書は二〇〇三年七月以来、ほぼ一〇年を掛けて断続的に行なわれてきた磯崎新へのインタヴューをまとめたものである。

これらのインタビューは、テーマが磯崎新本人であり、またそのキャリアの最初期から現在に至るまでをクロノロジカルに聞き取ったという意味で、いわゆるオーラルヒストリーに近い。通常のインタビューとは異なり、細かい質問をあらかじめ用意してそれぞれ尋ね聞くというよりは、こういうことについて聞いてみたいというおおざっぱな私の投げかけを受けて、驚くべき記憶力でよどみなく語られることばにひとしきり耳を傾けるといった体でインタビューは行なわれた。磯崎の膨大な著作、発表された作品記事などを読み漁りながら、時期ごとにとりわけ掘り下げてみたいトピックを発見しつつこの一連のインタビューは進められた。そのため関係するテーマの繋がりが聞き取りのなかから見えてくることもあり、結果として多少の内容の重複も発生した。最低限の整理は行なったが文脈を崩す無理な編集は避けて大半についてはそのまま残している。Iにはおおむね一九七〇年までをテーマとするもの、IIには一九七〇年から一九九五年までをテーマとするもの、IIIには一九九五年以降をテーマとするものをそれぞれまとめ、全体として時代を追うことができるようにしている。

インタビューも中盤にさしかかった頃から、おそらく今後こうしたインタビューはもう行なわれないだろうというある種の責任を感じるようになった。建築家が書き連ねてきた膨大な言葉のなかから聞き取りを通じてある種の一貫性がしだいに明確に見えてくるなかで、なにを枝葉と見てなにを幹と見るかははっきりしてきたが、枝葉といえども本来聞き取るべきだったトピックは数多い。そうしたトピックの偏りについてはインタビュアーに全面的な責任がある。またとりわけ初期のインタビューにはインタビュアーの視野の狭さが掘り下げの浅さに結果した面は否めない。インタビュアーの狭量さに寛容に応えてくれた磯崎新に感謝しつつ、読者の寛恕を願いたい。

一連の聞き取りを行ないながらインタビュアーが心象として得た磯崎新の全体像については論考としてまとめた。だがおそらくこのインタビューからは多様な読み取りが可能であるに違いない。広範な視野と戦略的な思考をもって戦後の日本建築を牽引してきた建築家が、その極端な多面性故にひとつの人物像を結びがたいとしたら、このインタビューがその輪郭を描く補助線となれば幸いである。

# I

# 1 岸田日出刀・前川國男・丹下健三

## 日本における建築のモダニズム受容をめぐって

### 1 一九二〇年代の建築状況

**日埜直彦**――今回は磯崎さんの建築家としてのキャリアの最初期についてうかがいたいと思っています。すでに『建物が残った』で当時のことについて多少書かれていますが、それを読んでいてもなかなか見えてこないのが岸田日出刀★一の特異な存在です。彼は戦中戦後の近代建築をリードし、その後の展開に大きな影響を与えたわけですが、磯崎さんが建築を考え始めた頃の情景として、まずは彼の周辺の状況についてお話いただけませんでしょうか。

**磯崎新**――岸田さんについては、おおやけにはまだ話していません。僕より少し歳上の宮内嘉久さん★二の世代は、第二次世界大戦中に大学に入って戦後に卒業しています。丹下健三さんの少し下の世代は戦後左傾化して、みんな左翼になっていきました。戦後の建築運動ではNAU（新日本建築家集団）★三があって、建築運動を組織的にやるべきであると主張します。この運動は戦前のアヴァンギャルドの運動の型を受け継いでいます。、政治と芸術の両方を変革する、それを建築の領域の中で組み立てるというのがNAUの主張と考えられます。戦前地下に潜った日本共産党がひきおこした川崎第百銀行大森支店襲撃事件（一九三二）――銀行をピストルをもって襲撃して、党の活動資金を奪った――という事件がありました。この首謀者は建築家でした。つまり、かなり左傾化した建築家もいたということです。戦争中は左翼の建築家は前川國男★四事務所のスタッフとして、上海や満州に行って仕事をしていた。戦後の建築運動の始まりは彼らが中心になった。そのようなかで、戦争前からのマルキストである高山英華さん★五や西山夘三さん★六たちがアカデミズムのなかから浮かんでくる。このあたりの研究をしたのが宮内嘉久さんや宮内康さん★七、それに布野修司さん★八かな。そのあたりの仕事を読めば構図がわかるでしょう。宮内嘉久さんは、アカデミズムはすべて反動であるという視点を貫いている。アカデミズムを打倒することが唯一、建築家の前衛としてやるべきことで、大学にいる連中は叩き潰さないといけない。そしてそのアカデミズムの悪の根源が岸田日出刀さんだという位置づけだったと思われます。

僕は、岸田日出刀さんは戦争中の日本に建築のモダニズムを最初に持ち込んだ人だと思います。もちろんそれ以前に堀口捨己★九さんたちの分離派運動がありますが、それはモダニズムを建築家が海外情報として学んだということで、岸田さんのようにモダニズムを当時の日本の国内情況のなかで戦略として組み立てるということはなく、モダニズムを学んだ建築家でも石本喜久治さんや久米権九郎さんのように商業建築家になって、モダニズムを流行のスタイルと受け取ったと思えます。

話は飛びますが、内田祥三さん★一〇が若くして関東大震災直後の東京大学の建築学科の元締めをやっていたことがあります。ある日突然、東大の建築学科から長老が全部いなくなった。教授や助教授の平均年齢が三〇歳を割ったという時代です。その理由は例えば歴史家で非常に期待されていた長谷川輝雄さんが突然亡くなったりして、人材不足だなんて言われたみたいですね。だから大学を出た人がすぐに助教授になるというかたちで講座のスタッフになりました。そういうなかで岸田さんはデザイン(当時はこんな用語もなかった)を担当していて、彼の仕事は東大の安田講堂でした。当時岸田さんは一番下っ端だったので図面を引いたと思うのですが、安田講堂は内田祥三さんの名前で発表されています。しかし実際にはほかの内田祥三作品と比べると安田講堂だけ少し違うスタイルで、表現主義が入ったりして、プレファンクショナリズムでしょう。岸田さんはこのとき二〇代で、その後すぐにドイツに留学する。

## 2 岸田が持ち帰った二つのもの

**磯崎** 留学から帰ったときに岸田さんはいろいろ資料を持って帰ってきましたが、そのなかで僕は二つのものに注目しています。ひとつはライカを持ち帰ったことです。それまでは箱形のカメラで、銀板のガラスを使っていた。戦後、僕が東大の建築学科に入った頃には、まだ超大型のカメラなんかが残っていました。いまでは博物館ものだけど、どうなったのかな。彼は一九二九(昭和四)年に『過去の構成』を出版します。これは、岸田さんが建築のディテールをライカで撮った建築写真集です。それまでは建物を遠くから撮った写真しかなかったけれども、岸田さんは瓦や欄干の細かなディテールまでを撮った。このようにして切り取られた日本の古建築を「過去の構成」★一一と呼んでいます。ここで初めて構成という視点が出てきたことに注意して下さい。過去の日本の伝統的なもの、それまで様式や形式で見ていたものを、カメラのフレームで切り取った。その切り取り方がモダニズムを介しての解釈を生みました。日本の伝統建築をモダニズムの目から捉えたほとんど最初の仕事だったと思います。堀口捨己さんがその後書かれた日本建築の見方や、あるいは彼のデザインも視点を共有しているけれども、岸田さんの『過去の構成』は純粋に古い建築だけを扱った。これは非常に重要なことです。同時に、この日本の古建築の取り出し方が、丹下さんをはじめとする、五〇年代の日本の建築デザイン論の始まりだったと思います。

もうひとつはちょうどその頃に出版されたル・コルビュジエの本を持ち帰ったことです。そして『今日の装飾芸術』を前川さんに渡して、卒論の参考にさせたようです。この本の最後にル・コルビュジエは若い頃の建築への思いを日記のように書いています。前川さんはこれに感動し、卒論でそれを訳して、卒業日の翌日にシベリア鉄道に乗ってパリへと旅立ったという話になっています。ル・コルビュジエの事務所に行ったのですね。

ここで重要なのは、当時の日本ではヨーロッパのモダニズムの正統はル・コルビュジエだと考えていて、ミースではなかったことです。ル・コルビュジエよりもミースだと言ったのがフィリップ・ジョンソン★一二ですね。アメリカによるミースと日本によるル・コルビュジエという違いがその後のモダニズム受容に大きい違いを生みます。ヨーロッパの近代建築、そのモダニズムを受容することは、その当時アメリカも日本も同じ状態だったのですが、それぞれ選択的に受容しているわけです。そしてル・コルビュジエを前川さんに選択させたのが岸田さんでした。

岸田さん自身は、ヨーロッパでウィーンの初期モダニズムを調べ、帰国してオットー・ワグナー論★一三を書きました。岸田さんは自分の好み、そして自分が作るものは、ル・コルビュジエ以前のプレモダニズムだと自覚していたのでしょう。それから後は若い人がやらなくてはいけないと考え、若い人を育てたり、プロデュースする。そこで前川さんが登場してくるわけです。しかし前川さんの帝室博物館のコンペ案のほとんどはル・コルビュジエの丸写しだったりして、岸田さんは前川さんを全面的には評価していなかったのではないかと思えるふしが多々あります。

## 3 岸田と丹下のコンビ

**磯崎** その後、丹下健三さんは大学を卒業して前川事務所に行きます。前川事務所で丹下さんは木造の《岸記念体育館》(一九四一)★一四と二階建ての住宅を担当します。この住宅はやや民家風ですが、プロポーションが群を抜いていた印象です。僕はこの《岸記念体育館》によって、日本的なものが近代建築の中に初めてものとして誕生したと考えています。《岸記念体育館》は東京オリンピックの少し後までお茶の水にありました。戦後の前川さんの木造建築の原型のような建物です。建物の外側に少し離して丸柱を立てて、柱が表から見えるようなデザインです。岸田さんは《岸記念体育館》のファサードをかなり評価していました。岸田さんが戦後に出した近代建築の啓蒙書の表紙にも《岸記念体育館》が使われました。

岸田さんが日本建築で評価したのは、例えばタウトが評価した桂離宮は当然としても、京都御所や伊勢神宮です。このセレクションに関して堀口捨己さんたちと違っていたのでしょうが、戦略としてこの三つを近代デザインのモデルに使えばいけると理解したのは丹下さんでした。当時丹下さんはコンペを三つやっています。最初の「大東亜建設記念営造計画」★一五は伊勢神宮モデル、その次の「在盤谷日本文化会館計画」★一六は京都御所モデル、そして《広島ピースセンター》★一七は桂離宮モデルです。この三つのコンペは全部岸田さんが審査員になっていましたから、そのモデルを取り出して狙い撃ちをやったんですね。丹下さんが連続当選しているのはこの作戦の成果です。丹下さんの前に岸田さんがいた。ここに注目しておくべきでしょうね。当時、デザインがうまい村野藤吾★一八さんや吉田五十八★一九さんや堀口捨己さんなどたくさんいたけれど、この二人のコンビが新しい問題を取り出すきっかけを作ったのだと思います。

岸田さんは前川さんを評価していました。だから《岸記念体育館》は岸田さんに来た仕事だったけれど、それを前川事務所にやってもらい、実際の担当は丹下さんでした。小さいものだったけれど、この仕事の組み立てに、その後の流れの始まりが見えている。岸田さんは実務的建築家として前川國男を、デザイナーとしてコンセプトを展開する建築家を丹下健三にと、こんな評価をしたのではないですか。これは例の三つのコンペの始まる前のことだったわけです。戦後になって市庁舎の中にパブリックのロビーとコートヤードを日本で最初に持ち込んだ市役所である、ガラス張りの清水市庁舎も岸田さんの仕事です。さらには倉吉市庁舎、これは岸田さんが生まれた倉吉市から依頼がきて、それを丹下さんにやらせている。だから丹下研究室は岸田研究室の設計を担当していたとさえ言えますね。これは藤森照信★二〇さんが『丹下健三』（新建築社、二〇〇二）のなかに書いていたことですけれども、「在盤谷日本文化会館計画」のコンペの後、一等案の丹下さんが前川さんの二等案の平面図をもとにして、新たに案を描き直していたという話です。丹下さんの一等のプランはあまりにもフォーマルで、当選狙いのスタイルだった。岸田さんは丹下さんの案をあまり認めておらず、二等案の前川さんのプランのほうがよいと思っていた。そこで丹下さんに、前川さんの二等案のプランに描き直せと言ったらしい。これに前川さんはショックを受ける。これらのプランはもちろん全部がつぶれたからなんとも言えないけれども、岸田日出刀という人のポジションがわかるじゃないですか。

## 4 岸田日出刀の挫折

**磯崎**　一九四〇年に東京でオリンピックをやることが決ま

り、岸田日出刀さんは施設計画委員長を引き受けます。このオリンピックも結局戦争でつぶれました。岸田さんは予備調査でベルリンに行き、一九三六年のオリンピック施設など、シュペーア★二をはじめとする新興ナチスの作品を見て帰ります。そして岸田さんは『ナチス独逸の建築』(一九四三)という本を出版します。ここでシュペーアなどをかなり批判しています。戦時下においてナチスの建築へのはっきりした批判は珍しかったのでしょうね。一説によると岸田さんはこれを出版したために総攻撃を受けて、以後日本の国家的建築デザインへの発言がやりにくくなり、ほとんど口封じをされたと言う人もいます。

だからこんな気分もよくわかるのですが、岸田日出刀さんは世間に背を向けて趣味の世界へ入っていく。堀口捨己さんは茶の世界にいったわけでしょう。岸田さんについての一番有名な話は、佐渡の相川音頭に凝って料亭通いを始めたことです。あげくに建築学会に相川音頭の同好会を作ったりした。それで建築学会の宴会の最後の締めは相川音頭ということになっていた(笑)。宴会の末席にいた前川さんと丹下さんが歌えと言われたが、二人とも歌えなくて、岸田さんの前に平伏して「ここで破門をお願い申し上げます」と言ったという話がある(笑)。建築学会大会の最終日に壇上に五〇人くらいが整列し、中央に岸田さんがいて、皆で相川音頭を唄っている写真があります(笑)。

岸田さんはあの時代にまともにナチス批判をやった結果攻撃を受け、アイロニカルな生き方をとり始めたわけでしょう。相川音頭とゴルフと芸者で憂さ晴らししている。僕もこの年齢になると、この気分がよくわかる気がしますが、なにしろ僕が東大で建築学科に行った頃は、岸田さんは昼はゴルフしかやらなくて、夜は酒を飲んで相川音頭、建築とは無関係だと言われていました。宮内嘉久さんは、反動教授の親玉だと決めつけたりしているでしょ。当時は左翼的言動をとらないかぎり人ではないという時代ですから。おそらく岸田さんには心理的な挫折があったと思うんです。丹下さんの世代はそのことをよくわかっていた。僕は「東京計画一九六〇」の手伝いをやったり、ネオ・ダダ★三のつきあいをやったりして、過労でぶっ倒れたことがあります。そのときも岸田さんは親切に僕に相川音頭とゴルフをやって気分転換しろと言われたのですが、どうしても無理で両方とも断ったんです(笑)。戦争が終わってから、岸田さんは建築家として真っ当に建築の議論に入ることを避けていたという印象はあります。エッセイはいろいろ書いていましたが、建築の大きな議論は丹下さんにまかせ、前川さんには実際の建物を作らせるという関係でした。あとは趣味でやっていく。建築家としては安田講堂の陰の担当者で、あとはゆうゆうと好きなことをやった。だけど日本が近代建築を受容し、定着させ、独自の展開をしていくプロデューサーだったと言えるのではないですか。

**日埜**――岸田さんは学内で権力的な抑えがきいたのですか、

それとも考えていたことの水準が要するに頭抜けていたのでしょうか?

**磯崎**―権力をどのように持っていたかわかりません。僕は東大の新制の二回生ですが、最初の講義は、岸田さんが「新制というのはアメリカが日本に押し付けた制度で、こんな制度で教育できるとは思っていない」と言って始まる(笑)。だから反動教授として批判されるのは当たり前だった。岸田さんのところに卒論を怖くて持っていく人がいなかったのですが、戦前は立原道造★三が岸田さんに論文を出していました。五〇年代後半、僕が「八田利也」というペンネームで書き始めたあたりは岸田さんが退官になる頃で、岸田さんのお供で飲みに連れていってもらったりしたので、僕はなんとなくつきあいやすくなっていたのです。

私個人と岸田日出刀先生(ここでは先生と呼んでおきます)との付き合いのなかで、大分市の上田保という市長が出てきます。その経緯を説明しておくと、その頃大分市では野猿の被害が起きていたのですが、餌付けに成功し、市長はそれを観光資源にしました。その敷地はお寺で、入場料をめぐって寺側と市側がもめたんです。お寺は本堂が戦争中に焼けてなくなって、入場料で本堂を再建する案を作っていた。市長は対抗案を作らなければいけないと、東大の建築の大学院に行っていた僕が呼び出されました。上田市長の段取りで、岸田日出刀先生を監修にして、僕が図面と模型を作りました。そうこうするうちに市と寺の和解が成立し、プロジェクトは消滅した(笑)。

## 5 木造とコンクリートの統合

**日埜**―《香川県庁舎》(一九五八)に代表されるようなRCフレームの扱い方の原型を《岸記念体育館》に見ることができるわけですが、それがスタイルとして完成されていく過程では、近代建築のコンクリートと日本的なるものを調和させることが課題であったわけですね。

**磯崎**―日本が近代建築を受容するとき、RC構造は文句なしに最初に学ぶ必要がありました。とりわけ一九二三年の関東大震災の復興にはこの技術こそが都市を作ると考えられました。だからRC造を汎用化するためにフレームつまりラーメン構造がいち早く導入され、基準になっていました。耐火性能が都市防災上欠かせなかった。それにどんなデザインを与えるのか。フォーム・ギヴァーという用語があるでしょう。これが建築の巨匠の代名詞とされてもいる理由は、RC造のような新しい技法に独自のかたちを与えること、つまりデザインの基本的性格を見出すことだったと言えます。言い換えると、RC造の特性を生かしたデザインをいかに作るか、これがひとつのプロブレマティック(問題構制)をかたち作ったのです。つまりフレーム構造とその比例の系とを考えることが最重要課題になっていたわけです。

日埜　《代々木体育館》(一九六四)のようなかたちが出てくるまでは、丹下さんのRCというのは基本的にそのようにして成り立っていたように見えます。しかし磯崎さんの《大分県医師会館》は、チューブの下に据えられた部分にやや類似した組み立てが見えるにせよ、全体としてはそのようなスタイルを拒否したところで考えられている。そこに岸田日出刀以降のフレームおよびプロポーションに対する磯崎さんの独特のポジションが見えるような気もするのですが。

磯崎　学生の頃、建築の設計課題が出たとき、いろいろと世界情勢を見ていて一番面白いと思ったのはオスカー・ニーマイヤーでした。大学では誰も評価してくれないことはわかっていました。アクロバットなんかやるものじゃないと誰もが言っていましたからね。その頃丹下研究室でコンクリート・フレームでデザインを始めたという情報が流れて来ました。最初に丹下さんの研究室でやったのは津田塾大学の図書館だったと思います。これの設計は僕が入る前で、《広島ピースセンター》の本館の設計が進行中の頃です。そのときに僕が理解したのは、木造的なものとコンクリート造的なものの統合です。その頃コンクリート構造では壁に柱がついたラーメン構造が基本でしたから、これはもうないということだけはわかっていました。そうは言っても、先例がないと見通しもきかない。そのうち丹下さんのところでフレームだけを取り出したデザインを始めた。桂離宮をめぐる議論はすでに建築界にありました。それを現代的に解釈して、実際のデザインにつなぐなんて誰も考えていなかった。近代建築だって、新しい様式の一種で流行のデザインがバウハウスやル・コルビュジエだと見られていたのです。丹下さんのユニークさは、無謀にも木造のプロポーションをコンクリートでやれるのかということを実践したことです。日本でなぜコンクリート構造の計算方式が輸入されたときに、柱梁に還元して計算をする方式が採用されたのか。フレーム構造は元来鉄骨構造のシステムです。これを疑うこともなく誰もが使い始めたとしても、柱がどんどん太くなる、壁があると少し細くなるけれど、透明感がなくなる、いろいろ矛盾があったんです。地震力に対してフレーム構造では上方と横方向の両方からの入力を単純に計算すればいい。そこでユニークなひとつの発想が生まれます。垂直加重と横力とのバランスの上で成り立つのだから、壁と柱を分解して、横力と垂直加重に対応させることにする、耐震壁という発想が生まれたのもこの頃です。僕が丹下研に入った頃です。それをもっと押しつめてコア・システムの議論が生まれた。もうひとつはピロティです。これはル・コルビュジエから学んだものです。ピロティが都市のスケールに対応する必要がある。これを明確に意識したのが丹下さんだったと思います。通常の階高より高くする。

ルネサンス以降、どちらかというと一六世紀になって、ラファエルからパッラーディオにかけて、都市的な建築の型が徐々に開発されていきます。地上階――ピアノノビーレ――アティクという三段重ねの論法です。一階分くらい高くなっていて、間に中二階が入る。都市に対してメザニンをそういう扱いにしていることは、日本では歴史的にありません。丹下さんは都市的スケールと人間的スケールの使い分けと言っています。伝統的にヨーロッパの町にある建築のスケール感を引っ張り込もうとしたのです。丹下さんはそれまで外国に行っていないにもかかわらず、勘で理解していました。僕はまったく忘れていたんだけれど、一九五六年に、丹下研の議論を僕がまとめた原稿が東大新聞（六月四日号）に載りました。当時東大新聞部の編集部にいて、現在森ビルの社長の森稔氏が、僕の原稿が見つかったと送ってくれました。やっとあの頃の議論を思い出しましたが、建築家がそんな観念的で政治的なアプローチをするなんて、邪道だなんて思われていた頃ですよ。

## 6 丹下健三のプロポーション

**磯崎**――ヨーロッパでの建築論の基本はギリシア以来、プロポーションですね。ヴィトルヴィウスのシュンメトリアとかモデュロスなんか。もう戦前から翻訳はあったから、これは常識になっていました。ただし、東大では岸田さんが教える枠なので、あんまり突っ込んで学んだ記憶はありません。それに対して、日本の棟梁たちが手がかりにした木割は知られてはいても現代につながるものとは考えられていなかった。石造と木造の伝統として眼前におかれたとしても、近代の構法とどのように関わるかといった視点は生まれていなかった。桂離宮や数寄屋の評価が近代建築家によって取り上げられたこと、それを単なる構成を超えて、現実に使う手法の系にまで導こうとした、こんな姿勢が当時の丹下研の存在をユニークにしたのではないかと思います。

もちろんル・コルビュジエの「モデュロール」なんかが現われた。プロポーションの系を黄金比に収斂するヒボナッチ級数とつなぐという芸当には感服します。その影響は絶対的でもありました。ル・コルビュジエがモデュロールならこちらは木割だということで、《香川県庁舎》の頃、丹下研ではいろいろなプロポーションの図面を描きましたね。どれだけ微妙に変えるかということでした。丹下さんが、ル・コルビュジエのモデュロールに近いヴァージョンを作ったりしました。巨匠と思われていたル・コルビュジエの方法から方向性を学びながら、日本的なものに読み替える。これは僕がうんと後に和様化などと言い始める遠い契機でもあります。丹下研が五〇年代にやっていただけでなく、日本の歴史を通じて同じ意図が働いていたに違いないと思ったのです。これは様式や形式ではありません。むしろ技法（RC造と木造）と重力（地震も含む）との間に生み出される空間の内部にひそむ比例体系についてです。

## 7 丹下健三から抜け出す試み

**磯崎**　僕は自立するならば、丹下さんのところで作り上げたコア・システムとプロポーションの系などを受け継ぐと同時に超えたい、と思っていました。その最初の目標のひとつはプロポーションの系でした。黄金比＝モデュロールが思考の枠を決めてしまう。「木割」についても同様です。その成立をくずせばよい。比例のない空間、比例の成立しない場を作ればよいと考えました。《旧大分県立図書館》（一九六六）★二四では断面をすべて正方形にし、《中山邸》（一九六四）★二五では立方体だけしか使いませんでした。立方体は三辺ともプロポーションが一緒だから、プロポーションの系がないわけです。形式のレベルでは構成要素をいったんバラバラにしていますが、細部は必ずしも応力の流れにしたがっていない。かなり奇妙に見えたと思えます。当然ながら評判は悪い。

あげくに、立方体をそのままにしたのが《群馬県立近代美術館》（一九七四）★二六です。この一〇年間でなんとか丹下さんから抜け出す方法を探し続けていったということでしょうか。それは同時に近代建築を和様化させていった手法の系からも自由になりたいということでした。《群馬県立近代美術館》の設計を始めるときに、それまで気になっていたいくつかの近代建築をヨーロッパに改めて見に行きました。アスプルンドの《森の葬祭場》、テラーニの《カサ・デル・ファッショ》を見ているうちにわかってきたことは、アスプルンドのプロポーションのとり方は、丹下さんが木割から微妙なプロポーションの形態を作り出したメッソドと同じで、クラシックを作り替えたということです。それに対してテラーニはずいぶん荒っぽい。意図的だったのか無意識だったのか、あるいは忙しくて考える暇もなかったのかもしれないけれど、縦横同じ立方体を使っていた。ともかくここまで徹底しないといけないと思いました。あの建物は、前から見ると機能主義の構成のようになっているけれど、中に入ると立方体のフレームで空間が組み立てられているのがよくわかる。スケールを拡張して《群馬県立近代美術館》を立方体フレームだけにしました。考えてみれば《群馬県立近代美術館》を作ったことによって、その後の僕の型ができたと言えます。《旧大分県立図書館》は、僕が近代建築として学んできたことを自分なりに処理して総まとめにしたディプロマのようですが、僕にとってはこれはスタートだった。岸田さんの設定した日本的なフレームと、丹下さんがさらにそれをプロポーションまで考えて西洋的な要素を入れて統合したことに対して、いかにそこから抜け出ることができたか。《大分県医師会館》（一九六〇）★二七は大きな門構えで、その間に小さいスケールを差し込もうとしました。これは無意識にやったんですが、カンピドリオの丘の両側にあるミケランジェロの建物は、いわゆるパラディアンの開口部のスタイルをすでに先取りしています。パッラーディオはフレームの中にもう一本添え柱を入れましたが、ミケランジェロの場合はジャイアント・オーダーと普通のオーダーの組み合わせにした。最初に見たときは組み立て方に気がつかなくて、その後ジャイアント・オーダーだとわかった。《大分県医師会館》をジャイアント・オーダーだと言っていたけれども、僕はまだヨーロッパに行ったことがなく、こんな歴史用語はどこかで聞きかじっていたかもしれません。丹下さんはメゾニンを介してヨーロッパで生まれたオーダーの変化を引っ張り込んでいます。僕にとっては歴史のしがらみからどうやって抜けるかということが問題だったのです。設計のときにいかに深く考えていても描き出さねばしょうがない。直感でやる。めくら滅法にやって、できた後にやっとわかってくる。宮内嘉久さんや神代雄一郎さん★二八の世代は、僕の建築を全然評価してくれない。基本的にわかってくれていないと思っています。彼らは、丹下さんのプロポーションについては理解する。評価するかしないか、それぞれの人の考えがあるでしょうが、どんな建物かという理解はされている。僕がやりたかったのはそれを抜けることです。その抜けたところから《大分県医師会館》などが出てきたのですが、抜けた痕跡は評価されていない。

## 8 プロポーションの解除

**磯崎**——プロポーションをはずしてしまうと純粋幾何学になってしまう。建築は幾何学を変形しながら微妙なプロ

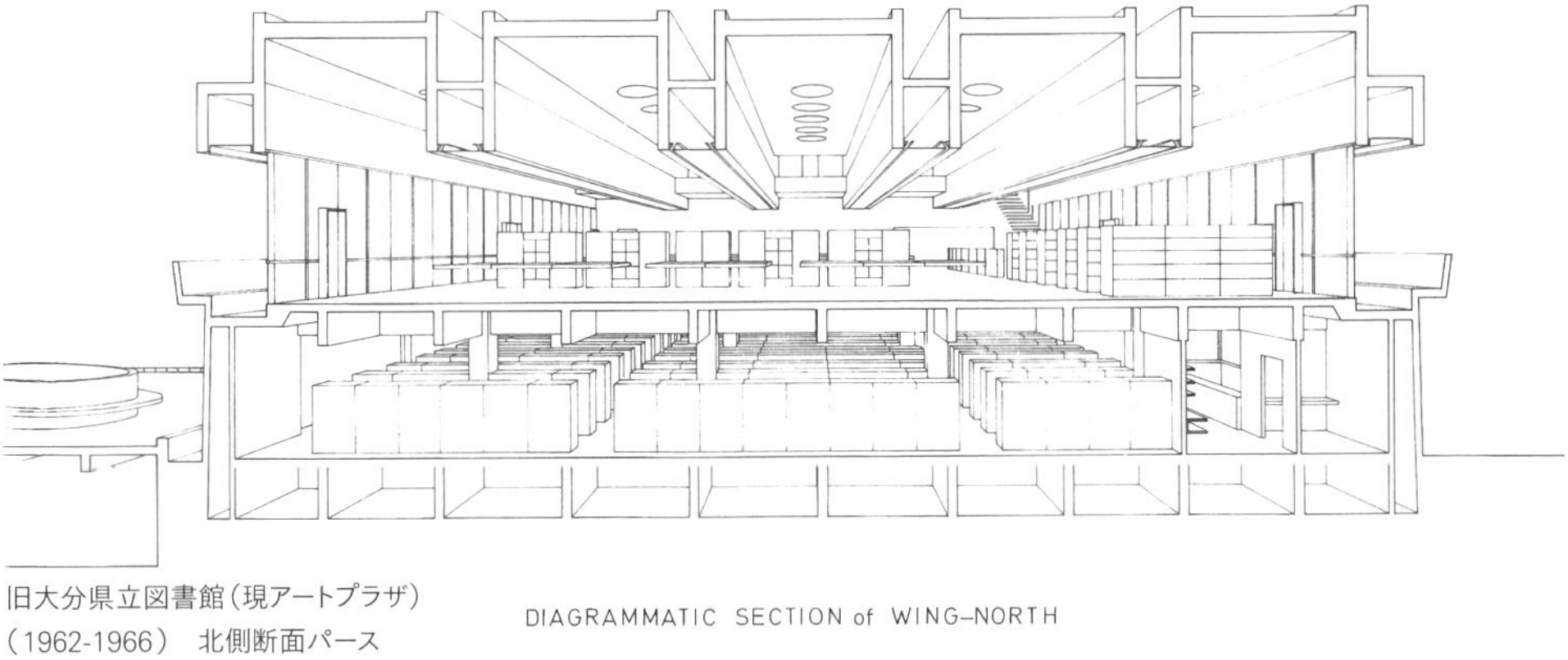

旧大分県立図書館（現アートプラザ）
（1962-1966） 北側断面パース

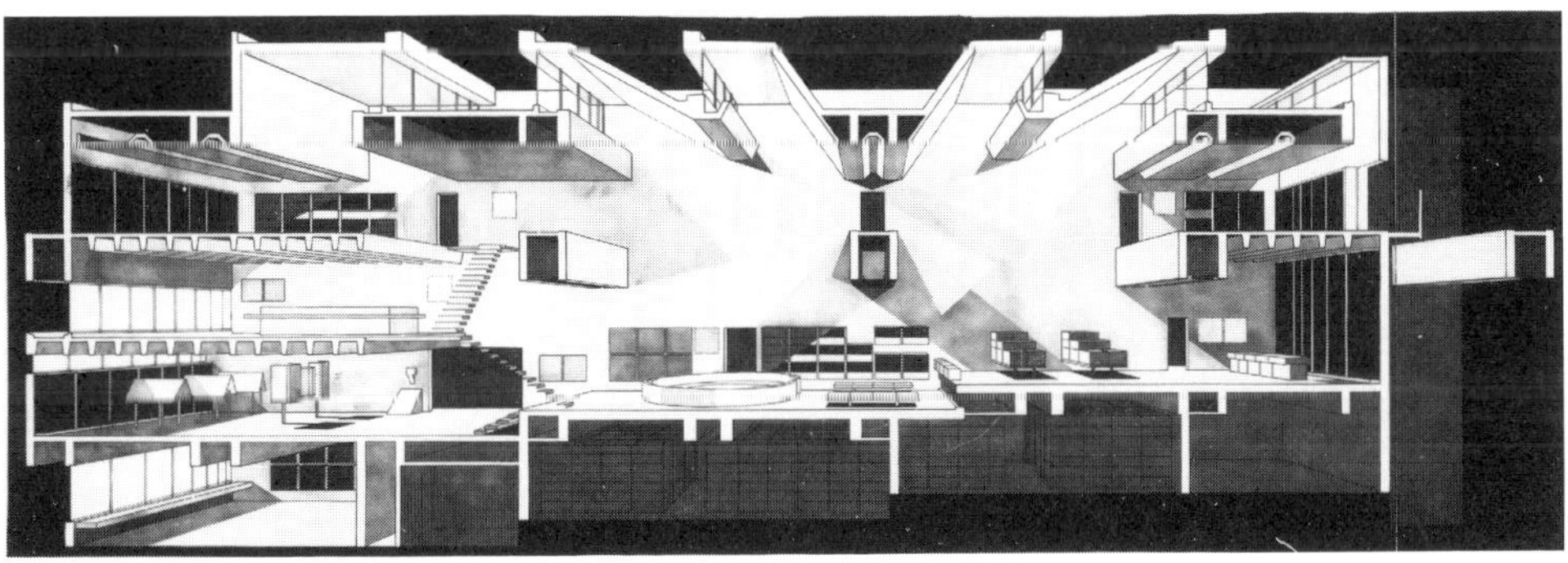
旧大分県立図書館（現アートプラザ）（1962-1966） 断面パース

ポーションを作り上げてきたにもかかわらず、その過程を逆流して、元に戻っているだけではないか、ととられてもいたしかたありませんね。元に戻してしまったフレームは、ただの幾何学なのか、建築と呼べるものなのかどうか。おそらく僕の行き当たった最大の問題構制がこれです。自分は建築だと思って作ったけれど、できたものは建築ではなかった。こんな矛盾が起こってしまう。ここに〈建築〉をどのように定義してきたかという長い建築的言説の歴史があります。八〇年代のポストモダンの時代になって、「大きな物語」の消滅というかけ声につられて、言説のすべてが〈建築〉を成立させていた場からの逃走を開始しました。逃走の一端に僕もいたのですが、〈建築〉だけには固執したのは、それが成立した根源にまで遡行して、徹底して問題の所在を突き止めないかぎり、逃走しても未解決の部分を引きずっていると、改めてからめとられてしまう。それくらい手ごわいものだ。分裂と見られても、反時代的と見られても、流行遅れと見られても、まあこれだけは処理しなければ先には進めまい、こんな単純な思いこみでした。それを裸にして、還元したあげくに残っているに違いない何ものかに接近することでした。なぜそれが建築と呼べるのかということは建築論の問題です。具体的な手法論の問題でもあります。僕はそういうプロセスでプロポーションを解除するところにきたわけです。このプロポーションの解除というのは日本の建築的言説の文脈に基づいてみると、岸田さんがモダニズムを戦略的に考えて以来続いてきた問題に繋がっていると考えています。さらに宮内嘉久

[上]《旧大分県立図書館(現アートプラザ)(1962-1966)》
[撮影=石元泰博]©高知県:石元泰博フォトセンター
[中]《群馬県立近代美術館　概念模型(1971-1974)》
[撮影=石元泰博]©高知県:石元泰博フォトセンター
[下]《大分県医師会館》[撮影=村井修]

さんについて言えば、彼とは前川・丹下評価で意見が一致しません。宮内さんは丹下さんの名前が出ただけでそれ以上聞きたくないという感じです。その根源は岸田日出刀さんだから、逆に前川さんを評価していくようになります。だけど僕にとってみたら、前川國男の作ったものは建築ではない。建築からどんどん単純な技術、単純な機能の集積、実用物のほうに流れて、ビルディングになっている。それで世の中の九〇パーセントの需要は満足するし、結構なのかもしれないけれど、残りの一〇パーセントの建築は違うのではないか、前川さんはそれが一生わからなかったのではないか、と言ったことがあるのですが、非常に怒られました(笑)。建築とビルディングとは違う何かです。仮にプロポーションを解除して裸にしても「建築は建築である」、こんなところに僕は行きついたのです。その後建築論まがいの文章をたくさん書いたのは、「建築は建築である」というトートロジーを根拠に据えるための仕事にすぎません。繰り返すと、それが純粋幾何学への還元だった。立方体フレームを、建築だ、そして空間だ、と言い切ることです。僕がそんな場所に入り込んだ最初の契機が岸田さんから丹下さんを通じての日本建築の構成的な読みの系譜だったとも言えます。

## 9 建築をめぐる政治、権力、美の言説

**日埜**　フレームと建築の問題が岸田日出刀の主導のもと

《中山邸模型写真》[撮影者不詳]

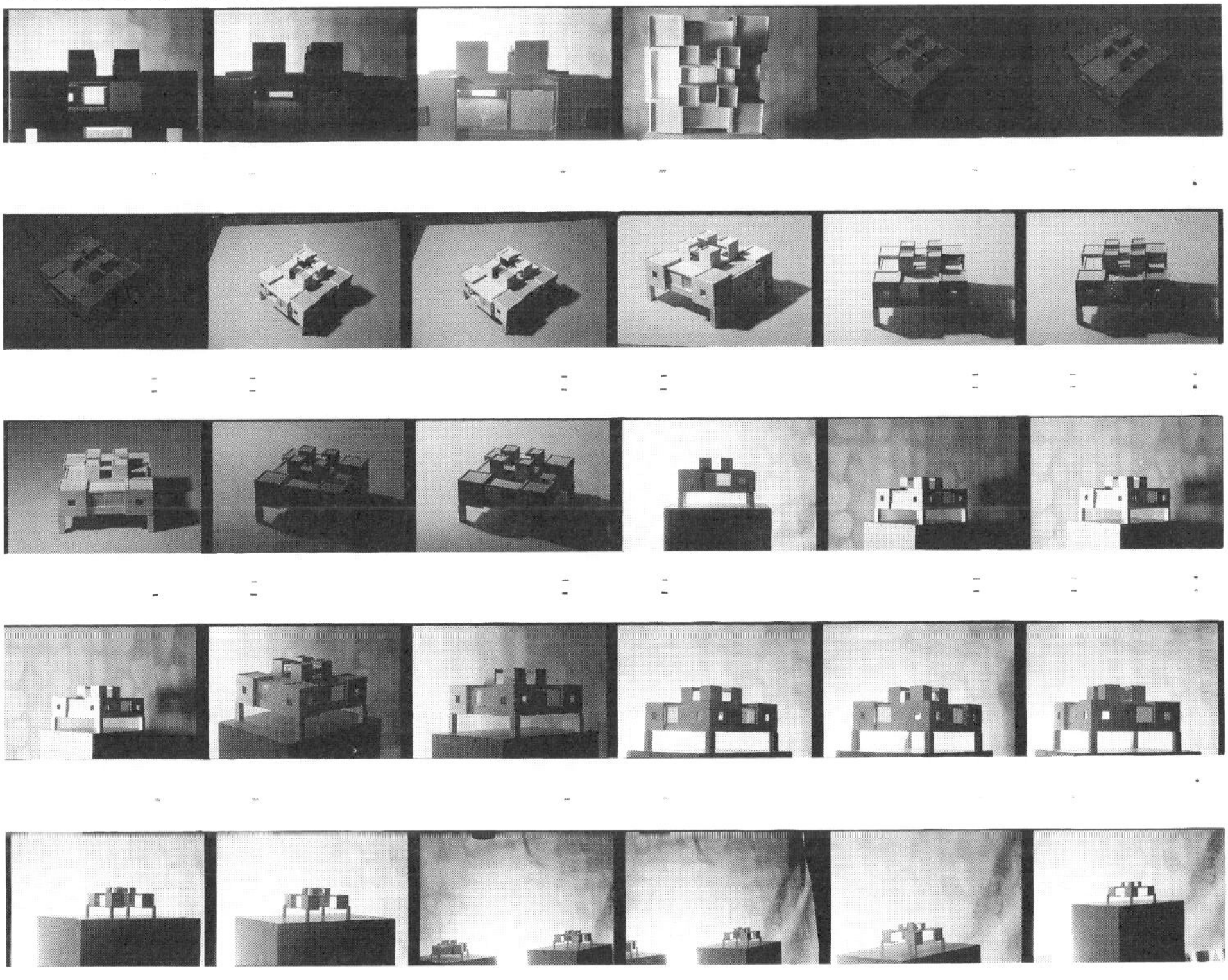

で展開していたとすれば、そのもうひとつ前には佐野利器★二九的な構造派と建築を芸術と見なす建築家の分裂があるわけですね。岸田日出刀の意図はそうした分裂を止揚する意味もあったはずですが、そうした歴史的な意味はあまり顧みられていないような気がします。

**磯崎**｜野田俊彦★三〇の「建築非芸術論」(一九二〇)を一番評価したのが佐野利器です。そしてそれが同潤会のプリンシプルになり、佐野は後藤新平のブレーンとして日本の資本主義のイデオロギーと繋がっていくわけです。もともとバウハウスの理念は、装飾を取り付けることによって芸術になる、と考える単純な様式建築に、徹底的にNOを言うことで、建築を芸術的構成から機能的な生活の道具にするという一種のイコノクラスムでありました。一九世紀末に始まる初期近代建築運動は、装飾をデザインとして新しくすることに終始していました。これは形式や方法を変えるものでなく、いたずらに表層の変更だけを考えていた。いうならば、芸術としての建築の枠内での変更にすぎなかった。前期バウハウスは機械的なもののデザインを提案してはいても、やっぱり同様でした。ロシア構成主義《コンストラクティヴィズム》――この用法は正確ではなく、直訳すればロシア建設主義と言うべきで、ここは最近使われるロシア・アヴァンギャルドのほうがいいと私は考えます――の成果なんかが導入されるけど、バウハウスは最終的にハンネス・マイヤー★三一の学長就任の際のマニフェスト「芸術か生活か!」に見られるように、徹底して物質主義的に傾斜します。芸術を建築が自己否定する。このラディカルな主張で、結局いっさいが解体されて、全世界は三〇年代に政治化します。そのとき、政治性(国民性)まで消去して、物質のレベルにまで還元する。その美学がノイエ・ザッハリヒカイト★三二だったと考えられます。この二〇年代の動きを横に見ると、野田俊彦の「建築非芸術論」のラディカリズムは先駆性において注目されるのだけれど、問題はそれを芸術などという余計な遊びの否定(もちろん一九世紀までの様式建築を拒否する点ではいいのだが)へと短絡しただけなく、実用主義と商業主義へと直結してしまうような懐の甘さがありました。政治的、経済的に資本主義のイデオロギーに収奪されてしまったとも言えます。このような背後にある文脈を見ておかないといけません。

**日埜**｜「建築非芸術論」は芸術vs.工学みたいな単純化された構図で捉えられがちですが、それをノイエ・ザッハリヒカイトとして読み替えれば、たしかにそれ以降のことは少々違った見え方をしてくるはずですね。

しかし例えば丹下再評価、あるいは前川再評価なんて言っても、それがどうかすると好みの問題であるかのように見えてしまう現在の寂しい状況もあります。建築家の人となりや伝記的ストーリーへの共感であったり、あるいは単に「初めて感動した建築」というようなパーソナル・ストーリーに結びついたものが再評価というやつの実体だったりすることもけっして少なくないわけですね。そういう趣味的な建築の見え方に対して、あるいはまた実用主義とか商業主義とかいうものがまさしく最も普遍的なものとなった状況において、なにかしらリアリティのある問題設定をしていかないと抵抗できないわけですが。

**磯崎**――建築に限ってはいろいろ議論できますが、住宅に置き換えると微妙になってくるんです。篠原一男★二三は「住宅は芸術だ」と言っているけれど、今の住宅作家が作る住宅の九九パーセントは住みやすさやアヴェイラビリティが中心で、堅苦しいことを言わなくても住宅として成立する。しかも大部数のポピュラーな建築雑誌が皆それに引っかかっている。残り一パーセントの建築は美術誌に載ればいいという分類になっていくわけです。そうすると住宅のほうが難しい。建築でもそういったことは当然あるんですが、問題は昔は評価基準として国家があったけれど、今はそれが基準にならないから、誰が何を目的にして作っているのかわからなくなっているということです。ナショナリズムと言ったらまた古いということになるし、これがまた難しいところです。

もうひとつは建築は権力とも繋がっている部分があり、繋がらないと具体化しないこともあるし、建つことが権力に繋がる。その問題を整理しないと議論が進まないと思う。このあたりは、戦争中の実証主義、生産力論、アジア主義★二四、それに「近代の超克」★二五論など、建築領域以外の言説やそれに関わる文脈と重ねて議論してほしいのです。前川さん、丹下さんの諸言説は一九六〇年頃でひと区切りしていると僕は考えます。六〇年で主題が変わりました。その前段階で、決定的発言と見えるのは、丹下健三さんの「美しいものこそ機能的だ」です。非マルクス主義的で古い新カント派を持ち出したと思えます。丹下さんに反対していた人たちはこの簡明な一言をついに撃破できなかったのではないですか。一九三〇年代の「権力と美」に関わる政治性を背景にした言説がまだ生き延びていく。そんな議論の場が少なくとも五〇年代はありました。その研究室に所属していたせいもあるけど、僕はやっぱり前川さんより丹下さんを評価しているのです。

[二〇〇五年一一月一日、磯崎新アトリエにて]

[註]

★一――岸田日出刀(きしだ・ひでと):一八九九―一九六六。建築家。東京帝国大学建築学科の中核的存在として、辰野金吾・佐野利器・内田祥三の伝統を受け継ぐ。同大学で教壇に立ちながら、前衛的な近代建築を支持し、前川國男、丹下健三、谷口吉郎など多くの建築家を世に送り出した。東京オリンピック施設委員長としても活躍。作品に《東京大学安田講堂》、《高知県庁舎》など。著書に『オットー・ワーグナー』(岩波書店)、『過去の構成』(相模書房)など。

★二――宮内嘉久(みやうち・よしひさ):一九二六―二〇〇九。編集者、建築ジャーナリスト、建築評論家。『新建築』編集部、『国際建築』編集部を経て、自ら編集事務所を設立し独立。以後、在野の編集者として活動し、『国際建築』、『建築年鑑』、『風声』、『燎』、

『前川國男作品集』などの編集に携わる。著書に『少数派建築論』（井上書店）、『廃墟から』、『建築ジャーナリズム無頼』、『前川國男　賊軍の将』（すべて晶文社）など。

★三――NAU（新日本建築家集団）New Architect's Union of Japan：一九四七―一九五一。戦後相次いで結成された住文化協会、日本建築家連盟、日本民主建築会、関西建築文化連盟などを母体として結成された組織。「建築活動の民主化を図り正しい建築文化を設立し、普及すること」を目標とし、当時の有力な若手建築家や研究者のほとんどが主要メンバーとして加わった。会員は最高で八〇〇名となり、近代日本建築史上最大級の建築運動組織であった。

★四――前川國男（まえかわ・くにお）：一九〇五―一九八六。建築家。東京帝国大学建築学科卒業後、ル・コルビュジエ、アントニン・レイモンドに師事。日本のモダニズム建築の先駆者として大きな影響を与えた。一九三五年に開設した自身の事務所からは丹下健三、木村俊彦らを輩出。コルビュジエが基本設計をした《国立西洋美術館》の実施設計にも携わった。主な作品に《東京文化会館》、《東京海上ビルディング本館》、《熊本県立美術館》など。

★五――高山英華（たかやま・えいか）：一九一〇―一九九九。都市計画家、建築家。戦前、内田祥三の下で満州の都市計画に従事する。戦後は、戦災都市復興計画をはじめ、《八郎潟》の干拓、《東京オリンピック》、《大阪万国博覧会》、《千里・高蔵寺ニュータウン》、《沖縄海洋博》などの国家的プロジェクトにかかわり、都市工学の先駆者として日本における都市計画分野に大きく貢献した。著書に『高蔵寺ニュータウン計画』（鹿島研究所出版会）、『私の都市計画』（東京大学出版会）など。

★六――西山夘三（にしやま・うぞう）：一九一一―一九九四。建築家、建築学者。戦前から庶民の生活実態を調査・研究し、食寝分離論という住宅設計の基本原理をまとめた。都市計画の視点から住宅問題を科学的に研究する基礎を築く。著書に『これからのすまい　住様式の話』（相模書房）など。

★七――宮内康（みやうち・こう）：一九三七―一九九二。建築家、建築評論家。東京大学建築学科卒業。大学時代から学生運動に加わる。権力の表現としての建築ではなく、民衆の意志の表現としての建築を追求。計画の完全性を否定し、柔軟な姿勢を許容する空白の空間の重要性を主張。設計だけでなく建設も利用者とともに行なった。作品に《山谷労働福祉会館》など。著書に『怨恨のユートピア　宮内康の居る場所』（れんが書房新社）、『風景を撃て　大学一九七〇―七五』（相模書房）など。

★八――布野修司（ふの・しゅうじ）：一九四九―。建築・都市研究家、建築批評家。一九八三年、石山修武、大野勝彦、渡辺豊和らとともに『群居』創刊、編集長を務める。一九九一年、「インドネシアにおける住居環境の変容とその整備手法に関する研究」で日本建築学会賞受賞。著書に『戦後建築論ノート』（相模書房）、『戦後建築の終焉』（れんが書房新社）、『住まいの夢と夢の住まい』（朝日選書）、『裸の建築家』（建築思潮研究社）など。

★九――堀口捨己（ほりぐち・すてみ）：一八九五―一九八四。建築家。東京帝国大学建築学科卒業後、同期生の山田守らと分離派建築会を結成した。明治大学工学部長、神奈川大学教授などを歴任。作品に《紫烟荘》、《明治大学和泉第二校舎》など。著書に『利休の茶』（岩波書店）などがある。

★一〇――内田祥三（うちだ・よしかず）：一八八五―一九七二。建築学者、建築家。東京大学元総長。鉄筋コンクリート構造の研究に従事。剛構造を第一とする佐野利器の建築構造学を引き継ぐかたちで発展させ、防火・耐震、都市計画の法整備に至るまで、建築工学諸分野の基礎を築いた。関東大震災後は、東大本郷キャンパス再建計画にあたる。また同潤会の理事、都市計画関係の委員や建築学会会長も務めた。作品に《東京大学図書館》、《東京大学法学部》など。

★一一――過去の構成：学術的な建築史にとらわれず、過去の日本建築及び造形芸術全般を「現代人の構成意識」という観点からとらえようとしたもの。岸田日出刀自ら撮影した古建築の部分を強調した構図の写真を中心にしながら、空間の構成を解説。そのモダニズム的感性が写しとった伝統的な日本建築は、新たな視点を提供し、モダニズムを志向する学生や建築家に大きな影響を与えた。一九二九年、構成社書房より刊行。

★一二――フィリップ・ジョンソン（Philip Johnson）：一九〇六―二〇〇五。アメリカの建築家、建築批評家。ニューヨーク近代美術館（MoMA）初代建築部長。一九三二年にヘンリー・ラッセル・ヒッチコックとの共著『インターナショナル・スタイル　一九二二年以後の建築』を著し、モダニズムの定義を試みた。様々な建築展を企画し、また批評活動を通して長きにわたって二〇世紀建築運動を仕掛け続けた。プリツカー賞初代受賞者。作品に《ガラスの家（自邸）》、《ロックフェラー・ゲストハウス》、《AT&Tビル》など。

★一三――『オットー・ワーグナー』（岩波書店、一九二八）。

★一四――岸記念体育館：一九四一年、東京・神田駿河台に体育国策拡充の目的としてつくられた木造瓦葺き二階建ての体育館。設計は岸田日出刀を顧問とし、当時前川國男建築事務所に所属していた丹下健三が担当した。ピロティ、水平連続窓といったモダニズムの言語を翻訳し、日本が直面していた木造によるモダニズムという課題へのひとつの解答を示した。鉄筋コンクリートにはない軽やかな表現を実現。

★一五――大東亜建設記念営造計画：一九四二年、建築学会定例展覧会第三部競技設計にて丹下健三が一等を獲得した計画案。丹下案は、日本建築の伝統精神は「自然と造営の渾一」にあるとして、皇居と富士山を結ぶ大東亜道路を建設し、富士山麓に戦没者の霊を祭る一大聖域を構成するもの。丹下の都市計画の原点。また「伊勢神宮の形をモダニズムで洗い、打放しコンクリートでつくる」と、伝統的建築とモダニズムの新しい関係を模索している。

★一六――在盤谷日本文化会館計画：一九四二年、タイの首都バンコクのルンビニ公園の一角に建設が予定された日本文化会館の設計競技。テーマは、木造、記念碑、伝統。全体計画に寝殿造りの型を採用した丹下健三が一等を獲得。建築群の配置は京都御所に倣い、平安朝の雰囲気を持つ。個によって記念碑性を演出する欧米的な考えに対し、群とその周辺環境が一体化することによって醸し出される日本的記念性、環境秩序的な造営が計画された。

★一七――広島ピースセンター：一九四九年の「広島市平和記念公園及び記念館」についての設計競技において、丹下健三が一等入選し、これが丹下の戦後最初の本格的な建築物となった。平和大通りを基軸として原爆ドームを位置づけるという都市軸は新たな時代を先取りしたデザインであった。広島を貫通する大通りと、それに直交する祈りの軸で記念的空間を表現。広島平和会館のピロティから平和記念公園の軸線上に慰霊碑と原爆ドームを臨むように配置されている。

★一八――村野藤吾（むらの・とうご）：一八九一―一九八四。建築家。高校卒業後、八幡製鐵所勤務、早稲田大学電気工学科を経て、同大学建築学科を卒業。その後、折衷主義で知られた渡辺節に師事。近代的な技法と伝統的素材や装飾を組み合わせた多くの作品を残した。主な作品に《日生劇場》、《横浜市庁舎》、《千代田生命保険本社ビル》など。《世界平和記念聖堂》は戦後の建築としては初めて重要文化財に指定された。

★一九――吉田五十八（よしだ・いそや）：一八九四―一九七四。建築家。東京美術学校（現・東京藝術大学）卒業。伝統的な数寄屋造を現代的感覚によって近代化することに尽力し、近代数寄屋建築を確立した。主な作品に《五島美術館》、《日本芸術院会館》など。

★二〇――藤森照信（ふじもり・てるのぶ）：一九四六―。建築史家、建築家。東北大学工学部建築学科卒業。東京大学生産技術研究所教授、工学院大学教授などを歴任。日本とアジアの近代建築史を中心に成果を挙げたほか、「看板建築」などに着目した建築探偵団、路上観察学会などの活動は一般にも広く認知された。一九九一年からは建築設計も手がけている。主な著書に『明治の東京計画』、『日本の近代建築』（ともに岩波書店）など。主な作品に《神長官守矢史料館》、《タンポポ・ハウス》、《高過庵》など。

★二一――アルベルト・シュペーア（Berthold Konrad Hermann Albert Speer）：一九〇五―一九八一。ドイツの建築家、政治家。一九三四年、ナチス党主任建築家となり《ニュルンベルクのナチス党大会会場》や《パリ万博ドイツ館》などを設計する。ヒトラーの下、エジプト、バビロニア、古典主義、新古典主義などさまざまな原典を駆使し、建築のモニュメンタリティを追求した。計画に《ツェッペリン広場》、《ベルリン都市計画》など。

★二二――ネオ・ダダ（Neo-Dada）：一九六〇年に東京・新宿のホワイトハウスで旗揚げされた前衛芸術グループ。二〇世紀初頭に興った反逆的な芸術運動「ダダイズム」の影響を受け、その精神を受け継ぎながら刺激的な活動で注目を集めた。芸術作品が現実空間や観客から自律しているという近代主義的観念を批判する立場に立つ。既製品・日用品や廃品などの素材を用い、作品と現実環境の連続性を強調する作品が特徴。

★二三――立原道造（たちはら・みちぞう）：一九一四―一九三九。建築家、詩人。東京帝国大学工学部建築学科在学中、『四季』同人となる。三年連続して辰野金吾賞を受賞。卒業後、石本設計事務所勤務。エストベリなどの北欧の風土的な表現や信濃追分の風土を好み、当時の国際建築様式に批判的な立場をとる。一九三九年、中原中也賞受賞。二〇〇四年に立原が構想した図面に基づき《ヒアシンスハウス》が竣工。詩以外に、短歌、俳句、物語、パステル画、スケッチ、建築設計図などを遺した。

★二四――旧大分県立図書館：磯崎新設計による一九六六年竣工の図書館。ダブルウォールと四方に突き出る中空の角型コンクリート梁による独特のフォルムを特徴とする磯崎の初期の代表作。設計中に「プロセス・プランニング論」という設計論を発表。日本建築学会作品賞受賞。一九九八年、耐震改修に伴い《アートプラザ》に改装され、市民ギャラリー等からなる複合文化施設として利用されている。

★二五――中山邸（N邸）：磯崎新設計による一九六四年竣工の個人住宅。スケールの異なる立方体を組み合わせ構成。大部分を壁で囲み、水平方向の開口部は少ない。内部空間には、天井からの採光によって光が取り込まれる。西洋的な闇と光の対比を、幾何学的形態操作によって日本的陰影へと展開させた。取り壊され現存しないが、《秋吉台国際芸術村》に再現され宿泊棟のサロンとして使用されている。

★二六——群馬県立近代美術館：高崎市・群馬の森の一角に建つ一九七四年竣工の美術館。一二メートル角の立方体を基本モデュールとし、エントランスホールや日本美術展示室、サッシュや外装のアルミパネルに至るまで、立方体もしくは正方形で構成されている。線と面を対象化して内部を構成する五〇年代の日本建築に対する批判を込め、一辺の決定が全体を決定していく立方体を用いた磯崎新の代表的な建築作品。

★二七——大分県医師会館：一九六〇年に竣工した磯崎新による最初期の建築。建物の構成は、屋根・床ともにシェル構造が用いられた楕円形のシリンダーが、四本の柱によって宙に持ち上げられたもの。そのダイナミックな造形は、竣工当時その一角を周囲から際立たせた。一九七二年には隣接して新館が建てられるも、大分県医師会の移転に際し取り壊され、現存しない。

★二八——神代雄一郎（こうじろ・ゆういちろう）：一九二二—二〇〇〇。建築史家、建築評論家。ウィリアム・モリスに遡る近代主義の発達過程の研究と建築ジャーナリズムでの評論活動を軸に、日本の戦後建築の進路に大きな影響を与えた。一九六七年以降、日本各地の漁村を調査し、コミュニティの構造という視点から集落の形態と規模を掴みとろうと試みる。また、都市開発の大規模化に疑問を投げかけ「巨大建築論争」のきっかけをつくった。著書に『現代建築と芸術』（彰国社）、『コミュニティの崩壊』（井上書院）、『間・日本建築の意匠』（鹿島出版会）など。

★二九——佐野利器（さの・としかた）：一八八〇—一九五六。建築家、構造学者、耐震構造学のパイオニア。剛構造の推進者。一九一五年に発表した博士論文「家屋耐震構造論」は、世界各地の地震被害を構造別に分析し、震度の概念、横揺れによる力の静力学的な計算法など、当時世界初となる建築構造の耐震理論を構築し、日本における耐震構造学の道を開いた。装飾や様式を否定する構造派の旗手であり、関東大震災復興時には東京市建築局長を務めるなど、教育・行政にわたって活躍した。

★三〇——野田俊彦（のだ・としひこ）：一八九一—一九三二。建築家。東京帝国大学建築学科卒業後、陸軍省などで建築技師として活動し、《同潤会大塚女子アパート》などの設計に関与。卒業論文をもとにした論文「建築非芸術論」を『建築雑誌』誌上で発表した。

★三一——ハンネス・マイヤー（Hannes Meyer）：一八八九—一九五四。スイスの建築家、都市計画家。共産主義者として、バウハウスの二代目校長を務める。一九世紀的な芸術至上主義を否定する、新即物主義、機能主義者のひとり。バウハウスの運営においては、工房制度や徒弟制度を廃し、本格的な建築課程（建築科）を設置、実証主義に基づいた新しい方法模索した。作品に《デッサウ市アパートメント》、《ベルナウＡＤＧＢ（ドイツ通商連盟）学校》など。

★三二——ノイエ・ザッハリヒカイト（Neue Sachlichkeit）：新即物主義。第一次世界大戦後、一九二〇年代から三〇年代初頭にかけてドイツに興った芸術運動。表現主義への反動として、現実を明確に、合理的にとらえる文学や美術の総称。ナチスの台頭により終息していった。

★三三——篠原一男（しのはら・かずお）：一九二五—二〇〇六。建築家。東京工業大学建築学科で清家清に師事。退官にいたるまで東工大の教壇に立ち、「住宅は芸術である」とする立場から、前衛的な住宅作品を追求した。作品に《久我山の家》、《から傘の家》、《白の家》、《上原通りの家》、《東京工業大学百年記念館》、《熊本北警察署》など多数。著書に『住宅論』（鹿島出版会）など。

★三四——アジア主義：日本と他のアジア諸国の関係や、アジアのあり方についての思想ないし運動の総称。日清戦争前後から第二次大戦敗戦までの日本に広く見られた主張は、欧米列強の侵出に対して、アジアは連帯して対抗すべきであるというもの。日本の対外侵略を正当化するイデオロギーと結びつけられて展開された。

★三五——近代の超克：一九四二年九月および一〇月に雑誌『文学界』の特集記事で掲載されたシンポジウムの中心的テーマ。同年七月、二日間にわたり行なわれたシンポジウムで、日本の近代化に伴う思想的問題が、『文学界』同人、京都学派、日本浪漫派を代表する論客たち一三名により提示された。出席者に、小林秀雄、亀井勝一郎、林房雄、三好達治、中村光夫、河上徹太郎、西谷啓治、下村寅太郎、鈴木成高、菊池正士、吉満義彦、津村秀夫、諸井三郎など。

# 2 五期会、『現代建築愚作論』、スターリニズムからの脱却

## 一九五〇年代における建築運動とその思想性

### 1 戦後の日本建築界

**日埜直彦**　今回は一九五〇年代を視野としてお話をうかがいたいと思っております。当時の建築の世界においてモダニズムに対する信頼は揺るぎないものだったと思いますが、しかしそれにほころびが見え始めるのもまたこの時期でしょう。結局のところモダニズムに対する距離感が醸成されてその果てにポストモダニズムというコンセプトに至るとすれば、この時期にその発端が見えるのではないかと思います。とりわけ磯崎さんのお仕事をざっと眺めた時に、その兆しはまず都市的な文脈において現われ、次いでそれが建築の問題として捉えられていく流れがあるように見えるわけですが、「空中都市」(一九六二)や「見えない都市」(一九六六)に至るこの関心は、一九五八年あたりから八田利也の名で共同執筆された『現代建築愚作論』★一にすでに見られます。「小住宅バンザイ」がこの本についてはよく取り上げられますが、むしろ重要なのは都市をアイロニカルに見ていく視線がここにまとめられたいくつかの論文ではっきり出ていることではないかなという気がします。

モダニズムに対する距離感と言えば、一九五六年に結成された五期会★二のこともお聞きしたいところです。「フリーアーキテクトの主体性」という問題意識がそこで問題とされ、モダニズムの英雄的な建築家像とは異なるオルタナティヴな建築家像がそこで模索されていたわけですが、実情はどうもよくわからない。磯崎さんはそれと関わりながらどんなことをお考えだったのでしょうか。「五期会」による総評会館の共同設計は、格好としてはグロピウスらのTAC(The Architects Collaborative)★三にもいくらか似ていますが、まったく背景が違いますね。

**磯崎新**　近代芸術、近代デザイン、近代建築といったモダニズムとして括られているものが、それが運動体とどのような関係があるかと見ることによって、戦後の近代建築の流れの捉え方がまったく違ってきます。個人で仕事をやっているアーティストがいる、それがイデオロギーを中心にしてグ

ループになり、そこから共同の運動体ができる。それがモダニズムの基本形です。そしてその運動を先導するのが前衛です。近代建築史において、歴史を運動史だけで書いてしまう場合もあります。例えば美術なら印象派、立体派、シュルレアリスムという流れで書いてしまう。そこに入っていなかったものは歴史から落ちてしまう。それは美術だけでなくデザイン、建築にもあることです。

いろいろなかたちで戦争中をすごした建築家が、終戦直後すべてをご破算にして新たな建築運動を組み立てるため、一九四七年にNAU（新日本建築家集団）が結成されました。そのNAUを主導していたのは日本共産党だったと思います。僕が大学に入った頃はもうNAUはなかったので解体した理由はわからないのですが、推定すれば、NAUの背景にいたアカデミーの人たちは左翼イデオロギーを持っていた。そこで当時の日本共産党の分裂が当然影響したと思います。当時日本共産党は国際派と所感派★四に分裂していました。国際派は宮本顕治や志賀義雄でおそらくスターリン派、所感派は徳田球一、野坂参三で中国寄り、毛沢東派です。そして最終的には所感派が国際派を排除していく。その結果正統的なマルクス主義の研究者が追い出されていく。これがNAUにも影響したと思います。その後僕がまだ学部の学生だった朝鮮戦争の頃になると左翼はだんだん孤立して、山村工作隊★五として山村や農村に入っていくようになり、僕のまわりにもそれで行方がわからなくなった人もいます。同じことが二〇年後には赤軍派として繰り返されるわけです。農村が都市を包囲するという毛沢東の考えに基づいたものでしょう。

## 2 前衛の模索

**磯崎**　僕はその中でアヴァンギャルドをどのように理解すべきかと思っていました。アヴァンギャルドは建築ではあまり例がないのですが、美術では瀧口修造★六の『近代芸術』（一九三八）が最初のヨーロッパの前衛美術建築情報でした。同時にヨーロッパの前衛を真正面から引き受けてフランスから戻ってきた岡本太郎によって、日本的な前衛のあり方が模索されていました。岡本太郎は、芸術の前衛と政治の前衛が複雑に絡み合っていることはわかっているけれど自分は芸術の前衛に絞り込んだと見てもいい。

当時アンデパンダン★七には日本アンデパンダン（一九四六年設立）と読売アンデパンダン（一九四九年設立）の二つがありました。日本アンデパンダンは政治的前衛を組み込む社会主義リアリズム、読売アンデパンダンは純粋モダニズムをそれぞれ志向したアーティストが参加していました。そういう対立があるなかで岡本太郎の「対極主義」★八は注目していい。対立をひとつに統合するために正・反・合という弁証法段階を経ていくという、ヘーゲル的なロジックがイデオロギーにかかわらず、重視されていました。岡本太郎はそのロジックを崩して「対極主義」を打ち出した。対立するものは対立したままにしてしまえというものです。その間の張力、テンションのほうが重要で、具象と抽象、政治的前衛と芸術的前衛を対立したままにしておく。瀧口さんはアンドレ・ブレトン、シュルレアリスムを正当的に受け継ごうとしたので、太郎さんがやっていたことと本当は近かったのだけれど、ポジションは明確に対立していました。僕は丹下さん経由で太郎のほうに近づいていきました。その頃岡本太郎が属していた「夜の会」(一九四八年結成)★九には花田清輝★一〇や安部公房★一一、勅使河原宏★一二がいました。それに対して瀧口さんの周りにはアナーキーな若い連中がいてそれぞれ動きが違うわけですが、当時は明確にわかれていなかった。

## 3 五期会の成立

**磯崎**——その頃総評会館を共同設計でつくることになりました。建築家が集団で設計をするのですが、集団で設計をすることの定義もないから手探りなわけです。まだ日建や日本設計といった大組織事務所がない時代です。官庁営繕に属していた建築家が中心に集まりました。設備や構造はできるのですが、問題はデザインです。議論してプランはできるけれど、デザインは誰がやるかが決まっていないので手が出ない。議論でやるといってもやりようがない。僕は一番若かったので書記で議事録をとっていましたが、同じ頃に稲垣栄三が中心になって建築史研究会が東大にでき——背後には太田博太郎★一三がいたのですが——、その時も「お前は書記だ」と言われました(笑)。総評会館のデザインに誰も手を出さないので、芸大のデザインの先生で自殺した中村登一さん★一四がスケッチを持ってきて、それで決まってしまった。丹下健三の研究室で僕の大先輩である浅田孝さん★一五にそのことを報告したら「お前ら、共同設計と言いながら、結局丹下健三のコピーではないか」、それが浅田孝の総評会館に対する批評でした。当時は壁でやるか、柱を見せるかが問題で、壁で組むとバウハウス調で、フレームを見せると日本風になり、丹下さんはフレームに絞り込んでいました。総評会館のデザインでは、フレームの間を壁で埋めているけれど、それが見えているからバウハウスと日本風が合体している。フレームが出ているので丹下健三のコピーではないかと僕も未だに思います(笑)。だから浅田さんの批評は当たっていた。

そういうなかで五六年に五期会が成立しました。五期会は大高正人さん★一六がまとめたと思います。それで大谷幸夫さん★一七に声をかけ、あとはジャーナリストの宮内嘉久さんや平良敬一さん★一八、『国際建築』の編集をしていた田辺員人さん★一九、そういう人たちが周りにいました。顔ぶれを見ればわかりますが、前川事務所と丹下研と芸大の研究室にいた人たちが中心で、それから建築界で戦前の左翼の系列の人たちがいて、その一番の長老が大日本インキ化学工業の川村記念美術館を設計した海老原一郎さん★二〇です。そういう事務所にいる連中がだんだん繋がっていきました。それから当時の日本共産党文化部に建築界対策本部ができ、秘密に国際情勢を議論する会合にも僕は面白がっていっていました(笑)。共産党か建築界をオルグするための細胞です。おそらく共産党細胞のつもりだったんだと思います。

**日埜**――NAUは日本共産党的なもの、当時の言い方で言えば代々木的なイデオロギーと親和性があったと思うのですが、五期会の場合は少し事情が違ったのでしょうか?

**磯崎**――五期会では政治的イデオロギーが消えていました。辰野金吾の世代が第一期、佐野利器、内田祥三らが第二期、岸田日出刀、前川國男らが第三期、丹下健三、大江宏らが第四期で、五期会は五世代目であるという意味で、参加したのは二〇代から三〇代はじめの建築家やジャーナリストでした。僕はその時に機関誌に書いた原稿で吊るし上げられたことがあります。現在の社会、世界ではビューロクラシーが強力にできていて、共産党も建築界も同じです。当時、共産党は毛沢東主義、知的な連中はスターリン主義という対立がありながら、それをまとめて一本にならなければいけないという概念、公共的なものを組織的に平等な立場で議論をしながらデザインを民主的に組み立てるという概念が、ヒエラルキーをもったビューロクラシーだと思いました。集団でやる、組織でやるには、そこにビューロクラシーが成立してなければならないわけです。それに対して中井正一★二二の「委員会の論理」、つまり委員会で決めたものが決定になるというロジックがあります。しかしそれは実際には役に立たない。だから建築家はビューロクラシーの組み立てに入らなければいけないというグループが出てくる。しかし一人の建築家、一人のアーティストはそれとどのような関係があるのかという問題について何となく嗅ぎつけ、機関誌に総評会館の共同設計時の際のビューロクラシー批判を書いたわけです。ところが五期会には宮内嘉久さんたちの組織の論理があり、その論理によって運動体に変えていくというイメージがありました。僕は組織などはどうでもよくて、よいものをつくったが勝ちという単純な論理で書いたので、五期会から除名されるくらい問題になりました(笑)。要するに僕は組織原則を認めていない。経済的にも組織に所属しなければいけないにもかかわらずデザインは個人の仕事ではないかという、矛盾を抱えていた。組織と個人の関係はそういう面でしか断ち切れないと思います。僕はそうやってビューロクラシーや組織を批判して、図面がよければそれでよいという話です(笑)。それで吊るし上げられて、後に宮内さんから、「お前があういう行動をとったので五期会は行き詰まった」と怒られました。

グロピウスと一緒にやったTACは共同設計を標榜していました。ところが実情はそうではない。グロピウスがハーヴァード大学で教えていたときに優秀な学生を集めて設計のチームをつくり、手伝いをさせたというのが実際のところです。だから共同設計の理論や、共同することで何かが生まれるといった幼児的とも見える初心の議論なんかなかった。

## 4 丹下健三批判と『現代建築愚作論』

**日埜** グロピウスの場合は、倫理的なモダニストとしてヨーロッパでやっていたわけですが、アメリカに移ってからはむしろ世俗的な事情と折り合いをつけざるをえなかった。そうしていかにも六〇年代アメリカ的な作品ができてくるわけですね。五期会の場合はこれとまったく違う事情があったはずですが、その運動の標的としたものは何だったのでしょうか。

**磯崎** 先行世代の丹下批判をやりたいだけです。それが五期会の使命だったのです。丹下さんの弥生的弱さ、貴族性を、縄文の土着性、民衆という角度から批判していました。丹下さんは縄文と弥生をまとめて取り込んでできたのが桂離宮だという論文を書きます。それで統合された日本ができたというロジックが組み立てられる。弁証法を言わなければ筋が通っていたのに、弁証法を言うからそれらが辻褄が合わない。これはむしろ時代の限界で、なにしろマルクス以前のヘーゲルの弁証法のロジックが絶対的だというのは当時は普通のことでした。僕はビューロクラシーがつくられる組織原則は、単細胞的建築家の関係に全体と個、民主的代議制などの解決不能な問題が潜んでいると思ったけれど、それは簡単に説明がつかない。議論にできなかったのです。なんとか問題を嗅ぎわけて自己防衛していくほかにはなかった。

**日埜** 丹下さんという突出した人物の周辺にいろいろな対抗的な場ができて、錯綜した状況、錯綜した人間関係のなかで、みな右往左往して議論していたというわけですね。

**磯崎** そういう状況の中で伊藤ていじ——戦争が終わる直前に大学を出て助手になりましたが、胸を患って一〇年くらい入院していました——がやっと回復して「狂い咲きの桂離宮」★三を書きます。民家研究、書院造、数寄屋造、寝殿造という宮大工のつくりの系統の議論は昔からあったのですが、五〇年代半ばになると、農村の住宅の研究、実際に農村に行き、小屋組をのぞいたり、農村の大工の組織、宮大工の系列との関係などを調べるようになります。伊藤ていじさんはそういうことを頭に入れて、桂離宮を、非正統的なものが正統的なシチュエーションに突然出現したという捉え方をしました。その頃僕は丹下さんの研究室に入り、丹下さんより少し上の高山英華さんの研究室にいた川上秀光と組むようになったのが「八田利也」の成立です。この頃は大学や建築界では長幼の序列がはっきりしていて、簡単なことも気安く言えない。それでやぶれかぶれでつけたのが「八田利也」というペンネーム

『現代建築愚作論』

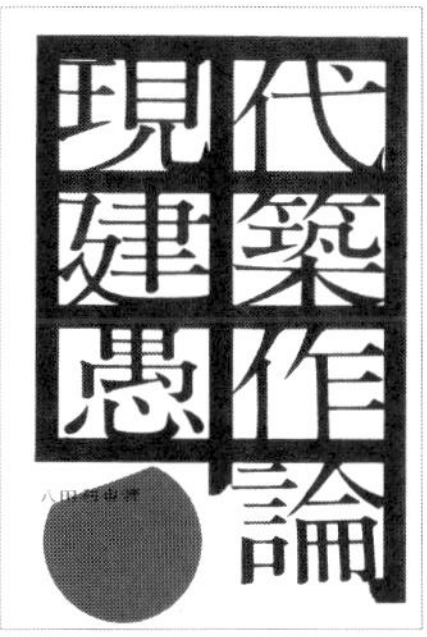


です。この名前をつけたのは僕ですが（笑）、伊藤ていじさんは日本の建築史の裏をよくわかっていて、川上も日本の近代都市が専門だったので都市論の資料を集めていました。僕はデザインをやっていたのだけれども、ほぼ役割が決まって、川上は資料集め、伊藤ていじは執筆、僕はキャプションをつくる（笑）。『現代建築愚作論』のようなタイトルのキャッチフレーズづくりの役割もありました。

『現代建築愚作論』が都市論なのかということと関連して、当時考えていたことは、ひとつは東京が変貌していく現状をどう分析するかということがあります。もうひとつは、交通計画やコントロール手法など今使われている手法は一九世紀頃にドイツで組み立てられた都市計画手法が入ってきたものです。その頃、伝統的な都市計画の手法が、建築基準法、都市計画法のような法律を成立させました。ついでどうやって使うかという計画手法になってきた。一方でCIAMがアテネ憲章を持っている。片方でIFHP（国際住宅都市計画連合）という国際的な都市計画の連合体がある。これは水と油みたいなものでした。戦後の再建計画はあらかたこの組織がつくっていて、CIAMはほとんど排除されていた。CIAMも戦後の都市の状況に対する提案をいろいろしました。例えば『ハート・オブ・ザ・シティ』としてまとめられた第八回会議（一九五二）などがあります。戦後の再建への参画を意図していたのです。高山さん、丹下さんの都市に対するメソッドの違いと同じような対立が世界にもあったわけです。組織も同じで、CIAMが片方にあり、他方にIFHPがありました。こういう二つの組織対立があったのです。大学を出て官庁にいって都市計画に関わるならば、コントロール手法的にやるしかないけれど、これは使いものにならないと私は思っていました。五期会側の批判はもちろんありますが、丹下さんの姿勢に対しては、都市論上でも批判があったのです。デザインでは縄文ではないと言われ、組織上では目の上のこぶになっていました。丹下さんはそれだけのキャラクターだったのだと思います。

ちょうどその頃、金寿根★三が朝鮮戦争で兵隊に取られたあげく、脱走し、密航で日本に来て芸大を卒業して、東大の高山英華さんの研究室に籍をおいていました。僕は金寿根とはデザイナーとして付き合うことになった。高山研と丹下研とは何となく違うようなことをやらなければいけないという暗黙の仕切りがあったのですが、そんなのは付き合いに関係ない。彼は韓国の国会議事堂のコンペに当選し、帰国しました。その後の活動は空間社など、よく知られていますね。彼は韓国の近代をひとりで背負わねばならなかった。べらぼうに忙しいスケジュールでも、仕事場に泊まり込んで、自分の命の痕跡を残そうとした。オリンピックスタジアムが完成に近づいた頃ガンの治療で来日したとき対談した記憶があります。それが彼の最後の建築についての言葉になったと、その後彼の同僚たちから聞きました。

## 5 「都市デザインの方法」について

**磯崎** 話を戻すと、『空間へ』の「都市デザインの方法」という章では二つの都市の方法の関わり合いについて整理しました。その二つの方法というのはシステムモデルとイマジナリーモデルで、システムモデルはゾーニングやグリッドパターンで、イマジナリーモデルは空中都市のようなものです。この論文で最後に「霧状の流れ」と都市を抽象化して取り出しています。書いているうちに自分でもわけがわからなくてそこまで飛んでしまった（笑）。

この論文を転載する時に理屈に合わないのでこの部分を削ろうと思っていたのですが、現在になるとこの部分しか残す理由はない（笑）。本文はシステムとイマジナリーという相補性と集約した都市デザインの方法的展開のなかでの二つの流れで、組織的にはビューロクラートのもつ方法と、CIAMのようなモダニストのもつ方法の対立の延長線上にあります。この状況は今日ではもっと溝が深くなっている。私はイマジナリー側に立ち続け、アンビルトをつくり続ける。具体的な提案も、多かれ少なかれ似た結果になる。

結局われわれの世代の最大の問題は、スターリニズム的なマルクス主義を金科玉条にせざるをえなかったことです。僕は違和感があったけれど、その違和感の表現方法がみつからなかった。当時そういう形で共産党を批判的に捉えていたのが吉本隆明★二四だと思えました。彼にはナイーヴなところがあって、都市に住んでいる自分の視点から、あるいは実態から全体を理論化するというところが徹底している。だから一種のアジテーション理論になるので全共闘には伝わっても、アカデミズムの理論とは相容れない。徹頭徹尾、彼はそこに文学者として立場を据えたせいだと思います。

あの頃東京ではつじつまの合わないことばかり起こるわけです。上からシステム論的に、法的に制御されている都市がありますが、現実の東京はめちゃくちゃになっている。そうかといってイマジナリーモデルも入り込む隙間もない。だから東京に対する考えが明瞭な形をもちえないことを背景にして、『現代建築愚作論』では都市の辻褄の合わなさをひたすら批判的に指摘していたのだと思います。都市は理論で動いていると考えられていたのですが、理論を超えて現実のほうが乱暴に動いていたのです。

## 6 『現代建築愚作論』における都市論

**日埜** そういう中でイマジナリーモデルとかシンボル、あるいはイヴェントのようなヴォキャブラリーが獲得されていく、当時はそういう段階だったんですね。

結局のところモダニズムのシステムモデルには根本的にドグマティックな性格があったと思います。ある形式を理想として掲げ、それに則って計画するというトップダウンな指向モデルですね。それはある意味で効率のいい実用的な計画手法でもあったでしょう。それに対してイマジナリーモデルはそういうふうには使えないわけで、しかしそういうふうにしか捉えられない剰余が現実にあることを意識するわけですね。そこにはモダニズムのドグマティックな性格と、ポストモダニズムと後に呼ばれた世界観の対比が既に現われていると言ってもよいのではないでしょうか。

『現代建築愚作論』にはシニカルな視点——それは諦念のようなものでしょうけれども——があり、それ自体も当時の建築に関わる言葉としては特異なことだったのではないかと思います。何か閉塞感を吹き飛ばす一撃として、刊行されると騒動になるような反響を引き起こしたようですね。「よくぞ言った」とか「言いにくいことを言ってくれた」というような反応もあったと思いますが、もちろん拒否反応もあったでしょう。こういう文章は書き手は確信犯だからそういう騒動は願ってもないところでしょうけど、メディアの編集者はこういう書き方を最初から予期しているものなんでしょうか。

**磯崎**――『現代建築愚作論』の仲間と一緒にやった仕事は、最初は署名なしでしたが、だんだん署名を入れるようになりました。例えば当時『建築文化』の「日本の都市空間」(一九六三年一二月号)なども一緒にやりました。「何ページやるから勝手にやれ」という感じでした。しかし僕たちはこれを書いた結果として起こることがわかっていない。建築家も編集者も誰もわかっていないという状態でした。

その頃国際建築学生会議★二五という組織があって、五四年にローマで展覧会と会議をやるから日本から代表を出せという依頼がありました。僕が東京側をまとめて、京都は、京大の西山研の絹谷祐規さん★二六が代表でした。その後絹谷さんは交通事故で亡くなってしまったのですが、生きていれば関西の建築界は今とはまったく違っていたと思われていた人です。その頃に学生会議のガリ版の機関誌に匿名で「近代建築批判」を書いたことがあります。批判の主眼はなぜモダニズムを突き詰めていくと、均質空間ができ上がるのかというロジックをつくることでしたが、結局均質空間批判しか書けなかった。ミース的空間、すなわち弥生的空間ではなく、ル・コルビュジエの少しねじれた空間のほうが面白いという単純なことです。この論文が当時の日本共産党を批判していると読める部分があったらしく、西山さんの研究室が反論を書きました。でもこれは匿名だったので喧嘩にならず、後に西山さんたちに「実はあれは僕が書いたんです」と言ったら、「なぜ署名しなかった」と言われたりしたんですが、スターリンも偽名で原稿を書いていたじゃないですか。あの論文は僕の初めての近代建築論で、見つかれば面白いかもしれない。

**日埜**｜そう書きながらも、モダニズムの延長線上に自分のやることはないとはっきりとおっしゃっていますよね。

**磯崎**｜かなり初期の段階で、均質空間に対して疑問を持ったからかもしれません。

**日埜**｜都市論においてイマジナリーということと均質空間とは対比的にリンクしているのでしょうか？

**磯崎**｜若干リンクしています。丹下さんがつくっている空間は多かれ少なかれミース的な均質空間です。それに対して別の見方も身近にあったわけです。だから、事が起こったときにすぐに理論化するのは無理で、勘でやる以外しょうがない。理論化には時間が必要です。『空間へ』の「都市デザインの方法」はそのあたりのことを整理したものです。エピグラムは『ドン・キホーテ』から引用したのですが★二七、それでこの本のすべての型が決まった（笑）。大学はこういう論文を書いていても受け取ってもらえないことはわかっていました。調査をやってデータを積み上げた実証主義的な裏付けがないと論文になりません。それを何のためにやるのかと思って、だったら大学は出ようと決めたんです。この文章なんかは大学でも使えると思っていたのですが、当時は誰もそれを評価してくれなかった。

## 7 吉本隆明、ミース的空間、スターリニズム

——吉本隆明さんが詩人の戦争責任を言って登場し、花田清輝と論争したりしていました。それはちょうど五期会が結成された頃だと思います。建築家の戦争責任ということは話題にならなかったのでしょうか。

**磯崎**｜僕より少し上の宮内、平良、田辺員人の世代は戦争責任論を言っていました。それは丹下さんに対する感情的な批判でした。丹下さんは戦争中の話は一切口を閉ざして何も言わず、別の世界で起こったことだという姿勢でした。唯一、戦争中に自分はこのようなことをやった、ときちんと言ったのは西山さんくらいでしょう。西山さんの「食寝分離論」は大阪の長屋を研究して、食寝分離できないと日本は近代化できないというものです。西山さんは政治的な立場からは反モダニストに見えるけれど、方法は純粋モダニストでした。

当時の日本史では石母田正★二八の影響は猛烈で、一種の民族主義、民族独立、反米などの闘争はここにつながっているような感じでした。僕が最後に思ったことは、話が割り切れすぎているということでした。筋がすっと通り過ぎて終わってしまうので、いつもリフォルムしなければと思いながら読んでいた。おそらくそれが六〇年代初め頃スターリニズムからどのようにもう一度きちんと抜け出すかという議論につながったと思います。つまり、初期マルクスの読

み直しです。マルクスの曖昧な部分をエンゲルスが整理して唯物史観をつくり、さらに整理されてスターリンの言語論などが出てくる。だから論理はどんどん明快になってくるけれど、それはどこかおかしい。決定的なあるものが全体を支配するミースの空間とスターリニズムと今日名指されている明快な社会構造のロジックは、どこか似ているのです。いずれ、物質空間、上方からの貫通性などと整理されていく空間的構造的な特徴は、イメージのうえで通底しているように思いました。二〇年ぐらいかかって世界中の思想家たちが言説を積み上げ、いまやっとパースペクティヴが生まれ始めている。こんな事態をすぐに了解しろったって無理ですよ。こんなときは、嗅いをかぎつけねばならない。プロジェクトを組んでみること、その結果のほうが有効です。現実の都市も運動体も壊れていました。だが、この二つの透明で明快な理論はすごく魅力的です。丹下さんはそういう透明性、明快さが好きで、建築の空間論も書いていますが、その時参照するのがゴシックです。ゴシック的象徴空間と言っている。ゴシックは天に向かう透明性を狙っているわけで、丹下さんはその崇高性を意識していた。だから雑物があったり壊れたりしてはいけない。スターリニズムの効用は間に雑物が入らずに貫通する強さです。これはヒトラーのファシズムにもあります。ヒトラー＝シュペーアの第三帝国ベルリン計画の古典主義的透明性はいったんひっかかったら離れられませんよ。リヒャルト・ワグナーの祝祭劇場が建築における均質空間の達成だと僕は書いたことがあり、いまだに歴史家から認知されているとは思わないけれど、こんな連鎖はイメージの通底によって浮かび上がるのです。僕はこれにやられないようにしなければいけないと考えていた。五〇年代初頭に期待されていた構造的明快さ——これはスターリニズムだと思うのですが——から抜けるにはもはやロジックではなく、実作でいかねばなるまい。アカデミズムがばかばかしく思え始めたのはその頃からです。

［二〇〇六年八月八日、磯崎新アトリエにて］

〔註〕

★一——現代建築愚作論：一九六一年、彰国社より刊行の評論集。一九五八年から六〇年にかけて主に『建築文化』に掲載された、八田利也というペンネームで発表された論文をまとめたもの。執筆は、建築史家伊藤ていじ、建築家磯崎新、都市計画家川上秀光の三人による。副題は「現代における都市と建築に関する考察」とされ、当時の建築や住宅をとりまく状況の変化を分析し反響を呼んだ。一九五八年発表の論文「小住宅ばんざい」収録。二〇一一年復刊された。

★二——五期会：一九五六—一九六〇。東大の丹下研究室、池辺研究室、前川事務所のスタッフらを中心とする組織。建築を通じて社会的な責任を果たし、積極的な創造活動を展開していくために「建築家の設計組織とその社会的・経済的な条件の改善」が必要であると強く訴えた。現状の建築と建築家のあり方を否定し、その変革に向かうため、自らの設計組織の変革に目を向けた。

★三——TAC（The Architects Collaborative）：一九四五年にヴァルター・グロピウスがノーマン・フレッチャー、ジョン・ハークネスらイェール大学系の若手建築家七人と設立した共同体方式の設計事務所。地位や給与の面でも全く対等のパートナーシップを条件として発足。チームワークによる共同設計こそ現代建築に必要との持論を実践した。グロピウス没後の一九八〇年頃には四〇〇人を超える全米屈指の大手組織設計事務所に成長した。

★四――国際派と所感派：一九五〇年代、第二次世界大戦後の日本共産党が内部分裂した際の派閥の名称。日本共産党の革命戦略に対するコミンフォルム（欧州共産党情報局、共産党国際情報局）からの批判をめぐり、批判に反論する主流派を所感派、批判を受け入れる反主流派を国際派と呼ぶ。

★五――山村工作隊：一九五〇年代の日本共産党の武装闘争路線に基づき組織された、非合法武装農村ゲリラ組織。

★六――瀧口修造（たきぐち・しゅうぞう）：一九〇三―一九七九。詩人、美術評論家。慶応義塾大学英文科在学中、西脇順三郎の教えを受け、シュルレアリスムに傾倒。戦後、実験工房を主宰。評論や展覧会などで同時代の芸術家の活動を紹介する。日本における美術批評の先駆者であるとともに、晩年まで詩作や造形活動を続けた。デカルコマニーの制作でも知られる。著書に『瀧口修造の詩的実験 一九二七―一九三七』（思潮社）、『幻想画家論』（せりか書房）など。

★七――アンデパンダン：フランスの美術展を模した展覧会。日本アンデパンダンは一九四七年、戦後の日展に異を唱え、共産党の主導で結集した日本美術会によりに創設された。活動は現在も継続中。読売アンデパンダンは一九四九年、読売新聞社主催の「日本アンデパンダン」展としてスタートし、五七年の第九回展より「読売アンデパンダン」展と改称。六三年、若手作家の過激化の進行を理由に打ち切られたが、「反芸術」の拠点としての歴史的な意義を持った。

★八――岡本太郎の対極主義：一九四八年刊行の『岡本太郎画文集アヴァンギャルド』（月曜書房）において発表された、岡本太郎の生涯を貫く理念。二〇世紀の美術の流れを、合理主義的な芸術である抽象絵画と非合理主義的な芸術であるシュルレアリスムとの二つに大別し、両者を矛盾・対立したものと位置づけ、この対立した両者を「抽象的要素と超現実的要素の矛盾のまま対置」することが新しい芸術を生み出すとした。岡本はその具体例として、自身の《夜明け》などを挙げている。

★九――夜の会：一九四八年に設立された前衛芸術研究会。発起人は花田清輝と岡本太郎で、椎名麟三、埴谷雄高、野間宏、佐々木基一、安部公房、関根弘らが会員・オブザーバーとして参加。同会からは「アヴァンギャルド芸術研究会」、「世紀の会」など、多くの芸術運動が派生していった。

★一〇――花田清輝（はなだ・きよてる）：一九〇九―一九七四。評論家。京都大学文学部中退。新聞社などに勤めながら多方面な執筆活動を展開。「綜合文化協会」や「夜の会」、「記録芸術の会」を組織し、映画や演劇の評論も多く手掛ける。日本のアヴァンギャルド芸術論の先駆的存在であり、岡本太郎、安部公房など後進の芸術家に大きな影響を与えた。著書に『復興期の精神』（我観社）、『アヴァンギャルド芸術』、『大衆のエネルギー』、『近代の超克』（すべて講談社）など。

★一一――安部公房（あべ・こうぼう）：一九二四―一九九三。小説家、劇作家。東京大学医学部卒業後、小説家として活動を始める。戦後の復興期には「夜の会」や「新日本文学会」などの芸術運動に多く参加した。一九五一年、『壁―S・カルマ氏の犯罪』（新潮社）で芥川賞受賞。ほかの小説作品に『砂の女』、『箱男』（ともに新潮社）など、戯曲に『友達』などがある。

★一二――勅使河原宏（てしがはら・ひろし）：一九二七―二〇〇一。華道家、映画監督。草月流三代目家元。世界各地で竹を使った個展を開催。規模の大きさや独創的な表現方法が注目される。また、ATG初の日本映画の監督であり、安部公房の作品群ではシュルレアリスム溢れる映像美で世界的にも評価された。映画作品に『おとし穴』、『砂の女』、『他人の顔』、『アントニー・ガウディー』、『利休』など。

★一三――太田博太郎（おおた・ひろたろう）：一九一二―二〇〇七。建築史家。東京帝国大学建築学科卒業。日本の中世寺院建築や民家建築を研究し、大きな成果を残した。「大仏様」「禅宗様」などの用語を提唱した人物でもある。法隆寺の修復や木曾妻籠宿の町並み保存にも尽力した。主な著書に『日本建築史序説』（彰国社）、『日本住宅史の研究』（岩波書店）など。

★一四――中村登一（なかむら・とういち）：一九一五―一九六九。建築家。戦後建築界の民主化運動の中心的人物。新日本建築家集団結成にも参加。作品に、日本初の分譲マンション《九段コーポラス》、《横浜センタービル》など。

★一五――浅田孝（あさだ・たかし）：一九二一―一九九〇。都市計画家、建築家。東京帝国大学工学部建築学科で丹下健三に学ぶ。戦時中、海軍将校として飛行場施設の建設やダムの修理、被爆した広島の救援に奔走。戦後、大学に復帰し丹下研究室主任研究員として、《広島平和記念館》、《香川県庁舎》などの設計に関与。後に川添登らとともにメタボリズム・グループをサポートするなど多方面で活躍した。『環境開発論』（鹿島出版会）など著書多数。

★一六——大髙正人（おおたか・まさと）：一九二三—二〇一〇。建築家、都市計画家。東京大学大学院修了後、前川國男建築事務所入所。一九六〇年、東京で開催された世界デザイン会議を契機に、戦後日本で最初の建築思想であり運動であるメタボリズム・グループに参加。槇文彦とともに、個の自由と全体の秩序からなる「群造形（グループ・フォルム）」という概念を打ち出した。作品に《坂出人工土地》、《千葉県文化会館》、《栃木県議会棟庁舎》など。

★一七——大谷幸夫（おおたに・さちお）：一九二四—二〇一三。建築家。東京大学工学部建築学科で丹下健三に師事。丹下研究室のメンバーとして《広島平和記念公園及び記念館》、《旧東京都庁舎》などの設計に関わる。五八年、《金沢工業大学キャンパスの一連の施設》で日本建築学会賞受賞。作品に《国立京都国際会館》、《文京スポーツセンター》、《沖縄コンベンション・センター》など。著書に『空地の思想』（北斗出版）など。

★一八——平良敬一（たいら・けいいち）：一九二六—。編集者、建築評論家。『国際建築』、『新建築』編集部を経て、『建築知識』、『建築』、『SD』などの建築メディアの創刊に立ち会い編集長を務める。一九七四年、建築思潮研究所設立。『住宅建築』、『造景』創刊。九七年、戦後日本の建築ジャーナリズムを牽引した功績で、日本建築学会賞受賞。著書に『「場所」の復権』（建築史料研究社）、共訳書に『人間のための街路』（バーナード・ルドフスキー、鹿島出版会）など。

★一九——田辺員人（たなべ・かずと）：一九二七—。専門は地域計画。『国際建築』編集長を経て、東京家政学院大学学長。

★二〇——海老原一郎（えびはら・いちろう）：一九〇五—一九九〇。建築家。東京美術学校（東京藝術大学の前身）卒業後、石元喜久治建築事務所を経て独立。一九二〇年結成の「分離派建築会」、続く二三年結成の「創宇社建築会」の同人として活躍。作品に《ディックビル》、《尾崎記念館（現憲政記念館）》、《大日製罐板橋工場》、《川村記念美術館》など。

★二一——中井正一（なかい・まさかず）：一九〇〇—一九五二。美学者、評論家、社会運動家。京都学派の流れを汲みつつ、中井美学と呼ばれる独自の理論を構築。一九三三年、京都帝国大学教授滝川幸辰に対する思想的弾圧事件への反対運動で中心になって活動。代表的な論文に「委員会の論理」がある。人間の集団思考の理想的なあり方と、その形態を理論的に描こうとした。著書に『美と集団の論理』（中央公論社）など。

★二二——狂い咲きの桂離宮：桂離宮を歴史的に把握することを目指した伊藤ていじによる論文。『建築文化』（一九五六年一月号）で発表。近世の入口において、建築生産が寝殿造から書院造へと移り変わる中、桂は「数寄屋的表現」をしつつ、設計技術はあくまでも室町的であると指摘する。桂は、中世建築の終点であり、中世建築の否定でも克服でもなく、貴族の美意識と時流におもねらない中世的な文化意識が成り立たせており、その意味において桂は狂い咲きであり、美しいとした。

★二三——金寿根（キン・ジュコン）：一九三一—一九八六。韓国の建築家、都市計画家。ソウル大学中退後、日本に渡り、東京藝術大学で吉村順三に師事。東京大学大学院在学中、韓国国会議事堂コンペに一等入選。以来、韓国建築界の重鎮として活躍。作品に《空間社屋》、《オリンピック・スタジアム》、《馬山聖堂》、《京東教会》など。

★二四——吉本隆明（よしもと・たかあき）：一九二四—二〇一二。思想家、詩人、評論家。東京工業大学化学科在学中、奥野健男と『現代批評』を創刊。文学者の戦争責任や転向を問う一方、既成左翼の思想を批判し、戦後の学生運動に大きな思想的影響をもった。著書に『文学者の戦争責任』（淡路書房）、『言語にとって美とはなにか』（勁草書房）、『共同幻想論』（河出書房新社）、『最後の親鸞』（春秋社）、『ハイ・イメージ論』（福武書店）など。

★二五——国際建築学生会議：学生主催の国際会議。世界各国の学生の代表が集まり、同一のテーマで報告を行なうことで、専門知識の交換と相互交流を図るもの。第一回会議は一九五四年にロンドンで開催。以来、ローマ、パリ、コペンハーゲン、レニングラードと毎回開催地を変え、各国から選抜された学生が議論を交わした。日本では、第二回のローマ会議招請を契機に「日本建築学生会議」が結成された。

★二六——絹谷祐規（きぬたに・すけのり）：一九二七—一九六四。建築計画家。京都大学工学部建築学科卒業。住宅問題、都市計画、地域計画が専門領域。オランダで不慮の事故により客死。著書に『生活・住宅・地域計画』（勁草書房）など。

★二七——エピグラムは『ドン・キホーテ』から引用したのですが：——もうまっぴらだ！と、ドンキ・ホーテはひとり言を言った。こんな輩に何か徳にふさわしいことでもやらせようなんて、まるで砂漠の中で説教するようなもんだ。この事件にはよっぽど強力な魔術師が二人もいりこんでいるに相違ない。互いが互いのたくらみをぶちこわしおる。

★二八——石母田正（いしもだ・しょう）：一九一二—一九八六。歴史学者、日本史学者。東京帝国大学文学部国史学科卒業後、朝日新聞記者を経て、法政大学教授。古代、中世史を唯物史観の立場から研究。古代家族・奴隷制に関する多くの論文・著作を発表。戦後の歴史学に大きな影響を与えた。著書に『中世的世界の形成』、『日本古代国家論』（ともに岩波書店）、『歴史と民俗の発見』（平凡社）、など。

# 3 『空間へ』、《お祭り広場》、『日本の都市空間』

## 一九六〇年代における都市論の方法をめぐって

### 1 都市をイヴェントとしてとらえる視点

**日埜直彦**　前回はおおよそ五〇年代を視野として、当時のモダニズム一辺倒の状況のなかで考えておられたことについておうかがいしました。一方にモダニズムの計画的な手法ではフォローしきれない生々しい現実があり、しかしモダニズムの均質空間の限界を感じつつそれを超える論理が見当たらない状況でもあったわけですね。

今回はそうした問題のなかから後に繋がるひとつのきっかけとなった「イヴェント」についておうかがいできればと思います。出来事、あるいは『日本の都市空間』(彰国社、一九六八)では「かいわい」という言葉が出てきますが、そういう「モノ」ではなく「コト」への関心です。少し先回りして言うと、その関心はその後《お祭り広場》(一九七〇)★一や《パラディアム》(一九八五)★二を導き、そして最近ではトリノオリンピックのホッケー競技場や福岡のオリンピック・プロジェクトへと、つながっていきます。そうしたイヴェントの場としての空間、とりわけその由来について具体的にお聞きできればと思っています。

『空間へ』(鹿島出版会、一九九七)にまとめられた論文のうち、初出が一番早い論文「現代都市における建築の概念」は「状況1」「状況2」「方法1」「方法2」という組み立てになっています。「状況1」では都市の不確定で不定形な活動について、「状況2」ではそうした都市を構造化している道路に代表されるような枠組みについて概観し、それに対して「方法1」では「状況1」に対応してその内在的なシステムの発見の必要性、「方法2」ではご自身のジョイント・コア・システム★三を取り上げながら都市にある種の秩序を与える都市施設の必要性を説いておられる。この論文に典型的に見える、「不定形なもの」とそこに「形を与えるシステム」という二項対立的な構図はその後の論文でもしばしば見られます。

**磯崎新**　「現代都市における建築の概念」はモロッコの住宅やポーラス(多孔質)状のものなどいろいろヴィジュアルを

並べて、それに文章をつけたものです。当時、都市のテクスチャーは単純なソリッドのものではなくて、このようにポーラスでアンフォルメルな形態を取りうると考えて、ポロシティの原型を探していたと思います。

**日埜**――そういう不定形なものへの関心は急速に変貌を遂げつつあった東京の現実と重ねて捉えられていたかと思いますが、それに対して都市に形を与えるシステムが提案されています。そこで「不定形なもの」とはつまるところイヴェントであり、「形を与えるもの」はシンボルないしシステムと言い換えることができるのではないでしょうか。

**磯崎**――あの論文の三年後に書くことになった『空間へ』の「都市デザインの方法」の最後に「霧状の流れ」が出てくるのですが、「方法1」ではイメージをさらに抽象化させて、都市をモナドあるいは点の集合ととらえています。点が動くと流れと濃度が生じます。それらを数学的に形式化するとどうなるかと考えていました。正直なところ僕は数学に強いわけではない。近代経済学で数学的な解析をやっていることなんかは知っていても手がでない。丹下研では僕の次の世代の山田学や月尾嘉男★四などがこの領域に入っていきました。僕は、どこかで、代数より幾何が好きだったと言った記憶がありますが、関心が都市とか万博へと移っていきました。イヴェントとしての万博、つまり理論的解析よりも、デザインとして手を動かすほうが向いているような気もしていました。だからスコピエの再建計画に意図的に関わろうとした。丹下健三さんはその両方をやっていたわけですが、そのうち具体的な仕事として《お祭り広場》などに関心が移っていきました。形態のシステムから生活のシステム、実際に生きているもののシステムへと移りました。いま指摘された僕の初めての都市論になるものを読み返してみると、稚拙な思いつきにすぎないんだけれど、不定形や偶発性に関心を示していたのが、イヴェントとして都市をとらえる視点につながっているかもしれませんね。だから、不定形には常に関心があったと思います。美術が描き出そうとしていたアイディアとつなごうとしたんでしょうね。問題は分析のための道具でした。ひとつのシステムでも社会的制度でもよいのだけれど、そこに流動しているものをひとつの道具を用いて描き出したとたんにスタティックになる。スケッチして描けるのはひとつのイメージしかない。この問題をどう処理するのかは、最大の難問です。例えば、揺れ動いているイメージが仮に生まれたとしても、これを、固定されたものに置き換えないと具体的な図面にならないわけです。ある瞬間を切ったときにその断面が見えます。そのフィックスされたものでしか計画へ持ち込めない。イメージを具体的な都市計画の領域に写し取るのはこんな手続きです。ゾーニング、道路計画などのパターンは全部スタティックなものです。一〇年、一〇〇年単位で考えなければならないわけですが、イメージの出現は瞬間です。このズレが大きくて、決めると身動きができないけれども決めないと具体化しない。これが最大の矛盾です。だがここから始めざるをえない。それを状況対方法という対比でとらえようとしていたのだと思います。「都市デザインの方法――シティ・インビジブル」（一九六三）も同じ構成で、結局CIAM対IFHP（国際住宅都市計画連合）という対比で見ている。「現代都市における建築の概念」は、イメージの現実化をどのようにしたらよいかという趣旨だったんですね。当時はアーキグラム★五はやっとミニコミのパンフレットを発行し始めた頃だから、世界的に都市に対する新しい提案をするのに参照できるものはなかったのです。六四年の段階で、アーキグラムは活動をいったん打ち止めにした。その年の『アーキテクチュラル・フォーラム』の最終号に、アーキグラムのイメージが最後のページに掲載されました。これがアーキグラムが世間に伝わった最初だと思います。アーキグラムとは六四、六五年に接触が始まりました。その頃僕は外国の街をまわっていましたが、人工的、古典主義的なものよりも、自然発生的な村落などから見えるものを探していた。だから地中海・イスラム、非西欧的アジア、前西欧的なエジプトなんかが関心事でした。

## 2 両義性とシュルレアリスムの方法

**日埜** 「ジョイント・コア・システム」と後の《お祭り広場》を比べてみると関心の移動が感じられます。「ジョイント・コア・システム」の場合はヴィジュアルとしても街並みに対して、それを突き抜けるように屹立する構造物の印象が強い。それに対して《お祭り広場》の場合は上のスペース・ストラクチャーは比較的プレーンでその下の空間、イヴェントの起こる場が重要視されてきているように感じます。アーキグラムの場合も、例えば「ウォーキング・シティ」から後のテント構造物に至る流れにそれと並行するようなところがあるかもしれません。

そしてちょっと飛躍があるかもしれませんが、この構図は前回のインタヴューで出てきた岡本太郎さんと瀧口修造さんの対照と関係づけられるのではないかという気がします。つまり対立をそのまま受け止める対極主義の岡本とシュルレアリストの瀧口という構図です。「孵化過程」★六はモンタージュの技法を使っていて、プレゼンテーション全体としてシュルレアリスム的な印象を受けます。だからといってそれを瀧口修造につなげるのは強引かもしれないのですが、そのシュルレアリスティックな傾向から、矛盾のぶつかり合いをそのまま肯定する岡本太郎の対極主義へというグラデーションがあるように思うわけです。

**磯崎** メガストラクチュアとして既存の都市と対立する構図から、既存の都市の内部の活動を活性化させるソフトな被膜へとプロジェクトの目標を転換させた契機は？という指摘ですね。そのとおりにシフトしていきました。これが、対極主義よりシュルレアリスムへという日本アヴァンギャルドの隠れた文脈に関わっていないかというご意見には、今のところちょっと答えがみつかりません。そうかもしれない。だけど僕は方法の違いよりロジックの共通性に注目していたという気がします。後になって自覚してきたのにすぎませんが、可視化されたアクチュアルなイメージより、潜在しているヴァーチュアルなもののほうがよりリアルではないか。それを突きとめることがプロジェクトだと考えるようになりました。

瀧口さんのシュルレアリスムも、岡本さんの対極主義——彼流のアヴァンギャルドですが——の方法論も、矛盾を抱え込んでいるという点では同じです。太郎さんは自我も引き裂かれ、社会も引き裂かれるという状態から見えてくる対立、対極を言おうとし、社会主義リアリズムとモダニズム、政治的なものと非政治的なものを対立したまま同時に共存させて、そこでの対立するテンションを重視していたのだと思います。弁証法は、そのテンションをいかに解消して段階を上げるか、ということです。しかし上がってしまうとテンションがなくなってしまう。僕はそのテンションのほうが面白いと思っていました。だから弁証法に抵抗していて、太郎さんの方法論は面白いと思っていました。シュルレアリスムさえもがその手がかりにしていた両義性、あるいはあいまいさへの関心がはっきりしてきたのは六〇年代末くらいだと思います。あいまい、アンビギュイティという語にはぼんやりしたものというイメージがありますが、アンビギュイティは両義的という訳語にうかがえるように、ひとつに見える言葉のなかに、二つの意味や対立するものが同時に入っている状態と言えます。偶然、ウィリアム・エンプソンの『曖昧の七つの型』(思潮社、一九七二)★七という本を見つけました。エンプソンは戦前に東大でも講義をしていたことがあるのですが、この本は詩学についての決定的な本だと言われています。その前にヴェンチューリの『建築の多様性と対立性』(原著一九六六、SD選書、一九八二)★八が出版されたのですが、ここでヴェンチューリは事例をアトランダムに引き、何が対立で、何が矛盾かと述べています。ある意味で対立は対極と近く、矛盾はひとつでありながら、肌別れするものがなかにあり、それが分裂していく。対立と矛盾がタイトルになったこの本に関心を持ったのですが、この問題をどう考えたらよいかわからないうちに、エンプソンの『曖昧の七つの型』を読んだわけです。そして『建築の解体』(美術出版社、一九七五)の「ベンチューリ論」では、『曖昧の七つの型』と対比して整理した一覧表を作りました。「対立と矛盾」と同じような形で、シュルレアリスムはある意味で両義性を視覚化したものと言えると思うのです。ネイティヴの友人からアンビギュイティは「あいまい」という日本語ではきちんと言えないので両義性と訳すのがよいと聞きました。両義性というのは、ある記号がひとつの意味だけを持っているのではなく、互いに矛盾した複数の意味を持っていることです。それが、あるときにはひとつの意味で現われ、別なときにはほかの意味が現われる。確固としたものが見えないから、「あいまい」という日本的表現になる。さらに言うと、あいまいというぼんやりしたどっちつかずのものではなくて、ここには明快なロジックがあって、ロジックそのものが内部で対立し、分裂する要素を含んでいる。それがアンビギュイティです。そうするとシュルレアリスムも同じだと思いました。日本では、シュルレアリスムを幻想絵画に分類してしまう傾向がある。幻想は単なるロマン主義にすぎない。対立が起こり矛盾した意味をもつことが本来のシュルレアリスムです。シュルレアリストの方法は、言葉の伝統的な用法、イメージのクリシェを突き詰め、それが通念として持っている意味から逸脱していく要素や内容を秘めていることを明らかにすることです。これがアンビギュイティ、あるいはシュルレアリスムの原則だと思います。そう考えると、マン・レイ★九たちが柔らかいものとトゲトゲしたものが重なっているもの、あるいは対立するもの両方をもち、裏表があるものを探していたことがわかります。シュルレアリスムに関心があった人たちのなかでそのことを感じていたのは瀧口さんだけでしたね。後続の人たちでさえシュルレアリスム＝幻想という理解をしていました。だから日本ではシュルレアリスムは情念のような非論理的なものになってしまった。これはまったく読み誤りです。日本人はしばしば海外の事象を受容するときに、それを受け取る過程で読み誤っている。シュルレアリスムも同じです。「太郎は下手な抽象で、シュルレアリスムではない」と、当時は言われていましたが、じつは太郎さんの対極主義もシュルレアリスムです。六〇年前後はそんな状況でした。僕もそのなかで現実に存在している都市と、これに対処する実際の方法、この具体的な手段をどう扱うかということを考えていました。そういう外の状況と『空間へ』の初めの部分はつながっていると思います。入り乱れたポーラスで、ねじれた都市空間はそのなかのひとつとしてありうるのではないかと考えていました。要するに、ポジとネガのように対立してあるのではなく、ねじれて重なり合っているということです。

もうひとつは、動くということです。動くということは別の意味で言うと、目で見て動くことではなく、時間の経緯として観察すれば、都市が時間とともに変わっていくことです。時間を一〇年、一〇〇年単位で考えればコンスタントに変わっていて、その成長過程を見定めることが可能だろうと思いました。そして、この変化を極端に追い詰めていくやり方がありうると考えていました。目標なんか定めなくていい。成長要因（複雑系でいう創発的形質）を突き詰めて、これを強引に加速させる。そして結局これはラディカリズムに到達する方法論ではないかと思い始めたのです。とことん追い詰めると、行き詰って自爆せざるをえない。だから六〇年代の初期のネオ・ダダイズム・オルガナイザーズ★一〇をはじめとするさまざまな美術や音楽は先の見えない自爆するイメージが多かったわけです。

## 3　六〇年代における美術界の問題構制

**日埜**　イヴェント、不定形なものには、一方でごく日常的な継起的変化があり、他方で偶然的、突発的な事件があります。例えば「かいわい」とはどちらかといえば前者にあたり、日々の日常的な出来事に当時関心があったように思うのですが、次第に突発的なもの、いわゆる事件、偶発性に移っていくという関心の移動もあったのではないでしょうか。それはネオ・ダダの事件的なたくらみなどと並行して出てきたものだったのでしょうか。

**磯崎**　一九六〇年が頂点になる日本でのアヴァンギャルドの運動をゆさぶったのは、アクション・ペインティング★一二だったとも言えますね。その一〇年ほど前、ジャクソン・ポロックがブレイクスルーしたものです。大画面を床にひろげて、バケツにアクリリックの絵具をいれて、画面上にドリッピングする。この制作シーンの写真が流れてきたときは衝撃的でした。「アトリエが闘技場になった」と言われたりしたのです。ドリッピングされた絵具の飛沫の痕跡、不定形、偶発性、無意識。西欧で絵画を成立させていたいくつもの基準が吹きとんだのです。
日本人で最初のアクションペインターはパリにいた今井俊満で、一九五七年に彼が友人サム・フランシスとジョルジュ・マチューをつれて帰国。この二人がメディアのなかでパフォーマンスを繰りひろげた。草月流の勅使河原蒼風★一三が彼らにコミッションした大作が、丹下健三設計の旧草月会館のSACホールを長い間飾っていました。このSACホールは六〇年代を通じて過激化していくパフォーマンスの上演舞台になりました。こんな場がないと既成のシステムと相容れない新しい芸術運動は容易じゃないのです。いま芸術領域での六〇年代再評価はEXPO'70に、とりわけ《太陽の塔》に集中しているけれど、その前史として、SACの活動がもっと取り上げられていいと思いますね。アクション・ペインティングは学生や卒業したての若いアーティストを直撃しました。篠原有司男（ギューチャン）のゴミを叩きつけた《こうなったらやけくそだ！》という作品に瀧口修造さんが注目する。工藤哲巳の擬似ペニスが増殖する作品（草間彌生より先でした）を東野芳明★一四が「反芸術」と呼んだ。これが六〇年前後のひとつの問題構制になりました。反芸術論争です。さまざまな議論や対論があり、都市デザイナー磯崎新までが、パネリストになる。この論争は針生一郎★一五が宮川淳★一六の説を「芸術の消滅不可能性の原理」と呼んだあたりで決着した。簡単なことで、反芸術といえども芸術だ、というポストモダン的なロジックによるパラドクスです。ついでながら、世間が一九六〇年に注目するであろうということを予測して、水戸芸術館で、私のキュレートした「日本の夏――こうなったらやけくそだ！」展（一九九七）はギューチャンのタイトルをいただきました。この展覧会で、私の幻の作品と呼ばれている《新宿ホワイトハウス》★一七が再現されました。三間立方体に一間幅のメザニンのついた箱だったことは記憶しているのだけれど、手元には何の記録もありません。建築物なんてたわいないもので、アイディアとそこでの事件の記憶は残っても、実体は消えたり崩れたりしている。どれを建築と呼ぶのか、まあ、あの頃は半世紀後の運命なんて考えもしませんでしたからね。

ところで、このアクション・ペインティングは、次第にパフォーマンスそのものになり、絵を描くかどうかは関係なくなってきます。六〇年を境にして、それ以前は作品を作るためのアクションだったのが、作品を作ることが目的から外れて、アクションそのものに変わっていった。当時、その動きは新鮮に見えました。街頭にデモに行くこともボクシングをしながら絵を描くこともパフォーマンスで、身体の動かし方そのものが作品になったのです。作品の概念が変わったといえます。音楽やダンスはパフォーマンスです。映像はみな動きます。都市も動いているのではないか。

最近、フルクサス★一八が再評価され、注目を浴びています。一方では大阪で五〇年代から吉原治良のリードで活躍をし始めた「具体美術協会」★一九の活動も国際的な研究が進んでいます。ここでは美術作品をアクションと結びつけました。フルクサスは音楽家の集団で音のつくり方を根底から変えようとしました。このような動きは直接の関連はなくとも世界同時多発です。だがこのようなことを議論をする人は建築界にはいませんでした。メタボリズムはモダニズムの連続のなかで組み立てられたメソッドで、生物学的なイメージを都市とつなげようとした。そこから僕が考えていた議論が出てくるとは思えなかった。それで建築よりも美術や音楽といったほかの領域の動きのほうが刺激的だった。フルクサスの音楽家たちによるジョン・ケージ★二〇に由来するグラフィック・スコアは、都市の視覚的構造分析に使えそうだし、「反芸術」派のイメージは、都市に流れる時間を反転するような廃墟と未来都市とつながっている。こんな具合の連想がいくらも見えるでしょう。これは単純に僕がこんな事件のただ中にいて、身体的に巻き込まれていたためです。とはいっても同じことをやっても仕方ない。建築家として、これを都市や建築の領域に移転させ変形しなければならない。

## 4 都市を計画することの矛盾

**日埜** 建築家として形を与えなくてはいけないという大前提が、基本的な困難としてあったでしょうね。結局形を与えようとする限り、何に対してその形が現われるのか意識せざるをえないし、そうなると「プロセス・プランニング」のような、やはりイヴェント、プロセスをシステムが追従するという構図になる。

**磯崎** 都市や建築を計画をすることには本質的な矛盾

がひそんでいます。都市はたえず変化・成長している。それに対して、ひとつの像を案出して投企（プロジェクト）するわけですが、そのとき使える手段はすでに法制化されているシステムにすぎず、無数の制約の下にある。ここでつくられたプランを現実の都市に投げ込もうとしても、もうその相手は先へ向かって変化している。手遅れになっている。とはいっても操作可能なのは、そんなシステムでしかない。いたちごっこになって、常時変更を迫られるが追いつかない。しかも、その投企を、上から一挙にやれればファシズムだし、下から民主的にやろうとすれば、まとまったイメージは消え失せる。本質的なアポリアなのです。だけれど、これらを壊さなければならない、というのが当時の気分でした。では何から始めるか、モダニズムが持っていた思考構造を批判することしかない。モダニズムでは、目的がユートピアとして設定され、それに向かってすべてを編成し、移行させようとし、前衛は全体の先端にいる牽引者です。例えば絵の場合でも、どのようなイメージを画面につくるかが目標としてあり、その目的に向かってすべてを編成して、前進させる。ところが、イメージが消え、目的がなくなった場合でも、ツールそのものは作動している。勝手に作動させてよいのではないか、と思っていました。アクション・ペインティングのポロックが再評価されるのはその部分だと思います。ところが美術批評家や歴史家は、ポロックは作りながらイメージが浮き出るようなものを作ったではないか、精神分析的な意味で、隠れたイメージがそういう形で表現された、と言います。表現はオープンエンドではなくて、収斂する目標があるのだというわけです。その目標ばかりを言うのがスターリニズムです。ヒトラーは「千年王国」と言った。「大東亜共栄圏」は侵略目標ではあったけれど、ユートピアのかけらもなかった。元来日本人は時間軸上の未来を想像するのはまったく苦手であって、無時間的な距離感に置き換えてしまうくせがあると思っています。例えば西方浄土よりの来迎仏。この日本的な特性にとらわれているなどとはまったく思ってもみなかったけれど、いまとなってみると、目的に向かって命をかけるなんて、何だかダサイよ、と感じていたことは確実ですね。

ついでながら、そんな未来についての思考に関わって、あの頃、二冊の本を挙げていました。ひとつはダーシー・トムソン★二の『成長と形態』（邦訳＝『生物のかたち』東京大学出版会、一九八六）、もうひとつは、テイヤール・ド・シャルダン★三の『現象としての人間』（みすず書房、一九六四）。前者は翻訳も出てポピュラーになっているけれど、後者はいまだにミステリアスに思えて、しょっちゅう想起しています。とりわけ、人間の意識は何百万年か後に現れるω点でひとつの宇宙意識に集約されていくというヴィジョンで、これは確実にSF作家アーサー・クラークに影響を与えた。そんなユダヤ的終末論から生まれてくる構図が、いつの間にか僕にとっては、その対極にあるものとしての日本的思考形式への関心に連なっていくように、今となっては思えます。先回、「日本の都市空間」について話したとき、どうして日本の都市を扱うようになったのかについてはふれる余裕がなかった。ひとつだけここで補っておきたいのは、日本的な都市パターンの整理などは、ユダヤ・キリスト教的な西欧の近代的思考の視点から、異質性、固有性のあるものとして選びだそうとしていました。おそらくあの仕事がいまだに参照されるのは、その後のデザイン・サーヴェイ★二三が、単なるニュートラルな記録でしかなくなったために、逆に浮び上がってくるのだと思えます。

そこで、目的＝テロスについてですが、この背後にその後も僕を悩ませ続ける主体、もしくは自我の問題が含まれているのですが、これはまだこの時期には表面化してない。『建築家捜し』（岩波書店、一九九六）の「他者としての建築家」のテーマはこれを補填する作業でもありました。まあ、単純化して言えば「目標が消えた、どうすればいいのか」ということです。つまり目標を外した場合何ができるのかという問いです。「手法論」（『手法が』美術出版社、一九七九）を考えるようになって、その核になるコンセプトは自動生成、すべてが目的が定まらずにそれでも作動している状態を成立させることです。とすれば何のためにやっているのかと批判される。それには逆に、じゃ、何故ほっておいても都市や建築ができるのかと問い直さねばならない。作られること自体を目的、枠組みに設定しなければならなくなります。モーターが回転する場合、それは自動車を動かすという目的があるのですが、その目的がなくても回転します。人間でもそういうものを作動させる要素がＤＮＡに仕込まれている。生成論としての都市論です。このような都市論は八〇年代にあらためて議論されます。六〇年頃は経済学などが通用した確率論的方法論はまだなかったので、とてもプリミティヴにやっていました。初期未来派やデュシャン、レイナー・バンハム『第一機械時代の理論とデザイン』などに見られる、あの頃の機械の理解の仕方、イメージの作られ方にしばられていたんですね。

## 5 エンバイラメントの会と《お祭り広場》

**日埜**｜差異の自己生成ということになってきますが、そうなると確かに弁証法のプロセスとはまったく異なるヴィジョンになってくるでしょう。当時サイバネティクスに対して関心を持たれていたようですが、これも同じ文脈にあるのでしょうか。

**磯崎**｜「見えない都市」（『空間へ』所収）の結論的な部分で「サイバネティック・エンバイラメント」と呼んだ箇所があります。保護膜、互換性、可動装置、人間—機械系、自己学習、と五項目を取り出して、これが都市空間の特性となるだろうと予測めいた表現にしてありますが、この項目は実は《お祭り広場》の予備的スタディから導き出し、その一般化をねらったものでした。ノーバート・ウィーナー★二四の『サイバネティクス』は五〇年代末に翻訳が出た記憶がありますが、それの前史のようなものにオートメーションがありました。テーラー・システム★二五と呼ばれた流れ作業のなかから人間の手を借りずに自動的な生産をする。こんな、いずれロボット生産に連なる一種の技術的革新が現われた。それをソフトな環境論に拡げていこうとしたわけですね。ここで言うエンバイラメントは当然ながら「空間から環境へ」展（一九六六）★二六の「エンバイラメントの会」と関係があります。《お祭り広場》の装置空間のスタディにあの会のメンバーを巻き込んだのだからその関連は明瞭でしょう。自動生成と言うとちょっとおおげさで、自動的作動と言ったらいいのかな。「都市の設計は、まったくボタン戦争のメカニズムに似ている」（『空間へ』三九二頁）と言ったりしていましたから。

**日埜**　『日本の都市空間』で、ヴァナキュラーなものへの分析上の架橋として、シンボルという言葉が出てきます。本の構成から見ても、二章の「かいわい Activity Space」と三章の「ひもろぎ空間 Space-Time Value」、四章の「象徴となる symbolizing」は繋がっていて、それは基本的に歴史・時間的なものと関連づけられています。『空間へ』に「ジョイント・コア・システム」の柱がギリシア神殿の崩壊した列柱とモンタージュされている図像がありますが、こういう視点の取り方が面白いと思います。

ちなみに「象徴となる symbolizing」というふうにタイトルを動詞にしているのはどういう意図があったのでしょうか。

**磯崎**　つくられる、生成するというのが最大の関心事でした。応用する、あるいは物事が自然に広がっていく、浮き上がっていく、自らが変わっていくという、一種の生成論です。変化する都市を観察することはアカデミックにやれるだろう。だが、その変化の過程に、計画者、デザイナーとして、主体的に介入するにはどうすればよいのか。こんな単純な問いかけを持っていました。何しろ初めて現場に入り込む。その手がかりを捜していたんですね。

**日埜**　シンボルという言葉は今で言うならばサインですね。

**磯崎**　あの頃は記号論はなくて、シンボルの哲学というとカッシーラー★二七のテクストでした。記号論が出てきたのは六〇年代後半です。バルト★二八たちは五〇年代に記号論らしいものを手がかりにしていましたが、建築における記号論はジョージ・ベアードが編集した論集★二九だったと思うのだけれど、名前は思い出しません。ウンベルト・エーコの論文なんかも入っていたような気がするのだけれど、僕の書庫は数カ所に分散しているので、確認する方法がない。ともあれシンボルという用語には、意味論的に多重の負荷がかかっている。もっとニュートラルでモナド（これにも負荷がある）のようなもの、数量操作に耐えうるようなコンセプトがないのか、こんなところで、僕の使い方も迷っています。

## 6 見えない都市の表現方法

**日埜**　『日本の都市空間』での「かいわい」という言葉は、そのほかに列挙された項目とは少々異質ですね。ほかの項目は日本的美学の型としていかにもありそうなのですが、「かいわい」というのはそもそも型ではない。そういうなかに敢えてこれを並べられているということは、逆に意識されてこの項目を立てられたのではないかと思います。どうしてそこに目が向いたんでしょうか。モダニズムのシステムが捉えそこねた空間の様相という意味で、今から見ればこれを入れる意義はわかりやすいのですが、そのきっかけが何だったのか興味があります。

**磯崎**　例えば銀座界隈というときに、銀座を地図上でマークしてみても、そのエッジからアクティヴィティがはみ出しているのではないか。しかもアクティヴィティには濃淡があり、これを表現できる手段はなかなか見つかりませんでした。社会的に制度化され、法制化もされている都市計画の手法では取り出すことができないけれど「かいわい」と言えばぱっとわかる。こういうすごく単純な思いつきでした。都市の「にぎわい」とか「盛り場」といった呼び方は普通に使われていて、私たちはそれでぱっとひとつの状態を想起できるじゃないですか。だがそれを図示することは不可能です。言葉による表現のほうが、都市をデザインしたり解析するときに使える手段よりはるかに豊かなんですよ。おおげさに言うと、記述不能なものを記述するにはどうしたらよいのか。こんなプリミティヴな問いを抱えて議論したりしていましたね。

そんななかで浮んできたのが、カミの招来の方式です。「ひもろぎ」という場を設定して、儀式がなされる。このとき、一定の手続きでカミがここに招かれたことになっている。だけれど冷静に観察しても、その場に何の変化も起こっていない。だけれど感知できる。いずれ僕はこれを「ひ」のはたらき、と考えるようになったけれど、こんな文化人類学的な知識は当時持ち合わせていなかった。折口信夫★三〇を読むようになったのもずっと後のことです。

「かいわい」をある都市活動のなされている領域の概念としてとらえれるとすれば、一定の場に、何かもやもやしたスピリット(ひ)のようなものが立ちこめていて、動いている、こう考えたらよいのではないか。ただしその周辺の輪郭はぼんやりして伸縮している。さらにはその内側は渦状に動いて濃淡がある。そこで「シンボルの濃度と流れ」といった表現が精一杯、という具合でした。いま考えると、あの頃は、使う用語、その表現手段、すべてが決まっていなかった。例えばここで場と言ったとしても、当時正確に定義できなかった。そのうちアリストテレスからトポスという言葉が取り出されて大はやりしました。だけど僕は、トポスをこんな領域概念に用いるのには納得いかなかった。そのうちプラトンからコーラ★三一が取り出される。西田幾太郎★三二もここに眼をつけていました。デリダの「コーラ・ル・ワークス」★三三が建築界ではやってきた。このコーラのほうに僕はより近い解釈をしています。数量化し、システム化する方向がもちろんあったけれど、僕は、むしろ概念化しイメージ化することにより関心を持っていた、そんな具合だったと思います。

**日埜**　都市計画が捉えそこなう都市の現実ということですね。しかしそういうイメージを客体化しようとすれば都市計画とは違うヴィジョンを客体化する方法が必要になってくるでしょう。

**磯崎**　都市計画は統治する枠組みのための手段にすぎないし、手段にしか使えない。だから常に上から与えられる。しかし現実は枠組みのなかで変わっていくものです。演劇的なものやパフォーマンスがスタティックな図面をつくるより、より都市のデザインに近い表現方法なのではないか、と思ったりしたのです。だから都市計画論でもデザイン論でもなく、何か別のものなんです。

――シュルレアリスムは戦前にも日本に入っていて、六〇年代に隆盛したと思うのですが、日本のシュルレアリスムの学者や詩人、例えば澁澤龍彦さん★三四などとの交流はなかったのですか？

**磯崎**　そんなに密接ではなかったけれどときどき議論した記憶はあります。澁澤龍彦はバタイユの建築論に近いような視点を持っていて、建築に対してはアンビヴァレントだった。建築家としての磯崎は撃滅されねばならない相手なのです。酔っぱらって、明け方まで、支離滅裂な議論をした記憶はあります。僕はその頃、サドの妄想はまさに構築的で、これを建築的と言うべきだと思っていたのだけれど、彼は具体的に建ちあがったすべての建造物は障害物にすぎず、建築家はそれに手を貸しているだけだと酔っぱらってしゃべる。こちらは、そんなもの建築じゃないという、まあ水かけ論でした。

**日埜**　なるほど情景が思い浮かびます（笑）。

## 7 七〇年代以降のイヴェント論

**磯崎**　ここで、最初に日埜さんから問題提起されたイヴェント論のその後についての概略を述べておきます。

「かいわい」とか「ひもろぎ」など日本の都市空間に見出そうとした霧のようにゆれ動いている状態をひとつの場としてとらえる視点に、「ひ」という広義のカミ／ヒトの核にあたるものを導入することで「間――日本の時空間」展を組み立てたことは話しましたが、それは六〇年中期においては、チャンス・オペレーション、パフォーマンスなど境界領域に現われた表現方式にも連なっていくものでした。

そのうちEXPO'70の準備が始まる。私なりの理解では、「反芸術」論争の終結した後に「空間から環境へ」展が編成される。これがいわゆる「万博アート」へ状況を移行させた契機のように思えます。《お祭り広場》の予備的スタディをやったのが、「エンバイラメントの会」のメンバーたちでした。《お祭り広場》というネーミングは京大の西山夘三さんのチームによるものです。すぐれて日本的なお祭りとすぐれて西欧的な広場がここで強引に接続させられている。この言葉が出てきたときには正直いって戸惑いました。だが、あのEXPO'70が後世に残したのは、この言葉ひとつではなかったかと思うほどにいまだに使われている。都市のなかにイヴェントの発生する場をつくり上げる、こんなそれ以後誰も疑うことのなくなったコンセプトが、妙なかたちで誕生したのです。

僕たちの側からこれに対応したのは、《お祭り広場》をサイバネティック・エンバイラメントとして編成することでした。先に述べたように、保護膜、互換性、可動装置、人間―機械系、自己学習、と五項目の特性を取り出したのですが、六〇年代が回復されようとしてきた九〇年代以後のコンセプトとして再生されているように思いますが、何よりその契機になったのはイヴェントとして都市の活動を取り上げるということだったのです。オリンピックと万博で日本は復興した姿を世界に示した。四〇年後に中国がそれを反復しています。結果としてそうなったので、六〇年代にオリンピックやEXPOが社会的な起動力を与えてくれるなんて考えも及ばなかったのじゃないかな。

この《お祭り広場》の提案は、当初のエンバイラメントの会のスタディを僕が受け継いで、丹下さんを中心にした基幹施設の設計チームに提案した段階のものを、先ほどのようなコンセプトに整理したのですが、具体的な設計段階でもう一度再編される。僕は装置の設計に集中することになる。これが精一杯でした。

最初に構想したときに比較して、おおざっぱで荒っぽいものになった。まあそれがEXPOなんだとも思いますがね。七〇年代は結局「間」展にいきつくような日本的なもののなかに「ひ」を捜すといったいくらかスタティックなスタディに集中していましたが、ニューヨークで《パラディアム》をやることになって、一挙に「アート&テクノロジー」の時期のアイディアの回復をはかった。この小屋は年中開業している《お祭り広場》みたいなものです。一年間のうちにヤンキースタジアムの総入場数を上回る観客がつめかけたことになっている。身体を動かして参加すること、これが当たった原因だと思います。

だから八〇年代にパフォーマンスに対する関心から演劇的な仕事にインヴォルヴすることになります。《利賀山房》(一九八二)★三五が片方の極とすれば、《パラウ・サン・ジョルディ》(一九九〇)★三六のようなアリーナがもう一方の対極ですね。こんな例を挙げてみると、どうも建築家としてのまっとうな道を通らずに、常にそのはずれの崩れた部分ばかりを追いかけている。八〇年代にアメリカでやった二つの仕事、《パラディアム》《チーム・ディズニー・ビルディング》(一九九〇)★三七の二つは、正統派の建築家のやるべき仕事

[上]《利賀村野外劇場》[撮影=古館克明]
[下]《パラウ・サン・ジョルディ》[撮影=鈴木久雄]

03『空間へ』、《お祭り広場》、『日本の都市空間』

ではないと見られていたのです。僕にしてみると、だからこそ、異形のデザインが可能になったと思います。世紀の変わり目頃になると、あのサイバネティック・エンバイラメントの諸項目が生きてくるように見えますね。サステイナブルなんていう古めかしい常識があらためて取り上げられると、あの五項目で充分なんです。トリノの冬季オリンピック用の《パラホッケー》(二〇〇四)は、《お祭り広場》のコンセプトの再利用です。とはいってもいまふうに工夫していますけれど。

## 8 ポスト・クリティカル状況

**日埜**　モダニズムの内部からそうした流れが生まれてくる過程について、何回かにわたりおうかがいしているわけですけれど、ずいぶん見通しがよくなってきた気がします。ところで他誌の論文でポスト・クリティカルという言葉を使っておられます。批評性のある言語によってアクチュアリティに爪を立てていくような手法が無効になっている現在、ということでしょうが、面白い見方だと思いました。一方には批評性が惰性を帯びつつあるということもあるのかもしれませんが、むしろこんなおかしなカタチの建築がつくれるし、とりあえずそれが面白いからよいではないかとでもいうような状況が蔓延しているように感じます。

**磯崎**　かなりイージーなものでも意外に通用していますよね。そのほうが売れる。だから今はキッチュのほうがよいのかもしれません。タイポロジーというのはクリシェをつくり上げることなのだから、視点を変えるとキッチュになる。昔はキッチュをいかに解体して、再編成するかということを考えていたけれど、今はそのままでいい、面倒なことをやらずに型にはまったものを凝ったりせずに使うほうがよいと思っている人が増えたのではないですか。今は僕はいろいろマスタープランのコンペに付き合わされるけれど、アンビルトになっているストックのありネタをうまく合わせてまとめて出すほうが今に合っているようで、そのほうがどうも当たる傾向にある。フレームの組み方の問題もあるかもしれないけれど、建築や都市計画の場合は相手がいるわけです。文学や思想は相手がないから、言いっぱなしで、よいか悪いかは別な人が批評して議論しなければいけない。建築や都市はリアリティがあったかなかったか、それだけで決まるわけだから、勝負が早いわけだし、単純と言えば単純です。その代わりロングスパンになる。この一〇年間で状況や方法が変わった気がするけれども、建築は完成するまで最低でも五年や一〇年はかかるわけだし、都市ならその何倍もかかる。あるアイディアがあっても、状況が変わるから三年後にはまったく違うことをやっていなければいけない。だから今作られているものは、その時間は持たないと思う。六〇年代初め頃は、都市のほうが早く変わろうとしていて、それにどう方法をつくるかという問題があったけれど、今も似たようなことかもしれない。

ポスト・クリティカルについてはいずれまとめて語る機会があると思いますが、単純に「前衛的」という評価基準が一九六八年に死んだように、「批評的」という評価基準が9・11(日本では一九九五年)以後やはり消えているという状況認識です。最近、鈴木忠志★三八について書いた「地下から根拠地へ、そして世界を漂流する演劇者」(『演出家の仕事——鈴木忠志読本』静岡県舞台芸術センター、二〇〇六)で、「ケチャップのかわりに生の血が流れている」と表現したのですが、そんな気分が充満してきたとき、都市光景もまた変わって見えるのではないですか。

今回の話を整理すると、六〇年頃のメタボリズムのような建築の生成・変化の技術論に、僕は「プロセス・プランニング」論で対応しようとしたけれど、そこから取り出せたのは、「切断」することによって固定化せざるをえないという自家撞着してしまうロジックでした。そこで、都市のイヴェントの立ち現われ方に焦点を当てることによって、生成の別の側面を引き出す。これを「サイバネティック・エンバイラメント」としてテクノロジカルな展開をはかって、広義に都市を演劇的なパフォーマンスの場に見立てる。そしてEXPOやオリンピックのような都市イヴェントに関心をもった、こんな具合になったのかもしれません。

相変わらず、プロジェクトすることとは、都市に事件を引き起こすことなのだと信じているので、このあたりもまたあの時期の生成論の名残りなんだとも見えますね。

[二〇〇六年一〇月一四日、磯崎新アトリエにて]

[註]

★一——お祭り広場：一九七〇年の大阪万博の中心的な広場。丹下健三による設計。用途に応じて会場を演出するロボットなどの装置群が特徴。上部にそのインフラとしての巨大な長方形スペース・フレーム「大屋根」がかけられ、中央に岡本太郎による《太陽の塔》が配置された。

★二——パラディアム：一九八五年竣工、磯崎新設計。ニューヨークの古いオペラハウスを改築したディスコ。非装飾的な立体格子を劇場の中央に挿入し、歴史主義的な装飾との間に対比を生み出そうと試みられた。内部デザインには、キース・ヘリングやケニー・シャーフなどのアーティストたちも参加した。現存せず。

★三——ジョイント・コア・システム：磯崎新による東京の都市構造に関する改革案のひとつ。数十メートル間隔で並ぶ垂直のコアの内部にエレベータなどのインフラを収納し、コア同士の間を住居やオフィススペースとしての巨大な梁が連結するというもの。計画案に《空中都市——新宿計画》、《空中都市——渋谷計画》などがある。

★四——月尾嘉男(つきお・よしお)：一九四二—。工学博士。東京大学名誉教授。建築デザイン・設計分野におけるコンピューター利用の草分け的存在。学生時代は都市工学、交通システム工学の研究を行う。「デジタルアーカイブ」という言葉を提示。八〇年代後半からは情報通信を活用したまちづくりや地域おこしを提唱、全国各地に私塾を設けている。著書に『サイバーテクノロジー』(NTT出版)、『縮小文明の展望』(東京大学出版会)、『地球の暮らし方』(遊行社)など。

★五——アーキグラム(Archigram)：一九六一—一九七四。ピーター・クックらによって結成されたイギリスの前衛建築家グループ。同名の雑誌が主な活動内容であり、六〇年代、《プラグ・イン・シティ》、《ウォーキング・シティ》などのドローイングは、実作を建てること以上に彼らのヴィジョンを直接的に世界に伝え、形式的な建築の枠から自由になり得る可能性を示した。

★六――孵化過程：一九六二年発表の都市をテーマにした磯崎新の代表的な作品。ギリシア神殿の廃墟に未来都市構想としての「ジョイント・コア・システム」をコラージュしたもの。

★七――曖昧の七つの型：一九三〇年に出版された、イギリスの文学理論家ウィリアム・エンプソンの代表的著作。順列組合せの数学を基礎にシェイクスピアから現代までの英詩を分析。並び合う語と語の間に生成される意味の可能な形を列挙し、そのうちのただひとつだけが正しい解釈とする態度の不合理を指摘。作者の意図しない言葉の多元的解釈の可能性を重んじ、ニュー・クリティシズムへの道を開いた。

★八――建築の多様性と対立性：一九六六年に出版されたロバート・ヴェンチューリによる著作。形態の単純性や幾何学的な純粋性を追求するモダニズム建築に対し、中世の西欧や歴史上の建築を事例に、装飾こそが建築の本質的な要素であるとし「表象としての建築」に着目する。建築の「意味性」あるいは、「形態と記憶との関連性」などから建築のデザインを出発させ、建築が本来持ち合わせている多様で豊かな表情を取り戻そうとした。

★九――マン・レイ（Man Ray）：一八九〇―一九七六。アメリカの画家、彫刻家、写真家。画家として活動をスタートするも、マルセル・デュシャンらダダイストに影響を受け、写真の撮影を始める。レイヨグラフ、ソラリゼーションなどの写真技法を案出。職業的な写真家として成功しながら、ダダイストまたはシュルレアリストとして、映画・オブジェなど多数の実験作品を発表した。

★一〇――ネオ・ダダイズム・オルガナイザーズ（Neo Dadaism Organizers）：一九六〇年、第一二回読売アンデパンダン展の出品者によって結成された前衛芸術グループ。リーダー格の吉村益信を筆頭に、篠原有司男、赤瀬川原平、荒川修作らが参加。「反芸術」を旗印にアナーキーな活動を実践。六〇年に東京で三回の展覧会を開くが、拠点であった吉村の自邸《新宿ホワイトハウス》の閉鎖を理由に同年解散した。作品に《東京都美術館爆破計画》など。

★一一――アクション・ペインティング（action painting）：批評家ハロルド・ローゼンバーグが一九五二年に発表した論文で提唱した概念。激しい筆致や絵具の飛沫など、素材と格闘する作者の運動を想起させる作風を指す。キャンバスを出来事が生起する場所として捉え、絵画空間を劇場的な舞台として描き出した。ジャクソン・ポロックやウィレム・デ・クーニングらの、抽象表現主義の作品を評する際に用いられる。

★一二――勅使河原蒼風（てしがはら・そうふう）：一九〇〇―一九七九。華道家。華道の草月流創始者。戦前戦後を通じて、彫刻、絵画、書と従来の華道の枠にとらわれない幅広い活動を展開。当時の前衛芸術との関わりも深く、評論家ミシェル・タピエの紹介により国際的に知られる。著書に『花ぬすびと』（宝文社）、『花伝書』（草月出版）など。

★一三――SACホール（草月会館ホール）：一九五八年竣工の丹下健三設計によるホール。六〇年代の前衛的な音楽、現代美術、ダンス、フィルム、演劇の拠点となる。武満徹らの「モダンジャズの会」、黛敏郎・諸井誠の「アルス・ノヴァの会」をはじめ、安部公房の前衛劇、観世寿夫の前衛能、高橋悠治のピアノ、ジョン・ケージやロバート・ラウシェンバーグを招いてのパフォーマンスなどが行なわれ話題となった。

★一四――東野芳明（とうの・よしあき）：一九三〇―二〇〇五。美術評論家。東京大学文学部卒業。一九五四年、「パウル・クレー試論」で美術評論新人賞を受賞し、評論活動を始める。ジャクソン・ポロックやジャスパー・ジョーンズをはじめとする抽象表現主義やネオ・ダダなどの欧米美術の動向を日本に紹介した。マルセル・デュシャンの研究者としても知られる。第一二回読売アンデパンダン展をきっかけに「反芸術」という言葉を一般化させた。著書に『現代美術――ポロック以後』（美術出版社）など。

★一五――針生一郎（はりう・いちろう）：一九二五―二〇一〇。美術評論家、文芸評論家。東北大学国文科卒業後、東京大学大学院で美学を専攻。戦後、岡本太郎、花田清輝、安部公房らの「夜の会」に関わる。社会派の美術評論家として知られる。著書に『われわれのなかのコミューン』（晶文社）、『針生一郎評論』（田畑書店）、『戦後美術盛衰史』（東京書籍）、『言葉と言葉ならざるもの』（三一書房）など。

★一六――宮川淳（みやかわ・あつし）：一九三三―一九七七。美術批評家。東京大学文学部美術史学科卒業。NHKに勤務する一方、美術評論を開始。その後、成城大学の教壇に立つ。シュルレアリスムや構造主義周辺の思想や文学を受容しつつ独自のイマージュ論を展開。フランス思想に精通し、ミシェル・フーコー、ジャック・デリダらの最初期の翻訳者としても知られる。著作に『引用の織物』（筑摩書房）、『鏡・空間・イマージュ』（白馬書房）など。

★一七――新宿ホワイトハウス：一九五七年に建てられた磯崎新設計の住居兼アトリエ。同郷の友人であるアーティスト・吉村益信の依頼で磯崎が描いたスケッチを元につくった。内外を白いモルタルにしたことからこのような名前で呼ばれ、若き芸術家たちの拠点となる。ネオ・ダダはここで旗揚げされた。磯崎の処女作といわれる。現在はカフェ。

★一八――フルクサス（Fluxus）：一九六〇年代前半にリトアニア系アメリカ人の美術家ジョージ・マチューナスが主導した前衛芸術運動、またそのグループ。フルクサスとはラテン語で「流動、変化」を意味する。世界各国でハプニングを展開、同時代の反芸術傾向の先駆けとなった。メンバーにジョージ・ブレクト、ヨーゼフ・ボイス、ナム・ジュン・パイクら、日本からはオノ・ヨーコ、靉嘔、塩見允枝子、小杉武久などが参加した。

★一九――具体美術協会：一九五四年、戦前から関西で活躍していた前衛画家、吉原治良を軸に、若手作家、吉田稔郎、嶋本昭三らを中心に芦屋で結成された芸術グループ。翌年機関紙『具体』を創刊し、0会の白髪一雄、田中敦子、村上三郎、金山明らが加わる。人間と物質の直接的な関わりから新たな美術行為を志向する活動は、のちのハプニングの先駆けとなる。七二年吉原治良の死去とともに解散。

★二〇――ジョン・ケージ(John Milton Cage)：一九一二―一九九二。アメリカの音楽家、作曲家。建築を学んだ後、アルノルト・シェーンベルクらに師事。グランドピアノの弦に異物を挟み音色を打楽器的なものに変えたプリペアド・ピアノを考案するなど、作曲過程に不確定要素が関与する偶然の音楽を創始。フルクサスやミニマリストをはじめ、多くの音楽家、芸術家に影響を与えた。作品に《易の音楽》、《四分三三秒》など。邦訳書に『サイレンス』(水声社)など。

★二一――ダーシー・トムソン(D'Arcy Wentworth Thompson)：一八六〇―一九四八。スコットランドの生物学者、数学者、古典学者。あらゆる形態は自然の原法則に従うとして、生物の形態を数学的に研究、工学原理の中に生物学の領域を応用した。邦訳書に『生物のかたち』(東京大学出版会)など。

★二二――テイヤール・ド・シャルダン(Pierre Teilhard de Chardin)：一八八一―一九五五。フランスの古生物学者、地質学者。カトリック司祭。科学者として、北京原人の発掘に関わる。主著である『現象としての人間』(みすず書房)で、キリスト教的進化論を提唱し、近代自然科学の世界観とキリスト教的世界観の統合を目指した。邦訳書に『自然のなかの人間の位置』(春秋社)、『神のくに・宇宙讃歌』、『科学とキリスト』(ともにみすず書房)など。

★二三――デザイン・サーヴェイ：近代批判とともに一九六〇年代半ばから七〇年代にかけて日本で隆盛した、都市、建築の調査手法。ひとつの町・集落を観測・調査・図面化し、建築や生活習慣、意識、町の歴史という内的な要素を分析することで、その土地の持っているシステムの解明を試みた。東京藝術大学や法政大学、明治大学をはじめ多くの大学が取り組む。

★二四――ノーバート・ウィーナー(Norbert Wiener)：一八九四―一九六四。アメリカの数学者。サイバネティックスの祖。一四歳でハーヴァード大学大学院に入学後、一八歳で数理論理学の論文で博士号を取得。二四歳でマサチューセッツ工科大学(MIT)の教授に就任。退官まで研究を続ける。社会は、通信と通信装置の本質を複合的に見ることが重要だととらえ、人間の神経系と社会の管理システムを含む広いシステム観を提出した。著書に『人間機械論』(みすず書房)、『サイバネティクス』(岩波書店)など。

★二五――テーラー・システム：二〇世紀初頭、アメリカの機械技師フレデリック・テーラーによって提唱された工場管理、労務管理の方式。作業工程や作業量を分析し、それに基づく生産の計画化、効率的管理を行う。個別的な経験や勘に頼る管理に対し、科学的な理論を基にした経営管理の方策、制度の総称。

★二六――「空間から環境へ」展：一九六六年に銀座の松屋デパートで開催された展覧会。美術、デザイン、建築、写真、音楽の各分野の作家三八名が結集して発足した「エンバイラメントの会」によって企画され、四年後の大阪万博に向けたプレイヴェントとしての実験的な展覧会となった。芸術とテクノロジーの結合によって生み出される作品、環境芸術への関心が示された。芸術の分野で「環境」という言葉が盛んに使われる契機となる。

★二七――エルンスト・カッシーラー(Ernst Cassirer)：一八七四―一九四五。ユダヤ系ドイツ人の哲学者、思想史家。マールブルク大学でヘルマン・コーエンらにカント哲学を学び、新カント派として出発。その後、近代認識論史の大著『近代の哲学と科学における認識問題』、『実体概念と関数概念』を著し独自の立場を確立。『シンボル形式の哲学』で言語・神話・宗教・芸術など、人文、社会科学を横断する独自の文化哲学体系をつくりあげた。邦訳書に『自由と形』(ミネルヴァ書房)、『人間』(岩波書店)、『国家の神話』(創文社)など。

★二八――ロラン・バルト(Roland Barthes)：一九一五―一九八〇。フランスの哲学者、思想家、記号学者。フェルディナン・ド・ソシュール、ジャン＝ポール・サルトルの影響を受ける。社会的神話学から出発し、記号のシステムとしてのテクスト分析により、エクリチュールについて独自の思想的立場を築く。「作者の死」を提出し、批評言語を刷新、現代思想に多大な影響を与えた。邦訳書に『零度のエクリチュール』、『モードの体系』(ともにみすず書房)、『表象の帝国』(新潮社)など。

★二九――George Baird & Charles Jencks, *Meaning in architecture*, G. Braziller, 1970.

★三〇――折口信夫(おりくち・しのぶ)：一八八七―一九五三。民俗学者、国文学者、歌人。柳田國男の高弟として民俗学の基礎を築く。手掛けた領域は多方面にわたり、日本文学、古典芸能を民俗学の観点から研究、民俗学的国文学、日本芸能史論を確立した。成し遂げた業績は「折口学」と称される学問体系となる。短歌は「アララギ」同人。北原白秋らと『日光』を創刊。著書に『古代研究』(角川書店)、『死者の書』(中央公論社)など。

★三一――コーラ:プラトンの宇宙創成論『ティマイオス』で用いられた「場所」の概念。デミウルゴスと呼ばれる創造神が「原型」であるイデア界をモデルに、その「模像」である宇宙をつくったと神話的に語られ、イデア=「原型」=「父」、宇宙=「模像」=「子」であるのに対し、「場所」は、すべてを受け入れる「受容器」=「乳母」とも表現される。

★三二――西田幾多郎(にしだ・きたろう):一八七〇―一九四五。哲学者。京都学派創始者。禅の実践と近代哲学を基礎に独自の哲学を展開。日本仏教思想と近代西洋哲学の融合を模索し、禅仏教における無の境地を理論化した純粋経験論や、西洋的な対立概念をそのまま同一化させる「絶対矛盾的自己同一」を提唱。京都学派の創始者として田辺元、和辻哲郎、三木清、九鬼周造、西谷啓治、久松真一、上田閑照ら哲学者たちに影響を与えた。著書に『善の研究』、『哲学概論』(ともに岩波書店)など。

★三三――コーラ・ル・ワークス:パリのラ・ヴィレット公園内の一角に建設が予定された建築物をめぐり一九八五年から始まったピーター・アイゼンマンとジャック・デリダの共同作業。脱構築概念をデザイン原理へと翻訳する試み。「コーラ」という表象し得ないものを現実化しようとしたプロジェクト。実現せずに終わったが、両者の応答は『Chora L Works』という書籍にまとめられている。

★三四――澁澤龍彦(しぶさわ・たつひこ):一九二八―一九八七。小説家、仏文学者、評論家。東京大学仏文科卒業。卒論は「サドの現代性」。中世・近世のヨーロッパの歴史に埋もれた人物を取り上げ、人間精神や文明の暗黒面に光をあてる多彩なエッセイを発表。一九五九年マルキ・ド・サド『悪徳の栄え』の翻訳出版を巡り、罰金刑を受ける。晩年は小説に独自の世界を拓き広く読まれた。著書に『唐草物語』(河出書房新社)、『高丘親王航海記』(文藝春秋)など。

★三五――利賀山房(とがさんぼう):一九八一年竣工、磯崎新基本設計。富山県利賀村に建つ合掌造りの民家を鈴木忠志率いる劇団SCOT(Suzuki Company of Toga)の恒久劇場につくり変えたもの。舞台は、小屋組を露出させ、煤けた既存部材にそろえ、追加した新しい部材もすべて黒く塗られた。床は自然発色で黒くしたアルミパネルを張り、空間全体に闇が立ち込めるような仕上げとしている。

★三六――パラウ・サン・ジョルディ(サンジョルディ・パレス Palau Sant Jordi):一九九〇年竣工、磯崎新設計、構造設計に川口衞。一九九二年開催のバルセロナ・オリンピックのメイン室内競技場。最先端の建設方法「パンタドーム構法」による大屋根がそのまま建物の表情となっている。歴史的なモンジュイックの丘に建ち、その場所性とテクノロジーの表現を対比共存させ、なおかつ、統括されたひとつのシステムに陥らないよう配慮されている。

★三七――チーム・ディズニー・ビルディング:一九九一年竣工、磯崎新設計。フロリダにあるディズニー・グループの本社ビル。南北にのびるウィングにオフィス・ゾーン、中央部の日時計となるアトリウム周辺にパブリックな機能が配置されている。幾何学形態と色彩が施された中央部とウィングのシンプルなカーテンウォールの外観が対照的な表情をみせる。メインエントランスには、ミッキーマウスの耳を抽象化したキャノピーが貫入され、機能的にも視覚的にもこの建物の焦点となっている。

★三八――鈴木忠志(すずき・ただし):一九三九―。演出家。一九六六年、別役実らと劇団「早稲田小劇場(現・SCOT)」を設立。小劇場運動を牽引する演出家となる。一九七六年からは富山県利賀村に活動拠点を移している。水戸芸術館芸術総監督、静岡県舞台芸術センター芸術総監督などを歴任。演出作品に『リア王』、『劇的なるものをめぐって』など、著書に『演劇とは何か』(岩波書店)などがある。

# 4 『日本の都市空間』の頃

## 『建築文化』、「間」展、デリダ

### 1 「構造設計への道」「都市デザイン」「日本の都市空間」

**日埜直彦**　『日本の都市空間』は都市デザインやアーバン・プランニングが注目を浴びた六〇年代から七〇年代ぐらいまでの時期を先駆けた本で、大きくはそうした問題への関心の高まりにおいて位置づけられる本だろうと思います。しかしながら、のちの宮脇檀を中心としたデザイン・サーヴェイや原広司★1の集落調査と実体的には似た対象を見ているようでいて、この本にはそれとどこかしら違うような印象があります。『都市空間』は、当時明らかになりつつあったモダニズムの硬直的な都市計画の問題に対して切り込んでいく「技法」を、日本というバックグラウンドから探しています。観察それ自体よりも「技法」に重心があり、そのことを言い換えれば空間をつくることに向けた建築家の視線がはっきりと感じられるということでしょうか。そしてさらに言うならば、磯崎さんが書かれた序文と結論では、「間（イマジナリー・スペース）」「シンボル」「見えない都市」といったそれ以降の思考に連なる概念にまで一気に手を伸ばしていて、それはとうていサンプリングやフィールドワークという枠にとどまるものではありません。その点かなり独特な本だと思います。

まず、この本の成立過程からお話しください。

**磯崎新**　この本は『建築文化』一九六三年一二月号の特集をもとにつくられています。版が小型になったので、図版がすべて小ぶりになっている。順序も内容も変わってないのじゃないかな。一九六〇年頃『建築文化』が特集号形式を始め、最初の特集が六一年四月号の「構造設計への道」で、僕はまずそれに付き合いました。その頃たまたま数学教室に遊びに行ったときに立体幾何学の石膏模型を見つけた。おもしろいから石膏模型を特集の一部に入れようと、撮影に行ったことを記憶しています。最近になって、いま日本の構造界をになっている錚々たる人たちの多くが、この特集号で触発されて建築構造の道に入ったと聞いて、学会とは無関係の雑誌が影響力を持っているのだとあらためて感心しています。それまではラーメン・システムの解析をやることが建築構造の主流でした。かたちから建築構造にアプローチしていく方法論があるのではないかと考えたんですね。それまでの日本の建築構造のシステムのなかにはこんな発想がなかった。その点が今日再認識されつつあるのかもしれません。

このあいだマン・レイの展覧会のカタログをあらためて見ていたら、彼がパリからハリウッドに帰った頃描いた油絵が数点あって、数学模型を描いています。それらの抽象絵画作品では三次元模型を二次元で描いているわけですが、その表現を彼がどのようにして見つけたのか、最近そのあたりを調べている研究者も出てきたようです。マン・レイが描いた数学模型も戦前のものですからおそらく東大にあったのと同じような模型だったんではないですか。東大のミュージアムの人たちがあのときの模型の由来なんかを調べていると聞きました。

僕の関心は、都市についても同様ですが、かたちから建築構造にアプローチすることでした。それは、現在佐々木睦朗★二さんと一緒にやっている、かたちをコンピュータでつくっていくシステムにつながるものだと考えています。解析力が上がったいま応力の分布状態がすぐわかる。こういう解析ができるようになった時代にあらためて見直すと何を探していたのかわかるわけです。

六一年の一一月号で「都市デザイン」という特集をやったので、六三年の「日本の都市空間」は三番目の特集です。そしてさぼっていてなかなかできなかったのですか七二年に「情報空間」という特集をやりました。僕はこのあたりの特集号など『建築文化』にときどき原稿を書いていました。

この『日本の都市空間』に即して言うと、すべての原稿は無署名です。「都市デザインの方法」を書いたのは僕、「形成の原理」は伊藤ていじが書いたと思います。「構成の技法」は手分けして書いたんじゃないかな。ここから後の全員で議論したからもちろん全部付き合っているんですが、僕はほかにはシンボルとなるパターンのグラフィックを描いた記憶がある。

ノーテーション★三はそのとき一番関心を持っていた部分でした。現代音楽のグラフィック・スコアなんかを思い浮かべていたと思います。実際サーヴェイした図面は大学院のマスター組。土田旭、林泰義、富田玲子、大村虔一、鳥栖那智夫、福沢健次などが二年生、ほかの三人が一年生だったように思う。彼らが夏休みを全部投入してやった。「日本の都市空間」の前の「都市デザイン」特集は本にならなかったけれど、歴史的に都市のかたちを形態分類をして、その実例も全部出ていましたから、こちらのほうが教科書的でポピュラーになったんです。その数年前、ハーヴァード大学のデザイン学部にGSDという都市デザイン学科ができたんですが、「アーバン・デザイン」という言葉は、そこから出てきたと記憶しています。ハーヴァードはシティ・プランニングではなくてアーバン・デザインという言い方で少し差をつけた。アーバン・デザインは、ル・コルビュジエなんかの言う「ユルバニスム」の英訳だと思います。日本には都市計画、いわゆるシティ・プランニングしかなかったところにアーバン・デザインが出てきたので、僕はなんかとっかかりがつかめそうだと思っていました。シティ・プランニングにはないことを理論化する方法はないかと探していたんです。そうやっていいかげんにやった「都市デザイン」特集が逆にハーヴァードのGSDの教科書として使っているという情報が流れてきました。それくらい世界でもそのような角度から都市を見る研究は少なかったということです。

## 2 「日本の都市空間」が成立するまで

**磯崎**　この頃伊藤ていじと川上秀光と僕と三人で「八田利也（はったりや）」という共同ペンネームで、匿名で原稿を書いていました。これも『建築文化』に発表したものが主です。だから、「八田利也」の発表舞台は『建築文化』だったわけですが、まあこれは署名入りではにらまれるおそれのある内容をこんなペンネームで発表していたわけで、『現代建築愚作論』（一九六一）として本になったときにやっと本名をバラしたんじゃなかったかと思います。いまで言えばインターネットに匿名で文章を書くようなものです。いつの時代でもこんなやり方が必要なんですよ。だから『日本の都市空間』でもそんな無署名の名残りがあったんでしょう。

当時『建築文化』に金春国雄さんという編集長がいました。伊藤ていじさんが「狂い咲きの桂離宮」（『建築文化』一九五六年一一月号）を書いてデビューをしましたが、金春さんと彼の仲がよくて、おそらく伊藤ていじが「日本の都市空間」の企画を売り込んだのだと思います。われわれ側としたら調査費をとったということが一番の手柄で、出版社が出してくれた旅費で日本のいくつかの都市の調査をやりました。実際は調査をまとめるためではなくて、遊びにいく費用を探していたんです（笑）。デザイン・サーヴェイという言葉はまだなかった。だから僕らはサーヴェイに行ったつもりはなく、その都市空間が持っている特徴とそのコンセプトを取り出すことによって適切な事例になるかという視点でセレクションをしました。妙心寺、姫路城、日光や平戸などいろいろなところを引っ張り出し、パターン分類しました。個々の建築を調べることを目標に行ったのではなく、使えるもののなかから適切な事例を探して、写真を撮って実測もした。デザイン・サーヴェイと呼ばれるようになって、何でもかんでも精密に記録するようになったじゃないですか。アカデミックには成り立つでしょうけど、その背後に潜むコンセプトを取り出したりするのは主観的解釈で、ルール違反とさえ考える人が出てきた。システムが退廃していくときの共通現象ですが、僕はそんなのはひまつぶしだと思っていました。

僕は個人的には「都市デザイン」特集のとき勉強をしようとしながら書けなかった原稿があって、これを載せてくれと頼んで特集号の「日本の都市空間」の冒頭に入れてもらいました。だから僕のこの冒頭の原稿は実は『建築文化』の「都市デザイン」特集に載せるべき原稿だったのです。このテキストだけほかのものと違うのです。書物の後半に収録されている部分は雑誌の企画のときに考えました。このときは基本的にはコスモロジーにつなごうとしていた感じですね。都市空間の形成が日本のコスモロジーの空間的な形成の仕方とパラレルになっているということは、みな直観的にわかっていました。

この本のなかで「形成の原理」としてあげている「真行草」や「布石」などは日本の美学と言うと語弊があるかもしれませんが、僕は手法だと考えたようですね。後年になって、手法をクローズアップすることになる遠因です。また「かいわい」も「形成の原理」にぜひ入れたいと考えました。都市計画のゾーニングに対する批判をやりたいと思っていたのですが、それまで手がかりがなかったんです。それからもうひとつは「ひもろぎ」、つまりテンポラリティのようなものを「構成の技法」に入れています。「かいわい」が空間性なので、当然ながら「ひもろぎ」が時間性として浮上してきました。とはいっても既成の都市空間の概念には扱われることもなかった。だから注目したんです。そして、これを僕は「都市デザインの方法」の最終部分の象徴論的段階に一気につなごうとしている。霧状の動きです。いまならばライプニッツのモナドなんかで説明したかもしれないけど、まあこんな知恵はありませんでした。こういったパターン分析をやり始めたのは、伊藤ていじの蘊蓄によっていると思います。彼はその頃日本のかたちやデザインに関わる本を書いたり、二川幸夫★四の『日本の民家』の原稿も書いていたので、彼がその領域からのさまざまな情報を提供してくれています。「構成の技法」の項の「見えがくれ」や「生けどり」などの内容は彼の資料によるところがかなり多かったという記憶があります。それらに対してどのような説明をするか、みなで議論した記憶があるんですが、やはり伊藤ていじの知識がかなり頼りになりましたね。

この本ではそれぞれの項のタイトルの英訳が重要問題だったんです。日本語で考えているコンセプトを英語のタームにしていくのですが、これは必ずしも直訳になっていない。日本にいたネイティヴの連中をつかまえて、根掘り葉掘り聞いた記憶があります。「見えがくれ」の英訳は「seen and hidden」なのですが、彼らといろいろ考えてやっと出てきた言葉で、いまでもよい訳だと思います。それから「生けどり」を「Borrowing Space」と訳しています。英語のタイ

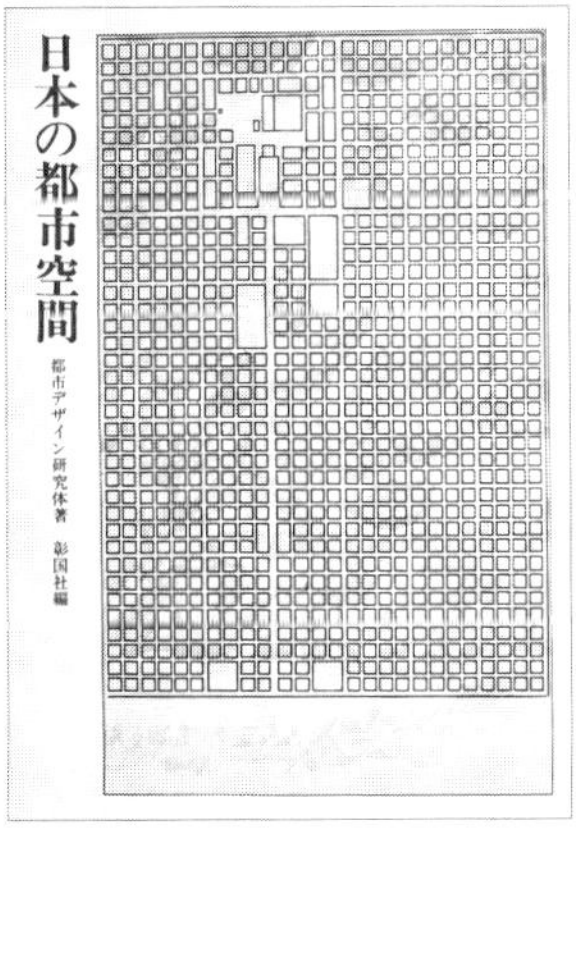

『日本の都市空間』

トルをつけようと思ったのは、日本の伝統的なコンセプトを英語圏、あるいは横文字圏に伝達するときに、日本語から直訳でいってはいけない、むしろひとつの状況に対して日本語の説明と英語の説明が並列することによって初めて伝えようとすることが浮かんでくるという見方を、このときに意識していました。そのコンセプトを同時にインキングされた図面と、僕が一筆書きで描いたイラストをやはり併記していることにも注意しておいて下さい。異なる言語間だけでなく、異なる表現領域も併記すること、今日ではコンピュータのモニター上で日常的に起こっている光景ですが、あのころはそんなやり方もひとつずつ見つけていかねばならなかったのです。いまなら普通のことですが、これは僕にとってはよい経験でした。この経験があったがゆえに、一五年後に「間」展をやるときにメジャー・コンセプトをそこから取り出したと思います。「間」というコンセプトをまったく無関係の事例に分解して、その事例を例えば「うつろひ」は直訳ならmovementやtransitionになるわけですが、それでは駄目で、瞬間というのが重要なのだからmoment of movementと訳すわけです。そういう表現でいくことになりました。このようなことを手がかりに「間」展は逆に組み立てられています。つまり日本文化、あるいは日本の事情を海外の連中にわからせるには、単純にものを見せただけでは駄目だし、コンセプトを日本語で出しても駄目で、彼らの持っているロジックで説明しないといけない。こういう二重の見方が必要で、事態をバイリンガルで考えるということです。このことの重要性が、このあたりで少しずつわかってきたと思います。

## 3 伊藤ていじ、神代雄一郎のサーヴェイ

**日埜**　「都市空間」でとられた方法というのは、フィールドワーク的な調査からの抽出ではなく、あらかじめ用意したキー概念からその具体的事例に向かうという順序だったわけですね。

**磯崎**　どこからアプローチしていいかわからないわけです。その点、伊藤ていじはその前から日本の民家を調べていて、地域ごとにまったく資料をもたずに面白いものを探しながら二川幸夫と出歩いていた。あの山奥はおもしろそうだというので行ったら駄目だったというような話がたくさんあったらしい。調査もされていなかった頃です。そういう過程のなかで高山の日下部家などが見つかり、今井町もそうです。いまでは民家も重要文化財になっているけれど、当時は名前も聞いたことない、そんな時代でした。

いわゆるデザイン・サーヴェイは空間だけではなくて材料や集落の建て方、それから生活の仕方などを同時に考えながら、それがどうデザインにつながっているのか、そういう視点でサーヴェイしていくわけでしょう。正直なところ、そんな手間暇かける余裕なんかない。直観的に見当つけていってみる。僕は二川幸夫とそれを世界の都市でやりまし

た。一九六四年のことです。原研究室の集落調査は広い意味でのパターン分類で、そのパターンがそれぞれの地域の宇宙観や生活習慣とどうつながっているかという視点で取り出そうとしている。宮脇檀が次にやっていたのはどちらかと言えば吉村順三さん的な視点で、数寄屋ではなくて民家を調べるということだったのではないですか。神代雄一郎さんがやった日本の共同体調査は、堀口捨己さんがお茶について調査をやった方法を受け継いでいますね。日本の集落の形成の仕方をいままでと違う見方でやること。集落のなかでの氏神、神社の位置関係や神の移動、神の降臨の仕方と集落の関係、こういう視点を見つけようとしている。これは他の建築家のサーヴェイとは違います。むしろ文化人類学的な調査ですね。いま振り返ると、神代さんの調査のほうがいわゆるデザイン・サーヴェイよりも正統的なサーヴェイだったのではないかという印象があります。つまり伊藤ていじと神代雄一郎はだいたい同世代で、彼らはなんとかして日本のアカデミックに整理されていない領域——それは町家や民家、集落なのですが——の具体的な調査とサーヴェイをやっていた。ある意味で、歴史家が特定の場所に行き、さまざまな古文書を集め、そこから経済活動や自分の興味のある文化などを取り出してくるという、網野善彦さん★五が始めた歴史の研究方法を無意識にあの世代はやっていたのではないかと思います。しかしこれは歴史家としてやっているので、僕はそこまでは付き合いきれませんでした。

**日埜**　そうなると建築家の見方ではないでしょうからね。

**磯崎**　僕の関心は、非西欧的な要因、要素が日本の都市、集落にどれだけ見つけられ、かつ説明可能か、そういうところにあったと言えますが、実際の民家や集落を歴史的に調べるというものではなかった。だから僕のやったことは、近代の一種の解釈学につながるのではないか。あるものをどのように見るか、解釈するか、この解釈の仕方が建築のつくり方とも絡んでくるわけです。むしろそちらに僕は関心を持っていました。

**日埜**　そこには日本人としてその都市空間を生きてきて、西洋にはない無意識の形式をそこから掘り起こし、明示的にしてやろうという意図が背景としてあったわけですね。

**磯崎**　例えば「間」の感覚というのは日本人は言わなくてもわかっています。だけどヨーロッパの人たちは言葉もわからないから、そういう感覚もないだろうと薄々わかっています。そういう場合に、単純に俺たちは違うと言ったのではコミュニケーションにならないから、この違いの部分を彼らの言葉やロジックで説明する。そうすればこちらのロジックがよりはっきりわかると同時に、向こうにも伝えられる。言い換えると、ヨーロッパの近代的見方で日本という非近代、非西欧の世界を読むわけです。これはある意味文化人類学と似ているのだけれど、それを建築や都市の領域に限定してやるとそこで解析されたものが道具として使える可能性がある。だけど日本の伝統的な手法のままでいくと、それは職人が持っているだけ、あるいは集落が無意識に生成させているだけなので、それ以上の解釈は不可能です。これは異物としてしか存在しないと見られてしまう。西欧から見れば固有性として認めることはできるかもしれないけれど別世界になってしまうのです。例えば小泉八雲(ラフカディオ・ハーン)★六の仕事を見て下さい。彼が日本に来たのはマルティニークやニューオーリンズのようなクレオール文化を探していたためだと言われていますが、本人が抜群の英語の表現力をもち、さらには文学的想像力にすぐれていた。そんな人の手によって、英文で記録されたものを、僕たちは日本の怪談そのものと受け取っています。言い換えると、彼のような解釈がないかぎり、この日本の固有性と見られたものの一部分は伝達不能だった。日本の伝統と一口に言ってもそんな手続きを介して、フィルターにかかったものなのです。

**日埜**　日本でも近代的な都市計画のヴォキャブラリーは西欧的なスタンダードによって組み立てられているわけですが、そこからとりこぼされている何かを、単に感覚的につかむだけではなくて言語化し、それをベースにコミュニケートできるものにまでにしていくということですね。

## 4 フェノロサ、ラフカディオ・ハーン、天心の位置

**磯崎**　話は少し離れるのですが、来年(二〇〇五)ワタリウム美術館で「岡倉天心展」をやることになっていて、僕はそのアドバイザリー・コミッティに入っています。岡倉天心★七についてはときどき読んではいたのですが、体系的に考えていなかった。展覧会の関係で必要に迫られて勉強しているうちに、フェノロサ★八とラフカディオ・ハーンに関心をもちました。岡倉天心はこの二人の隙間におけばどうにか説明がつくと思っているんです。

フェノロサはスペンサーの社会学、つまりダーウィニズム的な社会の理解を日本に紹介した人です。彼はそのうち美学、美術史に入り込んでいくのですが、日本の美術を見ながら養った鑑識眼は体系化され明快で、日本と中国と朝鮮をアジアの美術史として書いていますが、その一部に日本があるという見方です。それに対し天心は日本からアジアを論じている。だからその後の日本のイデオロギーには天心の影響が強く、フェノロサはほとんど忘れられていますが、大きな意味での東洋に対する分析になると彼のほうが天心よりもすぐれていると思います。

おもしろいのはフェノロサの漢字と能についての遺稿をエズラ・パウンド★九が整理をしています。この能の研究はイェーツ★一〇に伝えられ、エリオット★一一などの当時のイギリス詩人は、エズラ・パウンドの漢字の分析を手がかりにしている

のではないかとさえ思えます。そんな具合で英詩の革命が生まれる。その遠因が東洋に流れた人たちの日本文化の研究にあるのはおもしろいじゃありませんか。

フェノロサのノートをエズラ・パウンドが書き換えると、同じ文章でもすばらしい英語で詩的になる。フェノロサは社会学者ですからロジックでしか考えていない、という違いがあるのですが、同じ物語の書き換えをラフカディオ・ハーンがやると、これはもとの物語よりもはるかに文学になっています。二人が活動したのは一九世紀の終わりですから、世界的な文化コロニアリズムに組み込まれていて、東洋に対する視点には限界があるのは当然のことです。ハーンという人は本来弱者というか、女性的なものに対する関心から日本に来ています。だから、むしろ日本文学の伝統にもぴったりだったんでしょうね。フェノロサは、建築でいえば正統的な書院造だけをやって数寄屋は論じないということを美術でやった人だと思います。彼が初めて発見したものが多くあります。

天心の『茶の本』は本来は茶道論ではなくて、立花論をやろうとしていたところお茶について余計に書いてしまったから、タイトルをお茶にしたのではないかと言われています。しかも「茶道」だからタオで、おそらくそれに引っかけて道教とみて、禅も道教のうちだという説明です。「茶道は変装した道教であった」と言っているくらいです。それが世界的に理解されやすかったのでしょう。『茶の本』でも禅や日本の美意識というのは論じているけれど、大きな枠組みからすると、道教で説明しつくそうとしている。そこであの本は売れたという気はします。外部の人間が日本の美、東洋の文化をどのように記述するかということと、その中にいる人がどう説明するかということと、そしてそれを何語でやるかということはすごく大きな問題です。岡倉天心は全部英語で書いていますが、それはヴィクトリアンの英語だそうです。日本で言うと明治初期の美文調の文体かな。

そしてフェノロサや天心たちは日露戦争直後ぐらいまでにみな亡くなっています。それから後の日本というのは天心たちのように、英語やほかの外国語と日本語との関係で見るのではなく、純粋日本というものに帰っていきました。国学の復活から日本浪漫派★一二に至る流れになります、バイリンガルではなくなっていく。外国人から何を言われようと構わないということになる。そこでタウト★一三が微妙な立場になります。タウトは桂離宮を発見したと日記に書くほどでした。タウトの日本文化論は外国人の見方というよりも、ドイツ語で建築を通じて明治維新のイデオロギーを表に出したのだとも言えますね。明治時代の海外よりの研究者とはまったく違う見方、表現の仕方だと思います。しかしタウトはそのような表現をしないかぎり、日本で亡命生活はできなかった。巧みに演技のできた人だとは思います。

**磯崎**――話を戻しますと、一九六〇年頃、都市空間をどう解釈したらいいのか、僕の個人的な関心は、無意識ですけれどその視点の形成にあった。『都市空間』を書いていた頃、六三年に初めて海外に行き、半分ぐらいの人が夏休みにサーヴェイに行っているところを、外国旅行してつき合わなかったという記憶はある(笑)。

**日埜**――海外のヴォキャブラリーと日本のヴォキャブラリーを考えるうえで、実際の都市を見比べることは視点としては必要だったでしょうね。

**磯崎**――そのポイントしかないと思いました。これは刷り込まれているから、その後も僕自身の考え方はあまり変わらないですね。

**日埜**――『都市空間』は基本的には国内向けで、部分的に客体化するように英訳が付されていますが、「間」展の場合は逆に、日本というものを海外でどのように見せるのかということが問われ、それは裏腹の関係にあると思います。「都市空間」特集が出てから「間」展まで一五年あるわけですから、磯崎さんの視点も当然移動しているでしょうし、でき上がったものの意味もかなり違っていると思いますが、いかがでしょうか。

**磯崎**――もちろんテーマもシチュエーションも違うんですが、その一五年の間、日本については意図的に何にもやらなかったと思います。だけど、現代美術や現代音楽、それから他の領域や思想的な本、あるいはロラン・バルトの『表徴の帝国』もこの一五年の間に書かれていますから、そういう本があったということで「間」展が始まっているとは言えます。

**日埜**――建築は基本的に西洋のベースがオーソドキシーとしてあるわけで、そこでオリジナルなもの、固有のものをつくるときには、その基底面上で客体化ないし対象化していくことを具体的に行なう必要がある。それはモダニズムからこぼれ落ちる要素というだけの問題ではなくて、建築そのものがそういう問題を孕んでいるのでしょう。

**磯崎**――日本と西洋の問題を考える際に、例えば日本の古典、近代、現代、それぞれの美術を紹介する展覧会は無数にあるわけです。とはいっても、ここには二つのカテゴリーしかない。ヨーロッパのジャポノロジー流行にどんな美術作品が供給されたのかという、主として、江戸末から明治にかけての輸出美術。いまも盛んで、根つけ、甲冑の類から浮世絵など。もうひとつは近代化が始まった以降にヨーロッパ美術を日本がいかに学んだかという輸入美術。例えばポンピドゥー・センターで日本のアヴァンギャルドの展覧会がありました。パリがつくり上げてきたアヴァンギャルドの型が日本にどのように流れてきたかという事例を探すことが主眼でした。言い換えると、それはフランス文化帝国主義の展覧会にすぎないわけです。実はこれは「間」展の後に催されました。わざと日本に持ち帰らなかった。それに対して「間」展はもともと素材そのものが違う。あとはコンセプトの問題だけです。美術で言うならば、日本のシンギュラリティをどう取り出すかということです。だから日本的な前衛とは何か、そのなかでの禅的なものは何かというかたちでシンギュラリティを取り出すことになりました。

## 6 「間」は「虚」につながる

**日埜**——そのときは「間」というものをどのように捉えられていたのでしょうか。

**磯崎**——最初に何か提案をしろと言われてシノプシスを書いた記憶があります。そのときにすでに「間」にしようと思っていました。先ほどのポンピドゥー・センターの日本のアヴァンギャルド展のときには、向こうも日本から集められた事例はあるけれど、成功しないだろうとわかってきていた。それでポンピドゥーのデザイン部門からデザインの展覧会として追加の企画を依頼されました。「間」展の経験を生かしてのことですが、ソリッドで永遠で硬いものに対して、はかなくて瞬間的にすぐ消えていくような概念、フランス語の「エフェメール」で展覧会を編成しようと思いました。徹底的に日本文化論として組み立てることも可能だなと思って、そのシナリオも書いた記憶があるんですけれど、結局は時間と金がなくなってこの企画は流れてしまった。だから僕も自由に文句が言えるという立場ではなかったんだけど(笑)。僕にとって「間」は抽象化された「虚」(老子)につながるような概念で、「エフェメール」とはそれとは別の、ヨーロッパではつかみにくい現象としてあると思います。あらためて、このアイディアを掘り起こすことも今日意味あるかもしれないけれど、僕個人はもうやる暇がない。

それから後はアメリカ向けの展覧会をいくつかやったりしました。これはいわゆる西欧中心主義に対抗する周辺からの提案でした。八〇年代になって、いわゆるポストモダンの時代になってからは、この種の視点に変化が起こっています。とりわけ九〇年代以降は、もう固有性なんて問題さえ消えていき、ひたすら世界はスクランブル文化状況です。国別地域別テーマパークなんかが世界中に広がり、それが普通の都市の表層にまで出現している。こんな有り様では固有の価値なんかありえない。戦略の変更が要請されますね。「間」展をやった頃までは、あの「都市空間」は通用していたと思っています。だから、どうしていまもこの本が読まれているのか、むしろ僕のほうから聞きたい。この本が四〇年ももっているのは一体なぜなんでしょうか。

**日埜**——結局この本で言われていること、取り出そうとしているものについての不自由がいまだに実感されているからではないでしょうか。なにか捉えきれていないという思いがおそらくある。例えば「かいわい」という言葉が指し示す空間の生き生きした有り様をどうにかつかまえたいという思いは、建築家であれば誰でもあるでしょうが、それに対して満足な答えはない。それは計画ということと相矛盾するような問題ですから、そういうフラストレーションはつねに残ると思いますけれど、そういう問題に対するアプローチにおいてこの本が未だにアクチュアルだということじゃないでしょうか。ヴァナキュラーなものに対する好奇心というよりも、実際に生活が営まれる具体を捉えることへの関心ですね。現代的な技術を持ってすればたいていのことは実現できるけれど、それだけはうまくいっていないという意味ではより切実かもしれません。生き生きとした空間、あるいは生き生きとした都市空間というのは一体どのようなものか、例えばマスター・プランニングという問題領域を考えてみると、われわれは驚くほど貧困なヴォキャブラリーしか持っていませんよね。

## 7 デリダの「間」／コーラ論

**磯崎**——それは、いまだに解けてない大きな問題だと思います。

それから「間」展の続きで言うと、先日ジャック・デリダ★一四が死んで追悼文で彼との付き合いのことを書きました（「アルジェからの旅立ち——ジャック・デリダの訃報を聞いて」『現代思想』二〇〇四年一二月号、青土社）。デリダはラヴィレット★一五でピーター・アイゼンマン★一六と共同して、「コーラの庭」をつくるというプロジェクトをやったのですが、これはできなかった。できなかった理由はいろいろありますが、コンセプトとしてできなかったということが大きいと思います。結局、デリダの考えているものをピーターが解釈してかたちにしても、デリダは間違っていると言い、最後にもうこれはやれないという結論が出たと思っています。僕は、「間」についての話をしたときに、デリダからこの「コーラ」という言葉を聞きました。八四年に日本で日仏文化サミットが開かれて、デリダはフランス側の代表で来日し、僕は日本側で出席していました。そしてフランスの代表団はみな来日の少し前に「間」展を見ていた（笑）。それで必ず「間」展について触れ、いろいろ解釈して議論をする。ところが日本人の出席者はこんな展覧会が催されたことも知らなかったくらいでした。「間」展は日本には持ってこなかったし、ジャーナリズムも伝えていないから日本側はわからない。ところがあまりフランス側の代表団が「間」展について言及するので、日本の代表団は困ってしまった。そこでデリダは見かねて、日本の代表団に「間」について僕よりもよほどうまく説明してくれたわけです（笑）。さらに彼は「コーラ」と「間」がとても近いと言いました。当時場所論がはやっていて、場所論のひとつに西田幾多郎の「場の論理」があり、西田は場のコンセプトを「コーラ」で説明しようとしているのですが、ほとんど失敗している。それで「コーラ」については僕も若干知っていました。「間」と「コーラ」をつなぐ、これは思考の補助線を見つけるようなものです。突然ギリシア（西欧）、日本（東洋）それに現代（世界）の関係が別の見え方をして立ち上がります。僕はそのとき「間」についてデリダからヒントをもらった。ただ「間」とコーラをつないでいる部分についてはこれからもいろいろな解釈が出てくると思うし、いまだに問題として残っています。ハイデガーの存在論についてはいろいろな議論がされているけれど、ハイデガーの言う「被投性」もこんな場所につながる要素があると思われます。同じような例で言えば、タウトが伊勢神宮がパルテノンに匹敵すると言いました。そこにはまったく論理がない。単純に建築の凡例として最高だと思われているパルテノンに伊勢神宮を引き当てることによって、伊勢神宮の評価を上げただけで、その関係を説明できるロジックはありません。だからタウトの語り方の政治性だけが残りました。しかし「間」と「コーラ」はもう少し問題として整理がつくのではないかと、僕は考えています。誰かこれを軸に展開してほしいですね。

**日埜**――なにしろ「コーラ」は西欧思想の源流とも言えるプラトンに由来するわけで、それと日本の伝統的な「間」がつながるならば、これほど深い通底もないでしょうね。

**磯崎**――そういう僕の関心はすべて「都市空間」をつくった頃に始まったと言えます。このときには書かなかったけれど、谷崎潤一郎の『陰翳礼讃』との関係もあります。もののあり方の部分とものの外との相互関係がいろいろあり、その関係はさらに広がっていき、ばらばらで説明がまだつかない。そこで過去一〇年くらいを何でつないだらよいかと考えているのですが、それを英語で言うと「ゴースト」、日本語の「影」が、そこの間の関係を説明する手がかりになるのではないかと思っています。これについてはまとめないといけないと思っていますけど、僕の言う「影」は、河合隼雄が『影の現象学』で扱っている「影」とはまったく違うものです。それをいつかやりたいと思っています。日本の都市空間や建築空間論にずっとつながっているのは実はこのあたりではないかと思っています。理屈にならない部分がたくさんあるのでなかなか説明できないのですけれど、誰でもいいからやってほしいな。

「間」―「エフェメール」―「コーラ」―「影」。『日本の都市空間』の作業につきあって以来四〇年が過ぎて、やっとこんな一連のヒントが取り出されてきました。まだ直観的に並べてあるだけですが、僕はその背後にある物を身体的に感知していると考えています。いや身体的に感知しているからロジックを介さずに並べているのです。まあ、これが普段の僕のやり方でアカデミックが嫌いでアクロバット（?）のほうが好きな理由でもあります。先ほど「コーラ」についてジャック・デリダの名前を出しましたが、何度か出逢うことがあり、いつも雑談ばかりやった記憶しかありませんが、何しろ語られること、書かれることの明快性には感嘆するばかりです。内容をフォローするのは困難だけど、そんな思考の生まれる過程は少しずつ推測できる。わかることは、フランス語の思考の特権的なところでしょうが、ロジックが明解にまず語られている。言葉がそのロジックをナイフで刻むように切り分けていく。これが僕の発想の対極だと思います。そのうち彼はロジックでつかまらないものを語り始める。例えば『マルクスの亡霊たち Spectres de Marx』（一九九三）では「ファントム」や「ゴースト」に近いようなイメージが出てきます。このあたりが僕にはとてもおもしろいことで、彼もまたロジックでつかまらない、ぼんやりしたものを探しているのです。僕は言葉やロジックにならないイマージュにあらかじめひっかかってしまう悪癖、いや日本語で思考するものの陥りやすい罠があることを自覚しています。だから、ぼんやりした何ものかが先に居座ってしまう。それを「見えない」と言ったり、「霧」とか「雲」とか言ってきましたが、それも「ゴースト」なのです。これをさしあたり「影」と記してある。こんな調子なので、デリダが入り込もうとしている物を裏側から追っかけている、こんな具合なのかもしれません。あれやこれやも、やっぱり四〇年前の『日本の都市空間』に送り返されていく。四〇年やってきてあんまり変わっていないんですね。

［二〇〇四年一一月一三日、磯崎新アトリエにて］

［註］

★一——原広司（はら・ひろし）：一九三六—。建築家。一九六七年刊行の著書『建築に何が可能か』（学芸書林）において、近代建築、特に均質空間を乗り越えようとする「有孔体理論」を展開。七〇年代から独自に世界各国の集落調査を行い、「ディスクリート（離散的）」という概念を提唱する。作品に《原邸》、《ヤマトインターナショナル》、《梅田スカイビル》、《京都駅ビル》など。著書に『空間《機能から様相へ》』（岩波書店）、『集落への旅』（岩波新書）など。

★二——佐々木睦朗（ささき・むつろう）：一九四六—。建築構造家。名古屋大学大学院卒業後、木村俊彦構造設計事務所勤務。生物の進化や自己組織化などの原理を工学的視点から捉える感度解析手法、進化論的構造最適化手法を用い、新しい建築構造の創造を試みている。構造設計に《山口情報芸術センター》、《せんだいメディアテーク》、《まつもと市民芸術館》、《多摩美術大学附属図書館》、《金沢二一世紀美術館》など。著書に『FLUX STRUCTURE』（TOTO出版）など。

★三——ノーテーション：記譜法、記述法。音楽や舞台のスコア（楽譜）やコレオグラフィー（振付）のこと。建築においては、平面図や立面図などの実用的な図面から、抽象的なドローイングまで広い範囲をさす。

★四——二川幸夫：一九三二—二〇一三。建築写真家、建築批評家。一九五七年から一九五九年にかけて、伊藤ていじとともに『日本の民家』全一〇巻を美術出版社より刊行。一九七〇年には出版社「A.D.A EDITA Tokyo」を設立し、建築雑誌『GA』などを発行した。

★五——網野善彦（あみの・よしひこ）：一九二八—二〇〇四。歴史学者。東京大学文学部卒業。専攻は中世日本史。海人や職人など非農業民の世界に着目し、従来の農民偏重の日本史観の見直しをはかった。著書に『無縁・公界・楽』、『異形の王権』（ともに平凡社）、『日本中世非農業民と天皇』（岩波書店）、『日本の歴史をよみなおす』（筑摩書房）など。

★六——ラフカディオ・ハーン／小泉八雲（Lafcadio Hearn／こいずみ・やくも）：一八五〇—一九〇四。日本研究者、作家。ギリシア出身の新聞記者。フランスとイギリスで教育を受けた後、渡米。二〇代前半からジャーナリストとして活動。文芸評論から事件報道まで幅広く著述。一八九〇年に来日し、その後日本の英語教育に尽力した。欧米に日本文化を紹介する著書を多数遺す。怪奇文学作品集『怪談』の著者として、また日本各地に伝わる伝説や幽霊話を独自の解釈を加えて綴る再話文学として知られる。

★七——岡倉天心（おかくら・てんしん）：一八六三—一九一三。美術研究者、思想家。東京大学在学中にアーネスト・フェノロサの影響を受ける。東京美術学校（東京藝術大学の前身）の開校に尽力し、横山大観や菱田春草、下村観山らと美術研究団体、日本美術院を創立。中国、インドなどの旅行を経て、アジアの一部としての日本を探求した。日本美術史を体系化した人物でもある。著書に『東洋の理想』、『茶の本』（ともに岩波書店）など。

★八――アーネスト・フェノロサ（Ernest Francisco Fenollosa）：一八五三―一九〇八。アメリカの東洋美術史家。哲学教師として来日。日本美術を再評価し、研究を進め、広く海外に紹介した。伝統美術復興運動に携わり、古美術、古建築に対する文化財保存の法整備に貢献。東京美術学校の設立に関わるなど、日本美術史に与えた影響は大きい。著書に『東洋美術史綱』（東京美術）など。

★九――エズラ・パウンド（Ezra Weston Loomis Pound）：一八八五―一九七二。詩人、批評家。二〇世紀初頭の詩におけるモダニズムの推進者。漢詩や俳句の翻訳を通じて、西洋詩のなかに東洋的なものを融合させる。また、自由詩運動であるイマジズムやヴォーティシズムといった芸術運動を通じて、二〇世紀の詩を一九世紀以前のものから決定的に隔てる上で革新的な役割を果たした。ジェームズ・ジョイス、ウィンダム・ルイス、T・S・エリオットなど二〇世紀を代表する詩人たちに大きな影響を与えた。

★一〇――ウィリアム・バトラー・イェーツ（William Butler Yeats）：一八六五―一九三九。アイルランドの詩人、劇作家。イギリスの神秘主義秘密結社黄金の夜明け団のメンバー。ロマン主義、神秘主義、モダニズムを吸収し、アイルランドの文芸復興を促す。一九二三年、ノーベル文学賞受賞。生涯を通じてケルト文化に傾倒、作品の多くはアイルランドの古い伝統や民話を踏まえている。日本の能に影響を受けたことでも知られる。作品に、詩集『アーシンの放浪』、『塔』、戯曲『砂時計』、『鷹の井戸』など。

★一一――T・S・エリオット（Thomas Stearns Eliot）：一八八八―一九六五。イギリスの詩人、劇作家、文芸批評家。ハーヴァード大学で批評家アーヴィング・バビットらに師事。欧州各地と米国で研究活動を行う。革新的な技法、宗教性の深い作品により英文壇を代表した。一九四八年、ノーベル文学賞受賞。代表作に長詩『荒地』、詩劇『寺院の殺人』、『カクテル・パーティー』、詩劇論『詩と劇』、評論『伝統と個人の才能』、批評集『神聖の森』など。

★一二――日本浪曼派：一九三五年に保田與重郎が創刊した雑誌名であり、そこに集った新保光太郎、亀井勝一郎、中島栄次郎、中谷孝雄、緒方隆士らの文学者が起こした文芸復興を指す。近代批判と古代賛歌を支柱とし、「日本の伝統への回帰」を提唱。ファシズムおよび大東亜共栄圏の正当化と共鳴した。終刊時には五〇名以上の同人を要する文学運動を展開し、戦後の三島由紀夫に連なる日本文学の一脈を形成した。

★一三――ブルーノ・タウト（Bruno Julius Florian Taut）：一八八〇―一九三八。ドイツの建築家。一九一四年、ドイツ工作連盟展のガラスパヴィリオンで注目され、表現主義の作家として出発。その後、ブリッツ・ジードルンクなど社会主義的ユートピアの実践を通して名声をえる。ナチス政権の台頭により日本に亡命。精力的に日本建築論を執筆するとともに、和風モダニズムの《日向別邸》を残した。著書に『ニッポン』（春秋社）、『日本美の再発見』（岩波書店）、『日本文化私観』（講談社）など。

★一四――ジャック・デリダ（Jacques Derrida）：一九三〇―二〇〇四。フランスの哲学者。ポスト構造主義の代表とされ、脱構築の概念などを提唱した。邦訳書に『エクリチュールと差異』（法政大学出版局）、『グラマトロジーについて（上・下）』（現代思想新社）などがある。

★一五――「ラ・ヴィレット公園」計画の国際設計競技：一九八二年に行われた、旧食肉市場跡約五五ヘクタールの敷地を二一世紀の都市公園へ再生させるための国際設計競技。一九世紀のオスマン男爵以来のパリ大改造計画となるミッテラン大統領によるグラン・プロジェのひとつ。シュルレアリスムやモンタージュ理論を下敷きとして、フォリーと呼ばれる小建築群を点在させるベルナール・チュミ案が当選し実現された。パリ東北部に位置する市内で最も大きな公園。

★一六――ピーター・アイゼンマン（Peter Eisenman）：一九三二―。アメリカの建築家、建築理論家。一九六〇年代にニューヨーク・ファイヴのひとりとして登場。脱構築など、現代思想との関連の中でさまざまな批評と理論の提出を行なう。八〇年代に「デコンストラクティビズム」、九〇年代に「襞」という概念を提出し、二〇〇〇年代に入り建築の自律性を主題としている。作品に、《オハイオ州立大学ウェクスナー芸術センター》、《布谷東京ビル》、《シンシナティ大学》、《虐殺されたヨーロッパのユダヤ人のための記念碑》など。

# 5 丹下研究室から独立した頃　およびル・コルビュジエ受容をめぐって

## 一九六〇年代の都市計画とプロセス・プランニングへの過程

### 1 ル・コルビュジエとミース・ファン・デル・ローエ受容をめぐって

**磯崎新**　いわゆるモダニズムの受容過程が日本の現代建築の始まりとしていま注目されているように見えますが、僕はそれをアメリカ現代建築と一緒に取り出すとその特徴がより明瞭になると思うのです。その手がかりとして、ル・コルビュジエとミース・ファン・デル・ローエがそれぞれどんな具合に受け入れられたかを比較してみるといい。日本はル・コルビュジエを、アメリカ（ＵＳＡ）はミースを受容し、ほかを拒否しています。

**日埜直彦**　なるほど。前川國男さんのようにル・コルビュジエのアトリエに行った人はアメリカにもいたのでしょうか。

**磯崎**　前川さんの前に日本から牧野正巳さんが行っていますね。そんな具合の人はアメリカからもいたかもしれませんが、記録には出てきませんね。戦後《ＵＮ（国連）ビル》（一九五二）を共同設計するとき、ル・コルビュジエがフランス代表で行っている。このときの通訳兼アシスタントをつとめたのはポール・ダマスというフランス人（戦前からニューヨークに渡っていた）ですから、目立った人はいなかったのじゃないかな。リチャード・マイヤーがコーネル大学を卒業して、すぐにル・コルビュジエのアトリエに入りたいと面会に行ったけれど、アメリカ人は採用しない、と言って断られたと聞いています。ＵＮビルの苦い経験があったからでしょうけれどね。ホセ・ルイ・セルトがグロピウスの後をついで戦後ハーヴァードのＧＳＤに来ました。それでセルトがル・コルビュジエ的なものをハーヴァードで教えていました。槇文彦さんが留学していた頃はそうだと思います。それからＴＡＣ（The Architects Collaborative）の人たちはグロピウスの弟子だけれど、ル・コルビュジエ的な要素をかなり受け取った人たちでした。ポール・ルドルフ★1などはある時期からル・コルビュジエに近かったと思います。しかしアメリカではそのジェネレーション自体が消えてしまい、ル・コルビュジエは受け継がれていかなかった。反対にミースはＳＯＭ★2などに受け継がれ、モダニズムの基準を作ったように考えられているのですが、ル・コルビュジエは全然入っていない。

**日埜**　フィリップ・ジョンソン独特のドイツ好みが影響したかもしれませんね。

**磯崎**　それはあると思います。フィリップ・ジョンソンがキュレーションをしたMoMAの《近代建築:国際展》(一九三二)は本当はミースにやってもらいたかったようです。だけれどミースは来なかった。そのあたりで奇妙なセレクションがあったと思います。フランク・ロイド・ライトもル・コルビュジエは嫌いだけれどミースは好きでした。ル・コルビュジエはプロパガンディストだという見方をしていたと思います。ライトの事務所にいた人の回想録にあるのですが、ミースに対してはタリアセンで賓客としてもてなして、一日で帰るはずだったけれど一週間ぐらい泊めて、着替えを持っていないから帰る頃にはミースのワイシャツの襟が黄色くなっていたという話がありました。そのくらいライトはミースを認めていた。

**日埜**　ライトのヴァスムート版作品集★三がヨーロッパの近代建築に与えた影響というのはよく言われますけど、ミースの場合も「煉瓦造の田園住宅」や実現したいくつかのレンガ積みの個人住宅を見ると、流動的なプランなどにライトの影響は見えます。ライトも自分の影響を見て悪い気はしなかったでしょう。

日本の場合、ル・コルビュジエの受容に関しては岸田日出刀さんがキーパーソンのようで、その点に関しては『10＋1』No.41のインタヴューで少しおうかがいしました［本書Ⅰ-1参照］。彼の周辺で前川さんがル・コルビュジエのアトリエに行き、丹下健三にもル・コルビュジエの影響が表われている。ル・コルビュジエのこうした受容の一方で、例えば丹下さんはミースについてどう考えていたんでしょう。

**磯崎**　前の東京都庁舎★四をミース的と言うべきか、ル・コルビュジエ的と言うべきか、そのあたりの違いもあると思う。丹下研究室ではミースのようなディテールをやりたいと一生懸命やっていました。ル・コルビュジエはコンクリートの打ち放しだから、彫塑的な扱いで考えればよかったけれど、ミースのディテールはやりたいと思っても当時の技術力では及ばなかった。だからサッシュも後退させて、コンクリートを前に出し収めるル・コルビュジエのほうが楽でした。普通に考えれば日本的なのはミースなのですが、なぜかそうではなかった。

やはり前川さんがいろいろな意味で影響力を持っていたと思います。しかし日本のル・コルビュジエの受容はかなり変則的で、ル・コルビュジエの持っているものの表面的な部分しか受け止めていないので、いろいろ論じられていない部分がたくさんあると思います。だから日本での受容については日本の近代建築史家たちが論じないといけない。

丹下さんの「ミケランジェロ頌」★五を藤森照信さんが、丹下さんはあの文章でバウハウスを落としてル・コルビュジエを持ち上げた、これはおれの読みだと言っていました。確かに、丹下さんは「衛生タイルをただ貼ったような近代建築は建築ではない」と言っていました。これは当時の流行していた山田守などの表層的なファンクショナリズム批判だったと思います。それに対して、「ミケランジェロ頌」ではル・コルビュジエとは何なのかと問うている。しかしどういうものをル・コルビュジエと言うべきかということについては、丹下さんは発言していません。前川さんは、ル・コルビュジエの翻訳はしたけれど、ル・コルビュジエ的なデザインをしたとは思えない。むしろ坂倉準三さん★六のほうがル・コルビュジエの三〇年代の気分は持っていた。坂倉さんはル・コルビュジエのところに長くいても、その後右翼、ナショナリスティックなことをやってきた人だから、日本的なものとも関連があると思います。しかし東大の建築科出身の人たちと坂倉さんとの関係は本当に妙なところがあります。坂倉さんは東大の建築科ではなくて美学出身です。だから建築の人たちは坂倉さんを自分たちの系列に入れていません。あれは不思議な関係です。坂倉さんのところには東大から西澤文隆さんが行ったけれど、彼以外は芸大系の人が多かった。ル・コルビュジエ受容はいろいろ辿っていくと面白いことが出てくるけれど、あまり議論はされてこなかったと思います。

話がとんで四五年、日本が降伏した頃を見ると、少なくとも日本においてはル・コルビュジエ受容はある程度浸透しただけでなく、日本的な近代建築を探す理論的な背景も生まれつつありました。それに対して、アメリカは相変わらず機能主義的なものをモダニズムとしてアカデミズムが保持したにすぎなかった。ミース経由の機能主義をアメリカはテクノロジーの系として受容した。言い換えると美学がなかった。これに対して、日本には日本的と言われる美学しかなかった。「建築デザインを含めて、第二次世界大戦に勝利したとき、アメリカ美術には何も誇るべき特徴はなかった。そこで戦利品として東洋からスピリチュアルでミニマルなものを、西欧からロジカルで構成的なものをもちかえる。これをブレンドしていきながら、『アメリカ的』と呼びうるような現代美術をみつけだそうとする」(『en-taxi』一六号、扶桑社、二〇〇七)と書いたことがありますが、これは日本の「ジャポニカ」と呼んだ、サビ、シブ、ユカタ、ウチワなんかを指しているのです。詳しくは『建築における「日本的なもの」』(新潮社、二〇〇三)を見てください。

## 2 建築思想の断絶と連続

**日埜** 前川さんの場合ル・コルビュジエの建築作品に対する関心の強さに対して、「輝く都市」のような近代都市計画に対する関心があまり実作に見えてきません。むしろ丹下さんが積極的にそういうことを研究していたと思うのですが。

**磯崎** 都市をつねに頭に入れていたのは丹下さんの一番の特徴だと思います。建築の存在基盤の手がかりをどこに求めるかというと、地霊や環境、技術などいろいろありますが、丹下さんの場合は都市でした。環境条件、都市の構造、特に都市を手がかりにして建築は存在理由が出てくると丹下さんは考えていました。僕らはそれをコンテクスト、都市文脈と理解しました。

**日埜**――とはいえ終戦後の当時の日本の状況を考えると都市と言ってもその内実は荒涼たるものだったわけですね。

**磯崎**――だから都市計画を最初にやらねばならないという人は丹下さんぐらいしかいなかった。大半はそんなのは無茶だと思っていました。

**日埜**――丹下さんが直接都市と関わったのは広島が最初ですか、それとも満州で関わる機会もあったのでしょうか。

**磯崎**――満州には付き合っていなかったと思います。前川さんは上海で仕事をしていた。坂倉さんは満州に行っていました。そのときのコンペなんかを手伝ったかもしれませんが。先日グループ演劇工房の『満州國の黄金の都市――幻影の王道楽土』のパンフレットが来て、そこで宮内嘉久さんが演出家の木内稔さんと対談していました。主人公は、満州へ行って壮大な都市計画、建築のデザインをやった建築家です。嘉久さんの対談を読むと前川さんより前にル・コルビュジエの事務所に行った牧野さんが主人公のモデルのようです。彼は新京でさまざまな都市計画に関わって建築のデザインをやりました。その芝居では、牧野さんは純粋機能主義を学んでヨーロッパから帰ってきて満州に行き、そこで土地の文化などは排除して帝冠様式が必要だと考えるようになりました。これは、戦時中の『建築雑誌』の牧野正巳が出席していた座談会の記事で読みました。主人公の牧野さんは戦争中に近代の機能主義から日本の伝統的なものへ転向した人だったけれど、戦後も生き延びて大建築家になって文化勲章をもらったという設定になっています。これは建築の外の人が日本の帝冠様式と機能主義について――そこは井上章一が詳しく書いていますが――、その批判的パロディを芝居に組み立てたのだと思います。イデオロギー問題や様式問題はわかりやすいから、いまだにこのような解釈が出てくるのですが、僕はそういう解釈ではないところで議論しなくてはいけないと考えています。

しかし、例えばソヴィエト・パレスなどにスターリンが介入してきました。その過程でどのように構成主義や古典主義が残り、それらがどのようにスターリニズムにつながっていくのか、そういう過程は本当は見えているのだと思います。ただその読み分ける手段、読み取る方法論がはっきりしていない。最後にあの上に世界最大の彫刻のレーニン像を載せろと言ったのはスターリンでした。先日ロシアのアーティストたちとシンポジウムをやりました。そのシンポジウムで、元々マレヴィッチ★七がアルキテクトンで考えていたタワーのコンセプトがあって、あのタワーはそれが下敷きになっているのではないか、と勝手な推定で発言しました。タワーの上に人が載っているという建築は歴史的にあります。あの像を載せたのはマレヴィッチか弟子のスウェティンかわからないけれど、アルキテクトンの抽象的な形の上にレーニンの彫像を載せたのは、その流れであることは確かでしょう。断絶があったのではなく、つまりスターリンが構成主義全部を切り捨てたのではなく、その中に残ったものと重なってスターリニズムが生まれたのだと考えられます。ボリス・グロイスの『全体芸術様式スターリン』（現代思潮社、二〇〇〇）は、スターリニズムを断絶ではなくて連続だと見ている。形態ではなく生の様式として捉えています。このあたりがいま満州への日本の侵略と、そこに建設された都市的建築のデザインの関係なんかに関心が集まっている理由でしょうが、同じことはムッソリーニがロードスで、フランスがアルジェでやったことなんかと比較するといい。クレオール／コロニアリズムへと話をつなぐことができると思います。テヘランやイスファハンにボザールで学んだ建築家たちの良質のアール・デコ風の建物がたくさん残っているし、インドでのラッチェンス以後のヴィクトリア風コロニアル、さらには中華民国の時期の孫文の中山陵に続いて梁思成のポール・クレ（ペンシルバニア大学でのルイス・カーンの師）経由のアール・デコなど、三〇年代、四〇年代の国境を超えて広がっていったそれぞれの国のモダニズムを、グローバリゼーションがいきわたって全世界が均質化された今日の時点から見ると、このグローバリゼーションと言われるものは、第二次世界大戦へ向かう過程の単なる反復だったことが見えてくるのではないでしょうかね。

**編集部**｜八束はじめさんが最近ロシアは大変な好景気で高層建築がたくさん建っているけれど、ロシアヴァンギャルド的なもの、構成主義は巧妙に排除されていて、いわゆるスターリニズム建築ばかりだと言われていました。

**磯崎**｜五年前ぐらいにソヴィエト・パレス以来の国際コンペがあって、僕は招待され応募して、落ちました。サンクトペテルブルグにあるマリインスキー劇場★八の増築で、横にもうひとつ劇場を作るコンペです。そのときに僕が考えたのは構成主義、マレヴィッチを手がかりにすることでした。ソヴィエトの頃はアナログでしかできなかったけれど、現在ならコンピュータにかけることができる。「デジタライズド・マレヴィッチ」です。そういう構成主義的デザインでした。この案はロシア以外から来た人たちには面白いと言われたけれど、ロシア国内では抵抗がありました。ようするにあれはロシアとしてはやれないわけです。コンペは結局ドミニク・ペローが取りました。ガラスのシェルターで、これが当選して、構成主義が落ちたわけです。これは流行りだから二、三年で消えていくと思う。あのようなアプローチを批判しながら案を出しました。あのプロジェクトそのものが解体気味になっているのでよかったのですが。だからロシアは構成主義に対してはかなり抵抗があると言われればその通りです。いま建築家たちは、そういう商業的な開発のスタイルをとっているだけです。

**日埜**　ロシアで世界で流行っている新しいスタイルをつまみ食いしてるのはニュージェネレーションの人たちで、それに対してスターリン様式なりクラシシズムを好む保守的な有力者がいて、そういう世代的なギャップと政治が絡み合って取捨選択が行なわれているのでしょう。

**磯崎**　それは全世界で同じ問題だと思います。中国では、海外から入ってきた人がコマーシャルの塊みたいなのをやっています。でも独立系でわれわれの考えが通じるような建築家も増えてきて、張永和★九もそのグループのひとりです。最近は若い建築家がコンピュータを使ってぐにゃぐにゃ建築をつくることが流行っています。張永和や独立系の建築家はそうではなくて、レンガやコンクリートを構成的に使っている。あまり大きくないものをつくっています。

## 3 丹下健三の都市への関心

**日埜**　前川さんが高層建築や都市と関わる問題にさほど興味を抱かなかったのに対して、丹下研究室では都市の再構築が構想されていた。そういう状況において、磯崎さんの「ジョイント・コア・システム」などの初期のプロジェクトが丹下研究室の都市のもとに出発しています。

**磯崎**　その通りです。丹下さんが始めたのは、建築と都市の関係を考え直すことでした。僕らの時代になってきたらそれは当然なんだという感じになってきた。もともと日本はドイツ系の都市計画だったからシティ・プランニングでした。イギリスもシティ・プランニングです。ところがル・コルビュジェは前からシティ・プランニングではなくユルバニスムと言っていましたが、ユルバニスムはアーバン・デザインにつながってくる要素を持っているわけです。都市に対するアプローチの違いが用語にもありました。日本の政府、各自治体が組み立てる都市計画はドイツ的なもので、いまの中国では、それを規制と呼んでいます。

**日埜**　そういう区別をするとすれば高山(英華)研究室がドイツ系のシティ・プランニングという位置づけでよいのでしょうか。

**磯崎**　高山さんもそうだけれど、彼以前に全部まとめていたのは内田祥文さん★一〇です。あの時代は祥三さんや佐野利器さんたちが都市を研究していて、そこから何人かビュロクラートが出てきましたが、彼らはユルバニスムではなく、シティ・プランニングの王道でやっていました。

**日埜**　それに対し丹下研の都市への考え方はむしろユルバニスムに近い性格を持っていた。

**磯崎**　持たせようとしていたと思います。当時世界的には一方にＣＩＡＭがあり、他方にビュロクラートの世界組織である国際住宅都市計画連合(ＩＦＨＰ)があり、それぞれの都市論が対立していました。そういう関係のなかで、ＣＩＡＭはつねに外側からのカウンタープロポーザルでした。丹下研はＣＩＡＭの系列で、だからアンビルトは当然と考えていました(笑)。

**日埜**｜たしかに丹下さんの広島への関わりにはユルバニスム的な、プロジェクトによって都市を組み立てていく方向が強いように見えますね。

**磯崎**｜丹下さんの都市計画の仕事はいろいろありましたが、シティ・プランニングのルールを守っていないとできない要素がある場合は、それは守っていたと思います。だけれどモニュメントとしての平和記念都市計画は大きなスケールということもありますが、これは都市デザインでした。だから広島での提案はＣＩＡＭの都市論に通用したのだと思います。

**日埜**｜それで丹下さんは一九五一年の第八回ＣＩＡＭに招待されて、前川さんとともにプレゼンテーションに行ったわけですね。

**磯崎**｜前川さんが行くので、日本からこの案を出そうということだったのでしょう。

**日埜**｜当時のＣＩＡＭで発表されるプロジェクトとしては、実現に至った計画は珍しかったんじゃないでしょうか。

**磯崎**｜ル・コルビュジエは戦後の再建計画をたくさんやっていますが、ほとんどできていません。そういうものは政府機関が組み立て発注しない限り、ありえないわけです。南米などで相談にのったりしたこともありますが、そこでは建築はパーツで全体の都市計画は別だと思います。現在もそういう二重状態になっていると思います。先ほどの牧野さんなどいろいろな人たちが満州で都市計画の仕事をやっていましたが、そのなかで一番若いジェネレーションがやったのが大同の都市計画でした。これは旧市街地と新市街地の中からできていくような計画で、ＣＩＡＭが提案してきたコミュニティ計画です。住居と建物の関係は高山さんや内田祥文さんがやっていました。祥文さんは祥三さんの長男、祥哉さんのお兄さんで終戦直後に亡くなりましたが、彼が仕事をしていたら、日本における都市へのメソドロジーが変わってきたかもしれないと言われていました。

## 4 丹下研での都市計画

**日埜**｜話は変わりますが、磯崎さんの卒業論文はエレベーター、コアの研究だったと聞いています。つまり高層で居住するときにどういう生活環境が成り立つかという、都市化を前提としたビルディング・タイプの研究ということでしょう。どちらかと言えば地道なテーマで、数量的、計画学的ベースで都市を考えていく雰囲気が丹下研究室に色濃くあったのかと思います。

**磯崎**｜卒論は歴史的にアメリカの超高層がどのように変わっていったのかを調べて、それをまとめたものです。それで数量化などをふまえていないと建築学会、都市計画学会で論文として認められなかったと思います。数量的な問題、ベーシックな調査と実証的な研究があったうえで、何をやるのか。僕はそういう研究をやっていても何も出てこないと思っていました。

**日埜**　「東京計画一九六〇」を発表するためにまとめられた黄色い冊子を図書館で探してみました。全体として見るとひどくアンバランスな印象の本です。前半には統計的な人口動態や産業構成の変化の予測分析が綿々と述べられ、後半はほとんどイリュージョナルと言ってよいほど野心的な計画案が描かれている。そのギャップ、視点の分裂が露呈している。要するにこれが建つわけがないわけですけれど、それを根拠づけようとしながらどうにも繋がらないアカデミックな分析があるわけですね。そのギャップをどう繋げるかは苦しいものがあったろうと思いますが、それでもこうせざるをえなかったところに丹下さんのキャラクターなり、研究に参加していた方々に共有された空気があったのかと思います。実際にはどういう雰囲気だったのでしょうか。

**磯崎**　東京を実際にデータとしてきちっとつかまえて、どのように成長を考えるかは、いわば都市社会学的な視点によることになるでしょう。人口にしても交通量にしてもグラフで示される数量の変動を見る視点がそこにあります。データはその現況からしか収集できない。そうするとそれをプロジェクトにするときには、都市はベースでじわりじわり動くので、それをどのようにフォローしてゾーニングや道路計画をつくるのかという普通の押さえ方です。それに対してストラクチャーを変えることがある。CIAMはリング状の都市から線状の都市へというように都市そのものを組み替える提案なんかをした。これをベースに考えようというのが、当時のわれわれからすると都市を表現する常識だと思っていたのです。外から見たら「あはな」という見られ方をしました。そういうことを提案するのは最初から議論の外で、「おまえらは漫画を書いてるにすぎない」という受け止められ方でした。

**日埜**　例えばカーンにもほとんど実現不可能なプロジェクトがありますが、世界を見わたした時にそれと対抗するためにはこれぐらい強く打ち出さないと意味がないという意識があったんですね。

**磯崎**　ルイス・カーンのフィラデルフィア計画が成立したのは、『都市のデザイン』を書いたエドモンド・ベーコンが市の重要なポジションにいたからだと言われています。彼がルイス・カーンのような若い建築家にいろいろ作らせたわけです。しかしデザイナーはそういうときに暴走するわけです。ルイス・カーンのドローイングも下敷きの部分はリアルにやっているけれど、その上に暴走した部分が出てくる。そうすると全部がおかしいとなってくる。でもこちら側は暴走しているものしか見えていません。六〇年にはルイス・カーンも日本に来ていたから、MoMAで行なわれた彼の展覧会の情報は知っていました。その前にイエール大学の美術館の増築(一九五三)があり、僕は重要なデザインだと思うけれど、外から見ると箱みたいな建物であまり評価がされませんでした。ルイス・カーンは、最後にはこういうかたちに戻っているわけです。その後の《リチャーズ・メディカルセンター》(一九五七)のコアは中にあるのではなくて外にある、という発想の逆転があります。

**日埜** 「サーヴド・アンド・サーヴァント」とお題目のように言われるので、あれをコアとして見たことがないのですけれど、確かにあれはコアです(笑)。当時丹下さんや丹下研究室がコアを問題にしていたときには、カーンの仕事のそういった部分に共有された問題を見ていたのでしょうか。

**磯崎** それは近い。ただ、ルイス・カーンのようないろいろなタワーが乱立しているイメージ、単純に箱で納めるのではないことはわかっていました。

## 5 「プロセス・プランニング論」と《旧大分県立図書館》

**日埜** コアによるシステムとハングされたスラブの構成を都市的スケールでやるときには、それ以外見えるものがないから成立して見えます。しかし例えば《リチャーズ・メディカルセンター》がそうだと思うのですが、それを建築に落とすとスケールというどうにもコントロールしにくい部分が邪魔をして、そこに折り合いをつけるのはなかなか難しい。コアをそういう意味で見れば、例えば磯崎さんの《大分県医師会館》や《旧大分県立図書館》も、縦ではなくて横に通ってはいますが、あれはコアだということもできるでしょう。

**磯崎** 廊下やコアはパブリックでそれに対してプライヴェートな部屋があり、この二つの要素が建物の中に入り乱れていますが、都市はもともとそういうもので成り立っています。それでパブリックはコントロールを利かせることができるのではないか——本当は逆なのですが——という幻想がありました。それは公共事業だからその部分を骨組みとして可視化する。だから水平インフラを垂直にしたのはコアの問題です。このようにパブリックとプライヴェートを考えていました。「サーヴド・アンド・サーヴァント」は目的的空間とそれをサポートする空間として、設計の手がかりを二分する手段です。このやり方が明瞭にわかってきたのは五〇年代ぐらいでしょう。ル・コルビュジエもコアをそこまでクリアに見ていないと思います。ミースにいたってはスキンしかなくて、コアはどこにあるのかという感じです(笑)。五〇年代末にはこれは常識になっていました。

**日埜** 『建築文化』一九六三年三月号に「プロセス・プランニング論」という論文が掲載されています。クローズド・プランニングからモデュラー・プランニング、そしてプロセス・プランニングへと計画手法の次の方向性を示すのが趣旨ですね。粗っぽく言えば「クローズド・プランニング」が古典的建築、「モデュラー・プランニング」が近代建築で、それとは根本的に異なる「プロセス・プランニング」を打ち出しているわけで、ターニングポイントとして興味深いところです。

**磯崎** 「クローズド・プランニング」と「モデュラー・プランニン

グ」は例もいろいろあり、サンプリングできました。しかし「プロセス・プランニング」ですが、なぜこれを言い出したのかははっきり覚えていません(笑)。

**日埜**――先行する論文に『建築文化』一九六二年一月号の「現代都市における空間の性格」があり、そこでは当時有効と見なされていたモデュラー・プランニングないしオープン・プランニングによって都市の問題を解決することに否定的な見解を示しつつ、プロセスに注目する必要性が述べられています。基本的にアイディアはここでまとまっていて、「プロセス・プランニング論」はむしろそれを《旧大分県立図書館》という具体的な事例を背景にして論文にした格好ですね。

この二つの論文は『空間へ』に収録されていますが、惜しいことに図版がほとんどなくなっています。「プロセス・プランニング論」に付された《旧大分県立図書館》の検討途中の模型断面には設備が組み込まれたコアらしきものが見えます。どうもそれが立方グリッドになっているようですね。

**磯崎**――イタリアのマンジャロッティ★二の作品で工場でプレキャストを使った提案がありました。窓はプレキャストで作ったフレームをはめ込んだと思います。パースを描いたのですが、このインキングの仕方はポール・ルドルフだとひやかされました。

**日埜**――確かにこのパースはそうかもしれない(笑)。それにしてもこの柱梁はプレキャストで考えられていたんですね。煉瓦タイル張りのオーソドックスな基壇の上にプレキャストのフレームが組み立てられていて、上下のコントラストは「空中都市」の構図の余韻があります。

**磯崎**――いろいろ変わっているものはやっていないと思います。プランで、この場合では中のペアにした壁がまだない。それですべてがこのような軸ででき上がっていて、まったくツリー構造になっています。でもこれはプレキャストで、どうしてもコスト的に収まらないことがわかってきました。これを描いた直後にヨーロッパに初めて旅行しました。唯一ヨーロッパでこれだと思ったことは、それまでは壁の意識がそんなになかったわけですが、壁への意識と光が上から入ることです。日本に帰ってきてこれを見て、もう一度全部やり直そうと思いました。それで全部コンクリートにしました。実施設計では全体的にぼってりしてきたけれど、コンクリートの壁だったら仕方がないと思った記憶があります。

**日埜**――壁と上からの光ということが出ましたが、大分の住宅《中山邸》(一九六四)がありますね。

**磯崎**――あれがそういう意味の最初の作品です。コンクリートで目隠しして、光は上から入ってきます。

**日埜**――作品説明でもヨーロッパで見たフェルメール的な高窓の光と谷崎潤一郎的な陰影の対比というようなことが述べられていて、日本的なものをコントラストにおいて受け止める磯崎さんの独特の姿勢が見えます。

そうして《中山邸》に少し遅れて《旧大分県立図書館》のロビー空間の光ができる。都市におけるコアの問題と建築におけるコアの問題はスムーズに繋がったのでしょうか。

**磯崎**　アルベルティの「都市は大きい建築、建築は小さい都市」という言葉があるけれど、当時はそれほど悠長ではなくて、都市も建築もやるなら一緒でした。内容や扱いは違ってもそれほどに変えられない。だから似たような結果が生まれてきたと言ったほうが正直かもしれない。

## 6　丹下研からの独立とアトリエを開設した頃

**日埜**　都市の議論は丹下研究室に由来する土台としてあったと思うのですけれど、具体的な建築を作るとなると問題はまったく違ってくると思います。

**磯崎**　「東京計画一九六〇」までは、僕は研究室のスタッフとしてやってきました。あの計画の後、病気で倒れたりしてしばらく休息期間がありました。その頃こういう計画を始め、そのときは丹下研で研究を続ける方向と、実現する仕事をやる方向の二つがごちゃごちゃになっていました。そしてその過程で《旧大分県立図書館》のフィジビリティスタディをやって、この土地でどれだけのものをつくれるかと考えていました。現実問題として県が持っていた予算ははっきりしていなかった。担当者レヴェルでは県の予算や寄付で予算化しようとしたけれど、もう少し理想に近いものをやったらどうだという議論があって、プロセス・プランニングの画をかきました。だからまだ実施契約してないわけです。そしてこれは予算化できそうだというので丹下研でやりますかと持っていきました。でも丹下研はそろそろ東京オリンピックの工事準備が始まり、それから《東京カテドラル聖マリア大聖堂》も始まろうとしていました。そういうなかで、「お前は独立しろ」という話になったのです。だからこのあたりまではまだ意志を決めかねていましたが、それならもうひとりでやる以外しょうがないと思い、二、三人の手伝いで事務所を始めました。駆け出しの事務所で、見積もりを取ろうとしても見積もり事務所などなかったので、メーカーに見積もりを出してもらいました。それで見積もりのデータにメーカーの名前が残っていて、「こんなもん出したらだめだ」と怒られたことがありました(笑)。

**日埜**　丹下研を離れた後も、スコピエ計画★二に関わっていますが、これは助っ人としてですか。

**磯崎**　最近、丹下研との関係を海外などで聞かれますが、最初の一〇年はスタッフとして、次の一〇年は協力者だった。全部で二〇年丹下健三さんと一緒に仕事をしたということです。丹下研はオリンピックや《電通本社ビル》の計画をやっていたから、コンペをやっている手間はなかったわけです。それである程度のキャリアのある人が参加して、僕はスコピエのコンペをやりました。その頃、六角鬼丈★三が僕の事務所にいたから彼を連れていき、あとは大学院生四、五人だけでした。それで丹下さんが大学に講義で来たときに相談していました。プレゼンテーションに使うシルクスクリーンのやり方やグラフィックについて杉浦康平★一四に聞いたり、木型をつくっていた石黒模型を紹介されて頼んだりしていました。

**日埜**　コンペに通って逆に困ったという感じもあったのでしょうか。

**磯崎**　それは丹下さんのことだからどうでもいいと思いました（笑）。とにかく現地に行かなくてはいけないということになり、三人が派遣されました。

スコピエ計画はどういう環境でやっていたかというと、東大で大谷幸夫さんの後に都市工の教授になった渡辺定夫がいました。その頃に谷口吉生がハーヴァードから戻ってきて、この三人でやりました。渡辺の役目は都市計画の全貌をバランスよくまとめることで、僕は最初からどうやったらこのデザインが残るか、それしか関心がなかった。谷口はコンペの最初のときは関わらずに通った頃に戻ってきて、その後彼が間に立っていました。しかしあのコンペはいろいろな意味で敗退したわけです。負けたので都市計画のリアリティとは何かということが少しわかってきました。肝心な問題は何を手がかりに決定がなされ、その意思決定はどのように組み立てられていくのかが、どのようなデザインよりも強いということでした。それは一度体験しないとわかりません。日本に帰ってきたとたんにそのまま横滑りで万博の準備に巻き込まれました。

**日埜**　万博は丹下研究室、それとも磯崎アトリエとしての仕事ですか。

**磯崎**　万博の会場計画は研究室の仕事です。大半の時間は大学で過ごしていたのが実情です。そしてある程度まとまったときに初めて建築事務所として万博の仕事に関わり、それは最後の二年ぐらいでした。研究室では方法論については議論がありましたが、深く激論をするという雰囲気ではなかったです。しかし丹下さんがやると言わない限り何にも動かないけれど、丹下さんは「これをやれ」とは言わないので、研究室ではみな推定しながらやっていました。丹下さんはそこからセレクション、ピックアップしていました。それから、丹下研では吊り構造にする、あるいはシェルにするということは最初に決めています。それが丹下さんのやり方だったのかもしれない。

## 7 時間を介在させる建築

**日埜**　話が前後するのですが、《電通本社ビル》の計画ではコアの扱い方はニュートラルかつスクエアで、磯崎さんの扱い方とはずいぶん肌合いが違います。

**磯崎**　最初の電通の計画は、《大分県医師会館》のように壁で囲ったコアが両側に一本あって、ブリッジが三段ありました。当時の電通の社長が丹下さんを評価していて頼まれたのですが、この方が亡くなってしまった。そうしたら後を継いだ人から「こんなにお金かけてやることはない」といじめられ、「ゼネコンもこんなことにつき合ったらだめだ」と言っていた。いくらか妥協させられたのでしょう。それで「たまには普通の建築もどうでしょう」ということでできたのが《電通本社ビル》です。しかし丹下研はそれでは収まらない。それで電通ビル周辺全体の計画をやろうというので考えられたのが今残っている「築地計画」です。

**日埜**　「築地計画」はほとんど手塚治虫のような都市像に見えて、磯崎さんの黙示録的なイメージと対照的に見えます。

ともあれ問題設定は共有しながら、磯崎さんご自身の仕事があり、丹下研究室の仕事があり、もちろん丹下事務所もまた別であるという込み入った状況があったわけですけれど、そういうなかからオリジナルなアイディアとして「プロセス・プランニング」というロジックを掲げ、自分の位置を明確にしていくということなのでしょうか。

**磯崎**　理論化することによって自分なりの方向性を探すことはあったと思います。当時プロセスというのは瞬間による切断の連続だと思っていました。それは時間についての僕なりの理解でした。この頃アーキグラムなどとコミュニケーションが始まりましたが、彼らは動くことについて考えていました。動くことは、もともとチームX★一五のアリソン&ピーター・スミッソンたちが言い出した概念でしたが、チームXには丹下さんも参加していました。動くことと、スタティックなものだと見られている建築物と都市の関係の議論は五〇年代からずっとありました。それで六〇年代になって具体的にアーキグラムが絵を描き、アートのパフォーミング・アーツやアクション・ペインティングなどが重なってきて考えられたのが万博のお祭り広場でした。つまり時間をいかに建築に介在させるか、これが僕にはひとつの手がかりだったと思います。

**日埜**　単に施設が成長して規模を大きくするだけではなく、そこで起こることに対して建築がどう対応できるか、ということですね。

**磯崎**　成長というよりは変化です。その変化をスタティックな建築がどう解明できるか。それは本来矛盾した話です。その典型的なのはメタボリズムで、黒川紀章の《中銀カプセルタワービル》もぼろぼろになって、メタボリズム理論なら新しい同じようなものに取り替えなくてはいけないのだけれど、あれはモニュメントだということになっている。丹下さんの《静岡新聞・静岡放送東京本社》は最初から静岡新聞の広告塔、モニュメントだから建ってればいいわけです。

［二〇〇七年二月二日、磯崎新アトリエにて］

註

★一——ポール・ルドルフ(Paul Rudolph)：一九一八—一九九七。アメリカの建築家。ハーヴァード大学でヴァルター・グロピウスに師事。イェール大学建築学科学部長。ブルータリズムの荒々しいコンクリート造の《イェール大学・美術建築学部棟》などが有名。他に《ポール・ルドルフ・アパートメント》、《グラフィック・アーツ・センター》、《リッポーセンター》など

★二——SOM(Skidmore, Owings, and Merrill)：一九三六—。アメリカの組織設計事務所。一九五二年竣工の《レヴァー・ハウス》で、ミースによって提示されたガラスと鉄の建築をオフィスビルとして初めて実現し、近代様式のメルクマールとなった。アメリカの高層建築における指導的役割を果たし、モダニズム建築を世界中に広めた。作品に《チェイスマンハッタン銀行》、《ジョン・ハンコック・センター》、《東京ミッドタウン》、《ブルジュ・ドバイ》など。

★三——ライトのヴァスムート版作品集：一九一〇年にベルリンの大手出版社、エルンスト・ヴァスムート社から刊行されたフランク・ロイド・ライトの図面集。新たに書き下ろした四二×六五センチの大判のリトグラフ一〇〇枚を含み、小型の解説を別冊として初版一二七五部が刷られ出版された。当時、新しい建築を求めていたヴァルター・グロピウスやル・コルビュジエ、ミース・ファン・デル・ローエ等を含むヨーロッパの若い世代の建築家たちを驚かせ、ライトの名を世界に知らしめた作品集。

★四——東京都庁舎：一九五七年竣工、丹下健三研究室設計。戦災で焼失した赤煉瓦の府庁舎跡地に建設された、鉄骨鉄筋コンクリート造地下二階地上八階建てのオフィスビル。一階・中二階をピロティとして都民に開放し、市民意識を根付かせるための「シティ・ホール」のあり方を提案。また、鉄骨・ガラスを多用しデザインとしての軽さを表現した。立面の美しさやコア・システムの採用など、丹下の代表作のひとつとされる。取り壊され、現在は東京国際フォーラムが建つ。

★五——ミケランジェロ頌：丹下健三の卒業論文。東京帝国大学卒業の翌年、一九三九年に雑誌『現代建築』一二月号に発表された。副題は「ル・コルビュジエ論への序説として」。ルネサンス期のミケランジェロと二〇世紀のル・コルビュジエを同一直線上に連続して結びつけ、両者を「最高の使命」を担った建築家と論じた。

★六——坂倉準三(さかくら・じゅんぞう)：一九〇一—一九六九。建築家。東京帝国大学文学部美学美術史学科卒業後、渡仏。ル・コルビュジエのアトリエで学ぶ。モダニズム建築を実践し、一九三七年、《パリ万博日本館》で万国博最高大賞受賞。戦後日本建築界のリーダー的存在として活躍する。作品に《飯箸邸》、《神奈川県立鎌倉近代美術館》、《国際文化会館》、《新宿駅西口広場》など。

★七——カジミール・マレーヴィッチ(Kasimir Severinovich Malevich)：一八七八—一九三五。旧ソ連生まれの画家、芸術理論家。印象主義、フォービズム、キュビスムを経て、シュプレマティスムを提唱。幾何学的な抽象絵画の先駆者。作品に《黒の正方形》、《白の上の白》、《シュプレマティスム》など。邦訳書に『無対象の世界』(中央公論美術出版)、『零の形態』(水声社)など。

★八——マリインスキー劇場：ロシアのサンクトペテルブルクにある一七八三年に創設されたオペラとバレエ専用の劇場。ロシア帝国の皇族劇場のひとつ。二〇〇三年、隣接敷地に新館の国際建築設計コンペが行なわれる。ドミニク・ペローが優勝するも、技術面で折り合わず、最終的にペロー案を基礎としたカナダの建築事務所ダイアモンド・アンド・シュミットの案が採用され、二〇一三年に竣工。

★九——張永和(Yung Ho Chang／チョウ・エイワ)：一九五六—。中国の建築家。北京大学主任教授。南京工学院(現東南大学)卒業後、渡米。カルフォルニア大学バークレー校修士課程修了。一九九九年、北京大学建築中心を創設。第八回ヴェネツィア・ビエンナーレ建築展日本館では、岸和郎、小嶋一浩とともに『漢字文化圏における建築的言語の生成』展に出展。中国新世代建築家のひとり。

★一〇——内田祥文(うちだ・よしふみ)：一九一三—一九四六。建築家、都市計画家。東京帝国大学大学院在学中、経済学者・難波田春夫の思想に影響を受け、国民住宅や労働者住宅などを計画。海外の都市事例としてヘルマン・ゲーリングやトニー・ガルニエの工業都市を参照し、戦災復興都市計画立案に従事する。戦時下は木造建築の防災など、戦後は戦災都市復興に取り組んだ。著書に『建築と火災』(相模書房)など。

★一一——アンジェロ・マンジャロッティ(Angelo Mangiarotti)：一九二一—二〇一二。イタリアの建築家、工業デザイナー。ミラノ工科大学建築学科を卒業後、渡米。フランク・ロイド・ライト、ヴァルター・グロピウス、ミース・ファン・デル・ローエらと親交を結ぶ。帰国後、建築からプロダクツほか彫刻に至るまで幅広い活動を展開。素材と技術を巧みに結びつけた作風で知られる。作品に、《バランザーテの教会》、《ツアドロンノ通りの集合住宅》、テーブル・シリーズ《EROS》、《Incas》、《Asolo》など。

★一二——スコピエ計画：一九六三年に起きた大地震で崩壊したマケドニアのスコピエ市都市部の再建計画。国連のUNDP(国連開発計画)が復興計画の国際指名コンペを行ない、丹下案が一等となる。「都市の中心機能」と「住居群」の二つのイメージを中心に都市

計画が展開された。また、保存と開発の共存的な解決を考慮しながら人の流れの立体化を進め、アクティビティの高密化を図る。全体としてひとつの雰囲気を持つ界隈の構成が試みられた。

★一三——六角鬼丈（ろっかく・きじょう）：一九四一—。建築家。東京藝術大学美術学部建築科卒業後、磯崎新アトリエに勤務。東京藝術大学名誉教授。作品に《クレバスの家》、《雑創の森学園》、《東京武道館》、《東京藝術大学美術館》、《感覚ミュージアム》など。

★一四——杉浦康平（すぎうら・こうへい）：一九三二—。グラフィックデザイナー。東京藝術大学美術学部建築科卒業。一九六四年よりドイツ・ウルム造形大学客員教授を務め、帰国後エディトリアル・デザイン、ヴィジュアル・デザインを追求。著書に『宇宙を叩く』（工作舎）など。代表作に『伝真言院両界曼荼羅』（平凡社）、『人間人形時代』、『全宇宙誌』（ともに工作舎）など。

★一五——チームX（Team Ten）：一九五三—一九六六。CIAMのメンバー、アリソン＆ピーター・スミッソン夫妻を中心とした若い世代の建築家グループ。CIAMの「アテネ憲章」以降、より機能主義的になっていく建築や都市計画を批判。機能主義を乗り越えるために、動的な建築・都市計画を提唱し、一九五六年、CIAMを事実上解体させた。ブルータリズム、構造主義といった、それぞれのメンバーによる理論は、アーキグラムなどヨーロッパを中心とした建築家に大きな影響を与えた。

# エーゲ海の都市・見えない都市・霧状のモナド

## 都市構造とアーバンデザインの方法をめぐって

### 1 世界の都市、建築をめぐる旅

**日埜直彦**　連続して、六〇年代の都市に関する磯崎さんの取り組みについてお聞きしてきました。この時期は磯崎さんが都市デザイナーという職能に強い関心を抱いておられた時期ということになるかと思います。当時都市に関係して書かれた論文の多くが基本的に日本の状況を背景としていたわけですが、『みづゑ』に連載された一連の論文（一九六五年三－八月号「世界の自然と造形」1－5、美術出版社）は海外の都市を視野に入れて書かれています。ということは、それまで日本の都市でまとめてきた視点を相対化するひとつの機会だったのではないかと推察します。

このシリーズは二川幸夫さんの写真と磯崎さんの文章がセットになって掲載されていて、このうち文章のみが後に『空間へ』にまとめられています。今回あらためて『みづゑ』の記事を引っぱり出して見たのですが、写真があることで『空間へ』のテクストとはずいぶん印象が違いますね。写真は版面いっぱいを使ったきわめて緻密なもので、俯瞰でパースを殺した空撮が印象的です。写真と文章が呼応して、腑に落ちる感じがしました。その頃二川さんは『みづゑ』の発行元の美術出版社と関係があったようですが、この企画は具体的にはどういう経緯で実現したのでしょう。

**磯崎新**　二川さんは大学生の頃から美術出版社の「日本の民家」シリーズ（一九五七－五九）を撮影していて、最初の号は大学を出て一年目くらいに刊行されたと思います。「日本の民家」は薄くて大判の写真シリーズで、ほかにも土門拳が仏像を撮影したシリーズなどがありました。二川さんが撮影し、伊藤ていじさんがテキストを書いたこの「日本の民家」が二人のデビュー作でかなりインパクトがありました。

建築に関する言説で、五〇年代は桂離宮の構成的空間を弥生的とし、縄文的なものを取り出そうとしていました。縄文的なものの理論的バックアップは岡本太郎さんにあったのですが、これに対して建築で縄文とは何かと考えたときに、二川さんの日本の民家の撮り方はそれにぴったり合っていました。ていじさんのテキストも地方の棟梁や大工、あるいは旦那衆と建築の構法との関係を取り出そうとしていて、時代的に合ったのです。それで「日本の民家」シリーズとして出てきました。僕はその頃にていじさんと「八田利也」で一緒にやっていたし、二川さんとも馬が合って酒を飲む相手という感じでした。「日本の民家」が毎日出版文化賞をもらってこの仕事が終わった頃、二川さんは日本に海外情報を持ち込む方法はないかと考えていました。当時、現代建築の建築写真はありましたけれど、海外の都市や建築を計画的に撮影することはしていませんでした。僕が「世界の自然と造形」のシリーズを始める前に鈴木恂さん★1とメキシコに一緒に行きました。それでもう一度世界を廻るときに、「日本の民家」は伊藤ていじさんがテキストを書いたから、今度は僕がテキストを書くことになりました。僕は六三年に海外を廻っていましたが、それは二川さんとは関係がありません。前にしゃべったと思いますが、東京都庁舎計画について丹下健三さんに、岸田日出刀さんが僕を都庁のお役人について視察に廻らせると言われ、偶然世界一周の切符をもらったのです。『みづゑ』の連載で二川さんと海外に行く話がまとまったけれど、出版社からも出るお金はたかが知れているわけです。それで借金をしながら自腹で出かけました。

**日埜**——なるほど。以前そのお話をうかがったので、あるいは美術出版社に企画を持ち込んで予算をもらうというようなことがあったのかなと思ったのですが、そううまい話はないわけですね。ともあれこの試みが後にA.D.A.EDITA Tokyoのごく初期に出た『世界の村と街』(一九七三―七五)としてまとまったわけですね。

**磯崎**——『世界の村と街』は二川さんが自分で設立した会社で始めたシリーズで、僕も書きました。

**日埜**——当時の雑誌を探してみるとこの企画と関連するテクストがいくつかあります。そのうちのひとつ、『朝日ジャーナル』(一九六五年一月三日号)に「空からの視角」という文章を書かれています。『みづゑ』のテクストのがっしりした印象とはまた違った軽いテクストで、それを読むとどうもこの旅行は一種の珍道中だったようですね。

**磯崎**——あらかじめ計画も情報もまったくないから、まずはホテルに行って、フロントでいろいろ聞いて、それから観光用の小型飛行機を持っている航空会社を探して交渉をしていました。だいたい大都市は飛行機で撮れました。ニューヨークからロサンゼルスまで行ったのですが、パリは郊外はよいけれど中心部は規制があって撮れませんでした。ローマも街の中心部は撮れなくて田舎は大丈夫でした。ギリシアのミコノスやサントリーニは今でこそ有名ですけれど、当時は一切情報がなかったので、まず現地で旅行案内や観光写真を見て面白そうだと見当をつけて出かけました。それでサントリーニはドラマティックだとわかった。そういう旅で、本当に行き当たりばったりでした。

**日埜**――この旅行は大きく言うと都市を見ることに重点があったのでしょうか。それとも集落まで含めた、一般に人間が集まって住む場所という意識だったのでしょうか。

**磯崎**――集落も都市も全部見ようということでしたが、ついでに現代建築も見ました。ル・コルビュジエの作品はインドから始まって、《ラ・トゥーレット修道院》《ロンシャン教会》とほとんど全部見ました。

## 2 空からの視角／路上の視線

**日埜**――『科学朝日』(一九六五年五月号)に、丹下さんが司会、出席者は磯崎さん、黒川紀章さん、槇文彦さんという錚々たる面々の座談会が掲載されています。そこで磯崎さんは「歴史的な街から現代の街にいたるまで、街がある種のタイプを持って発展している。それがヴィジュアルにどういうふうに展開しているか、ヴィジュアルということは、カタチだとか、都市の中の空間だとか、あるいは非常に簡単にいうと、道路のパターンとか広場の位置だとか、そういうものがどういう組み合わせになっているか、そんな観点から眺めてみたいというのが、一番の目標だったんです」と発言されています。例えば『日本の都市空間』は一種のタイポロジーで、いくつかの要素空間とその組み合わせの型から都市空間を把握しようとするわけですが、この「世界の自然と造形」の場合はむしろ一気に大づかみに都市の全体像、あるいは構造を見ようとされているということですね。

**磯崎**――全体像よりも構造です。それをどうやってつかみ取るかを意識的に考えていました。ですから都市を歩いて見る目と空から見る目の両方がないとうまくいかない。すでに二川さんが日本で建築や町並みを航空写真で撮り始めていたから、やり方はわかっていました。だから上方からの見え方は見当がついていました。外国ではパイロットに「このドアを外せ」と言って撮ったり、むちゃくちゃなことをやっていた。

『日本の都市空間』につけた論文「都市デザインの方法――city invisible」(一九六三)は二川さんとの旅行の前の年、例の世界一周から帰ってすぐに書いたものですが、タイトルに「city invisible」とあるように、その末尾を「見えない都市こそ実は未来の都市だ」と結んでいます。この論文では「かいわい」などを取り上げ、霧状に立ちこめる「うごきと濃度」になっていく未来の都市を構造的に方法化することを目標にしていたのですが、ここまでしか展開できていない。後に「見えない都市」を『展望』(一九六七年一一月号、筑摩書房)に執筆します。先の論文の末尾に顔をやっと出した「見えない都市」をここではタイトルにしました。その契機が、『みづゑ』のこの旅行にありました。空からの視角と地上からの視線が分裂してしまっているのが現代の大都市の状態だと理解できたからです。メトロポリスにおいてはランドマークの構成が薄れて、記号的な配置になっている。抽象化された関係としてしかとりとめもない広がりはつかみきれない、こんな実感をもったのです。

**日埜**――先ほどの座談会では面白い対立点が出ていて、黒川紀章さんが「私はむしろ空からは見ないほうがよいのではないかという感じがしている」と磯崎さんの視点に反対しています。黒川さんの論点は要するに都市には視覚的に捉えきれない部分もあるのではないか、ということでしょう。むしろマクロな全体像よりもミクロの局所的な変化、例えば建物を建てたときに都市がどのような影響を受けるのか、というようなことから都市を見るべきではないかと言われています。

**磯崎**――それは彼のいつものやり方で、僕と何かやれば必ず対立意見を出す。スコピエ計画の頃、私はジェーン・ジェイコブスの『アメリカ大都市の死と生』(原著＝一九六一)を邦訳がなかったので英文で読んでいたのです。黒川さんも「これは当たりだ」と言っていました。黒川さんはそういう勘はよくて、すぐに『アメリカ大都市の死と生』を訳しましたね(邦訳＝黒川紀章訳、SD選書、一九六九)。

**日埜**――『アメリカ大都市の死と生』は直接この座談会では言及されていませんが、確かに背景になっている気配はあります。全体を規定する強い計画では手が届かない都市の現実に対する問題意識は共有されていますね。その頃の都市を見る一般的な視点はどんなものだったのでしょう。

**磯崎**――ジェーン・ジェイコブスには近代都市計画の画一的なゾーニング、一方的な上からの規制に対して、もっと生活の実情に即したミクスドユースの複雑な都市空間が豊かにするんだという確固とした論点があります。それはいずれクリストファー・アレグザンダーのパタン・ランゲージ論に連なるものでもありました。ちょうどその頃クリストファー・アレグザンダーを日本に紹介しました。『Architectural Forum』六三年一〇月号にアレグザンダーの路上の記号の分析「Graphic Technique for Highway Planning」が載っていて、おもしろかったので、『日本の都市空間』の「都市デザインの方法」に大急ぎで註で入れました。もう本文が印刷に入ったときにアレグザンダーの論文を見つけたのです。都市への考え方に具体的な影響を与える方法論は少しずつ出てきたけれど、そのなかではアレグザンダーの「都市はツリーではない」(『Architectural Forum』一九六五年四月号)が僕はひとつのメルクマールになる論文だと思います。「セミ・ラティス」という群論の構造が導入されていました。それは不定形や偶発性などとしてしか表現できなかった、五〇年代までの先端的と思えた議論にひとつの突破口を与えたというぐらいに見えました。

## 3 迷路と秩序の対立／ル・コルビュジエの同心

**日埜**――都市を視覚的に見る、という磯崎さんの視点はおそらくこういうことだろうと思います。一方で確かに都市には目に見えにくい部分がある。要するに全体を一気に決定するほど強い要因など滅多になくて、むしろ場当たり的な選択の積み重ねに過ぎない。しかしそうしたことの積み重ねが結局は都市の現在の姿を形成していることは間違いない。だとすれば、都市デザインというものが成立するとすれば、それがどのように可能なのかは、逆に今そこにある都市の具体的な姿から読み取ることができるのではないか、そういう意図を感じます。

例えば黒川さんが言うようなミクロの視点、あるいは見えないもので都市ができあがっていることに対して、磯崎さんは、エーゲ海の集落を例にとり「建築もしくは都市、それが発生する原初的な状況では、自然のなかにある有機体と同じく、秩序は内在するものでしかない。ということは、外形は不安定で、一種の混沌を示すはずである。とくに時間をおって生成していく場合、どうしても個々の単位として形成されるもの相互には断絶がある。だから総体としては、不連続なものの集積体となるのが自然であろう。私たちはそれを自然発生的な集落に見ることができる。どんな場合でも基本的には散在しており、外形的な秩序などへの考慮は発見できないのが常である」（『みづゑ』一九六五年五月号「世界の自然と造形4　エーゲ海のまちと建築」）と書かれています。そういうものだとすれば、ミクロの視点を掘り下げて理解できても、外形がいかに形成されるかを捉えることは難しいでしょう。

**磯崎**——一方ではジェーン・ジェイコブスやクリストファー・アレグザンダーなどの理論的な動きを、伝わってくる雑誌論文や出版された書籍によって追いかけていたことを注意しておいてください。僕にはこんなアカデミックなレヴェルの論をフォローすることに関心はあったとしても、どうしても具体的なデザインに結びつけたいという気持ちが抜け切れません。それには眼で見て、身体で確認しないといけない。身体性を介してしかデザインはできない。これはアーティストたちと付き合うなかから理解した最も重要なポイントです。前のインタヴューでも述べましたが、外国に行く前から、偶発的で不定形、イレギュラーというものを都市のイメージとして考えていました。海外へはその実例を探しにいったわけです。

**日埜**——そうして例えばミレトスに見られるような、地形に逆らってでもグリッドの街路を通し、そこに秩序を組み立てていく意思が、不定形へと向かう傾向に抵抗するものとして浮かび上がってくるわけですね。磯崎さんはそれをエーゲ海文明独特の性格として抽出されています。そうした意思が作用して都市が視覚的な秩序を形成することは都市プランナーが果たすべき役割と重ねられていたのではないかと思います。

**磯崎**——クノッソス神殿のプランは両方の要素を持っています。クノッソス神殿は二川さんと一緒ではなく、その前に行ったのかもしれません。この建物の復元の仕方はおかしいし、やっていることはキッチュだとわかっていたのですが、プランを見ると迷路と秩序の組み合わせが出てきます。そこに関心がありました。

**日埜**――なるほど。パルテノンに象徴されるような秩序を形成しようとする意思と、にもかかわらずどうしても迷路化してしまう傾向という、両極端なものの均衡、緊張ということですね。確かにクノッソス神殿のプランは、われわれが迷路と聞いた時に思い浮かべるものよりははるかに整っていて、少なくともめちゃくちゃに入り組んでいるわけではないですね。

**磯崎**――ギリシア神話では、クノッソス神殿の地下のラビリンスに潜んでいたミノタウロスをアテネの王子テセウスが退治に来て、そのときにアリアドーネからラビリンスで迷わないように糸をさずかって入った。ここには明快な対立があります。この迷路とグリッドを並べるとエーゲ海文明の神話構造が明瞭にわかります。つまり海、海の底はラビリンスです。ラビリンスは理解しがたい不思議なもので、それに対してパルテノンのような明快な秩序との対比があるわけです。

ル・コルビュジエはパルテノンから始まっていますが、最後の頃の《ラ・トゥーレット修道院》に至るとクノッソス神殿のラビリンスに近くなります。透明で白い二〇年代住宅をやっていたル・コルビュジエに黒い影が入り込み、不透明なテクスチャーが大きく出てきて、戦後のブルータリズムにつながっていくわけです。こういう転換がル・コルビュジエにはあると思います。その転換の契機には、ブラジルでのカーニバル的体験があったと私は推定しています。ビアトリス・コロミーナが『マスメディアとしての近代建築』(鹿島出版会、一九九六)でル・コルビュジエはアルジェで娼婦宿を探して、裸の娼婦のブロマイドをたくさん買い集めて、それをトレースして絵に描き変えたと書いています。コロミーナはフェミニストとしてル・コルビュジエのそのような行為を批判するのですね。だけれどそれをひとつの回心と見てもいいのではないか。ル・コルビュジエはこのときに黒い影を見つけたのだと思います。ジョセフィン・ベーカーのような黒い舞姫に偏っていった。そしてそれは海、ラビリンスとしての海です。メタファーとして重なっていると思います。あの文章を書いた頃はそこまで明快にわかっていたわけではありません。手さぐりで『みづゑ』のシリーズを書き、これを『空間へ』に収録したのです。僕にとってのル・コルビュジエは六〇年代初頭に見て七〇年頃で終わっていたのですが、その頃ル・コルビュジエの再評価が始まりました。最初は五〇年代中頃にジェームズ・スターリングがル・コルビュジエの《ガルシュ邸》や《サヴォア邸》に注目しました。スターリング自身はル・コルビュジエ的ではないのですが、初めは《ガルシュ邸》や《サヴォア邸》を評価しています。おそらく、コーリン・ロウ★二の有名になった(といっても発表時は無視されていました)「理想的ヴィラの数学」を念頭においていたと思います。彼らはリバプール大学以来のつき合いでした。後に僕はロンドンのスターリング邸で彼に初めて紹介してもらいました。

**日埜**｜スターリングがカタロニアヴォールトを使ったレンガ積みの《ジャウル邸》に熱烈な賛辞を捧げていますが、そういうところに目をつけるのがいかにもイギリス的ですね。ル・コルビュジエのそういう仕事を介して、スターリングはル・コルビュジエと自分を接続することができたのかもしれません。

**磯崎**｜ル・コルビュジエにはカタロニアヴォールトの農家のような計画「ラ・セル・サンクルーの週末住宅」がすでにありました。《ジャウル邸》は戦後で、ニュー・ブルータリズムとして注目されていたように思います。例のアントニン・レーモンド★三が《軽井沢夏の家》でコピーをした「エラズリス邸」の計画がありますが、ル・コルビュジエは純粋機械ではなくて、クラフトの方向を探しにいったわけです。ジャン・プルーヴェと組んでハイテクを狙っていても行き詰まるところがあったと思います。一遍戻らないといけない。

**日埜**｜『みづゑ』の「エーゲ海のまちと建築」の扉写真を見れば、ル・コルビュジエの有名な「光のもとのヴォリュームの戯れ」という言葉を思い出さずにはいられません。ミコノスの集落はおそらく構造は石積みなのでしょうが、あらゆるところが長い年月をかけて繰り返し石灰で塗り固められたこの光景と、ル・コルビュジエの二〇年代の住宅は繋がっているのかもしれませんね。一連の白い住宅も表面の白い仕上げの下地は実はブロックだったり構造だったり、でも頓着なく白く塗り込めることであるイメージを獲得したわけでしょう。

**磯崎**｜そうだと思います。僕はル・コルビュジエの白はエーゲ海のものだと思っていたのです。アルジェやモロッコなどは日干しレンガです。エーゲ海は石灰を塗るだけですが、アルジェのほうは泥を塗ったドビーハウスです。だけれどパルテノンの白があります。なにしろ焼石灰が日常的に必要なので、大理石の断片を廃墟から集めて、これを焼いて白い石灰にしていたと言われていますから、アクロポリスの大理石の「白」とエーゲ海の民家の「白」は同根なのです。同じ素材なんです。

**日埜**｜エーゲ海の集落はヴァナキュラーかつプリミティヴですが、人間の住む場が意志を持って形成される時に、混沌と秩序のせめぎ合いが都市に現われてくる。その関係が『みづゑ』の一連の記事の中でもとりわけよくわかります。

**磯崎**｜エーゲ海は日本と対極にある空間です。一番印象が強かった。

## 4 アメリカの都市と望遠の視角

**日埜**｜『みづゑ』には掲載されていないのですが、この旅行の最後にロサンゼルスに行かれたようですね。エーゲ海の都市とはまったく違う原理でできあがる都市の姿に興味があったのでしょうか。ロスの場合はモータリゼーションによって都市のスケールが膨張して地平線に至るまで綿々と広がり、写真を撮るにももはやインターチェンジぐらいしかまとまった姿がないと先の『科学朝日』の対談で言われています。建物は低密度になり、ほとんど均質に茫漠と広がっている。まさに「見えない都市」です。それは現代都市のひとつの極点として見えただろうと思います。

現代社会というか、モータリゼーションに代表されるテクノロジーがロサンゼルスの姿を形成する要因となっています。エーゲ海の集落はある種の空間把握が可能ですが、ロスはもはや同じようには捉えられない。現代の都市を捉える難しさがそこにあると思います。

**磯崎**――先ほどちょっと触れたように都市空間の認知システムとして、「空からの視角」と「地上の眼」とが分裂していること、これが「見えない都市」の発想の手がかりです。マンハッタンではなく、ロサンゼルスでこれを感じた。それがあの世界紀行の最後の章(「世界の自然と造形5 路上の視覚」)です。だからエーゲ海対ロサンセルスという構図は明快にあります。その間には中世都市、それから中世から近世にかけての、例えばイタリアの山岳都市があります。そういうところには城壁があり、サンジミアーノ★四がそのイメージをはっきり見せています。ルイス・カーンの《リチャーズ・メディカルセンター》ができたときに、サンジミアーノと比較した紹介や説明があったと思います。サンジミアーノの丘にはタワーが当時で六〇本、現在でも三十数本あります。その実写を初めて日本で紹介したのだと思います。もうひとつイメージで強烈だったのはアンドレアス・ファイニンガー★五の写真です。これがマンハッタン論の手がかりになりました。アンドレアスはバウハウスの画家リオネル・ファイニンガーの息子です。ファイニンガーは一〇〇〇ミリの望遠レンズが初めてできた時に、ニューヨークで試作で撮影したのですが、ニュージャージーからハドソンリヴァーを撮っていて、ハドソンリヴァーの丘の向こう側にエンパイアステートビルの尖塔が見える写真があります。これは普段気がつかないところを一〇〇〇ミリで撮ったダイナミックな写真です。それとクイーンズのお墓が並んで建っているシーンの向こう側にマンハッタンが重なっている有名な写真です。こちらは一〇〇ミリか二〇〇ミリのレンズで撮っていますが、印象的でした。

**日埜**――そのファイニンガーの写真は見たことがあります。遠近感が圧縮されて遠くの物が目の前に引きつけられたようになりますね。

**磯崎**――ロングで映画を撮る方法は黒澤明が始めたのではないでしょうか。『用心棒』で接近してくる主人公をロングで撮っています。当時はああいう撮り方はありませんでした。望遠の視角はなかったと言ってもいい。つまり、エーゲ海の白い住宅、不定形な集落と言ったらいいのか――があって、ロサンゼルスとの間にマンハッタンがありました。サンジミアーノは近世の城壁都市です。パリもウィーンもフィレンツェもみな城壁都市です。城壁が物理的に都市を表象していたのです。中国では毛沢東が城壁を壊したのですけれど、わずかに西安や大同には残っています。こういう都市の壁が歴史上のコンセプトだとは思ってきました。長安の都市のパターンのコピーが平城京だと言われていますけれど、中国の場合は城壁がありますが、日本は城壁はああいう形で一切つくっていません。日本では堀を掘って、その土で土塀をつくります。それが日本の都市の形で、敵から城壁で守るということが日本にはなかったわけです。そういう背景があったとしても、日本では都市を輪郭線として区切る方法は発達しなかった。輪郭がぼけていることは大きな違いです。マンハッタンは川で区切られているから輪郭がはっきりしています。エッジのない空間が一番よく見えたのはロサンゼルスでした。しかも目印になるものさえない。そういう「見えない都市」を――「見えない都市」という言葉は出かける前に考えていたのですが――文章としてまとめることはロサンゼルスを上空から見ないとできなかった。

もちろん香港のタンミン(水上生活者)とか、メコン河畔の川岸住宅とか、そうそう、香港は当時崖に非合法バラックがコケのようにはり付いていたし、路上は屋台で埋まっていました。スーク(市場)なんかのムンムンするような住居空間や街並み、いずれも発生期には秩序は見えません。タイポロジーを研究するなんて意図は毛頭なかった。生活者のエネルギーを感じるために歩いていたんだと言ってもいいですね。

**日埜** 香港はずいぶん変わりましたね。そうしたバラックがはり付いていたような場所も今では高層集合住宅が林立しているでしょう。ちょうど今香港に仕事があって行き来しているのですが、つくづくおかしな街だと思います。香港島の南側に行くと人の手の入っていない土地がたくさんあるのに市街地は驚くべき密度で北側に集中していて、なぜあのようなコントラストが生まれたのか。日本の感覚で考えると市街地からグラデーションしていく郊外があってもよさそうなのに、市街地が島の一部に集中している。香港の人たちには集まって住むことに対する抜き難い執着があるのかもしれません。仕事はちょっとしたインテリアなんですが、いかにもおかしななりの建物なので由来を聞いてみると、たぶん五〇年ぐらい前の建物なのだが二〇年前に一五階ほど上に載せたようだ、なんて言うわけです。隣の建物がぴったりくっついているのは都市建築としては普通のことですが、その建物に通じる廊下があって、階段が共用されていたりする。所有権とか法的にどうなっているのか不思議に思うんですが、そんなことは誰も気にしないと言われます。

**磯崎** その極端なのが九龍城だったわけです。それはアルジェの迷路、カスバに近いと思います。カスバを舞台にしたジャン・ギャバンの映画『望郷』を学生の頃観たのですがおもしろかった。ジャン・ギャバンはマフィアの親分の設定で、警察に追われている。しかし迷路なのでどこに住んでいるのか全然わからないし、追いかけても捕まらない。カスバはそういう空間で、スークに近い。道はどこから入っていくのかまったくわからないというおもしろさです。そういうカスバはカルテジアン空間、透明空間の立体格子とは対極です。ハリウッド映画でも理解できない都市の集落として出てきます。『ブレード・ランナー』では奇怪な部分はアラブ世界ではなくてアジアでした。その対応の原型は先ほどのミレトスとクノッソスだと思います。

## 5 「霧状のモナド」からハイパーシティ論へ

**日埜**――ミレトスとロサンゼルスという両極端の都市を見て、では東京、日本の都市をどのように考えるのかという問題があったと思います。それを考えた結果が『いま、見えない都市』（大和書房、一九八五）になったのでしょうか。

**磯崎**――おそらくそうです。都市に分け入って行き着くとますます実在感をなくし消えていく朦朧としたものがありました。『いま、見えない都市』を書いた頃は八〇年代ですから、ヴァーチュアリティのようなものがどうなるかまだわかりませんでした。しかし今はすべてがデジタライズされている。デジタライズされた世界のイメージは、「都市デザインの方法」の最後に「霧のように流れている、密度が変わって動いている」と書きましたが、この霧のイメージを「霧状のモナド」と表現したらどうかと思っています。つまり、カスバ的な迷路に戻るわけにいかないし、透明な秩序のあるデカルト空間でもない。その先にあるのは霧の世界ではないか。建築家がモダニティを探したときは、モアレ的なものをやってもすべて透明性の問題です。今都市を考えるとしたら、それ全体を揺さぶっているものの問題をどのように方法化できるか、理論化できるかに関わっていると思います。もうそれは僕がやる時代ではないのですが、霧のイメージは間違っていなかったと思います。霧の中でデジタルなメソッドが形をどうつくるかという問題がこれから整理されて出てくるのでしょう。

そこでデミウルゴスを再登場させようと思っています。デミウルゴスは迷路という非秩序として構築されたクノッソス神殿の設計者のダイダロスが化身だから、繋がっているわけです。その手がかりとしてエーゲ海的なものも取り出せるでしょう。いろいろありますが、例えばミコノスには三六五の教会があって、一日一回どこかでお祭りが繰り返されているシステムがある。それの実感は住み込まないとつかめないので、行ってもよくわからないこともたくさんあった。今でも読み切れないものが山とあります。

**日埜**――今、実際に都市的プロジェクトに関わられているわけで、旅行者とは違う視点で見ざるをえないでしょう。見方が変わってくる部分はありますか。ビルバオで最近竣工した磯崎さんのプロジェクト「Isozaki Atea」★六のように大きなプロジェクトだと都市自体が変わり、人間の流れも変わり、地域の基本的な成り立ちさえ変化するでしょう。

り、そこから見えてくる実感もあるかと思うのですが。

**磯崎**――街を見たときには、計画をするための手段や参照例を探すためだったり、一般的な旅行者として違う世界を体験するためだったり、それから建築や外形ではなくて、生活を理解するように入り込んでいったり、さまざまなアプローチがあると思います。最初はアーバンデザインをやりたいと思って行ったけれども、アーバンデザインの手がかりはそんなにないわけです。大阪万博やスコピエのプランなどは都市の将来の状況まで見通して考えたのではなく、都市設計に対して直接的な仕事レヴェルでまとめなくてはいけなかったわけです。それから観察者、あるいは都市を解釈する、文化的コンテクスト、あるいは社会的コンテクストで都市の基本構造を見ていくという立場があります。この立場にならないと文章は書けなかったと思います。都市論、文明論あるいは都市の形象論、モルフィスのほうに関心を持っていました。それは多くヴィジュアルなものにつける文章であることは大きかったと思います。

都市にリアリティを持たせようと思えば、一九世紀的な都市を組み立てることになってしまう、今日の法制化されている手法を使わなくてはならない。それをはずして考えるとしたらどうやれるかを考えるのが精一杯です。すると実現不能という堂々巡りとなる。おそらく都市は一九世紀までの城郭都市、二〇世紀のメトロポリスを経て、今やハイパーシティとなりつつあります。私の「見えない都市」論はメトロポリスを分析するなかからハイパーシティに連なる要因を拾い出そうとしたくらいのところで止まっています。もちろんハイパーシティ論は世界的にやっと今始まろうというところですから、半世紀昔には何ひとつ実感がつかめなかった。交換と流動が超高速化した時代の都市を、いやもう都市とは呼べないと僕は何度も記したのですが、「霧状のモナド」と呼んであったことから、この関連のなかに補助線が引ける手がかりがあるかもしれないとは考えていますが。

［二〇〇七年四月一二日、磯崎新アトリエにて］

［**註**］

★一――鈴木恂（すずき・まこと）：一九三五―。建築家。早稲田大学名誉教授。早稲田大学理工学部建築学科にて吉阪隆正に師事。作品に《JOH》《GOH》《龍谷寺妙光堂》《恵比寿 STUDIO EBIS》《GAギャラリー》など。著書に『メキシコ・スケッチ』『建築巡礼 光の街路』（ともに丸善）、『建築家の住宅論』（鹿島出版会）など。

★二――コーリン・ロウ（Colin Rowe）：一九二〇―一九九九。イギリス出身のアメリカの建築批評家、建築理論家。ル・コルビュジエとパッラーディオの比較から近代建築にマニエリスムとの類比を見出す。近代建築・都市論は、コンテクスチュアリズム、ポストモダニズム、デコンストラクティヴィズムなど二〇世紀を代表する建築・都市思潮を牽引した。著書に『理想的ヴィラの数学』『マニエリスムと近代建築』（ともに彰国社）、『コラージュ・シティ』（鹿島出版会）など。

★三――アントニン・レーモンド（Antonin Raymond）：一八八八―一九七六。チェコの建築家。フランク・ロイド・ライトのもとで学び、帝国ホテル建設の際に来日。その後日本に留まり、およそ四〇〇を数えるモダニズム建築の作品を残した。作品に《霊南坂の家》、《旧イタリア大使館日光別邸》、《赤星喜介邸》、《夏の家》、《聖ポール教会》、《東京女子大学礼拝堂》、《リーダーズ・ダイジェスト東京支社》、《群馬音楽センター》、《南山大学》など。

★四――サン・ジミアーノ（San Gimignano）：イタリア・トスカーナ地方の山岳集落、城壁都市。紀元前三世紀、ギリシア・ヘレニズム文化の時代に開拓され、中世一〇世紀に交通の要所として発展。自治共同体が営まれていた一三―一四世紀に、権力と財力の象徴として七二本の塔が建造された。第二次大戦中、砲撃の的となったため現存するのはそのうちの一四本。一九九〇年に「サン・ジミアーノ歴史地区」としてユネスコの世界遺産に登録される。

★五――アンドレアス・ファイニンガー（Andreas Feininger）：一九〇六―一九九九。アメリカの写真家。パリ生まれ。バウハウスで建築を学び、一九二〇年代末から三〇年代末にかけてル・コルビュジエの事務所に所属するなど建築家として活動。四〇年以降、渡米。『ライフ』のスタッフを経て、写真家として活躍。作品に《ヴィーハーケンから見たマンハッタン中心部》、《フォトジャーナリスト》など。

★六――Isozaki Atea：磯崎新アトリエ設計による、スペイン・バスク地方ビルバオ市の都市整備・再開発の一環として計画された公共広場、集合住宅、商業施設の複合施設。市の中心であるモユア広場から敷地に至る道路に沿って軸が設定され、川岸へと至る扇形の平面をした階段状の広場が設けられる。軸線に対して対称位置に高さ八二メートルのガラスで覆われた高層住宅棟が二棟建てられ、街へのゲートを形成している。

# 7 ターニングポイント、空間から環境へ



## 1 切断という決定論

**日埜直彦**──ここまで磯崎さんの六〇年代の関心についておうかがいしてきましたが、今回はその都市への関心が建築へ折り返されて行く過程についてお聞きしたいと思っております。

例えば『空間へ』に収められた論文を見ると、「現代都市における建築の概念」においてシンボリックなものと不定形なものの二項対立的な関係があるのに対して、「プロセス・プランニング論」においては廃墟となっても残るような建築の形式とそこに内包される有機的な諸活動という一種の反復的関係を見ることができます。「プロセス・プランニング論」というとまずは切断というキーワードを思い出すわけですが、しかしその切断が成立する前提として、そこである計画手法の提案がなされています。つまりクローズド・プランニング、オープン・プランニング、という既存の計画手法に対して、プロセス・プランニングの可能性ですね。構造的、設備的な幹によって建物の成り立ち、あるいは形式を規定し、成長しうるその形式にある時点で切断がなされるということだったわけです。これは結局定まらないものと定めざるをえないものの葛藤を、むやみに摺り合わせるのではなくて、対立のまま建築とする発想です。個人的な印象かもしれませんが、「ジョイント・コア・システム」のあのコントラストと同質の態度があるように思います。ご自身も以前、都市も建築もやるなら一緒と言われていましたが、しかし都市と建築を意識的に平行させて考えようとしていたのか、それとも考えていくうちに結果としてどうしてもそうならざるを得ないという格好だったのか、まずお聞かせください。

**磯崎新**──当時はいくつか手探りしながらに探していた切り口がありましたが、そのうちのひとつが不定形な形態です。言い換えると、ひとつの形を形式もしくはシステムとして組み立てていくという問題です。建築の実務を僕がやるようになってから実感したのは、形は建物の写真なん

かを見れば大体理解できますが、地震がある日本では横力が垂直力に加わります。この物理的なストラクチャー――いずれそれをスケルトンと呼ぶことにしたのですが――つまり「骨組み」がなければならない。いわば建築の形態は、その形式とこれを支持する骨組みによって成立しています。もうひとつ、その内部での光とか空気の流れ。建築の内部空間の構成は、光の分布状態、空気の流れ方、それら流体の密度つまり濃度の分布、そして動く流れがある。空気の流れ方を強制的につくるのがアクティヴな空調システム、それにもちろん自動的な空気の流れを発生させるパッシヴな視点が必要です。実は、先ほど言った骨組みも実はスタティックではなく、動的にその内部に力が流れていると見ていいでしょう。空気、光、力(重力、地震力、風力など)のこの三つを考慮することになる。そんなこと常識なんですが、誰も教えてくれるものでもないので、自分なりにデザインをロジカルにすすめるための整理をしたにすぎません。そのとき語義矛盾しているけど、形が崩れる、変形する、増殖するといった不定形へと向かう隠れたシステムがあるに違いない。ロジックをこのようなダイナミズムにむけて編成するのはどうするべきか、このあたりかテーマになっていました。

スケルトンには力が流れている。学生の時に――つまり建築の実務をやる前――構造の先生で武藤清さん★一や梅村魁さん★二がおられました。俺たちは構造計算をやる人間だから、構造計算をやれば力がどういうふうに流れていくかモーメント図でわかる。建築家はそういうことをやる必要はないけれど、パッと見て力がひとつの建築のなかにどういうふうに流れているのかがわからなかったらもう建築を辞めろ、それがわからないやつはデザインする能力がないんだと、はっきり言われたことを覚えています。メガストラクチャーにしても何にしても、スキンではなく骨組みをいつも頭に入れるようになった理由は、要するに日本は、地盤も悪く地震もあるという特殊条件があるから、それをひとつ手掛かりにして考えなければいけないと思っていたことですね。ですから、わかるわからないは別として構造の専門家と議論していると、構造のプロにも二種類あることがわかります。計算はきちんとできるけれども、力の流れを考えない人、もう一方は、全体の力の流れはこうだから、その分布状態が悪いから変えなさいということを言える人です。木村俊彦さん★三が一番よくそういうことをわかっていました。また、川口衞★四、佐々木睦朗、ピーター・ライス★五、セシル・バルモンド★六なんかはそういうことが直感的にわかる人たちです。だから、幸いなことに構造のちゃんとわかる人と付き合えたことが、計算はできないけれど、力の流れ、動きがわかるようなトレーニングになっていました。

丹下さんのところにいた頃、構造は坪井善勝さん★七でその下に川口衞さんがいた。彼はワックスマン・ゼミ★八での仲間です。上にボスが二人いたわけですが、シェルだったりサスペンションだったりする構造のさまざまな形式をどうやって探すか、その手掛かりは、彼らとの議論のなかから学びました。五〇年代後半から六〇年代のはじめにかけて、ほとんどの種類の構造の可能性、昔ながらのアナログ計算でできる範囲は大体付き合いました。それを卒業したうえで自分の仕事をはじめたのです。

プロセスの問題として、建築を、クローズド・プランニングでやるならば、石造レンガ造の時からの形式でいい。オープン・プランニングは、モデュラーシステムでもありますから、柱が均等に並んでスラブがフラットであれば済む。それ以上ではありません。プロセス・プランニングというコンセプトが突き当たる問題は、普通、完結した単体として解いている計算法を、開放系にするため、ひとつの有機体とみなすわけにいかなくなる。常識的にはエキスパンション・ジョイントにして、振動の差を調整する。横つなぎなら可能。だったら上方へは？ これは誰もが経験することです。御神楽でいいじゃないか。いまふうには免震構法にもなりうるよ、とこんな次のレベルのことを考慮しないといけないことでした。ファンクションが一体化しながら繋がりたいというふうになってきた時に、部分的に成長するその度合いが違う。これをスケルトンとしてどういうかたちで追っかけていったら一体感としての建築構造を保ちながらかつ成長性を入れられるか、こんなハイブリッド的な構成を考えねばならない。つまり地震国としての特殊性を見出すこと、こんな具合のものは後半世紀のうちに、技術的にできること、無意味なこと（設問の間違い）などほとんど整理がついてしまっています。ところが、いま設計方式がデジタル化したなかで、同様レヴェルでの別の難問が多数発生しています。あの頃はアナログですから、ジョイントなどの接合点が重要だった。これは〈縫い目〉としてみえます。線がデザインのたよりだった。ところがいまはデジタルなので、縫い目なしの連続体が志向されている。シームレスの連続面です。平面、曲面は問いません。縫い目をみせるハイブリッド的集合体か、スムーズな流体かという違いかもしれません。半世紀たったのでその差がみえるのですが、ともあれ、あの頃は、崩れ、変形させることに注目が集まっていたのです。

例えばルイス・カーンの《リチャーズ・メディカルセンター》には有機的な構造はない、これは中心に一定のユニットになった骨組みがあって周りにコアを追加しているだけです。レンガ造の構造システムをそのまま延長したにすぎない。ダッカの議事堂でさえ独立したものの集合であって、その相互をくっつけない。このくっつけないことが、またそれなりに伝統的にあの辺では光の採り方に影響があってうまくいっている。しかし、このくっつけずに置くやり方は雨が多くて地震がある日本には合わない。このシステムは簡単には真似できない。で、一番最初は全部ＰＣに組み立てて、ＰＣの連続性を考えた。しかしそれで十分解けるかというといろいろ無理が起こるというのがわかってきた。結局のところ、接合が曖昧な状態のままで接合の接点を増やさないといけない、それも上に延ばすわけにも横に延ばすわけにもいかないというような、何か妙な迷路にいきあたったわけです。そこで一遍このPC案を御破算にして、ディテールまでやるとコストもかかる現場打ちにもう一遍戻すということから始まったのが最後の案です。要するに今度は逆に構造の流れ、力の流れと空気の流れとを一体のシステムとして同時に解く方法はないかということになりました。これは、例えば樹木の幹の中に樹液が流れていて、樹液が流れているのがパイプであったり空調のダクトであったり、木の全体の外側の部分が構造体になっていて、それと中の流れと一体化するにはどうしたらよいかということです。それで出てきたのが、コンクリートを無垢のビームではなくて、ボックスにして、中に空調のダクトを通すというものです。これは《旧大分県立図書館》を改造した時にもちょっと手を入れたくらいで現在も働いていますから、一応このシステムはあのスケールでは成立したんだと思います。

しかし、これにはプラスマイナスがある。空気の流れと、力の流れがうまく統合できるかというとそう簡単にいかない。かなり強制的にやらないといけない。それともうひとつは、光をどう流すか、光に色をどう付けるかという別の観点もあった。ヨーロッパの教会堂の光は全部トップライトです。日本でもこれをやろうというのがこの時考えた唯一の特別のことかな。しかし日本には伝統的にトップライトというのはない。京都辺りの通り庭式にちょっとあるくらいで基本的にはありません。日本の光は水平に入ってくる。ヨーロッパの光は垂直に入ってくる。この違いをどう整理しようかということですね。こういう幾つかの問題設定をしながらあのプランをつくっていたわけです。

「プロセス・プランニング論」の最後に切断をいってあります。ここから延長するというひとつの切り口を見せる、暗示する意味がある。そこで物理的な切断を考えました。この切断は、決定です。切断を決定論に繋いだのは事後的にこんなやり方を手さぐりしたあげくのことです。

スケルトンといった背景に樹木の姿のイメージがあったことは確実ですが、それを単なる柱とは考えまいとしたところがいわゆるラーメン構造で発想するのとちょっと違っていた。あれをチューブと考えた。実際の樹木、竹がその典型かもしれませんが、外周が耐力の構造体で、その内部(中空であったとしても)に樹液が流れている。だから、中空の PCを現場打ちに変更しても、その型は残しました。水平力は平面的に背骨にあたる中央の壁にたよる、それもペアの壁をさらにペアに併立しました。

アメリカの高層建築の鉄骨の柱ですが、コアはたんにエレベーターなどの光の不要な用途に使われます。丹下さんのところのコアを固めるというのは日本独特のやり方なんですね。これは、プラスマイナスはあります。ぴったりしたコアが中のファンクションと合うかどうかは、コンセプトとしてはありえると思うんですがスケールに応じた処理をせねばならない。そんなふうにしてスケルトンが浮き上がってきた。これにとりつく枝のように、ユニットがとりつけられる。話がとびますが、佐々木睦朗さんが〈流体構造（フラックス・ストラクチュア）〉といって展開している有機体のような構造方式は、フィレンツェ新駅のコンペを一緒にやったときに原型ができあがったものですが、これもまたチューブ状の構造です。垂直な柱ではなくて、空間内の最適な位置を自動的に探していく過程が非線形の方式でたどられていきます。これは佐々木さんの研究室で独自に開発したものですが、四〇年前に「プロセス・プランニング論」をやっている頃のプリミティヴなチューブ構造が突然デジタライズしたなかで、まったく姿を変えて立ち現われたのです。現在、カタールのコンヴェンション・センターで実現しつつありますが、あの頃のスケルトンが徹頭徹尾アナログだったとすれば、ほぼ半世紀後にデジタルがまったく違う様相をみせてくれることになりました。

## 2 身体性を介した時間・空間論

**日埜**——今のお話はル・コルビュジェのドミノを九〇度ひっくり返したイメージで考えられるかもしれませんね。柱が設備を納めた箱形の梁となり、スラブがベアリングウォールとなり、そうしてそれが地震国なりのひとつの明確かつパラメトリックな構造の形式となったというように。そう考えてみれば《旧大分県立図書館》の耐震壁に挟まれたロビーの空間の天井は、ちょうど「自由な立面」が横倒しになったもののように、天窓というか、光が落ちてくる屋根がある。その自由な立面のハイサイドライトはいわばブレーズ・ソレイユみたいなもので、ある光の状態を作ることで、ロビー空間の機能を組織化すると共に、この場所をキャラクタライズするようなものとして、作用しています。仮にこの建物が拡張されたとしてもその形式はおそらく変わらず、ひとつの個性を保ち続ける、だからこそ切断ということが可能であるわけですね。

今言われた光の質の問題について、「媒体の発見——続プロセス・プランニング論」に「光の濃度」というアイディアが登場します。「都市デザインの手法」において「空間の濃度と流れ、および場の概念」と書かれていることと並行したものを感じるのですが、この光、あるいは濃度ということについてはいかがでしょうか。

**磯崎**——空気、光、色彩、スケルトン、あとはひろい意味での空間というようなものがずっと並列されて、基本的な建築のコンセプトをとらえるのに必要な手掛かりにしていました。そのからみのなかで、「闇の空間」がでてきました。「プロセス・プランニング論」もそうなんですが、「闇の空間」もまだ何も実現していない頃に書いたものでした。いずれ

「見えない都市」にまとめたり、「日本の都市空間」につないだようなもので、都市論の系譜、もうひとつは、手掛かりとしては《中山邸》の内部空間の問題と両方同時に頭のなかにありました。

**日埜**──「光の分布」と「闇の空間」は並行していたアイディアだったわけですね。

**磯崎**──光の濃淡の極限が闇、もう一方の極は透明を通り越して虚ということを考えていました。そのあたりは「闇の空間」の末尾に闇と虚の対比として整理してありますが、前者はより建築的で身体的、後者は都市的でメディア的と見ていました。この図式はいまも変っていなくて、通用すると思っています。それをもうひとつ原理的に解釈することはありえないか、ちょうどその頃にアルド・ファン・アイク★九が確かプエブロインディアンの集落、あるいはアフリカ原住民の住宅の集合体を整理して、それを彼の設計した幼稚園の原型として参照しようとしていました。アルド・ファン・アイクはマルティン・ブーバー★一〇を参照していたのです。

ブーバー論文では、空間ではなくて場所、時間ではなく機会だと西欧の基体概念そのものを批判しています。そして、人間学的、存在論的な空間論にしなければならないとして書いたのがこの「闇の空間」なんですね。それから一〇年後にノルベルグ=シュルツ★一一が全く同じプロセスで──彼の場合はハイデガーを手掛かりにして──『実存・空間・建築』を書きます。シュルツは僕に近いジェネレーションですが当時は全然知らなくて、この本で初めて知りました。だから人間論的、存在論的な空間論を探ろうにも当時は手掛かりがないわけで、大きな哲学や思潮のなかでヨーロッパと東洋はどう繋がっていくのか、そうしたことも六〇年代初め頃は、直感でいく以外なかった。それが「闇の空間」の中での光の受け取り方、あるいは空間の感知の仕方のほうが重要なんだと書いた理由です。写真で見えるような光や空間ではなくて、単に体験されたそれでもない。そんなことから身体論に僕が関心をもったことは確かですね。それが高じて六〇年代半ば以降演劇に近づいていったりしたわけです。要するに身体論を導入しない限り、空間・時間という建築に一番繋がっているものも論じえないというように思い始めたのです。

ギーディオン★一二の『時間・空間・建築』が講義録として出版されたのが一九四一年頃ですね。彼は一九三〇年代後半にハーヴァードでレクチャーをやっていたので、戦争前くらいには一応本になっています。戦後、僕らが学生の頃やっと英語版の第一巻が手に入って英語で読みましたが、彼が使っている時間・空間にかかわるアイディア──これを足せば四次元空間というものになる──は、当時通俗科学解説としてはやっていたミンコフスキー空間だった。ミンコフスキー空間は一九一〇年代にも美術のほうでさまざまに議論されてきたキュビスムや未来派の表現を説明するには便利だった。今日で言えば、ビックバンやブラックホールについての相対性原理による通俗解説に近いもので、四次元空間論だったわけです。デュシャンなんかも完全にそこから入ってきている。ギーディオンはそれを応用して、なんとかモダニズムの建築論を組み立てていこうとしたんですね。ギーディオンが対抗していたニコラス・ペヴスナー★一三も『西洋建築史序説』の冒頭は、建築は空間の芸術だという言い方をします。当時それは新しい定義だったんです。それまでは建築は様式論か形態論で語られ空間論はなかった。この二〇世紀ヨーロッパ建築史を押えたギーディオンとペヴスナーの本以外頼りになるような本は学生の時にはなかったんですね。

というわけで「闇の空間」で僕が言いたかったのは、時間は即ちプロセス、そして空間は、目も耳も足の裏もふくむ全ての身体的な感知の仕方であるということです。そこから、抽象的な時間論、空間論と違う何かを求めなければいけない。少しずつ自分のなかでも、また周辺でも見えてき始めて、そこでエンヴァイラメントという言葉が登場してきたわけです。エンヴァイラメントについてはいろいろ定義を議論した記憶がありますが、単純に身体的な存在が介入することによって感知できる形としての時空だとみればいい。だからエンヴァイラメントは、いまで言う環境問題ではない。むしろ、人間の身体の感知できる世界における関係性です。ヨーロッパのモダニストたちが第二次大戦中にアメリカに移住して、普及活動をするなかで、五〇年代にアメリカ的なものとしての現代芸術の動きがうまれてきました。アクション・ペインティングとかチャンス・オペレーションのような身体性を介入させる方法がポロックやケージを介してクローズアップする。その後継の連中が五〇年代末からネオ・ダダとか六〇年代になってのフルクサスやパフォーマンスの作品として登場することになる。それを身体的介入によって感知される空間性と解釈して日本ではエンヴァイラメントと呼ぶようになった。西欧近代の絶対的な抽象的時間・空間とは違うという意識がありました。

**日埜**――なるほど。エンヴァイラメントには後の「間」展に繋がるような文脈が最初から意識されていたんですね。ところで環境という言葉自体を一般化させた人として浅田孝さんの名前が挙がりますが、その環境とここで言う環境とは違うものですね?

**磯崎**――当時の浅田孝さんは環境開発センターと自分の仕事場を呼んでいた。そこで僕は万博の時にその名前をもらって「環境計画」という会社を山口勝弘★一四とつくったわけです。環境という言葉は当時流行っていたけれど、僕らが使った環境は日本語にならないレヴェルでのエンヴァイラメントですね。浅田さんの環境は、定型はほぼできあがっていて、いまで言うとグローバルなレヴェルでの環境の構図というふうなものが背後にある。見方を変えると、言わばサイエンティフィックなアプローチの手掛かりとしての環境と、アーティスティックなアプローチとしてのエンヴァイラメント、この二つが同じくある。広義のほうは、僕が一番当時重視したいと思っていたバックミンスター・フラー★一五の「宇宙船地球号」みたいなものです。フラーの最後の仕事は、全世界の環境データの分析とアーカイヴをつくるということだったわけだから、そういうアプローチは当時大事だと思っていたんですね。フラー自身も、アートとサイエンスと建築の中間に入っていた人で、それは非常に発想としては面白かった。だから、僕は存在論的な環境論から来ていますが、サイエンティフィックな環境論もある。これはミックスしていたりパラレルであったりしていると思います。

## 3 空中を浮遊するマンハッタン

**日埜**―「日本の都市空間」のなかで、「かいわい」という言葉が出てきますが、手法を類型化するあの本のなかでこの言葉はやや異質な言葉だと思います。どうしても必要だけれどうまく枠に収まりきらない感じがするんですね。この界隈に対する関心が環境へと繋がって行ったと考えて良いのでしょうか。

**磯崎**―先ほど難問がたくさん出てきたと言いましたが、この「かいわい」というのも難問のひとつです。霧状の雲になるような濃度と流れというようなものだと前にもしゃべったと思います。「かいわい」と呼ばれているものをどう表現するかということから出てきたしゃべり方だったんですね。日本の都市空間をやっている時に、「かいわい」はパターン論で説明がつくだろうと思っていました。パターン論は、いまで言うとストラクチャーです。だけど、これだと何かが抜け落ちてしまうのではないか。極端に言うとスケルトンはレントゲンでわかるけれども、レントゲンでは通過してしまうさまざまなものがある。最近は人体のチェックでも磁石で水の分布を取るとかいろいろな手掛かりが出てきているけれども、同様に、「かいわい」も何か別の要素がないとつかまらない。つまり骨組みだったらはっきりするけれど、パターン論というのはレントゲン的な発想なんです。それに対して、もうちょっと違うイメージがないかと思ったのですが、しかしこれは表現の手掛かりがなかったっていうのが正直なところですね。故にそれをデジタライズしてしまえば計算可能になるだろうということは予測がついたとしても、では本当に計算できるのかということになるとお手上げで、それがあの時の実感ですね。

**日埜**―都市の中の不定形な「かいわい」、《旧大分県立図書館》の光の濃度、それから「闇の空間」と漆黒の闇の中で作品が明滅する岡本太郎の展覧会場構成。こうしてみると一貫してこの関心は持続しているわけですが、この列の次に並ぶ、とりわけ重要なターニングポイントは「空間から環境へ」展でしょう。この会場も黒かったんでしょうか。

**磯崎**―あれはいろいろな人間がいたから完全に黒くできなかった。岡本太郎の時には会場構成はひとりだったのと、初めてだったし徹底しようとしたんですが、「空間から環境へ」展ではそういうわけにはいかなかった記憶があります。

**日埜**　「年代記的ノート」には「普段は落着いた展示会場であったのが、さながらグレン隊の練り歩く街頭か、陽気な遊園地の雰囲気を呈した」と書かれています。なにかしら手応えというか、実感があったのではないかと思います。

**磯崎**　遊園地的というかデザイナーがたくさんいたし、アーティストも例えば色彩を使う具体美術系の人たちとか、舞台芸術やさまざまに動くキネティック・アートをやる人が多かったですね。たんに壁にかけたり床置きにするのじゃない展示は六四年におわった読売アンデパンダンはじめ街頭や街の画廊で既にたくさん試みられてきたので、その連中が集合した感じでもありました。これはその後万博アートと呼ばれる側に動きました。一方、土方巽★一六主宰の暗黒舞踊や寺山修司★一七の土俗日本と奇妙なモダニズム人体機械のようなイメージに加えて、彼の「書を捨てて街にでよう」という単純なフレーズがそんな動きに拍車をかけていました。三島由紀夫★一八はこのあたりのラディカルな動きを一番理解できていたひとりだと思います。
六〇年代の中期の微妙な美術の動向のシフトは、やっぱりヨーロッパ・モデルからアメリカ、とりわけNYモデルに変わったことがひびいている。それはプライマリーとポップアートで代表されます。いずれもロンドン起源なのに、ニューヨークにこれが定着したこと、これはマンハッタンがメトロポリスとして、現代美術がその空間や生活を選びとったことにかかわるように思うのです。
僕ははじめて六〇年代はじめにマンハッタンを訪れて、「虚像と記号のまち　ニューヨーク」という文章を書きました。それは、夕暮れの一瞬に巨大な都市空間が影を失って、浮遊感がただよう魔の刻に出逢ったことです。蛍光燈とカーテンウォールで埋められただけなのです。それがメトロポリスが歴史のなかにみずからの特性をきざみつけた最大のものと言っていい。
山口勝弘が、内照されたアクリリックの単純な形を展示したとき、重力の感じられない彫刻がうまれた。これもあのマンハッタンの気分そのものでした。二〇世紀の終わり頃全世界にそんな光景はあふれていますが、それが芸術の世界に登場したのはやっと六〇年代の初めなんです。背後にはテクノロジーがひかえている。だけど姿をみせることはない。未来派が騒音をこそメトロポリスの象徴とみたのに対して、ここでは無音になって、空中を浮遊しはじめたのです。「空間から環境へ」展はそんな光景でうずまりました。何かのシフトがあったのです。

**日埜**　日本の前衛と呼ばれる一連の動きが収束し、次の方向へ向き直って行くまさにそのタイミングですね。

**磯崎**　でしょうね。元前衛がみんなそこでねじれて変わっていったわけですから。

## 4 『他人の顔』における非実在空間

日埜　以前のインタヴューで勅使河原宏さんのお名前が挙がった事がありましたが、これが六六年ですからちょうどこの頃です。あるレクチャーで『他人の顔』★一九について磯崎さんは次のように言われています。「この美術で一番考えたのは、リアルなオブジェや建築の輪郭までをできるだけなくして、まったく抽象的な重力のないような背景のなかで演技が進行するような場を作りたいと思って、協力していたときがありました」。こうしてみると先ほどのマンハッタンの印象と繋がってきます。

磯崎　ごく最近のことですが、カナダのシネマテークで勅使河原宏の映画をDVDにまとめるとき、当時のことを知っているということでインタヴューを受けました。安部公房、武満徹、勅使河原宏、みんな亡くなってしまった。少しだけ若かった僕だけが残っちまった。それであらためて昔のことを思いだそうとしています。元来、『他人の顔』の最初は美術をやることになってロケハンなどにつき合っていたのですが、丹下研で担当したスコピエの再建計画コンペに入選して、現地に行かねばならなかった。それで撮影開始から三カ月程抜けてしまった。スコピエから宏さんにスケッチやらメモを送った。インタヴューのときには「その手紙がどこにあるか知らない」と言っているのですが、今度、「勅使河原宏展」の整理の過程でみつかって、これも展示されています。ここでも無重力の浮遊する空間をつくりたいと考えていました。真白で影のない空間。

日埜　映画としてはどんな作品だったのでしょうか。

磯崎　要するにそれまでの勅使河原宏と安部公房の組み合わせは、『おとし穴』『砂の女』の両方ともカフカですね。人間関係の奇妙さが物質的関係のなかから生まれてきます。例えば『おとし穴』は炭坑の話です。『砂の女』というのは砂の中に埋まっている。そういう身動きのならない、言わば限界状態に人間は置かれていると人間の内面まで変わっていくというのが基本的な主題です。『他人の顔』もおそらくその続きで、手術して顔を変えて別の仮面をかぶったら内面も変わるのではないか、そして、人間関係も違ってくるのではないか。実は奥さんから見破られてしまう。そんな変換の起こる手術室案のデザインが僕が協力した部分です。後になって僕の送ったメモを見ると、できないだろうと思いながらいくつかの指示をしています。棚の具体的な製作は三木富雄★二〇がやりました。耳にオブセッションしていたアーティストです。時期的には「闇の空間」を書いてしばらく後のこと、そのなかで虚をいっていますが、そんな非実在の空間が映画では表現可能かもしれないと期待していたけど、僕はできあがりを見て、あの映像表現は大成功したと思っています。映画づくりはつき合って、つくづく大変だということがよくわかりました。

日埜　YouTubeで『他人の顔』の予告編だけ見ることがで

きました。ガラスの棚に人間の歩く姿が幾重にも反射して幻のように通り過ぎていくシーンが印象的でした。

**磯崎**――映画のなかでは、医者と看護婦がいてこの二人はできているらしい。この二人の診療室の様子を医者の奥さんが監視しているわけです。その奥さんが、この真っ白いところをふぁーっと幽霊みたいに通っていく。だから、映画のなかだと誰もよくわからない。影がない、シルエットだけになっている(笑)。

**日埜**――当時の勅使河原宏は、どちらかというと、草月流家元というよりも、美術家であり、かつ草月アートセンターのディレクターとして先端的な試みを行なっていた存在ですね。

**磯崎**――草月アートセンターは丹下さんの前の草月会館にありました。現在の会館よりはデザインはもったりしているけど、いまとなったらこっちのほうが良いと思いますよ(笑)。その地下のホールでパフォーマンスをやっていました。

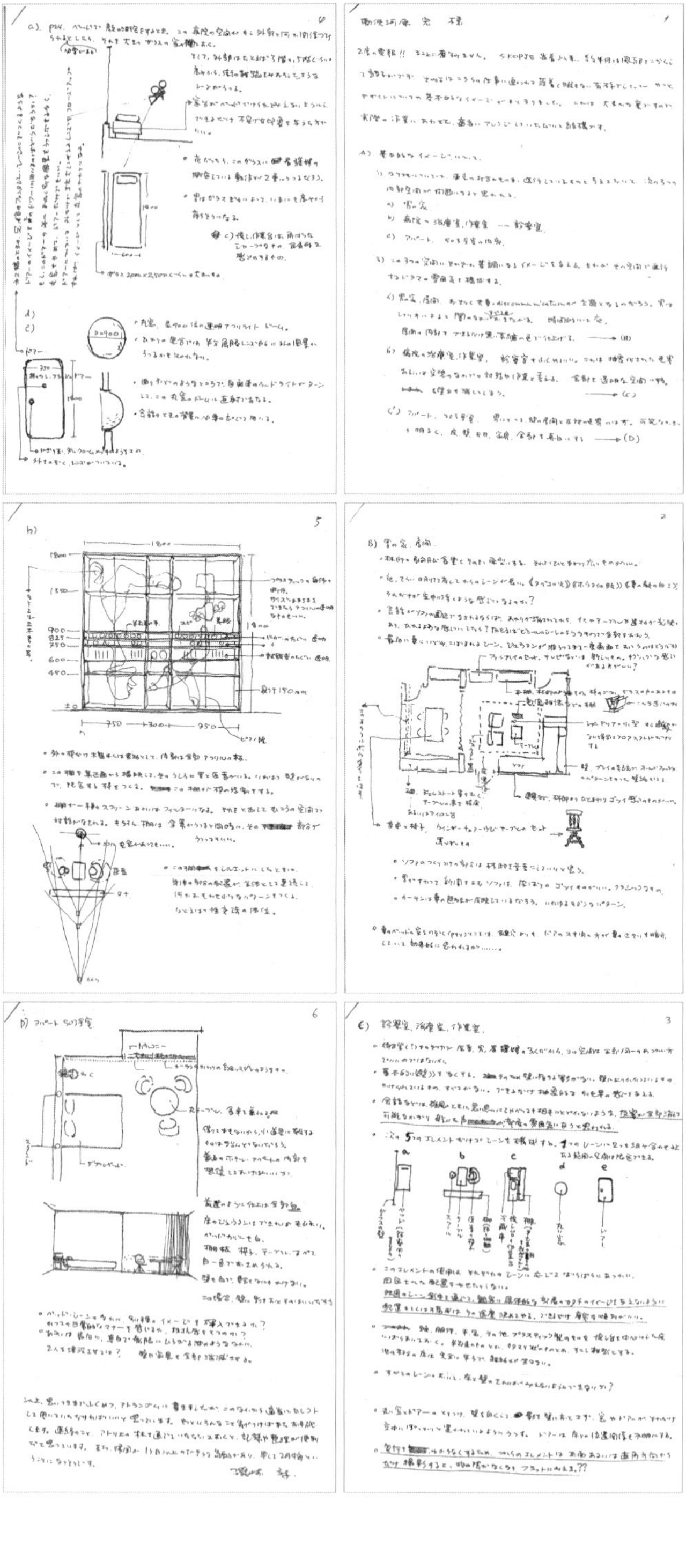

『他人の顔』磯崎新スケッチ

彼は、映画の後にはインスタレーションをやるアーティストにもなりました。とにかく華道の家元を継がざるをえなくなった。家元になってからは生け花もやっていましたが――これはこれでとても巧かった――それが本職であると思っていなかったと思いますね。

草月アートセンターは当時でいうアヴァンギャルド・アートの唯一の中心でした。例えば、ジョン・ケージの日本での初演はここでした。オノ・ヨーコの初期のパフォーマンスも土方巽の暗黒舞踏もここでみました。唐十郎★二もテント架けで芝居をスタートしたけれど、ここで一度は公演するっていうのが目標だったんですね。草月アートセンターの記録を探せばたくさん出てくると思うんですけど、それがまた万博に流れていくいろんな動きを継続的につくっていったということは言えると思いますね。

**日埜**　勅使河原宏は安部公房と「世紀の会」を結成し、これが『他人の顔』の監督と原作者ですね。武満徹は音楽を担当していますが、むしろ彼は山口勝弘さんらとの実験工房のグループでしょう。するとそうした人たちは互いに近い存在だったんでしょうか。それともたまたまここで同席しただけでバラバラだったのか。

**磯崎**　みんなバラバラですね。

**日埜**　それには、政治が絡んでいたんでしょうか。

**磯崎**　その通りですね。要するに、五〇年代の日本の左翼というのは共産党が中心だったんですけれども、朝鮮戦争が始まる前後に、党が所感派と国際派に分裂したんです。国際派はどちらかというとロシア・コネクションで、インテレクチュアルな連中はみなこっちです。所感派は地道に日本の条件のなかから革命を発想するという、どちらかというと中国共産党の毛沢東主義。この二つはお互いに批判しあった。結局、国際派が負けて全部除名され、東大のなかにはもう共産党細胞もなくなった。その、東大細胞の再建をやったのが、駒場寮で同じ部屋に住んでいた津田孝です。彼はその後二〇年くらいは所感派系統の日本共産党の文化部のポリシーをつくっていたと思います。

美術界はというと、こちらはモダニズムと社会主義を結合させようとしていた一派と、純粋社会主義リアリズムの系統とに分裂したわけです。日本アンデパンダンは後者、そのなかの一部が読売アンパンに流れ、ラディカルな芸術活動へとつきすすみ、結局自滅します。たしかに、左翼のなかでの政治的路線闘争が、芸術の世界に影響を与え、分裂していく。僕は伴走していても活動家になるほどの余裕がなかった。むしろ芸術領域でそれを別なかたちで政治化することに興味を持っていたというべきでしょうね。だから、七〇年代になってフォルマリズムに関心をもったときも、それを政治的に読み解くことをやろうとしていました。最近五〇年代頃の岡本太郎について「青山時代の岡本太郎」(「青山時代の岡本太郎　一九五四―一九七〇」二〇〇七年四月二一日―七月一日、川崎市岡本太郎美術館で開催)のカタログに書いたんです。これは、僕がなぜ丹下さんに連れられて岡本太郎のところに行ったかという経緯と、五〇年代から六〇年代の太郎さんとの付き合いを書いています。で、当時、岡本太郎のやっていた「夜の会」と現代芸術研究所の活動があって、この安部公房・勅使河原宏たちの「世紀の会」はそれに比べたらもっとマイナーでほんの数名という感じです(笑)。僕は学生の時にたまたま連れて行かれて彼らと知り合いになりました。岡本太郎は完全に孤立していました。同僚のアーティスト、美術家、文学者もほとんどいない。それで、彼は建築家とかデザイナーをオルグし「現代芸術研究所」と称した。お山の大将みたいでした。この連中が、最後に日本デザインコミッティに流れていきます。赤瀬川原平、荒川修作★二三たちは、まだ二〇代でしたから、主流とは無関係です。この草月アートセンターの全記録は、『美術手帖』の編集者だった福住治夫君がまとめていたはずですが、まだかたちになったのは見てないですね。当時『季刊フィルム』(フィルムアート社)という雑誌がありました。これは、草月アートセンターの活動から誕生した雑誌ですが六〇年代の芸術的、政治的な運動を知るひとつの手がかりになる雑誌だと思います。

## 5 制御室としての《お祭り広場》

**日埜**　神奈川県立近代美術館での山口勝弘さんの展覧会に際して行われたレクチャーで、磯崎さんは「都市と建築のことをやっているが、そういう職業は存在しないから、普段やるとすれば、アーティストとしての仕事もやらないといけないことになるのではないかと思っていました」とおっしゃっています。これを真正面に受け取るわけではないんですが、しかし、そういう立場にいようという意識が当時あったんでしょうか。

**磯崎**　というよりも、その両方をカバーできるのは、アーティストと自称する以外しょうがないんではないかというような感覚だったんですね。当時は建築家という自覚があまりなかった。建築に関わっているっていうことはわかっていたけれど、建築家と自称したくないと思っていたんです。だから、都市デザイナーとか自称していました。一応一級建築士はもらっていましたが、建築家というようになったのは万博が終わってからです。

**日埜**　一九六六年の一一月の『美術手帖』増刊号「空間から環境へ」(一九六六年一一月刊)に、東野芳明さんと磯崎さんの対談があります。基本的には美術の文脈の話ではありますが、どうも半分ぐらいは都市および建築の議論であるようにも読める。乱暴に要約すると、建築単体で空間と言うことの意味が薄れてきていて、その集合としての都市にまで連続した空間を考えざるをえなくなっており、人間を包囲している物質的組織としての環境に行き着くんだというわけです。
それがこの展覧会を経て、展覧会に参加したアーティストが

「エンバイラメントの会」を結成し、最終的にそれは万博の《お祭り広場》へと繋がっていく。「空間から環境へ」展には《福岡銀行大分支店》のインテリアの鮮やかな彩色模型が出品されています。《旧大分県立図書館》における光の濃度、そして闇の空間、そしていわば色の空間が既に試みられていて、さらにそこに多くのアーティストがそれぞれの立場で関わり、ひとつの環境として集大成される総合芸術を組み立てるために協働していくわけですね。環境の可能性に確信をもつにいたるきっかけというのは何だったのでしょうか。

**磯崎**——時代の気分なのかもしれません。万博がらみで、六七年の頃にロボットイメージを考えていて、ヒューストンのNASA本部に行った覚えがあるんです。まだアポロが月に到着する前ですから月着陸船の設計をやっているらしいと、それのモックアップもできたらしいということを伝え聞いて、それでヒューストンに行って、建物の前に置いてあるモックアップ——中身がない輪郭だけの着陸船——を見に行ったんですね。これはミッキー・マウスのぬいぐるみを見るようなもんです。むしろそこで一番関心を持ったのは、全部のオペレーションを中央制御室で集中的にコントロールしていることでした。映画『アポロ一三号』を見ると、みんながハラハラしている制御室ばっかり出るじゃないですか。あれが一番感心したもののひとつだったんですよ。ちょうどその頃「見えない都市」を書いたのですが、この制御室というのは、一種さまざまな社会現象や都市計画などを複雑なレヴェルでコントロールしオペレーションできる、そのモデルじゃないかとその時は思ったんですね。

「アポロ計画」を制御できるコンピュータが、社会を制御できないはずはないじゃないかというのがあって、そしてその超ミニ版を《お祭り広場》でつくろうと考えたんですね。だから《お祭り広場》も同じようにつくったわけです。ダグアウトにものすごい大きいコンピュータを入れて、そして、管制塔の中に管制室のブランチをつくった。だから、ロボットは宇宙船と同じで管制室から基本的な操作ができると同時に操縦者が中に入って、自らマニュアルで操作も可能。だから地上にいる「デメ」「デク」だけでなく、天井を移動する演出照明一式も、これを吊り下った(ハンギング)ロボットと呼んでいました。面白いのは実際に、シンセサイザーなんていうのはまだ当時複雑だったのでそのプログラムをつくればいいと、コンピュータ音楽が作曲できるシステムをつくったんですね。それも連動させなきゃいけない。そして、光は点滅だったんですが、スピーカーが六〇〇個、床と天井に置いてある。音が縦横斜に走る。これを全部コンピュータでコントロールできるようにつくろうとしたんですね。つくっても誰も使えないというのが実情でした。六チャンネルのコンピュータ音楽を一柳慧たちに頼んでつくり、それが全部コンピュータに入っているというのまではやったんですが、実験的に動き始めてから六カ月はすぐ経つ。いよいよ面白くなりそうだというところで終わっちまいました。

**日埜** ということはその場で作曲していたんですか?

**磯崎** その場でも作曲できます。もちろん、テープをもらってきて、全部マニュアルで変奏できる。完全にコンピュータで操作もできるし、キーボードでマニュアルで動かすことできる。両方つくりました。そうするとみんなマニュアルでやるわけです(笑)。当時はまだコンピュータなんて面倒くさくてやってられないっていうのが実情でしたから。でもある程度のシステムのモデルスタディみたいなのはできたという感じです。これがうまくいったかどうかというと……誰も聴いているか聴いていないかわからないような状態(笑)。ああいうところでは「デメ」はプリミティヴなかたちでもあったので目立ったんでしょう。だからデメを用いたいろいろなパフォーマンスは記録に残っているんですが、コンピュータで制作されたものは行方が全然わからない。もう消えちゃっているのか何も残ってない。あるいはどこか探せば月尾嘉男が何カ月かかけて書いたプログラムはあるかもしれない。その頃は売り買いできるプログラムなんてないからどうなのかな。いまから、四〇年前、技術レベルはその程度だったんです。

六九年に月にアポロが到着するその前ですから、かなりの期待感をアポロ計画には持っていました。話が全く飛びますが、いわゆるインテリジェントビル。これは何から流行ったかというと、アポロが一三号で失敗したりして月へ行ってもしょうがないと、計画を打ち切った。技術者が大量失業したんですね。そうすると、エンジニアたちは電話を含めてコントロールできるシステムを仕込んだビルを提案した。これがインテリジェントビルの始まりですよ。だからあれはアポロ計画が潰れた後利用なんですね。軍事産業がなくなると民間利用に流れる。戦後の軍事技術が建築に影響しているという例もいろいろあります。アメリカは五〇年代の建築がクオリティが一番高いと僕は思っています。六〇年代になってどんどん悪くなっていく。五〇年代がなぜいいかというと、戦争技術が平時用に転換せざるをえなかったためです。バックミンスター・フラーの五〇年代の建築的なコンセプトにしたって、彼が戦争中に軍の委託研究をやっていた時のアイディアをそのまま都市論や建築計画に持ち込んだだけの話です。ところが、これがベトナム戦争で途切れてしまう。どんどん駄目になって枯葉剤みたいなものを開発しますが、あれは後は使えない。それで、アメリカの建築も回復をしていないんだと思います。コンセプトもクオリティも寂しい。唯一、インテリジェントビルとアトリウムです(笑)。

## 6 文化大革命からポストモダンへ

**日埜** 万博よりは少し前になりますが、ミラノトリエンナーレのために《エレクトリック・ラビリンス》★一三を制作しています。あれも環境のひとつの試みと言えるでしょう。とりわけ面白いのは観客の行動に反応するサイバネティックスが組み込まれているところだと思います。

**磯崎**――そうですね。あれは、あのセンサーを入れて不意に事件にまきこむということを思いついたものですが、こちらのほうは最近やたらポピュラーになった。

**日埜**――インタラクティヴなアートですから、人がそれを体験することで環境自体も変わるし、単にスタティックな空間を傍観者として見るというのとは全く違うことになる。だからこそラビリンスです。数年前に再制作されたものを見る機会がありましたが、環境のエッセンスのある部分が凝縮されていると思います。

**磯崎**――それまでのいろいろな動き、特に六五年前後の変化なり動き、それから万博に繋がっていくようなコンセプトなりが、たまたま《エレクトリック・ラビリンス》にある形をもってまとまったということは言えると思います。

**日埜**――この場合も一柳慧さんなどアーティストを何人か巻き込んで制作されていますね。

**磯崎**――グラフィックは杉浦康平で、写真素材は東松照明に集めてもらったんですね。

**日埜**――動かす仕組みは誰が作ったんですか？

**磯崎**――設計は僕がやって、回転のメカニズム、センサーは草月アートセンターのエンジニアで音響技術をやっていた奥村幸雄。これは、センサーで回転するんですがそれは簡単なものですよ。オートドアなんかと一緒です。彼がさっと配線図を描いてくれて、イタリアに持って行ったらすぐできたんです。

**日埜**――トリエンナーレの他の参加者はもう少しオーソドックスなプレゼンテーションだったのでしょうか？

**磯崎**――アーキグラムはイエローサブマリンという飛行船みたいなものでしたが、これは動かなかった。ハンス・ホラインはすごく狭いところの、駅の入り口みたいなところを通るわけですが、両側にさまざまな仕掛けをつくった。彼らしいインスタレーションでした。

**日埜**――インスタント・シティならぬインスタント・エンヴァイラメントみたいなことでしょうか。

**磯崎**――輪郭がスタティックだけど、彼流にいろいろ理屈がついていました。ほかは、ピーター・スミッソン、アルド・ファン・アイク、ソウル・バス★二四、ジャンカルロ・デ・カルロ★二五など……。

**日埜**――ソウル・バスの名はこの当時建築の文脈でよく見かけますが、彼はどういう存在だったんでしょうか。

**磯崎**――彼はグラフィック・デザイナーだけどとっても面白い仕事をしています。とりわけ初期のグラフィカルなアニメーションなんかなかなかのものです。『ウエスト・サイド物語』のタイトルバック――いまはメディアアートの定番になっているようなものですが――当時は手間がかかり大変でした。彼がこのとき制作したのは「グレーター・ナンバー」というテーマに対して、世界の赤ん坊が増えていくありさまを引き出して使ってやっていました。赤ん坊の泣き声が合唱みたいになったりして。

トリエンナーレ会場が学生たちによって封鎖されてしまった事件については、ブルーノ・ゼヴィ★二六が雑誌にコラムを書いたのが印象的で、僕は初めて彼の軽いコメントで事態の本質がみえ始めた気がしました。このあたりは『空間へ』に載せた文章にあると思いますが、言い換えると、デザイナーが、みずからの出自をみずから攻撃している。自己言及的な、自縄自縛の行動だったということ。だけどこの身動きならぬロジックこそが、次のポストモダンの時代の基底になったことが後になってより自覚的にわかってきました。もっと拡大して解釈すれば、ラディカリズムは自滅することによってのみ決着がつくという僕なりの観察にもつながります。ポストモダニズムというのはそれから一〇年後くらいから流行ってきたけれど、コンセプトとしては、その時この関係が具体的に、哲学にしても、美術にしても、何にしても出てきたことにすぎないのではないかと思い始めたことは確かですね。だから、僕は体験しないと考えないので、この体験は僕にとっては貴重だったと思いますね。当時中国の文化大革命にも関心を持っていたけれど、あのなかで動いていったさまざまな問題には、自己言及性みたいなものはロジックとしては一切ない。だから嫌な思い出、戦争の嫌な思い出というふうにしか受け取られていない。《エレクトリック・ラビリンス》を中国でやったときに、文化大革命、五月革命の時期が重要だと盛んに言ったんですけど、これはほとんど理解されなかったですね。せいぜいMITでいま教えている張永和くらいが、「六八年問題を磯崎さんは言っているんですね。それで毛沢東が出るんですね」というような理解をしてましたが、後は全部、毛沢東のイメージはまずいとかこういうふうな話ばかりですよ(笑)。

**日埜**――環境をキーワードとする磯崎さんの仕事は、随分長いタイムスパンで広がっているようです。《お祭り広場》からパラディアムまではほんの一歩と言ってもよいかもしれませんし、そこからトリノ・オリンピックの《アイスホッケー会場》に繋げて考えることもさして難しくない。福岡オリンピック提案における競技場の巨大なテレビスタジオのような室内競技場も、メディアという新しい要素を合流させながら、ひとつの総合的環境をサポートする建築に違いありません。少なくとも六〇年代後半からごく最近に至る息の長い持続的な文脈で、一見多様な仕事の取り組みと見えるものが、きわめて緊密に結びついていたんですね。

**磯崎**――やはり引っ張られるんですね。大げさな言い方をすると、例えば《エレクトリック・ラビリンス》にはそれより前の一五年間の僕なりのスタディが周辺の問題も含めて集約されている。それから後も建築や都市だけをやっているわけでもありません。それら以外のフォーマットを借りて、つまり異なる表現形式でいつかまたつくりたいとも思いますが、まったく違ったものになるでしょうね。

ともあれ、今日の話のポイントは、一九六五年が、さまざまに流れている違う領域にパラダイム変換ともいうべきシフトが起こった年だったということにつきるかもしれない。僕にとってはまだモラトリアムの時期でもありました。

[二〇〇七年八月一〇日、磯崎新アトリエにて]

[上]《トリノ・アイスホッケー・スタジアム外観》[撮影＝鈴木久雄]
[下]《トリノ・アイスホッケー・スタジアム内観》[撮影＝鈴木久雄]

［註］

★一——武藤清（むとう・きよし）：一九〇三—一九八九。建築構造学者。関東大震災の経験から、耐震構造学の体系を構築。地震エネルギーを吸収する「柔構造」理論を確立し、超高層建築の可能性を立証。日本初の超高層建築《霞が関ビルディング》の構造設計を担当。著書に『耐震計算法』、『鉄筋コンクリート構造物の塑性設計』（ともに丸善）など。

★二——梅村魁（うめむら・はじめ）：一九一八—一九九五。構造家。耐震構造工学の専門家。東京大学名誉教授。著書に『震害に教えられて　耐震構造との日月』、『耐震構造への道』（ともに技報堂出版）、『実例による新耐震設計のすすめ方』（工業調査会）、『新しい耐震設計』（日本建築センター）など。

★三——木村俊彦（きむら・としひこ）：一九二六—二〇〇九。東京大学工学部建築学科卒業後、前川國男建築設計事務所。その後、構造家として独立。事務所からは多くの構造家を輩出した。構造設計に《幕張メッセ》、《葛西臨海水族園》、《東京工業大学百年記念館》、《梅田スカイビル》、《京都駅》など。

★四——川口衞（かわぐち・まもる）：一九三二—。構造家。坪井善勝の下で《国立屋内総合競技場》構造設計に関わる。シェル構造、テンション構造、スペース・フレーム構造体、免震構造等の面で新しい研究分野を開拓。新しい構造技術による建築造形の創造をテーマに設計活動を続ける。構造設計に《万国博お祭り広場大屋根》、《パウラ・サン・ジョルディ》、《イナコスの橋》、《鬼石多目的ホール》、《深圳文化中心》など。著書に『建築構造のしくみ』（彰国社）、『エドゥアルド・トロハの構造デザイン』（翻訳、相模書房）など。

★五——ピーター・ライス（Peter Rice）：一九三五—一九九二。アイルランドの構造家、構造エンジニア。航空工学から建設構造工学に転向。オヴ・アラップ・アンド・パートナーズ、ディレクター。《シドニー・オペラハウス》の担当からキャリアをスタート。携わったプロジェクトに《ロンドン・スタンステッド空港》、《ポンピドゥー・センター》、《ロイズ・本社ビル》、《ルーヴル美術館エントランス》、《関西国際空港》、《シテ科学産業博物館》など。

★六——セシル・バルモンド（Cecil Balmond）：一九四三—。スリランカ出身の構造家、構造エンジニア。アフリカ、ヨーロッパで化学、数学、建築を学び、オヴ・アラップ・アンド・パートナーズに所属。植物の成長や葉脈、音楽や数学を発想の源とした形態生成、科学と芸術の重なり合いに関心を持ち研究を続ける。作品に《サーペンタイン・ギャラリー・パヴィリオン》（二〇〇一—二〇〇六）、《ユダヤ博物館》、《シアトル中央図書館》、《CCTV新社屋》、《ポンピドゥー・センター・メス》など。邦訳書に『インフォーマル』（TOTO出版）など。

★七——坪井善勝（つぼい・よしかつ）：一九〇七—一九九〇。構造学者、構造設計家。東京大学名誉教授。日本におけるシェル構造の第一人者として知られる。一九六四年の《国立屋内総合競技場》をはじめ、丹下健三設計の建物の構造設計を担当した。構造設計に《香川県庁舎》、《東京カテドラル聖マリア大聖堂》、《電通旧本社ビル》、《大阪万博お祭り広場》、《静岡新聞・静岡放送本社》など。

★八——ワックスマン・ゼミナール：スペース・フレーム構造の提唱者として知られるコンラッド・ワックスマンによって一九五五年に東京大学で開かれたゼミ。都内の大学院生など二一名が集まり、三人編成の七グループに分かれ、プレファブ方式を主体とした「学校の教室ユニット」という課題を行なった。独創的な共同設計のもと進められ、日本の建築教育において特異な試みとして語り継がれている。川口衞、磯崎新、栄久庵憲司等が参加している。

★九——アルド・ファン・アイク（Aldo Van Eyck）：一九一八—一九九九。オランダの建築家。チームXの一員。合理主義、機能主義へ形式化しようとする当時のCIAMを批判し、変化や成長のプロセスを許容しうる構造を模索。オランダ構造主義を提示。作品に《子供の家》、《ナーヘレの小学校》、《ハーグのカトリック教会》、《クレラー・ミュラー美術館彫刻パヴィリオン》、《母の家》、《ハーグのローマンカトリック教会》および、アムステルダム市公共事業局時代から継続された約七〇〇カ所のプレイグラウンド計画など。

★一〇——マルティン・ブーバー（Martin Buber）：一八七八—一九六五。オーストリアの宗教哲学者、社会学者。ドイツの大学でユダヤ哲学を講義しつつ、聖書のドイツ語訳に取り組む。ユダヤ教の教義を哲学的に洗練。相手と自分を関係性として捉え「我」と「汝」が語り合うことで世界が拓けるという「対話の哲学」を追求した。邦訳書に『我と汝・対話』（みすず書房）、『祈りと教え』、『キリスト教徒の対話』（ともに理想社）など。

★一一——クリスチャン・ノルベルグ＝シュルツ（Christian Norberg—Schulz）：一九二六—二〇〇〇。ノルウェーの建築史家、建築家。スイス連邦工科大学でギーディオンなどに建築を学ぶ。実存哲学、現象学をベースに、ハイデガーの哲学を導入し「建築の現象学」を切り開く。訳書に『実存・空間・建築』（鹿島出版会）、『ゲニウス・ロキ』（住まいの図書館出版局）。

★一二——ジークフリート・ギーディオン（Sigfried Giedion）：一八八八—一九六八。スイスの建築史家。CIAM設立の提唱者。一九四一年、『空間・時間・建築』を上梓。古代から近代にいたる建築の変遷をまとめ、建築作品の空間性、運動性といったテーマから、四次元的設計という仮説を提示。近代建築、都市計画の思考方法を説く。二〇世紀初期のモダニズム理論付け、古典となる大著を著した。他の邦訳書に『永遠の現在』（東京大学出版会)、『建築、その変遷』(みすず書房)、『機械化の文化史』(鹿島出版会)など。

★一三――ニコラス・ペヴスナー(Nikolaus Pevsner):一九〇二―一九八三。ドイツの美術史家、建築史家。英国美術史を専門とする。アーツ&クラフツ運動と近代建築の歴史的連続性を示し、初めて近代建築を歴史上に位置づけた。また、雑誌・叢書の監修・執筆を通して、モダンデザイン分野の歴史理論的骨格を築く。邦訳書に『モダン・デザインの展開』(みすず書房)、『美術・建築・デザインの研究』(鹿島出版会)、『ラスキンとヴィオレ・ル・デュク』(中央公論美術出版)、『新版ヨーロッパ建築序説』(彰国社)など。

★一四――山口勝弘(やまぐち・かつひろ):一九二八―。美術家。日本大学法学部卒業。北代省三、武満徹らと実験工房を結成。モールガラスの屈折を利用した作品《ヴィトリーヌ》シリーズなど、新しい素材やメディアによる実験的な制作活動を行なう。一九六八年、磯崎新らと環境計画を設立。大阪万博では、《三井グループ館》のプロデュースを担当、また自ら《光の立方体》を発表する。ビデオ・アートの先駆者的存在。

★一五――バックミンスター・フラー(Richard Buckminster Fuller):一八九五―一九八三。アメリカのデザイナー、発明家、思想家。「宇宙船地球号」や「テンセグリティ」の概念を提唱。最小のエネルギーから最大の効率を生み出すことを考え、《ダイマクション・ハウス》や《ダイマクション・カー》、《ジオデシック・ドーム(一九六七年モントリオール万博アメリカ館)》など数多くの発明やデザインを手がけた。

★一六――土方巽(ひじかた・たつみ):一九二八―一九八六。舞踏家、振付師。秋田県立秋田工業学校卒業。秋田市内で増村克子に師事。モダン・ダンサーとして出発、大野一雄やジャン・ジュネから影響を受ける。暗黒舞踏をつくり上げ、多くの弟子を育てた。代表作に《禁色》、《四季のための二十七晩》など。著書に『病める舞姫』(白水社)など。

★一七――寺山修司(てらやま・しゅうじ):一九三五―一九八三。演出家、劇作家詩人、映画監督。早稲田大学教育学部国文学科中退。前衛芸団「天井桟敷」主宰。多彩な顔を持ち、膨大な文芸作品を残した。作品に、歌集『空には木を』、戯曲『血は立ったまま眠っている』、小説『あゝ、荒野』など。

★一八――三島由紀夫(みしま・ゆきお):一九二五―一九七〇。小説家、劇作家、政治活動家。著書に『仮面の告白』、『潮騒』、『金閣寺』、『豊饒の海』など。戯曲に『鹿鳴館』、『サド侯爵夫人』など。一九七〇年、東京・市ヶ谷の陸上自衛隊で自決。

★一九――他人の顔:安部公房の長編小説。雑誌『群像』一九六四年一月号に掲載され、同年講談社より刊行。一九六六年、安部自身の脚本で、勅使河原宏により映画化。

★二〇――三木富雄(みき・とみお):一九三八―一九七八。彫刻家。東京衛星技術学校卒業。ほぼ独学で制作を始め、第一〇回読売アンデパンダン展に出品。一九六三年以降アルミニウム鋳造の《耳》シリーズで注目される。身体的な部分を表現するものでもなく、象徴的な性格を持つものでもなく、一切の意味を拒否するものとして、四〇歳で急逝するまで人間の耳をモチーフに彫刻を制作し続けた。

★二一――唐十郎(から・じゅうろう):一九四〇―。劇作家、演出家、小説家。一九六三年、劇団「状況劇場」を旗揚げし、紅テント公演を開始。実験精神と独自性に富む野外劇を試みるなど、アングラ演劇の旗手と称される。八三年、『佐川君からの手紙』で芥川賞を受賞。戯曲に『眠りオルゴール』、『黒手帳に頬紅を』、『百人町』など。

★二二――荒川修作(あらかわ・しゅうさく):一九三六―二〇一〇。現代美術家。武蔵野美術学校中退。一九六〇年代以後ニューヨークを拠点に活動。コンセプチュアル・アートを手掛ける。パートナーのマドリン・ギンズとともに活動し、後年は、身体をテーマとした建築作品や庭園の設計も手掛けた。九七年には、グッゲンハイム美術館で日本人初の個展を開催。作品に《意味のメカニズム》、《養老天命反転地》、《三鷹天命反転住宅》など。

★二三――エレクトリック・ラビリンス(電気的迷宮):一九六八年、第一四回ミラノ・トリエンナーレのために制作されたインスタレーション。一六枚の湾曲したパネルが赤外線センサーによって観客の行動に反応して動くというサイバネティックスが組み込まれた。その後の大阪万博お祭り広場の構想に繋がっていくコンセプトが集約された作品。

★二四――ソウル・バス(Saul Bass):一九二〇―一九九六。アメリカのグラフィック・デザイナー。映画のタイトルデザインで広く知られ、映画界にタイトルデザインの分野を確立した。CIや企業ロゴのデザインなども多く制作。作品(映画タイトルデザイン)に、ヒッチコック『サイコ』、『めまい』、リドリー・スコット『エイリアン』、オットー・プレミンジャー『黄金の腕』、『悲しみよこんにちは』、マーティン・スコセッシ『カジノ』など。

★二五――ジャンカルロ・デ・カルロ(Giancarlo de Carlo):一九一九―二〇〇五。イタリアの建築家、都市計画家。CIAMのメンバーとして一九五三年にスミッソン夫妻らとチームXを設立。イタリア・ウルビーノの都市計画などを手がけた。RIBAゴールドメダル受賞。

★二六――ブルーノ・ゼヴィ(Bruno Zevi):一九一八―二〇〇〇。イタリアの建築家、都市計画家、建築批評家。一九四五年発表の『有機的な建築に向けて』以来、近代建築における幾何学的造形の傾向に批判的な目を向け、フランク・ロイド・ライトに代表される人間的な建築像をよしとする立場をとる。邦訳書に『空間としての建築』(鹿島出版会)など。

# 8 『建築の解体』へ

## 六〇年代のムーヴメントをマッピングする試み

### 1 『解体』の輪郭執筆——六〇年代アートシーンの坩堝から

**日埜直彦**　今回は『建築の解体』についてうかがいたいと思います。この本は建築における六〇年代の終わりを象徴するテクストであり、またその後に与えた影響もきわめて大きい。『空間へ』がご自身のお考えを述べているのに対して、このテクストはむしろ当時磯崎さんが見ていた視線の先を提示しているわけで、この二冊はいわば対となって六〇年代の足跡を跡づけていると言っていいでしょう。『解体』については個々の内容に細かく立ち入るよりは、むしろそれが書かれた背景や文脈をうかがいたいと思います。というのも、内容そのものは基本的に六〇年代当時の新しい建築への取り組みを紹介するものですが、むしろそれが当時強烈なインパクトを持ったこと、そのことの重みが現在の読者にはなかなか実感しにくい部分ではないかと思うからです。

**磯崎新**　出版は三五年前（初版発行＝一九七二）だから、あなたはまだ生まれてない。

**日埜**　そうですね。連載の第七回目、スーパースタジオ★一について書かれたのが七一年の一〇月で、ちょうどその頃生まれたことになります。いろんな方から『解体』を当時どういうふうに読んだかといった話を聞かされているので、そのインパクトってものがどれぐらい強いものだったか想像するのですが、どうも思い出たっぷりの話なので具体的なところは僕自身どうもよくわからないんです。このテクストは『美術手帖』の連載として書かれたわけですが、そもそもどういう成り行きで始まったのでしょうか。

**磯崎**　『美術手帖』は五〇年代からありましたがとりわけ六〇年代から七〇年代にかけて面白かったですね。この雑誌の瀧口修造さんが編集した号（No.206、一九六二年四月）に僕は初めて原稿を発表したんです。署名原稿を書いたのは「都市破壊業ＫＫ」（『新建築』一九六二年九月号）★二が最初です。瀧口さんの編集したこの『美術手帖』の特集号を見るとわかるように、アーティストも比較的その当時の若いジェネレーションが多く、今でも活躍している人たちがほとんどです。写真家とデザイナー、それに建築家で誰かいないかということで僕がたまたま捕まったんですね。ともあれ「未来都市は廃墟」というコンセプトでその時に発表できたのはありがたかった。それから後は『美術手帖』に原稿を書くということはなかったんです。『空間から環境へ』展の関係の臨時特集号があった時にも、僕はもっぱら会場計画をやっていて展覧会の作品のセレクションに関わっていませんでしたが、東野芳明と対談をしました。僕自身は「空間から環境へ」展をやるための、大分の図書館ではなくて、このあいだ消えてしまった大分の銀行（福岡シティ銀行大分支店）のデザイン、モデルを立体的なレリーフにしたりしていました。あるいは『他人の顔』の美術協力をすることで今までのコンテクスト、五〇年代のイメージとずれた何物かをそこで取り出したいという気がありました。五〇年代の終わりのアンフォルメルは、パリ経由でヨーロッパから来たものです。ジャクソン・ポロックがヨーロッパに影響を与えたうえでの仕事だろうと僕は理解しているのだけど、ヨーロッパオリジナルという人もいますね。それに、ダイレクトに日本に入ってきたものもあった。二つのルートがあったことは確かです。何人かの美術評論家が選び出したアーティストたちによる「空間から環境へ」展の諸傾向は、とりわけニューヨークの動きと連動しているといっていいと思います。五〇年代の半ば頃、ラウシェンバーグ★三とジャスパー・ジョーンズ★四、ネオ・ダダ（ニューヨークで彼らはそう呼ばれていました。日本の一九六〇年の動きは、そのもじりでしょう。彼らは「ネオ・ダダイズム・オルガナイザーズ」と自称していました）が出現しました。さらに六〇年代のはじめ頃、アンソニー・カロたちのプライマリー・ストラクチャー、アンディー・ウォーホルの初期ポップなどと美術界が動き始めていた。とりわけ顕著だったのが、パフォーミング・アーツそれからフルクサスの音楽もあったし、マース・カニングハムのダンスとか、純粋美術でなく別領域からのインパクトが大きかった。これらが全部ごちゃごちゃに重なって日本に情報として入ってきたわけです。僕は勝手に建築やデザインのほうから考えようとしていたわけですが、どこかで重なり合ってきたんですね。六二年頃から、ラウシェンバーグ、ジャスパー・ジョーンズ、ジョン・ケージとかみんな東京に来ました。そのなかでジャスパー・ジョーンズとはプライヴェートでも一番よく付き合った。今日に至るまで、アメリカに渡ったらジャスパー・ジョーンズとは連絡をするという関係になっています。すべてがその時代に始まりました。この六〇年代半ばにその前半を担っていた運動である「反芸術」とか五〇年代の後期に大阪で生まれた「具体美術」の中心が変質しはじめます。この変質のプロセスに僕もかかわったといえるかもしれない。そんな世界との付き合いが日常化していた気がします。そのなかから六〇年代の日本のアートの次の動きが出てきたわけです。当時海外情報は影響をすごくあたえたと思います。何年だったか覚えていないけれど、今ではアメリカ現代美術の方向性を決めたことになっているグリーンバーグ★五も日本に来たことがある。彼は朝日講堂のシンポジウムに顔を出していますが東京でほとんどしゃべる機会がなくて、長岡現代美術館でパネラーとしてレクチャーをしているんです。田中角栄の地元の長岡ですね。この美術館は東京画廊のつながりで現代美術をコレクションしていました。そのひとつのイヴェントで外国からアーティストを招待して、展覧会をやったりしたのだったと思います。その時、彼が何をしゃべったか覚えていません。僕はグリーンバーグを聞きに行った記憶があります。当時、今から見たらいい加減な翻訳しかなかったのですが、ある範囲の連中は彼の仕事に注目していたことは確実です。

そういう美術界の動向に対して、建築・都市デザインの動きで僕が見つけたのは、アーキグラムです。六四年頃のことです。後にピーター・クックは「俺たちはメタボリズム情報は、六二年か三年に知っていたよ」と言います。年代的には若干の記憶があります。六四年の夏に僕は二川幸夫と例の世界一周旅行に出かけロンドンに到着。知人は誰もいなかった。そこで、『A.D.』の編集部にいきなり駆け込んだ。夏休みだから、編集長モニカ・ピジョンはもちろんいない。ひとりのアルバイトの男が、図面のインキングをやっていた。ケネス・フランプトン★六でした。話をしているうちに、何はともあれジェームス・スターリングのレスター大学の建物を見るべきだとサジェッションをくれ、彼の事務所を紹介してくれました。この事務所にはヴァカンスはないことがわかった。そして、レスターに直行(こんな地名聞いたこともないので、駅でキップを買うとき、ライチェスターと発音してどうしても通じなかった、こんな程度の知識だったんです)。だから、僕のロンドン・シーンとのコネクションはアーキグラムの前に、スターリング、フランプトンのような、保守正統派から押しだされ、アメリカとの関係において、七〇年代以降の主流になった連中との付き合いが最初だったのです。実務的な面ではこの連中と歩調が合いました。ニューヨーク・ファイヴ★七のなかでリチャード・マイヤーと付き合うことになるのも同じです。だが『解体』には彼らの仕事を含んでいません。その後に知り合ったアーキグラムやピーター・アイゼンマンを紹介していきます。つまり彼らのコンセプトに関心を持ったというべきですね。だから『解体』の輪郭がおわかりでしょう。これは建築をコンセプトとして思考することを主眼にしていたのであって、実務からできるだけ離れていようとしていたといえますね。

## 2 アンドレ・ブロック、クロード・パラン、フレンチ・コネクション

**磯崎**　『解体』を書いたいきさつは、六七年か八年くらいに『美術手帖』の編集長になった、宮沢壮佳さんという人が僕に「なにか連載をやれ」というので、そのときまでに見当をつけていた何人かのアーティスト=アーキテクトを順々

に紹介するのはどうかと提案したんです。宮沢さんのほかに美術出版社に二人関係者がいました。『空間へ』を編集してくれた岩崎清さん、宮沢さんのあとの編集長である福住治夫さんです。彼は宮沢さんのときに始まった連載を整理して最後にまとめてくれました。また、福住さんは『美術手帖』の編集部のなかでもかなり特異な存在だった。彼は全共闘の交渉のスタイル——団体交渉、つるし上げ——とかを美術出版社のなかに持ち込んだ人なんですね。延々と会社と闘争しながら『美術手帖』をやった人です。美術出版社というのは、大下藤次郎さんという水彩画家が起こした出版社で、啓蒙的な水彩画教育の雑誌を戦前につくったわけですね。それが『みづゑ』でした。

**日埜**　『みづゑ』は「水の絵」ということだったんですね。恥ずかしながらまったく知りませんでした。

**磯崎**　大下藤次郎には水彩画集があります。水彩画家としては石井柏亭がうまいと言われていたけれど、アマチュアなんですが大下藤次郎も当時は名前が出るくらいの人だった。で、水彩画の雑誌をやり始めたんですが、それが日本の美術の動向を紹介するメディアになった。あの時代に雑誌をこんな具合に立ち上げたアーティストはほかにもいます。アンドレ・ブロック★八というアーティストの『L’Architecture d’Aujourd’hui』。それとジオ・ポンティという建築家の『domus』。アンドレ・ブロックのアシスタントをやっていたのが、最近森美術館で開催された「アーキラボ」展にも出ていたクロード・パラン★九というフランスの建築家です。クロード・パランはまだ無名のポール・ヴィリリオ★一〇と「斜めの機能」を提唱したりしていますが、当時は誰もそれを認めませんでした。僕もあれは五〇年代のコンセプトだと思っていたので『解体』には載せなかった。アンドレ・ブロックは、当時の若い建築家の作品やピエール・シェフェールのユートピア計画などを『d’Aujourd’hui』誌上に紹介していたたわけです。彼は僕の大分の医師会館を、『d’Aujourd’hui』に最初に取り上げてくれた人でもあるんです。もちろん僕も知らなかったのですが。その後彼に会ったときに「この建築家は僕が発見したんだ」と冗談を言ってくれたりしました(笑)。彼が六六年に来日したとき、フレンチ・コネクションだから、坂倉準三さんがお世話していたことは記憶にあります。その時にできたのが大分の図書館でした。彼はそれを見に行きたいと言い出して、僕が案内して大分まで行ったんですよ。別府に行って、阿蘇に行って、それからインドに行くというルートだった。東京に来たときに、当時出たばかりの八ミリの

ジャスパー・ジョーンズ（右）と磯崎新
［撮影＝安齋重男］

撮影機を買ったんですね。まだズームもない頃です。撮りながらズームするにはバックするか前に出るか、どっちかなんですよ。阿蘇の噴火口に連れて行った時に、彼は噴火口の縁に立ってわれわれを後ずさりしながら撮ろうするのであぶない！ 噴火口に落っこちますよ!! といった具合の珍道中でした。僕が持っていた和仏、仏和のポケット版の辞書を見て「半分以上は死語だし、笑っちゃうような用法ばっかりだ」なんて彼は言っていた記憶があります。それが彼と話した最後でした。日本を離れて一週間目に、インドのたしかアグラだと思うんですが、城壁の上で同じ撮り方をして後ろに転落されて亡くなりました。パリからのニュースで知りました。

クロード・パランはアンドレ・ブロックが亡くなってから独立しました。僕もその関連でパランを知ってました。そのパランの手伝いに学生時代のジャン・ヌーヴェルがいたんです。だから、ヌーヴェルの今の妙なコンセプトはパランの元でだんだんできてきたんではないか。ちなみに、学校を出てすぐヌーヴェルのところにバイトに行っていたのがオディール・デック。尻までとどくほどの赤・黄・紫のパンク風の髪で建築家としてデビューしました。スタイルがよくて建築家とも思えない。彼女も結構フランスでは注目されています。いつの年だったか、九六年かな。ヴェネツィアの建築ビエンナーレのフランス館が彼らの仕事を展示しました。アンドレ・ブロック―クロード・パラン―（ポール・ヴィリリオ）―ジャン・ヌーヴェル★二―オディール・デックという具合の流れを組み立てようとした。これにシェフェール、コンスタン、ヨナ・フリードマン、ちょっと飛んでシチュアシオニスト★三、つまり五〇年以降にフランスに独自のユートピア計画の流れがあったと言おうとした。言い換えると戦後のラディカルの流れからフランスが落とされていたのを回復しようという試みといえますね。このあいだ、森美術館にポンピドゥーが運んできた「アーキラボ」という展覧会があったでしょう。そのコンセプトの下書きがここにあったのです。僕はあのときレクチャーを依頼され、フランスからきたキュレーターたちに、失礼だけど、こんな隠れた意図があるんじゃないか、などと語ったことがあります。ちょうど来日していたピーター・クックにこの話をしたら、「フランスの常套手段で、歴史を書き換えようとする陰謀だよ」と言っていました。

## 3 アートムーヴメントを並べ替え編集する作業

**日埜**― 連載の第三回は『美術手帖』掲載時は「ラスベガス」というタイトルでした。ここには前回うかがった環境＝エンヴァイラメントの文脈が現われていますね。

**磯崎**― これは当時日本で注目を集めていた「スーパーグラフィックス」★三が念頭にあったからです。それとヴェンチューリの「ラスヴェガスから学ぶ」の発表は僕の連載よりも遅いですよね。このテキストはあれよりは先に書いたものです。もちろんこのなかには彼の『建築の複合と対立』が入っています。グラフィズム、スーパーグラフィックスの空間として扱っているわけです。その頃都市的展開を文明論的視点で考えようとしていた。ヴェンチューリたちがラスヴェガスに調査に行ったという噂話はあったような気がします。だけど、トム・ウルフ★一四とは無縁だったと思うけど、よくわかりません。『空間へ』に「広告的建築のためのアドバタイジング」(五二頁)という文章を収録していますが、そこではこのあたりに問題がひそんでいることを嗅ぎつけてはいる。だけど、ノーマン・メイラー★一五のもじりぐらいしかできていない。だからトム・ウルフの文章を見つけた時はこれは手強いと思ったのです。あの「広告的——」を書いた同じ頃にヴェンチューリは『建築の複合と対立』を準備していた。だからクリストファー・アレグザンダーに続いて、僕はヴェンチューリを見つけたんだと思います。アメリカ情報はこんな程度です。「ニューヨーク・ファイヴ」はもっと後のこと。といっても数年ちがいです。象徴論的視点が何だか重苦しく感じられていても、ふっきる理論的根拠がない。都市の光景の表現にはりついて明滅するもの、あるいは軽量で消えていくものに注目していたとしても、こんな記号論的な扱いは六〇年代も後半以降にやっと世界的に論議されるようになったものです。グラフィズムとそれ以降に言われていくイメージです。

**日埜**——『解体』が本になったときには建築家の名前が並ぶほかの項と揃えて「チャールス・ムーア」とタイトルされています。

**磯崎**——六〇年代の後半というのは国際的に、一九二五年から一九四〇年くらいまでの前後一五年くらいに生まれた建築家たちが、スタートした時代ですね。誰がどうなっていくかわからないけれど、みんな同時並行的に動いていた時期でした。今から考えてみると、アートのコンテクストに近かった。もうひとつは、メディアアート的というか、環境というか、当時マクルーハン★一六なんかの影響があったと思います。バックミンスター・フフーを扱わなかったのは、フラーをもっと前のジェネレーションとして見ていたからだと思います。しかし六〇年代の後半の、ヒッピー・ムーヴメントのなかでのフラーの役割というのは、すごく大きいと思います。当時の僕は、国際的な美術や建築の複雑なムーヴメントに対してそれをどう並び替え位置づけするかといった、今で言うと編集作業がかなり必要だと思っていました。だけど七〇年代になってからは、編集的操作的にものを考えるのではなくて、昔ながらの批評の組み立て方がやっぱり必要だと思いはじめました。つまり現象を探すのではなく理論なり方法を探す、またはその方法を肉づけするために裏づけの参照をするべきだと思いはじめた。「解体」の頃は、理論そのものが、どこに根拠があるのかわからない。近代的な思考は総破産しているのだと感じてはいても、それは各人どういうふうに捕まえるのかは自由です。そんなことはいつの時代でも変わりませんが、学生の頃から学んできたユートピアの極点にむかって一本筋で進む近代的思考はもうない、これだけがわかっていたんだと思います。であるならば、複数の並列されてある状態をどう並べるかということが、状況を判断するのに適切ではないか。理論に対しても同じで、最後の「《建築の解体》症候群」の章あたりは、可能な理論を並列するよりしょうがないと考えていたわけなんです。これはアパシーとも言えるかもしれません。それを整理する手がかりを、理論ではなくて、辞書のaで決まる単語でつけてしまえと思ったわけです。だからわざといい加減に見えるようにしてある。しかし「解体」の並べ方というのは、実は案外意味があったんじゃないかと思うんです。そういう類の紹介の仕方は、同世代の東野芳明や中原佑介の最初の本を見ると共通しているようにも思えます。例えば東野芳明は「パウル・クレー論」で世に出た。中原佑介は「ブランクーシ論」で出た。しかしそれは単発の作家研究ではなくて、東野はジャクソン・ポロック以下のアメリカの現代美術の流れを一冊の本にした。中原佑介は彫刻とかコンセプチュアル・アートというサイドから、各人の作家論を並列して書いていた。その頃はこういう書き方をせざるをえなかった。その頃美術評論家「御三家」と言われていたうちのひとり針生一郎だけが、マルキシズムの流れの社会主義リアリズムなどを視野に入れて、ひとつの歴史観をはっきり持っていた。僕は、歴史観なんてなくていい、起こっている現実そのものを、そのまま見ているというのが一番正確だと考えていました。針生一郎的な、イデオロギーとしての歴史的批評でなくて、現実あるいは表象としての現実のムーヴメントのマップをつくることにポイントがあったわけですね。もちろん、作家をとりだせばそれぞれ矛盾している。むしろそれはそれでいいと思っていました。

そこには、イデオロギー批評の視点が一般的に弱体化していきつつあったことが影響しているでしょう。今日ではマネーがらみの判断が圧倒的な基準になりつつある。あの頃はもう末期的だったのだけど、イデオロギーとして、政治的な視点がともあれ重視されていました。縄文‐弥生を階層対立として読み解くことで「民衆論」をとりだした川添登とか、国家的権力の抑圧の構図を『神殿か獄舎か』として書いた長谷川堯★一七とか、このあたりが支配的な批評のスタンスだったのではないかな。『解体』はそのいずれともちがう視点をさがしていました。同時期に『手法が』にあつめたエッセイも書いていたんですが、フォルマリズムでさえ政治的たりうると強弁したりしていますが、それはこんな旧イデオロギー批評に対する反論、あるいは批判のつもりでした。

## 4 「解体」へのリアクション

**日埜** そうはいっても、結果的に『解体』が与えた影響として、日本でもすでに退潮の色を濃くしていたモダニズムが、このテクストによって引導をわたされたという意味合いもあると思うんですね。例えばアーキグラムを扱った部分にしろ、ホラインを扱った部分にしろ、モダニズムの古典的なフレームでは掬い上げることができないようなことがらを、建築の根本に据えて扱おうというわけですから、いわばパラダイムが違う。

**磯崎**――マルキシズムでさえ日本においては輸入されたモダニズムだからですね。昭和の初期からのマルキストはモダニストである。そしてそういう見方にその後変わってきます。しかし当時はそうではなかった。政党、アカデミズムともに、内部闘争の分裂時代で、モダニズムを一方的に批判するイデオロギーだけが機能していた。そういうときにとるべき戦略は、成功するかどうかは別として、対立物のなかで、一方の側に立って相手を攻撃するというのではなくて、両者を、もうひとつ外から揺するのがいい。そしてこの両者には共通性があるということを見つけださないといけない。議論ができているというのは、お互いに何かの基準をシェアしているはずです。基盤に共通性があるのです。そこを見つけるかどうかが、新しいものが出てくることに関わってくると思います。

**日埜**――そういう意味で言うと、これでモダニズムは終わりで次はこれだよという、ジャーナリスティックな身振りではないんですね。むしろパラダイムを更新し、オルタナティヴな建築の可能性を立ち上げようとしている。「解体」というタイトルではあるけど、ある種の歴史意識において建築の枠組みを再構築するような意識もうかがえる。実際ここに名の挙がった建築家は、その後太い枝を伸ばして現代建築の視野の素地となっています。

**磯崎**――潰れた人はいません。あまり評判にならなかったセドリック・プライスのような人は後で重視されている。

**日埜**――そういうパラダイムをひっくり返すような仕事がここにまとめられたとして、しかし磯崎さんが期待していた受け止められ方とは違う反応も相当あったのではないでしょうか。ある種熱狂的な受け止められ方も予想を超えていたかもしれないし、逆にまともに取り合わない人も当然いるでしょう。磯崎さんの目から見て反応はどうだったんでしょうか。

**磯崎**――書いた舞台が美術雑誌だからといって、日本の美術界からの反応はまったく期待していませんでした。そこからは何を言われてもかまわない。こんな連中をどういうふうに紹介すれば、日本で議論する場ができるかというようなことを考えながらやっていたわけです。もちろんジェネレーションごとに、上の足をどうすくうかということは皆考えますから、一九四〇年代に生まれた人たち――伊東豊雄、安藤忠雄、六角鬼丈、毛綱毅曠、あるいはちょっと下の石山修武、鈴木博之くらいまでは、おそらく「解体」をどういうふうに叩いて壊すかということをずーっと考えてきたジェネレーションだと思います。僕は彼らの発想の仕方や戦略のつくり方が全部わかります（笑）。それは僕が二〇年代生まれの人たちの思考方式に対抗してきたのとまったく同じことだからです。世代論争なんか無意味だとみんな言いますが、前後一〇―一五年ぐらいがつねにコンペティターです。だが基礎は共有している。それを超えたかどうかは、もうひとまわり外の人が判断すればいい。僕と無関係なことをやっているオタク・ジェネレーション以下になるとコンペティターの関係はとりにくい。お互いに冷静に見えるでしょう。僕にとっては丹下健三さんから上の世代は最初から相対化できていた。その仕事が「「建築の一九三〇年代」から「間」展へ」のインタヴューでした［本書II―11］。

**日埜**｜『解体』をまわし読みしたとか、青焼きを自家製本したとか、そういう話を少なからぬ人から聞いたことがあります。ちょうど全共闘の時代で、それまでの建築教育への信頼がかなり揺らいだ時期だった。そういう時代の雰囲気が建築ジャンルの本としては珍しくこの本には残っているような気もします。鬱屈していた時代の空気がここに出口を見つけたという感じもあったんじゃないでしょうか。しかしそういう思い出話をよく聞くわりに、この本に対するリアクションを文章で読むことは不思議に少ないわけです。その理由のひとつは上の世代が冷淡にこれを受け止め、メディアも扱いに困ったのかもしれません。たとえば丹下さんがこれを正面から受け止めるかというと、そういうことはちょっと想像しにくい気がするんです。

**磯崎**｜おそらく日本の内部というコンテクストを離れて外部の建築家を自分たちと同様なシチュエーションにいるとみなすことなんか不可能だったからじゃないでしょうか。日本から外に向かって発信できると考えたのは、前川さん坂倉さんといった留学経験のあった人ではなくて、海外に行く機会を失っていた丹下健三、浜口隆一といった人たちが最初だと思います。前川さんとＣＩＡＭ、丹下さんとチームXの関係はまったく違うでしょう。前者は学ぶ相手と考えていたし、後者は相手が逆に学ぼうとした、それくらい違っていました。とはいってもその後の世代は逆に日本へと内向きになっていたし、出て行くときは日本を売りものにしていた。だから「解体」を同時代で、自分のすぐ横にいる連中の仕事などとは受けとってもらえなかった。

## 5 アーキグラム、ゲーリー、アイゼンマン、ホライン

**磯崎**｜僕は六八年の《エレクトリック・ラビリンス》をやったときのミラノ・トリエンナーレで、初めてピーター・クックと会いました。会場は学生たちに直接占拠されてしまったので、ピーターたちはロンドンに帰った。僕は準備期間中は一緒に行動してました。帰ってから、アーキグラムのピーターとロンはＵＣＬＡに教えに行きました。そして僕も六九年にＵＣＬＡに行って連中と一緒に過ごしました。このロサンゼルス行きが決まって残念だったのは安田講堂の落城を直

接見ることができなかったことです。アトリエは徒歩一〇分ぐらいの位置にあったから、ちょいちょい大学キャンパスをのぞきに行っていたんですが。六三、六四年とグランド・ツアーをやったとき、ロサンゼルスではサム・フランシスのアトリエに泊めてもらいました。日本で知り合っていたからです。これがLAMoCAの仕事につながります。後にフランク・O・ゲーリーはあのときに会ったんだよと言っていますが、印象が定かではない。ゲーリーはまだ自分の家もできていない頃で、たぶん普通の仕事をやっていたのだと思います。アーキグラムの連中はゲーリーが嫌いで合わなかったという感じです。僕は英語が下手だったのがかえってよかった。うまずぎて議論をしていたらお互いに喧嘩したと思います。コミュニケーションできるのは仕事とパブリケーションされたものしかなかったので、それでかえって付き合いが長持ちしたんだと思います。『解体』の連載時にはヴェンチューリは日本でもだんだん情報が入ってきていましたが、ゲーリーは依然として無名だった。個人的に知っていましたけど紹介するようなものもなかった。一九七二年にニューヨーク・ファイヴの展覧会カタログ『Five Architects』が出たときには、もう連載は終わっていました。その時までにピーター・アイゼンマンの一番初期の、チョムスキー★一八理論を応用した論文をなにかで見つけました。それまで僕の世代のアメリカは何も起こってないという印象だった。六〇年代にはルイス・カーン、フィリップ・ジョンソン、ヴェンチューリがいましたが、しかし彼らは全部上のジェネレーションなわけで、レイト・モダニズムにくくっていい。その次のジェネレーションがなかったんですね。そんななかでアイゼンマンの初期のチョムスキー理解は驚きでした。七一年の終わりだったか七二年のはじまりの頃に『a+u』が僕の特集をしてくれたんですが、アイゼンマンと会って話をしたら、僕が『a+u』に書いた「手法論」を読んでいて、俺と似たようなことを考えているやつがいるという感想をもったと言っていました。それから彼と理論レヴェルでの議論をやるようになったわけです。ハンス・ホラインには、ミラノのトリエンナーレの帰りにウィーンで、ウィトゲンシュタイン★一九の家に連れて行ってもらいました。ウィトゲンシュタイン・ハウスはその時にはもう売りに出ていて壊される寸前だった。これを何とかしなきゃいけないから、これからキャンペーンをするんだという時期でした。

## 6 アレグザンダー

**日埜** ホラインなりアーキグラムは、モダニズムに対するカウンターアクションというくくりで一応捉えられるような人たちだと思うんですけど、C・アレグザンダーやアーキズーム★二〇、スーパースタジオというのは実はずいぶん違った指向の人たちではないかと思います。アレグザンダーの場合、古典的な秩序を退けはするけど、形式の包括性への強い指向は揺らいでいない。ツリーではなくセミラティスというのは、ロゴスの否定というよりは、オルタナティヴなロゴスによって世界を認識できるという確信でしょう。アーキズームやスーパースタジオの場合はさらに過激で、無意味かつ無内容な形式性が現実に介入してくるような暴力的なヴィジョンです。つまり古典的な意味でのロゴスに対して、それから逸れていくような指向が解体のある一面だけれども、しかしむしろ形式を偏愛しそこに寄りそっていくような指向もまたある。この分裂の緊張に磯崎さんのある種の体質が見えるような気がします。

**磯崎**――アレグザンダーについて最初に触れたのは『日本の都市空間』に収録した「都市デザインの方法」だったと思います。あの論文は少し真面目にアカデミックに書こうとして、参照文献を手に入るものはできるだけ集めようとして粗筋をつくったんです。その註の整理を終えたときに、ボストンのフリーウェイからどのように景観が認知できるかというサーヴェイが発表された。後に大型の本になりましたが、僕の見たのは雑誌の小さい記事でした。そのサーヴェイグループにアレグザンダーがいたんですね。これはグループの仕事でおそらく彼のその後の資料にはあまり入っていないと思いますが、この視覚表現がなかなかユニークだと思ったんです。偶然ですが、アメリカでジョン・ケージがやっていた「グラフィック・スコア」とその都市の表現がどこかで繋がっているかもしれないと思えたわけですね。「グラフィック・スコア」は六一年くらいから二年にかけて日本で紹介されていたし、その演奏を聞いてもいました。例の「孵化過程」の載った特集号で、武満徹と杉浦康平が共同で発表している「コロナ」も日本での早い試みで、その前に一柳慧がニューヨークでケージの影響を受けいくつも作曲しています。僕はアレグザンダーとは関係なく「日本の都市空間」の特集号（『建築文化』一九六三年一二月号）の時に金比羅さまの参道をグラフィズムで分析していたんです。特集の巻頭には先の『空間へ』に収録した「都市デザインの方法」を書きました。それを入稿した直後にこのアレグザンダーのグラフィズムが『Architectural Forum』（"Graphic Technique for Highway Planning", 1963.10）に出たわけです。もちろん僕の「日本の都市空間」のグラフィックは夏に蚊に食われながらずっとやっていたのでできあがっていましたから、暮近くになって入稿するときに本文の註には入れたんですよ。けれど中身は紹介する暇もなかった。彼は万博の頃に日本に初めて僕が呼んだと思います。細かいことは覚えていません。同じジェネレーション、しかもバークレーにかかわりはじめた頃、僕はハイト・アシュベリー★二のサイケデリックな体験（ブルース・コナーのリクィッド・プロジェクション）などを思い出して、ディスコにつれていった記憶がある。そのディスコが始まったのが六七、八年以降だからそれから後のことは確かで、アレグザンダーを紹介したのはその頃です。それで「パタン・ランゲージ」というものもどうやら彼が言い出しているらしい、これはロジックとしてなかなかユニークだと。「city is not tree」（都市はツリーではない）を見つけたのはパタン・ランゲージよりも前だったと思いますが、こんな頭のいい奴がいるのかと思いました。都市をツリーとセミラティスという二つの形式に分類し、ひとりで判断していくからには形状、いやシステムはツリーにしかならない。これはパラドックスです。このパラドックスを言ったところが何よりも重要です。今でいうとこれは初歩的な群論にあたるのかもしれないけれど、数学的な処理を通じて説明しているところが面白い。このプロセスはちょっと誰もが簡単に手が出ないとはじめてわかる。とりわけセミラティスをとりだしたことが大きい。世界的に他領域を含めて、思考方式の転換を強いていくほどの影響を与えたと考えられます。彼はその後、パタンランゲージを展開するのですが、僕が彼を『解体』で紹介したのはその頃の仕事です。

**日埜** この回は七〇年の一二月号掲載ですね。

**磯崎** それに対して、インドの村の調査がありましたね。あれがパタン・ランゲージの原型かな。

今ふりかえってみると、六〇年代は、フランスでは、ミシェル・フーコー★二二、ジル・ドゥルーズ★二三、ジャック・デリダたちがポスト構造主義と呼ばれて、その初期の著作をいっせいに発表していた頃です。僕らはタイトルぐらいは読めても中身は理解ができない。それが日本に紹介されはじめるのは、ちょうど『解体』を書いていた時期でした。とはいっても、その全貌を理解するには程遠い。彼らには、七〇年代末に「間」展をパリでやった頃に逢いましたが、彼らの思考を片側において、自分なりに思考できるようになるのは八〇年以降のことです。それぞれ取り扱う対象が異なっているけど、言語論が新しい思考の手がかりになる点で共通しているし、それにイメージ、これを支えるロジックをはっきりせねばならない。こんな誰もが出発するときにまず考えねばならないことを、僕も同じような場所から探そうとしていた。アレグザンダーに関心を持ったのもそのひとつだけど、言語論としてはチョムスキーは魅力的に思いました。もちろん、「間」展を編成したときには日本語の基本原理の理解を時枝誠記★二四と折口信夫にたよりました。しかしながら、言語表現のテクノロジーをも扱える言語論はやはりチョムスキーかなと思ったりしていたのです。

ハンス・ホライン（右）、グスタフ・パイヒル（左）、磯崎新（中央）、1968年ウィーンにて
［撮影者不明］

チョムスキーには、全世界の文法と言語の組立を整理していくと、その原型になる言語の元があるはずだという仮定があります。生成文法論です。それを建築にどう応用するかなんてわからなかったけれどとても魅力的でした。ア

レグザンダーは無謀なくらい強引に突っ込んでパタン・ランゲージなるものを組み立てようとしていた。僕が面白いと思ったのは、記号化され形になったものしか扱わない建築デザインに、モダニズムが排除しようとしている形にならない部分や歴史的な慣習を彼は取り込もうとしていたということです。限定し抽象化する整理の方法でなくて、全部ひとからげにまとめてイメージとロジックを繋いでしまう。それをツールにしてデザインにしようというわけですね。しかし、彼のこの方法は破綻しています。イメージとロジックが簡単に整理できないにもかかわらずできると割り切って仮定しないといけない。

## 7 スーパースタジオ

**日埜** スーパースタジオやアーキズームを知るのはミラノ・トリエンナーレの時ですか。

**磯崎** ミラノ・トリエンナーレの時は、スーパースタジオはまだ無名だったんですよ。一九六六年にフィレンツェが洪水に襲われました。ルネサンス都市の主要部が一挙に水没してしまった。その時彼らはまだ学生でした。六八年、彼らは占拠する側にいました。その後、六九年頃から少しずつ作品を発表し始めたのだと思います。最初に会ったのは、ポストモダニズムの面影があるインテリアデザインをやっていたスーパースタジオです。この連中は、アドルフォ・ナタリーニが中心ですが、一方でアンドレア・ブランジがもうひとつの中心になっている。二人は同学年だと思いますが、コンペでもとても似たものを出していました。彼らの共通性として、学生のときにフィレンツェが洪水で完全に水没した光景を見たということですね。「コンティニュアス・モニュメント」は結局、洪水の川の流れです。また「ノン・ストップ・シティ」のインテリアデザインのコンセプトを見ると、当時は「あんなのスーパーマーケットじゃないか」という感じだったんだけれど、無限に伸展していくだけでなく、暴力的に都市や自然のなかにまで、最後には宇宙にまで飛び出していく。ひとつの言い方をすれば、ある意志の空想のなかでの侵略をそのまま姿にしている。こんな人為を超えるようなイメージはいったいどこからきたのか。それを僕は「洪水の記憶」と呼びました。『解体』を書いた頃はまだこんな表現もなかったと思います。後に彼らの作品集が出る際に寄稿したときに考えたことです。

もうひとつ彼らの仕事を「タガのはずれた合理主義」（コンストレイン・フリー・ラショナリズム）と、その文章を書いたときに表現したのですが、いまだにこの言い方は誰も認めてくれていない。この英語の表現が中途半端にみえるけど、こんな言い方によって、ある種の過剰さを原理的に解釈できると思っているのです。

つまり、ルネサンスの建築的思考の内部にある厳格な合理主義は、それが具体的に表現するときはつねに社会的、政治的な時代の制約を配慮して、枠にはめられ、自制しながら使われています。過剰へと向かう意志は、その殻を破らねばならない。事実、歴史はそうやって動いたはずですが、さて、その意志＝手法をどう表現したらいいか。そこでフリー・スタイルといった表現に引っかけて、既成の制約から自由な、または徹底的に合理的であるとすればこんな制約を押し破るだろう、そんな状態を表現してみたのです。『解体』のときには紹介どまりでしたが、これがフィレンツェから出現したことが重要でした。

ピーター・クックは英語の表現が実に巧みな人ですが、しばらくは、ロンドン―ウィーン―東京軸という言い方をしていたのに、あるときからフィレンツェを加えて四都市軸を言い始めた。彼もスーパースタジオ、アーキズームの重要性を認めたのです。ホラインはヴェネツィア・ビエンナーレのイーストリア館で、スーパースタジオそっくりのものを展示したりしました。

**日埜**――そのなかにフィレンツェを並べて意識するほど、彼らの仕事に重みを感じていたんですね。

**磯崎**――ピーター・クックでさえそうだった。だから僕も当然面白いと思った。

ちょっと話が飛んでしまうけど、国家論というと『想像の共同体』のベネディクト・アンダーソン★二五理論が一般的ですね。簡単に言えば、国家を、制御する枠組みを持った暴力装置だと定義している。その暴力装置を誰がどうコントロールするのかがわからない。これに対して、イタリアのジョルジュ・アガンベン★二六は国家を『例外状態』の側から捉えて、難民や収容所といった国家にとっての「例外状態」をどう処理するか、この決定あるいは制御の問題を国家論としてやらなければいけないという意味のことを論じています。

暴力的で今までのコントロールを超えていくようなもの、というものを考えると、ツリーだったらこれが完結しているから、どうしてもまとめないといけない。セミラティスだってそのなかのディテールの問題だと。しかしスーパースタジオの「コンティニュアス・モニュメント」や「ノン・ストップ・シティ」には、非正常的な暴力装置になる可能性を持っている都市のイメージが潜んでいると思います。アガンベンは最近知ったのですが、そしてアンダーソンも出てきたのはせいぜいポスト・モダンの頃の後半ぐらいですから、洪水の当時には彼らのような視点はなかった。しかし、それに近いものをどこかで感じていたから、「コンティニュアス・モニュメント」や「ノン・ストップ・シティ」みたいなものが出てくるんじゃないかな。それを彼らはヴィジュアライズした。ひとつの芸術都市が水没したというこの事件は、ある意味でメタファーとしてすごい大きかったんじゃないか。

どんな機会に見つけたのか忘れたんだけど、トム・ウルフが、「ブロードウェイ・ヴギ・ウギ」なんて輸入品で、マクドナルドのダブルアーチこそがアメリカのオリジナルだと、やけのやんぱちみたいな口調で書いた文章を見つけて、アメリカン・

ポップの気分がわかったような感じがしました。六七年頃のドロップ・アウト、サイケデリックなどのブーム化した現象を理解するきっかけを見たように思いましたね。ヴェンチューリたちの仕事はこんな気分をアカデミックに、アイロニーをまじえて捉えたんでしょう。そんな気分を捉えようとしたアーティストは何人もいます。たとえばエドワード・ルッシェ★二七。二〇〇五年のヴェネツィア・ビエンナーレではアメリカ館の代表になったアーティストですから、美術界では有名なんですね。僕はロサンゼルスに初めて行ったときに、この売れていない作家のアートブックの屑みたいな本を本屋で見つけたんです。当時一〇ドルくらいで買ったんですが、今だったら何千ドルもするでしょう。要するにサンセット大通りを、カメラを道端から正面に向けて撮り、同様に反対側からも撮る。道の両側にどうやって都市が見えるかということを延々と巻物みたいにしてやったという、それだけの本なんです。僕には、ある種都市の景観記述、景観表現という意味でアートだとは思えませんでした。しかし、今では普通の手法かもしれませんが、道路の景観をずーっと写真で撮るというのは当時の記述の方法にはなかったし、それがアートだと言ってしまうのが面白かったですね。ロサンゼルスの持っているある種のヴァナキュラリティをほんとにうまく表現していると思いました。

8 シチュアシオニスト、宮川淳、手法論へ

**日埜** 今から考えるとこのリストにシチュアシオニストが並んでいてもよいような気もするわけですが、コンスタンと会われたことはありますか？

**磯崎** いや、僕は会っていない。

**日埜** シチュアシオニストに関しては当時どういう印象をお持ちだったんでしょうか。

**磯崎** シチュアシオニストについてはもちろん知っていましたが、当時はこれは付き合いきれないという感じでした。連中が出してくるイメージは、僕から見ると通俗的というかそんなに魅力的なデザインではなかった。ポール・ヴィリリオだってそうです。彼は建築出身だから絵を描くけれど下手ですよ。だけど彼のセオリーは、ボードリヤールも含めてあるインパクトがあるというふうに思ってはいますが、それをどう取り込んでいいか僕にはわからなかった。だから、シチュアシオニストの仕事というのは、ある程度は資料があったから知ってたんだけど、あまり扱わなかったというのが正直なところです。それに彼らが出た頃は、今でこそフーコー以下六〇年代の、ポスト・ストラクチュアリストたちの動きが日本に紹介されているけれど、まあ使っている表現なり作品なりがきちんと説明できるほどの段階になかったのだと思います。これは読む側にもないし、向こうの建築やデザインの連中にもなかったという印象ですね。

現実問題として、デリダを日本に紹介したのは、おそらく宮川淳が『SD』かなんかに書いたのが最初なんじゃないかな。

**日埜**　雑誌『パイディア』が同時期にすでにあったと思いますが、あれはデリダよりも前の世代が中心だったかもしれませんね。

**磯崎**　『パイディア』は、僕は創刊号から持っていましたが、同じ頃宮川淳は『SD』に書いたんですよ。しかしその頃われわれが理解できる範囲というのは、物事を関係として理解するということしかなかったんです。関係として理解するというやりかたは、「もの派」のバックアップ理論となっていたと思います。李禹煥★二八はハイデガー経由の現象学を言うけれど、そんなにあたらなかった。ほかの「もの派」の連中は、だいたいが事物の関係のなかで何かを置くというような、ごく初歩的な、ロジックから言えば古いものを扱っていました。そのくらいが理解の限界だったと思いますね。だからデリダの登場にしても、宮川淳が説明してくれない限り全然わからなかった。宮川さんは、文章を削りに削って本体までわかんなくなる人だから、もっとわからなくなっているという感じではあったけど(笑)。『解体』の最後の頃、七二、三年の頃は、宮川さんとかなりべったり付き合うようになっていました。後年、彼の関心は重みを持った物体のリアルな表現ではなくて、表面にピタピタっとしながらふわっと消えていくような、減少しながら形が変化していくような種類の作品に移っていったんですね。感情のレヴェルもそうだし、鏡に映っているそのことの意味を、ずっと彼は考えていた。そして作家のなかでも、むしろみんなが嫌って評価していないデヴィッド・ホックニーだとか、僕から見るとゲイ的な感覚をもった作家たちを彼は理論化した部分があります。多くの批評家は意外にそれを評価できなかったわけですが、彼はゲイではないにもかかわらず、よくわかった人ですね。

**日埜**　さきほど石山修武さんや鈴木博之さんの名前が出ましたが、彼らは全共闘世代のちょっと上ぐらいの世代でしょうか。磯崎さんご自身は当時の学生集会に行ったというようなことはあるんですか?

**磯崎**　日大のバリケードの中にはなぜか呼ばれて、中まで入れてくれたことはありますよ。バリケードの中で賛成演説かなんかさせられたことも覚えていますよね。その時の写真があるかどうかわからないけど、椅子を持ってきてひっくり返して組み立てられたバリケードの情景は、廃物を集めたアルテ・ポーヴェラ★二九に近いと思いました。安田講堂陥落より前です。当時僕は万博の準備もやっていたので、そこからは股裂き状態というのがずーっと続くわけです。その状態のなかで、ミラノ・トリエンナーレの占拠に遭遇する。それは結局二項対立、正か反かというロジックの無理さ加減というか、これは無意味ではないかと思い始め、今度は逆に何かの原理をアプライするのではなくて、それ自身が持っている原理を繰り返して使っていく、自己言及性というか、この状態が必要なんではないかというロジックに僕なりに戻っていったのが『解体』を書いている頃だったと思います。手法論以降の僕にとっての問題なんですけど、自己言及していく過程が反復すると、それが生成に向かうのではないか。それが一種のフォルマリズムであって、ロシア・フォルマリズム★三〇にあったこのロジックとどこか共通性があるのではなかろうかということが、なんとなく僕がその時に感じていたことです。それは後で見ると、フランスの六〇年代の連中が考えていたこととほとんどパラレルだったというのがわかった。だからシチュアシオニストというのも、おそらくそこらへんの気分というのを持っていたんだろうと思うんですよ。けれど本人はそんな分析できませんから、もう勘で動くよりしょうがなかったわけです。手法論が、ある筋道がつけられるのは、実はいくつかの手さぐりの文章を書いたその後のことです。あの時はただ直感的に、手法というものから始めたというだけですけどね。

## 9 方法としての曖昧さ、両義性へ

**日埜** 『解体』に戻りますが、この連載の結論にあたる「《建築の解体》症候群」を書くまで二年時間が空いています。どうしてそうなったのでしょう。

**磯崎** 僕はときたまダウンするわけなんですよ。万博が終わって、ある程度エネルギーが抜けちゃったような状態が続いていた。手法論というのを一応書いてはいたんだけど、これが手応えがあるのかどうか、反応がどこからもないんですよ。ピーター・アイゼンマンがいろいろ言ったというのは、二〇年後の話ですから、その間何もない状態だったわけです。《群馬県立近代美術館》ができあがってきた時期ですから、時間が取れなかったことも確かですね。自分自身で考えてきた方法での建物ができたということと、どういう方法ができるかということ、そういうのがあったがゆえにまとめを書いたという印象があります。ヴェンチューリの『建築の多様性と対立性』を読んでいたときに、ニュークリティシズムの方法が背後にあることは感じていたんですが、僕自身それを最初から論じるだけの余裕はなかった。たまたまウィリアム・エンプソンの『曖昧の七つの型』というものすごく小さい字で印刷された翻訳書を見つけました。曖昧《アンビギュイティ》は両義性のことだなと思いながら、語感が呼び起こすイメージの不安定さにとまどったりしていた、そんなときにこの大著を見つけ、その分析の手法がヴェンチューリのものとどこか通底するように思えた。こんな読み方を勝手にやっていたのです。

その後、高橋康也さんが「建築家でエンプソンなんか読むアホがいるのかと思っていた」と僕に言ったことがありますが、英文学の世界でも、あれは一九二〇、三〇年くらいの本ですから、そんなに新しいものでもないし、たいしたものじゃないと皆思っていたと思うんです。しかしこの本の英文学批評の方法論は『解体』を執筆するうえである程度役に立ったと思うんです。『隠喩としての建築』を書いた柄谷行人が、「あれを読んだから書いたんだ」と言ってましたが、彼が読んだことは確かです。そんな別領域の人たちと交感する手がかりができたのは、僕が文学の批評にいくらか関心を持っていたせいもあるんでしょうね。

**日埜**　いずれにしても作家がひとりずつ紹介されるというだけなら、この本の意味合いはずいぶん違ってしまうでしょう。だけど「《建築の解体》症候群」があるからこの本は今でも読める気がするんですね。このテクストにはやや難渋した調子があって、明快な論理では切れないものを、解体の二つの方向に股裂きになりつつ、手探りで言葉をひとつひとつ定着していく感じがある。情緒的な言葉遣いはないのに、しかしそこには鈍くて重いなにかが現われている。それこそアパシーというのか。

**磯崎**　アパシーは、時代の気分という部分でもあったと思いますね。今日ではシニシズムがそんな役割をしています。

**日埜**　けれども例えばアーキグラムを見て、アパシーとはあまり思わないのではないでしょうか。むしろ逆にそこにアパシーを見ることで初めて伝わってくるなにかがあるわけですが。

**磯崎**　僕から見れば、アーキグラムというのは非常に健康なモダニズム。ひねくれていない。ひねくれているモダニストというのは、ホラインですよね。とことんねじれているという人で。

**日埜**　そうやって重ねてみることで、歴史が見えてくるような印象がありますね。それはリテラルに説明することのできないなにかでしょう。

**磯崎**　ひとまとめで言い切るというのは、およそ難しいという感じでしたね。七〇年代半ばまで、こういうようなところがロジックとしては行き着いたところで、七〇年の後半は「間」展の準備をもやっていた。その「間」展のコンセプトの展開を文章にしたのが、桂離宮論。この論文も結局、曖昧、両義的な空間というタイトルにしたわけで、要するに空間を対立の構造として読むのではなくて、空間そのものの持っている、枝別れしていくような両義的なものを、そのなかに読み込んでいくしか方法がないのではないかというようにだんだんなってきた。それは主題の不在ということと近い。けれど、この時までは、ある意味ではそういう筋書きがきちっと追跡できるのかもしれないけれど、この後二つ批判をされたわけです。ひとつは都市論、あるいは都市にかかわることをなぜ放棄したか。これはいまだにいろいろと言われている。それからもうひとつは、七〇年代の終わり頃から言い出した大文字の建築について。この二つはいまだに繋がっているわけなんですが、『解体』ではまだそんな兆候を言ってない。どちらも都市をやる、建築を壊すということで来た。「大文字としての建築」を新たに論じること、それは時代の趨勢とはまったく逆行する、こんなものを拾いだすことから出口を見出そうとしてきたと言えます。するともう次が出てくるという、そういうことがその先にあって、これについてはどうなのかわからないけど、僕は「転向」したんだというふうに捉えられている節もある。僕は「転向」ではなくて、これまでやってきたものの次を見つけるというのは、こちらに行くということになるんじゃないかと、今でも思うんです。都市からの撤退と言いながらユートピア論を始めたり、大文字の建築と言いながら建築の自動生成と言う。また、『10＋1』の特集「アルゴリズム的思考と建築」(No.48, 2007.9)のインタヴューで、アルゴリズムについて発言したりといろいろしているので、誤解を招く。けれどもこれはこれで、僕にとっては繋がっているんですよ。

［二〇〇七年一一月七日、磯崎新アトリエにて］

［註］

★一――スーパースタジオ(Superstudio)：一九六六年にアドルフォ・ナタリーニとクリスティアーノ・フランシアを中心に結成されたイタリア・フィレンツェの前衛建築家ユニット。グリッドを建築デザインのモチーフに多用し、資本主義社会を批評するドローイングで注目される。ラディカル・アーキテクチュアの代表的存在。作品に《コンティニュアス・モニュメント》、《建築のヒストグラム》、《一二の理想都市》など。

★二――都市破壊業KK：都市について、小説風の体裁で書かれた磯崎新の論文。一九六二年に書かれ、七一年刊行の著作集『空間へ』(美術出版社)の冒頭に収録。都市破壊業を営む「友人S」と「私」を登場させ、最後に友人Sの名はSINであり、磯崎新の名を別の読み方にした人物だと明かす。

★三――ロバート・ラウシェンバーグ(Robert Rauschenberg)：一九二五―二〇〇八。アメリカの美術家。ネオ・ダダの代表的作家。一九五五年以降、既製品や生活品などの物体を抽象絵画風の筆致の平面と結合させた《コンバイン・ペインティング》を制作し始める。自身の創作目的は、「芸術作品」をつくることではなく、芸術と生活の橋渡しをすることという立場をとる。ハプニングの創始者。グリーンバーグのフォーマリズム論に対立したことでも知られる。作品に《ベッド》、《モノグラム》、《リボルバー》、《Riding Bikes》など。

★四――ジャスパー・ジョーンズ(Jasper Johns)：一九三〇―。アメリカの画家。ネオ・ダダ、ポップアートの先駆者。抽象表現主義の芸術至上主義的な表現に対抗し、旗、標的、数字、アルファベットといった、誰もが見慣れた記号やシンボルを題材とした絵画を制作。作品に《ダーツの標的(標的と石膏)》、《アメリカ五〇州の地図》、《旗》、《ある男が噛んだ絵》、《愚者の家》、《電球》、《塗られたブロンズ・エール缶》など。

★五――クレメント・グリーンバーグ(Clement Greenberg)：一九〇九―一九九四。アメリカの美術評論家。一九三九年、論文「アヴァンギャルドとキッチュ」を発表。カント、ヴェルフリンを思想的なバックグラウンドとし、後に抽象表現主義以後の運動を理論的に主導した。戦後の米国美術に決定的な影響力を持った批評家で、ジャクソン・ポロック、ウィレム・デ・クーニングらを擁護した。邦訳書に『近代芸術と文化』(紀伊國屋書店)、『グリーンバーグ批評選集』(勁草書房)など。

★六――ケネス・フランプトン(Kenneth Frampton)：一九三〇―。イギリスの建築史家。一九七〇年代、マンフレッド・タフーリとともにアイゼンマンの主宰するニューヨーク都市研究所に在籍。八三年、ハル・フォスター編『反美学、ポストモダンの諸相』において、批判的地域主義を提唱。インターナショナル・スタイルが世界に偏在することへの批判としてリージョナリズムを提出。歴史を前に進めていくアヴァンギャルド＝前衛に対し、建築が後衛主義の立場をとることが批判的実践になりうるとした。邦訳書に『テクトニック・カルチャー』(TOTO出版)など。

★七――ニューヨーク・ファイヴ：一九六六年にニューヨーク近代美術館で行なわれたアーサー・ドレクスラー企画の展覧会で紹介された五人の建築家ピーター・アイゼンマン、マイケル・グレイヴス、チャールズ・グワスミー、リチャード・マイヤー、ジョン・ヘイダックを指す。彼らの作品やプロジェクトが、ル・コルビュジエの「白の時代」をモチーフにしていたことから「ホワイト派」とも呼ばれる。展覧会をもとにした書籍『Five Architects』によって一般化した。

★八――アンドレ・ブロック(André Bloc)：一八九六―一九六六。フランスの建築家、彫刻家、編集者。一九三〇年に『ラルシテクチュール・ドージュルドゥイ(L'architecture d'aujourd'hui)』誌を創刊。

★九——クロード・パラン(Claude Parent):一九二三—。フランスの建築家。コルビュジエ以来構想されてきた、高層タワーのような垂直に伸びる都市の限界を克服するため「斜めにのびる建築」をポール・ヴィリリオとともに提唱し、ジャン・ヌーヴェルらに大きな影響を与えた。作品に《Drush House》、《サンテ・ベルナデッテ教会》など、著作に『斜めにのびる建築——クロード・パランの建築原理』(青土社)などがある。

★一〇——ポール・ヴィリリオ(Paul Virilio):一九三二—。フランスの思想家、都市計画家。「速度」「事故」などのキーワードから、テクノロジーと人間行動の関係などについて論じている。一九六三年からクロード・パランとの協働により「斜めにのびる建築」の概念を発表し、《サンテ・ベルナデッテ教会》などの作品も手がけた。著書に『速度と政治——地政学から時政学へ』(平凡社)、『情報化爆弾』(産業図書)など。

★一一——ジャン・ヌーヴェル(Jean Nouvel):一九四五—。フランスの建築家。「グラン・プロジェ」の一環として設計された《アラブ世界研究所》で注目を集めた。ガラスなどによる視覚的効果を追求した作品は「消失する建築」とも呼ばれる。他の作品に《カルティエ現代美術財団》など。二〇〇八年にプリツカー賞受賞。

★一二——シチュアシオニスト・インターナショナル(SI[状況主義者]Situationist International):一九五〇年代から七〇年代初頭にかけて、ギー・ドゥボールらヨーロッパの前衛芸術家を中心に組織された政治・芸術運動。スペクタクル社会を批判。戦前のシュルレアリスムが陥った作品主義や画一的な都市計画の理論的、実践的乗り越えを目指し、「転用」「漂流」「心理地理学」という概念を提唱し、自らの自由を意図的につくりあげる、状況の構築を目指した。

★一三——スーパーグラフィックス:建物の外壁や内壁、もしくは建築・都市環境に施される巨大なスケールのグラフィック表現のこと。一九六〇年代頃から色彩と装飾を排除してきた近代建築への批判的な射程を持つ空間表現として次第にムーヴメント化した。

★一四——トム・ウルフ(Tom Wolfe):一九三一—。アメリカの小説家、ノンフィクション作家。ニュー・ジャーナリズムを代表する人物。サブ・カルチャーや現代芸術の分野に言及が多い。邦訳書に『虚栄の篝火』(文藝春秋)、『クール・クール・LSD交感テスト』(太陽社)、『ザ・ライト・スタッフ』(中央公論社)、『バウハウスからマイホームまで』(晶文社)、『現代美術コテンパン』(晶文社)など。

★一五——ノーマン・メイラー(Norman Kingsley Mailer):一九二三—二〇〇七。アメリカの作家、ノンフィクション小説の革新者。第二次大戦で、レイテ島とルソン島の戦いに従軍。終戦と同時に日本に上陸し帰国するまで銚子に滞在。ベストセラーとなる『裸者と死者』は、自身の経験を基に第二次大戦を描いた小説。邦訳書に『鹿の園』、『ぼく自身のための広告』(ともに新潮社)、『アメリカの夢』(集英社)、『なぜぼくらはベトナムに行くのか』(早川書房)など。

★一六——マーシャル・マクルーハン(Marshall McLuhan):一九一一—一九八〇。カナダの英文学者、メディア研究者。「メディアはメッセージである」とし、活字文化とラジオ文化、テレビ文化相互の間に線をひき、情報の伝達形式にもすでにメッセージが含まれているとした。テクノロジーやメディアを人間の身体の拡張として捉えるなどメディア論や情報論研究の分野に新しい展開をもたらした。邦訳書に『人間拡張の原理』、『機械の花嫁』、『グーテンベルクの銀河系』(すべて竹内書店)など。

★一七——長谷川堯(はせがわ・たかし):一九三七—。建築史家、建築評論家。東西の近代建築史及び近代建築論を専門とする。日本近代建築史における「大正建築」という歴史区画を提出。明治の様式主義および昭和のモダニズム建築史観への対抗的な視点を示した。同時に、アーツ・アンド・クラフツ運動の紹介と研究を行なう。著書に『神殿か獄舎か』、『都市廻廊』(ともに相模書房)、『建築有情』(中央公論新社)、『生き物の建築学』(平凡社)など。

★一八——ノーム・チョムスキー(Noam Chomsky):一九二八—。アメリカの言語学者、思想家。マサチューセッツ工科大学教授。現代言語学、分析哲学の第一人者。各人の個別言語の初期状態には普遍的な特性があるとする仮説をもとに、言語を人間の生物学的な器官と捉えた生成文法理論を提唱。構造言語学を批判し、言語をつくり出す人間の能力に着目した。反戦運動や現代アメリカ社会批判など政治的な言説でも有名。邦訳書に『文法の構造』(研究社出版)、『生成文法の企て』(岩波書店)など。

★一九——ルートヴィヒ・ヴィトゲンシュタイン(Ludwig Wittgenstein):一八八九—一九五一。オーストリアの哲学者。記号論理学を精緻化し、後の言語哲学や分析哲学の誕生と発展に強い影響を与える。また、徹底して言語の有意味性の根拠を問いつつ、「自我」「言語ゲーム」「生活形式」といった主題にも取り組んだ。建築にも興味を寄せ、姉のために設計した《ストンボロー邸》では、細部にまで偏執的なこだわりをみせ「徹底的な幾何学性」を獲得。邦訳書に『論理哲学的論考』(岩波書店)など。

★二〇――アーキズーム(Archizoom Associati):一九六六年にアンドレア・ブランツィなどによって結成されたイタリアの建築家集団。名前はアーキグラムをもじっている。スーパースタジオとともにスーパーアーキテクチャを提唱し、消費社会を批評する空想的な建築、都市計画を構想。無限に広がる境界なき人工的均質空間「ノン・ストップ・シティ」はその代表的な作品。

★二一――ハイト・アシュベリー(ヘイト・アシュベリー/Haight Ashbury):米国カリフォルニア州サンフランシスコ中心部の一地区。一七九一年に建てられたサンフランシスコ最古の教会、ミッションドロレス教会がある。一九六〇年代、ベトナム戦争に反対する若者が「反戦」や「自由」といった「ラブ・アンド・ピース」を掲げ「反体制主義」を世界に広めた歴史的な街でありヒッピー文化発祥の地とされる。

★二二――ミシェル・フーコー(Michel Foucault):一九二六―一九八四。フランスの哲学者。従来の歴史学や哲学の枠にとらわれず、知と権力の関係性について研究し、「エピステーメー」という概念を提唱。自明とされていた理性や真理といったものが歴史的産物であることを示し、諸個人にとっての生の様式の多様な可能性を提示した。主な著作に『狂気の歴史』、『監獄の誕生』、『言葉と物』(すべて新潮社)、『知の考古学』(河出書房新社)など。

★二三――ジル・ドゥルーズ(Gilles Deleuze):一九二五―一九九五。フランスの哲学者。フェリックス・ガタリとともに西洋の形而上学の伝統をツリー構造として解釈し、脱中心的なリゾームモデルを提唱、フーコーと並ぶポスト構造主義を代表する存在として知られる。著書に『差異と反復』、『襞』(ともに河出書房新社)など。ガタリとの共著に『アンチ・オイディプス』、『千のプラトー』(ともに河出書房新社)など。

★二四――時枝誠記(ときえだ・もとき):一九〇〇―一九六七。日本の国語学者、文学博士。ソシュールの言語理論を批判し、言語過程説と呼ばれる学説を提唱、詞辞論を中心として独自の文法法、敬語論などを展開した。言語教育を基とする国語教育の振興、戦後の学界再建に務めた。著書に『国語学史』、『国語学原論』(ともに岩波書店)、『文章研究序説』(山田書院)など。

★二五――ベネディクト・アンダーソン(Benedict Anderson):一九三六―。アメリカの政治学者。専門は、比較政治、東南アジア、インドネシアの政治。「国民」とは社会的、政治的な実体なのではなく、書物の印刷普及に始まる想像の政治的共同体(虚構)であるとし、いかにしてナショナリズムあるいはネイションが構築されるかを明らかにした。邦訳書に『想像の共同体』(NTT出版)、『言葉と権力』(日本エディタースクール出版部)、『比較の亡霊』(作品社)など。

★二六――ジョルジョ・アガンベン(Giorgio Agamben):一九四二―。イタリアの哲学者。美学者として活動を始め、政治哲学へと向かう。言語活動は、言語活動を持たない状態であるインファンティア(幼児期)を前提にしなければ成り立ち得ないものであるとし、言語論と政治哲学を往還する視点から、「言葉を話す動物」としての人間について思索。邦訳書に『中身のない人間』(人文書院)、『スタンツェ』(ありな書房)、『幼児期と歴史』(岩波書店)など。

★二七――エドワード・ルッシェ(Edward Ruscha):一九三七―。アメリカの画家、現代美術のアーティスト。ジャスパー・ジョーンズの影響を受け、言語と絵画を融合させた作品をつくる。一九六〇年代より広告媒体のイメージを用い、コンセプチュアル・アートとしての特徴を持った絵画や写真、版画、映画などの制作を行なう。代表作に『Twentysix Gasoline Stations』。

★二八――李禹煥(リ・ウーファン):一九三六―。日本を拠点に活動する韓国の画家、彫刻家。ソウル大学校美術大学中退後、来日。一九六〇年代末より自然石や木、鉄板などの素材を関係付けて提示する作品や積極的な評論活動で、もの派を主導。二〇一〇年に開館した直島の《李禹煥美術館》は、安藤忠雄との共作。作品に《線より》シリーズなど。

★二九――アルテ・ポーヴェラ(Arte Povera):一九六〇年代後半から七〇年代前半にかけてイタリアで展開された芸術運動。絵具やキャンバス、粘土やブロンズなどの伝統的な画材ではなく、木、石、鉄、鉛、新聞紙、ロープなど身近にある素材を利用。「貧しい芸術」を意味し、従来の特権性を含んだ芸術作品に対して批評性を持った。作品の置き方や置く場などを重視したことから、日本の「もの派」との類似性も見られる。

★三〇――ロシア・フォルマリズム(Russian formalism):一九一〇年代半ばから二〇年代後半にかけてロシアの若手研究者や言語学者を中心に展開された文学運動。それまでの文学研究が文化史や社会史、心理学や哲学に依拠していることを批判し、作品を作品たらしめている「文学性」こそ研究対象とすべきだと主張した。また、文学作品を自立した言語世界としてとらえ、言語表現の方法と構造の面から作品を解明しようとした。構造主義やニュー・クリティシズムに影響を与える。

# II

# 9 廃墟、空白、生成

## 一九五〇—一九七〇を俯瞰する

### 1 はじめに

**日埜直彦**　今回はこれまでうかがってきた五〇年代終わりから六〇年代の流れをまとめつつ万博のお祭り広場へと話を繋げ、五〇年代から七〇年代初頭までを俯瞰できるような視点をつくりたいと思っています。

そういう目でこれまでの記録を読み返してみると、最初期の文脈をもう少し丁寧に押さえておく必要があったのかなという気がします。単にひとりの建築家が出発したというだけではなく、その前には具体的な状況があり、そこからものごとは始まったはずですから。例えばすでに岸田日出刀との関係についてお話をうかがいました。しかしいま振り返ってみればもう少し掘り下げておくべきだったかもしれない。岸田日出刀や丹下健三に日本浪漫派的な傾向があったことはしばしば言われますが、それがモダニズムと結合した不思議なアマルガム状の指向性となってこの時期を牽引しました。日本浪漫派的な傾向についていたずらに戦犯的なイメージを投げかけるようなものがあるなかで、このことはある時代の具体的な文脈としてまずはきちんと見る必要がある。日本の近代建築に日本浪漫派的なある種の栄光を求めようとする姿勢があったとするならば、それに対して磯崎さんがどういう距離感で接していったのか、いま視野としている範囲を俯瞰する基点としてしっかり固めておく必要があるように思うわけです。

**磯崎新**　つまりひとつの切り口として、日本浪漫派はこれまでリファレンスとしてしか扱われてこなかったけれども、むしろ逆に、今回は日本浪漫派というものに対するスタンスの話をしながら、そのなかで岸田日出刀、丹下健三、浜口隆一、立原道造という人々との関係をどう整理して掴んでおくかということですね。

**日埜**　確かにそういうことになるでしょう。ドイツロマン派について書いたベンヤミンをひとつの鏡とするならば、「八田利也」(はったりや)という筆名で書かれた『日本建築愚作論』(一九六一)はベルトルト・ブレヒト★1に重なって見えるし、「都市破壊業KK」はボードレール★二とかアラン・ポー★三に近い性格があるのではないか。丹下的な社会の掴み方が社会を代表するものとして自分の立場を規定するような「モダニズム」のあり方だとすると、それに対して『日本建築愚作論』はむしろ下からの視点から書かれ、シリアスさを転覆させる道化的、戯作的なユーモアが基調にありますね。「都市破壊業KK」もどこかフィルム・ノワール的な雰囲気、光というよりは闇、高らかな宣言というよりは毒を含んだつぶやきのような響きに近い。磯崎さんの仕事のなかにはこうした文章がいくつかありますが、そこには磯崎さんの根底にあるなにかを窺うことができるのではないかと思うわけです。戯れに書かれたものがたまたま世に出たわけではなく、意識的に投げかけられたものであるに違いないわけで、実際にも相当特異な文章に見えたでしょう。それが状況に対するある距離感を示唆しているのだとすれば、まずは丹下あるいは岸田のモダニズムについてうかがう必要があるだろうと思うわけです。

## 2 磯崎新の分裂

**磯崎**　最近、長谷川堯の『神殿か獄舎か』(一九七二)が再版されて注目されはじめているということを聞きます。僕にとっては同時代的に読んでいた文章をまとめたものですが、そのなかで組み立てられたフレームはとても明快な二項対立になっています。国家的なものと国家から抑圧されたもの、つまり国家的なものに対する大衆的なものという対立のなかで全体の枠を組み立てています。そのなかにちょっと笑っちゃうような図式もあります。あまりにも単純だけれども意外に説得性を持ちえている。つまり、東大派と早稲田派というかたちで建築家が分類されていて、東大はすべて国家側、今和次郎をはじめとする早稲田は庶民側となっていた。こういう構図のなかで、東大の国家的な建築家はというと、岸田日出刀、丹下健三、そしてなぜか、まだろくに仕事をしていなかった僕まで入れられていた。それは長谷川堯の勘で入れられたのだと思いますが、どうして僕がそこに入るような枠になっているんだよと当時は思いました。少なくとも事実からすれば、岸田さんは僕の入学時の教授であり丹下さんは助教授ですから、その人たちについて大学を出たことは確かですし、その後も丹下さんの仕事をずっとやってきて、岸田さんの手伝いもしていましたが、僕のスタンスは、少なくとも国家的なものに対する僕なりの疑問や、国家的なものが抑圧する側の視点を表明してきたはずでした。けれどもそれは切り捨てられていた。あの本ではいきなり岸田、丹下の系列で国家側だと決めつけられています。これは半分光栄で、半分おかしいと思ったのが当時の実感です。少なくとも表立った仕事の流れを見れば、長谷川堯が言う通りに見えても仕方のないポジションにはいました。あげくに万博をやって、皆から揶揄されているように、戦争協力をしたような気分になって、僕は一種の挫折をした気分でいたわけです。それに関しても、戦争は要するに国家の戦争であり、その国家を代理するような万博という戦争に僕は協力して、最終的に《お祭り広場》など中心施設の企画・建設・運営にたずさわってしまったということですが。

この論は、少なくともあの当時僕の世代では多木浩二★四、次の世代では宮内康、布野修司といった全共闘に参加していた世代がそう言っていたことは確かですから、やっぱり戦争協力だったと言われてもしょうがなかった。けれどもそれは表向きの部分であって、実はいまピックアップしてくれたように、『空間へ』で書いてきた文章であるとか、八田利也をやっていたときに書いた文章は、むしろそういうポジションにいる自分自身を批判することを通じて、全体を批判したいということでした。内省的とは言わない、自己批判とも言わない、けれどもそういうかたちにはめ込まれている自分自身と、すべての思考方式がそういうかたちで動いている自分自身の仕事のやり方に対して、もうひとつ自分のなかで批判を加えてみるべきではないかということを考えていたとは言えると思います。

そこで、結局「都市破壊業ＫＫ」では、僕自身が分裂した二重人格的な自己を出そうとした。一番僕がやりたかったのはその部分で、それをSINとARATAという二人の関係で喋っています。のちにさらにその続編として「流言都市」（『UNBUILT／反建築史』ＴＯＴＯ出版、二〇〇一）を書きました。最近この二つの文章が改めて英訳され、フレデリック・ジェイムソンが頭書きを書いてくれて、アメリカの批評誌『SAQ-The South Atlantic Quarterly』Vol.106, No.4（Fall 2007, Duke University Press）に掲載されたのですが、英訳するにあたってあの文章は、日本語としてもかなり意味不明な部分があって、前に一度中国語に訳されたときは、日本語の表現のままでは中国語にならないと言われました。僕が書いた文章のなかでも一番面倒なのがこの二つなのですが、それには理由もあります。この文章を書くときに、自分自身を分裂したものとして捉えているので、同じロジックが正反両極から同時に現われてくるようなかたちにしておきたいと考えていたためです。英語でも中国語と同じことが起こるのではないかと心配をしていたら、仲介に入ってもらったミヨシ・マサオさん★五を通じて、ジェイムソンの弟子筋の人からずいぶんと問い合わせがありました。そのなかで、SとAというものが最大の問題でした。両者が相互に批判しあうかたちで書いているのですが、もしかしてSは慎太郎とかそんなモデルが頭にあったのか、なんて言われました（笑）。Sは単純に日本の五〇年代のトロツキスト、Aはスターリニストが思い浮かんでいました。その両者が実は私の内部に巣喰っている。これを書くことによっておびきだしたい。以前に海外の評者からは安部公房的だなんて言われました。少なくとも安部公房の著作は翻訳されカフカ的な表現をする作家が日本に存在しているとみられていたし、僕は個人的に親しかった。彼のスタイルの影響があるのかもしれない。

五〇年代にはこんな二分法がありました。五〇年代半ばにはフルシチョフのスターリン批判で表向きは一段落したのですが、スターリニスト／トロツキストの歴史的対立の構図にひそんでいるキャラクターが漠然とではあるけど僕のなかにひそんでいる。それが対話したらどうだろうかと考えたのです。言い換えるなら、僕のなかのスターリニストは国家を代理している。トロツキストはロジックを徹底して追いつめることにより、体制からはみ出してしまうラディカリズムを代理している。僕はそのどちらの気分もよくわかる。ある意味で言えば分裂を抱え込んでいた。後に浅田彰★六が「スキゾキッズ」ということを言いはじめます。その内容は僕にとって、すぐには賛成できるとは思えなかったのだけれども、「スキゾ」は実感としてわかるような感じがしました。

## 3 「間」への関心、あるいは中間にあること

**磯崎**――以前のインタヴューで「アンビギュイティ」（曖昧）に触れました。ひとつのものに二つ以上の要素が入っている、さらにはひとつの言葉が二重の意味を持つ、これがアンビギュイティの基本的な意味です。「曖昧」という日本語は、あまりに派生的な含意をたくさん持っている。「アンビギュイティ」はやはり「両義性」というべきなんでしょう。文化人類学の山口昌男★七はベイトソン由来の分裂症の概念を手がかりに、広く文化論を展開しましたが、彼は僕の東大駒場の頃同じ美研にいたようで、その頃はあまり接触はなかったけれど、後に海外でよく出逢うことになり、『へるめす』誌★八の同人にもなったりして親しくなったわけですが、彼の方法は『文化と両義性』に見えるように、両義的なものを核心にすえてあります。彼とは方法を共有することになります。僕には両義性を言っていた世代なんだ、という感じもあるんです。方法的に両義性に至るプロセスのなかにそうした分裂についての理解があったと思います。国家的抑圧と被抑圧、または岡本太郎的な対極主義、こんな二項対立的な理解がない限り、この時期の議論は追いかけえないのに、なんだか核心にあるものは違っているのではないか。解決不能なままでしたね。丹下さんが弁証法的な統合を言い過ぎるところに一番ついていけなかった。統合ではなく対極のほうがまだしも僕にとっては親近感があった。その理由は、分裂を分裂のままで抱え込まない限り身動きが取れないということ。それを統一するなどというのはあまりにも話ができすぎているという印象を持っていた。けれども時代はスターリンを否定しながらも、相変わらずスターリニズムでした。やっぱり全部が弁証法★九的思考法なんですよ。勿論それはヘーゲルから来ているわけです。マルクスを通じてエンゲルスにいたると、弁証法を言うのはあたりまえだ、と僕たちは学びました。

政治家でも誰でも保守・革新の違いなく、弁証法的統一を言っていた。僕はついていけなかった。といっても、二極分解という二項対立のロジックにもついていけない。対極主義というのはそれに近いのだけれども、二つの極に対立物を立てているわけですから、一種の否定神学的推論なのですね。神学があるから否定神学があります。全面対立をつくりだそうとするものです。しかしそうでもない。両極があるのはそのとおりとして、その合間のほうが重要ではないかという気分がありました。「間」に関心を持ったのもそういうわけです。こんな僕自身の持っているいい加減にみえるような思考形式がいろいろなレヴェルで反映している。そうすると、長谷川堯がやったような一方に位置づけをしないとつじつまが合わないときには、本音では落っことして欲しい（笑）。こっちのほうは誤認だと思っているのですから。

**日埜**――いまのお話で出てきた丹下健三と岡本太郎という異質な二人の関係もひとつの重要な文脈だと思います。彼ら自身の密接な繋がりがあるなかで、磯崎さんはいわばその間に挟まれた立場ですね。旧東京都庁舎での協働関係が丹下と岡本の間にある一方で、磯崎さんは岡本の個展の会場構成をされていて、丹下以上に岡本とは近かったでしょう。そして同時に磯崎さんは丹下の門下にいるという関係にあります。そうした人間関係と平行して、考え方においても挟まれていた。岡本が対極主義という場合の対極とはまったく相容れない二極ですね。丹下の場合ならそれを止揚することが課題となるわけですが、磯崎さんの場合はむしろ「間」みたいなもの、矛盾を抱え込んでいながらそれを割切ることのできないようなものとしてそのまま捉えていこうとします。

**磯崎**――それが僕の悪い癖かもしれないね。いつもはっきりしないポジションにいるというか、意志決定をはっきり表明していないというか、そういうところがある。だけど、便利なときもあります。例えば最近、ミラノの中心部再開発として、「フィエラ」のプロジェクトをザハ・ハディッドとダニエル・リベスキンドと、もうひとり地元のイタリア人の建築家の四人でやりました。しかしこの組み合わせは特例です。先の二人はほかのプロジェクトで重なるケースはなかった。このときだけです。ザハ・ハディッドとダニエル・リベスキンドが面と向き合って議論するのはなかなか難しい。二〇年前なら別です。一九九〇年「花の博覧会」のフォリーの担当に両者を僕は呼びましたが、日本でも顔を合わせることがなかった。すでに二人ともそれぞれの立場が確立していて、しかもお互いに引きずっている歴史や人種や文化が真っ向から対立している。本人たちはわかっていてそういうことは言わないけれど、やはり周りにいる人たちはその対立を目立たせようとする。そのときに、いわば仲介人のような立場の者がいたほうが話は収まることがあります。そういうケースが偶然ミラノのプロジェクトであって、僕は二人の間に入る関係になりました。必ずしも「間」の用法とは違いますけどね。それから後も、ダニエルとだけ組んだり、ザハとだけ組んだりすることはあるのですが、やはりこの三人が組むということはもう成立しないという印象があります。あの二人が直に組むことはもっと考えられないでしょう。それを見ると、きっかけは偶然だったのですが、客観的に見て僕自身のポジションが、一種の中間的なメディエーター役になっていることがわかる。良い悪いというのとは別です。自然とそうなってしまう出自や性格があるようですね。別な例で言うと、僕は個人的にピーター・アイゼンマンと付き合いがあるし、レム・コールハースとも付き合っています。しかしこの二人は互いにしょっちゅう喧嘩しています。ときには口も聞かないくらいです。僕は喧嘩をする気にはならないししてもしょうがないと思うので、両方と別々に付き合っている。ひとつはアジアからきた、異なる文化を持っている人間だということ。一応ユダヤ文化も西欧文化も、近頃はイスラム文化も理解しようとする努力をしてきたことと、そしてできるだけ衝突を回避してきたこと、こんなスタンスを保持したせいかもしれません。

本人にしてみると生やさしい事態ではないのです。対立するイデオロギーに挟まれている。内的な分裂を起こしている。過激の側に走ろうとする。そして「破壊業KK」ではSとAといったキャラクターをつかまえようとしてみたり、これがラカン的な分析に沿うものかどうかわからないとして、ともかく症候群などというビョーキ用語をもてあそぶ。この年齢になってもよくわからないのですよ。

## 4 「縄文」と「弥生」——五〇年代の建築批評

**日埜** もう少し具体的なケースで言うと、岡本太郎は「縄文」と「弥生」という対極を打ち出した。丹下さんは、少なくともその批判を受けるまで「弥生」、つまり伝統に対応できるような近代建築をつくりたいという問題設定を持っていて、伝統論争の果てに出した答もいわゆる縄文というよりはそれを彼なりにうまく昇華しようとしている。磯崎さん自身もそれを真剣に考える局面があったはずですが、その問題について語りはじめるのはわりと最近になってからですね。

**磯崎** うまくまとめてくれています。それより前は、どう喋ったらいいのかわからなかったというのが実情だったと思います。最近わかってきたことは、二項対立でものごとを整理することに懐疑的だったのに、それを扱うすべが

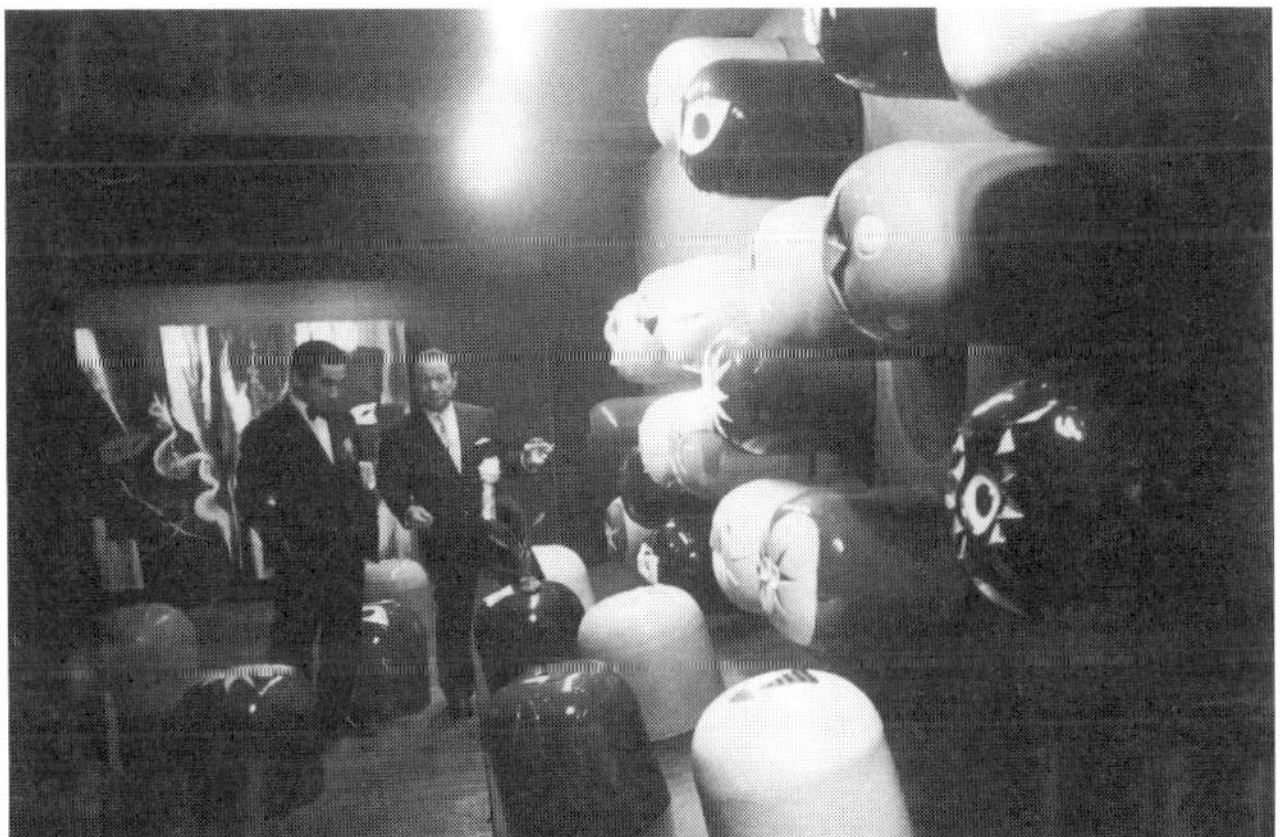

1964年西武美術館開催岡本太郎展のレセプションにて
丹下健三と岡本太郎、
[提供＝岡本太郎美術館]

なかったというべきかもしれません。敵か味方か、善か悪かというかたちにすると議論が明快になっていくという思考方式は古来あります。もちろん正反合という弁証法のプロセスも二項対立に基づいています。岡本太郎はそれがよくわかっていた。もう少し大きいスケールに広がっていったときに、先ほどの縄文と弥生という文脈があります。これが五〇年代の建築批評の言説を組み立てたのです。その文脈のなかからかつての旧体制である支配階級が寝殿造のような高床でこれが弥生、被支配階級は竪穴に住んだ縄文人の系列であるという明瞭な対立にいきなり分解してしまっています。その過程で、縄文は「民衆」を発見することにつながっていきました。そしてこれは岡本太郎のユニークな解釈ですが、山野を駆けめぐる民衆のエネルギーが縄文のどろどろした複雑な火焔土器として現われたと言いきった。ただそれが「民衆」なのだという民衆論に展開したのは岡本太郎ではなく日本の建築界ですね。その代表は川添登です。太田博太郎でさえその影響を受けて整理している。彼の『図説日本住宅史』というとても良い本がありますが、ここでの住宅史はそうした竪穴、高床という階層構成として形式の展開を捉えている。これは戦後日本の歴史観、とりわけ五〇年代の共通認識になっていました。その建築批評版が民衆論ですよ。五〇年代末期は民衆論を言わないと建築家ではない、それ以外は国家の手先であるとなったわけです。ですから縄文論が広まったときに、丹下さんでさえも縄文的になっていく。剣持勇さん★一〇もそうです。みんな縄文的になっていったんです。

丹下研究室のなかの気分を考えてみると、五〇年代の初期は桂離宮から学んだものをコンクリートのフレームに置換することがどこか共通認識になっていたようにみえました。僕は入ってすぐに香川県庁のチームに入れられました。その過程で、なんとなく広島ピースセンターよりは太くしたほうがいいのではないかとか、こんな議論があったのを覚えています。香川県庁は丹下さんのなかではプロポーションが上手く収まった建物だと思います。あの気分は、いまからみれば弥生的な広島ピースセンターから縄文的な旧倉敷市庁舎への移行期で、僕はそういう時期にこそ、その型の真髄になるようなものができあがる時期だと思うのですが、香川県庁舎はまさにその瞬間です。建築界の気分もそうでした。その前に行っても後に行っても違うのです。やはりチャンディガール的にもう少し暴れたほうがいいのではないかなどというのが共通認識だったと思います。それをかなりコントロールしてできたのが代々木体育館です。ですから一度は縄文的なものを通過している。そういう意味では丹下さんは統合したのです。丹下研のこの時期の仕事で注目すべきは日本における近代建築の方法的・美学的展開です。それが歴史的に評価される核心だと思われます。もちろんこんな仕事はいくらか浮世ばなれした条件のなかでしか成立しない。帝国大学のシステムが存続することによって、これに保護されながら、徒弟的な努力を重ねることによってはじめて可能だった。国王や法王がいないとき、近代国家がパトロネージするという型が残っていた。『神殿か獄舎か』はそんなパトロネージの構造を批判しようとしていた。そのパトロネージされたなかで、縄文を介して民衆論へと方法をつなぐ試行をしている。ほとんど逆説的です。そんなこんがらかった情況だったんですよ。

## 5 ブント的思考——六〇年代の枠組み

**日埜**——そうした縄文対弥生という二項対立的な状況、あるいは丹下さんが抱いていたような日本浪漫派的なイメージに区切りをつけたのが、磯崎さんも部分的に参加されている「日本近代建築史再考——虚構の崩壊」★二ではないか、と思います。どうしてあの時期にああいう本が成立したのか、非常に不思議な本ですね。基本的に歴史家が全体を構成していますから本全体の問題設定はいまの話とは少し違うのですが、磯崎さんのつくったページはそうした二項対立的な構図からずれたところで問題を組み立てています。

**磯崎**——どういう契機があったのかよく覚えていないのですが、少なくともこの特集号の一部を受け持つよう誘われたことは事実ですね。そのとき、いくらか記号論に関心を持っていたこともあって、通史的な記述法と違うことをやりたいと考えたんです。何しろ僕は専門的知識にとぼしい。そこで当時大学院生だった鈴木博之を捕まえて、一緒にやるということにしたのです。ところが彼がイギリスに行くことが決まった。私のつくったフレームの一部をばっと埋めてでかけて行ってしまった。ですからディテールには彼からだいぶ貰ったものが入っています。この特集号の骨組みからして、大それて日本建築史を批判するようなことは到底できませんから、むしろ記号論的な読みを議論のなかに入れられるかどうかということが一番の目標だったように思います。それまでは様式論しかありませんでしたただ、参照すべきテキストも何もありませんでしたし、ウンベルト・エーコの本だって日本ではちゃんと翻訳されていませんでしたから、僕が記号論を理解していたかどうかはわかりませんよ。勝手に組み立てたところがたくさんあります。

**日埜**——いわゆるテマティック★三な批評の方法論に近いと言えるでしょうが、二項対立的緊張関係のダイナミズムから身を引きつつ、問題を違った位相で組み替えようとしているように見えます。

**磯崎**——おそらく別の文脈において、僕は手法論を組みたてようとしていたわけですから、重なっていると思います。自分の方法論だけではなく、歴史的なものに対する見方とか、建築一般に対するとらえ方に手法論が繋がりうるか否かということを、考えていたのかもしれません。

日埜――丹下にとっての古代あるいは伝統、岡本にとっての縄文、どちらも古代に照準を合わせています。こうした『始源のもどき』のようなパースペクティヴのあり方に対して、テマティック批評はある種フラットなものの見方を与えます。テマティック批評の元祖であるフランスでもそうした背景があったわけですが、そういう同時代的な状況のなかでこうしたことが起こっている。

磯崎――少なくとも、六〇年代を通じて大きな枠組みが変わっていったことは確かです。変わった原因は、まずは政治的には六〇年の安保闘争があり、ついで全共闘の問題があるのですが、それをドライヴさせた理論はブント★一三的なものだったんじゃないか。それは正統的にいまだスターリニズムの枠からのがれえない日本共産党の系列とは別に、初期マルクス主義の再解釈が進んだ。自殺したアルチュセールが代表的ですね。日本において最もラディカルな解釈がブント的な思考になっていった。全共闘運動の背後にあったイデオロギーでした。ただ、この部分をどんな具合いにフォローできていたのか、当時の僕にはわからなかった。いつだったか、中川武★一四が早稲田の助教授になったときに、レクチャーをしてくれと呼ばれて行ったことを思いだします。中川が私のことを学生にむけて「この人はブント的な見方を建築においてする人です」と紹介しました。俺が何でまったく理解もできていないブントと関係があるのかと、そのときはわからなかった。それくらい僕はブントとは無縁でした。ブントがマルキシズムのなかでやった議論の組み立てと、僕らが建築を通じて考えていたことに共通性があることを、中川はそのときに感じていたのだろうと思います。要するに彼は確信犯的にブントだったんでしょうね(笑)。柄谷行人がどうなっていたのか実は無知のまま、この間たまたま会ったときに、この話をしたら、俺がブントだったんだと言っていた(笑)。ブントの始まりに彼がいたことはみんな知っているのに、スーザン・ソンタグ★一五が初めて日本に来て講演をしたときに流れた席ではじめて柄谷と顔を合わせたけど、まだ口も聞かなかった。こんなぐらいの遅い付き合いなので、六〇年代の彼はニュークリティシズムを言う人だ、という程度の認識でした。だからあの頃の政治的な関与の事実などまったく知らなかった。

## 6 日本浪漫派的心情

日埜――こうした枠組みのなかで、あらためて日本浪漫派に戻ってうかがいたい。とりあえずどこから口火を切ればいいでしょうね。

磯崎――日本浪漫派について僕がどこまで理解しているのかわかりません。むしろ理解ができるようになったのはごく最近のことです。学生の頃、建築に入る前に好きだった詩が立原道造と萩原朔太郎★一六だった。その程度です。もちろんわれわれの時代は、小林秀雄★一七が別格で、文学かぶれすると、太宰治です。終戦になって数年間、日本のインテレクチャルが左傾していたなかでも、文学において最も新鮮に見えていたのが、あとから見ればみんな日本浪漫派にかかわっている人ばかりです。保田與重郎★一八が重要人物だということはわかっていたけれども、この人について喋るということはほとんど禁じられていた。誰も喋れない時代でした。立原道造も、あの人が日本浪漫派であったというだけで、彼の詩を議論することがタブー視されていたのです。少なくとも五〇年代半ばくらいまではそうでした。そのなかで大岡信★一九がかなり初期に立原道造論を書きました。それをわりと早くに読んで現代詩としての位置づけがわかるような気がしてきた。それまでは中村真一郎や加藤周一といった近代文学グループ★二〇の人たちが、道造の友達だったわけですから、そこらへんから捉えていた。もちろん三島由紀夫も日本浪漫派です。彼自身も浪漫派をどうするということについてはあまり言っていない。むしろ浪漫派にいた人の側からの三島論がいま多く出まわっているのではないですか。僕は三島由紀夫の方法は浪漫主義的というよりも古典主義的で、日本主義的なイデオロギーがこれにかぶさっているようにみえる。いわゆる日本浪漫派とは違っていると感じているんですね。

僕自身は日本浪漫派の持っていた何か、それは詩みたいなものすべてを古代の日本人が発語をすることにしぼりこんでいた時代を憶っていることには共感していたけど、これが現代に回復できるとも思っていなかった。浪漫派が古代を憶いによっていまに引きよせようとしていたのに対して、僕は古代との距離をこそ確認したいと考えていた。やっぱり相対主義的であったのですね。つまり関心を持っていたのだと思うけれども、それを表に出して何が言えるのか、むしろ懐疑的でした。五〇年代に丹下さんは弥生から縄文に振れていった日本のデザインの動向にはそれなりに大きな役割を果たしたことは確かです。同世代の浜口隆一の、博士論文にあたる『国民建築様式論』は彼が出征する前の日に書き上げたということになっています。また丸山眞男★二一の『日本政治思想史研究』も出征の前の日に書き上げている。この二つの論文は遺書として書き上げたといわれていますが、二人の一番重要な仕事だと思うのです。戦争中にここまでやれているということは大変なことだと思います。全然閉ざされていない。当時の情報は主にドイツから入ってきているのでしょうが、ドイツの研究レヴェルと比べてもまったく変わらない。彼らはそれをわかったうえで書いているんです。しかもそれを書く相手は日本です。浜口隆一は前川國男と丹下健三のコンペから話題を展開していて、丸山眞男は江戸の荻生徂徠★二二から本居宣長★二三に至るまでの間からその核心にあるロジックを抽出している。それは未だに誰も反論できないものです。それだけのことをこの時期にやっていたということはたいへんなことだと思います。

浜口隆一は戦後はポンとひっくり返って『ヒューマニズムの建築』を言い出す。これはある意味では近代建築論なのですが、かなり誤解されたんじゃないかと思われます。いわゆる「ヒューマニズム」とみんな理解してしまっている用語の捉え方がおかしかった。彼はルネサンス以来の人文主義としての「ヒューマニズム」を使ったのです。要するにルネサンス建築論であり、近代建築がここにどういうふうに繋がっているかを書いたつもりだったのだけれども、それをややマルクス主義史学の立場で書いてしまったがゆえに、後になって批判されています。それはそれで仕方のない時代でした。一種の啓蒙的な本でしたから、それ以上は展開していないのですが、その背後にある一つひとつの事実は戦争中に彼が自ずから研究していたということはわかります。その彼が民衆論の議論のさなかに、吉田五十八さんか村野藤吾さんの住宅だったと思いますが、そうした和風の建物の中に入って、ここで三味線の音が聞こえるとやはりほろっとして批判できないと書いている(笑)。これが浜口隆一の転向声明といわれている。

戦争中の国家主義的な議論、それから戦後の政治的な社会主義革命理論、そしてマルクス史観みたいなもの、そういうなかにあった人が抱え込んでいた理屈にならない心情が、三味線の音を聞いてほろっとほころびる。そういう何かを持っているか、持たされているか、その根底にあるものが、日本浪漫派が戦争中の学生に響いていたものにつながっているのかもしれない。日本浪漫派のこうした部分を拒否できないままともかく戦後になって、理論的にも政治的にも拒否してきたはずなのに、一〇年も経ってふと気がつく。畳がいい、障子もいい、竹の影が映ったらもっといい、そこに三味線が聞こえて長唄がながされればもう反論できない。こんな具合に折り返されてしまうわけです(笑)。僕だってすぐその通りにはやらないにしても、お茶に付き合ったり能を見に行ったり邦楽を聞いたりということを、現代音楽を聴くのと同じペースで聞くような雰囲気を楽しんでいます。最近も能舞台論をひとつ書きました。僕もやはり昔はそういうものをいくらか抑圧していたわけです。日本の近代化が圧倒的な動向として肯定されていた。伝統的なもの、歴史的な様式をいっさい拒絶するべしという近代化の論理を文字通りに学んでいた。心底まで改造されていた。つまりどこかで理屈にならないで拒否できないまま染みこんでいる部分であるわけです。言い換えると、昔の人はそれに疑いもなくべったりひたっていたわけです。それに対して近代というものが、外から入ってくることによって内部批判がはじまっていたわけです。

## 7 浪漫派的思考

**磯崎**——保田與重郎の日本浪漫派はこんな拒絶し難い心情的な没入とは違っていたのだと考えます。逆にこんな心情を切り捨てることから始めようとした近代的思考だったのではないですか。日本の持っているそういう拒否できない感覚をドイツ浪漫派のコンセプトを介して批判的に組み換えようとしたのではないか。つまりそれはある意味で言えば近代化です。近代をヨーロッパから受け取って、その眼を通じて日本を見ているわけです。ですから日本浪漫派は近代主義なのです。保田與重郎は最終的には軍部から睨まれて干され、すぐにも死にそうな地域に追いやられたくらいの人ですからその影響力が怖れられたのでしょう。あの人が特攻隊を煽ったからみんな死んだんだと言う人がたくさんいるけれども——杉浦明平は立原道造の親友でありながら、道造を批判していました——それが基本的には日本の近代だったのです。そういうふうに日本の古典をもう一度近代の眼で見直していったら何がうまれてくるかという問いが、日本浪漫派にわれわれが惹かれていく魅力の根源なのではないかという印象を最近になってもつようになりました。僕自身は、近代の眼で日本の古典を見ることは、直感的に「日本の都市空間」のなかでも言ってはいましたが、明瞭にそれを意識的にやり始めたのは一九七八年の「間」展をキュレーションした頃ですね。

それまではごった返していました。五〇年代はまだ戦後民主主義が被占領下にいかに育てられるかといったなかで、民衆論などが議論の基本をつくっていたわけですから、浜口隆一みたいに三味線に転ぶわけにはいかないと感じでいたことは確かですね（笑）。浪漫派とは、近代の眼から見て過去を再構成するというスタンスですから、純粋な伝統主義者からは胡散臭く見られていたと思います。ドイツ浪漫派は歴史的な動きを単純に唯物論的か客観的に見るのではなくて、むしろ過去になった歴史のはじまりの原点との距離を想い浮かべてそれを圧縮し、現代へ引き寄せることを、民族的なものを介してナショナリズムへつなぐことだったのでしょう。保田與重郎が一番重要な役割をしたのが、このような距離をジャンプする力をイロニー（アイロニー）だと言ったことです。アイロニーであることが力を持つと考えることを、僕が自分の方法のなかにいつから意識してきたかということはわかりませんが、少なくとも日本浪漫派がやり始めた歴史の見方、歴史の解釈の仕方、さらにはそれをどうやって現代に繋ぐかということの関係がアイロニーとしてはじめて動作する。それが重要だというのがだんだんわかってきました。いまこれは浪漫派的な思考法と言っていますけれど、長い間浪漫派とは関係なしに僕は勝手に組み立てたと思っていました。それを浪漫派と一緒のことをやっていたのだと言えるようになったのは最近のことです。

アイロニーとは要するに、向こうにあるものを距離を持ってみるということからはじまります。距離はプラスにもマイナスにも働きますが、表現するときはこれをひっくり返してもいいから、もうひとつ別な形が出てくる。こういうふうにみれば、近代と古典というものが距離を持った関係として存在しているということがわかってきます。それが浪漫派の方法論でした。日本には国学みたいなものがある。日本浪漫派も国学とは繋がっているけれども微妙な関係なんですよね。むしろ国学的なものの見方に対する批判を彼らはやっていたというべきでしょう。国学が学問体系としてできあがった。浪漫派は芸術表現の流れとしてできあがっている。おそらくつねに対立視点になってしまうと思います。僕がアイロニー側にいることだけは確かです。極端に言うとアイロニーは批評ではなくて表現です。表現であると同時に批評であるというかたちになっていればいいのだけれどもなかなかそうはいかない。小林秀雄の立場はそれに近い。柄谷行人は小林秀雄的なものを批判していますから、純粋に批評の側に立とうとしているという印象はあります。僕はたまたま伊勢神宮について文章を書きました(『始源のもどき』)。こんなとき、再度、再々度、日本の古典といかなるスタンスで向き合うべきかを自問せざるをえない。このときは「イセ」を論じること自体を問題化しようと考えました。どちらかというと批評的スタンスですね。「起源」を問わずに「始源」に注目するということにしました。ここでは「始源」が反復を要請している。一番手がかりになったのが子安宣邦の宣長論でした。宣長は古事記を「再読」することだけをやっていたと書いています。古事記を解釈するのではなく、自分の意見を言うわけではなく、それが発語されたときのままに、あらためて、ただその通り読むということをやったのではないか。言い換えると、古事記が書かれたのと同じ状態で、いま再び古事記を同じように現代の見方で読む。これは先ほどの近代の浪漫主義的思考そのものです。アイロニーがすぐれて実存者的であることに対し、歴史に対する違う解釈の仕方です。「再読」というのはそのひとつの例です。伊勢論は僕にとってみると、どこか日本浪漫派と繋がりがあると言えるかもしれない。ただし、古典を近代から逆照射するという点においてです。距離を無にして回帰だけをいう擬似的浪漫派とは違います。

**日埜**　丹下さんが日本浪漫派に影響を受けたことがあるとして、そのなかに保田與重郎が言ったような意味でのアイロニーがあったかどうかということが重要なポイントだと思います。

**磯崎**　立原道造がはやくから日本浪漫派の一員であり、その中心メンバーたちとさまざまにつき合っていたことはよく知られています。その立原道造が友人たちに送った手紙のなかで、丹下健三に送ったものだけがきわだって異なっている(一九三八年一〇月二八日付、丹下健三宛の手紙)。日本の中国侵略のひとつの区切りにもなる武漢三鎮占領の提灯行列に参加し宮城前で万歳をしてきたなどと記されている。文体も違っている。みんなそんな書き方を不思議に思っています。僕はこれは、ル・コルビュジエに心酔している丹下健三に日本浪漫派に関心を向かわせるためのアジテーションだったんじゃないかと推定したりしていますが、実情はよくわかりません。

丹下さん自身はアイロニーは語らない人だし、そういう意味ではやはり日本浪漫派とは立脚点が違ったと思います。アイロニーは要するに屈折しているわけですね。屈折しない限りアイロニーはない。『神殿か獄舎か』で言えば、ここにはアイロニーはありえません。アイロニーがあっては神殿はできません。獄舎に入るしかないと言えますね。

## 8 「日本の都市空間」の文脈

**日埜**　少し先に進みますが、「日本の都市空間」でやられていたような空間的な問題、あるいは都市の伝統的、あるいは土着的な型を見ていくところから磯崎さんはまず都市問題に入っていったと思います。その端緒においてなにが一番積極的なモチヴェーションになっていたのでしょうか。

**磯崎**　すごく単純に、東大へ入ったときに高山さん、丹下さんが都市計画講座にいたからです(笑)。で、そこでやるなら建築一般の研究ではなくて、都市絡みの研究をしなくてはいけないのではないかと思いました。最近は丹下さんの講義録が復刻されていますが、丹下さんの講義というものは研究するような相手ではないのですね。都市論というと語弊がありますから、要はユルバニスム論ですが、それがCIAMあたりから始まって、ロストウ★二四のいう経済発展の五段階説のうち、離陸を日本に当てはめたりしていました。僕から見るとこれはかなりいい加減な説だと思って聞いていましたが、当時はかなり説得力はありました。僕自身はそんな研究をする気はないと思っていました。それでもっぱら図面を引いていたのですが、丹下さんは建築をデザインするときに、都市的文脈を理解しない限りその存在基盤がないということをかなり最初から言われていました。これだけは僕もその通りだと思っていました。これは丹下さんの方法の一番重要な部分だと思っています。つまり建築のフレームを外からつくるということです。外とは都市だということです。そして、南方でも満州でも都市計画をまず先にやれ、都市計画にしたがって、これに当てはめるのが建築だ、だから都市計画をやらねばならない。これが帝国主義的な侵略のお先棒を担いでいると思われるポイントです。

都市の文脈を組み立てないといけないよというのはまっとうなことでしょう。だけど都市計画という上位よりの計画はそれを構想すること自体すでに政治的です。そして植民地に進出して都市計画をやると当然ながら侵略者側に立ってしまう。けれども建築の外枠を決めること、それを建築の基礎(ファンデーション)つまり根拠付けにするのは明らかな意思表示でもあります。岸田さんがコンペの審査で丹下さんを支持しています。このとき丹下さんは日本の伝統的な建築モデルを近代の眼で抽出するという戦略を練っていた。それは伊東忠太にはわからなかったけれど、岸田日出刀にはわかった。その意味で岸田日出刀という人は感覚的に近代をわかっていたのだと言えると思います。

もちろんいまの建築史の人たちは、伊東忠太が近代建築の始まりだと言いますし、それは間違いありません。近代的思考といっても、方法が違っている。丹下さんの狙撃ちが当たったのは、全部に当たったのではなく、岸田日出刀に当たったわけです(笑)。そのときに、どういった視点で古典なり歴史なりを解釈するかというのはとても大きな部分だと思いますし、これは別な見方をするならば、岸田さんの「構成」という概念が歴史の見方に入ってくることこそが、「近代」的な見方であると言える。伝統を対象化して、構成として捉えるという見方ですから。僕が岸田日出刀の『過去の構成』を評価する理由はこのためです。

一番最初の問いのなかに、岸田日出刀、丹下健三の日本浪漫派との関係がありますが、僕はその前に堀口捨己の「日本的なもの」に対しての問題構制に注目すべきだと考えます。それはまだ保田與重郎の登場以前で、「構成」という概念を近代的視線として抽出していく点、建築領域で、独自の展開がもう始まっていたのです。タウトの「イセ」「カツラ」評価もその枠組みで見るといいし、建築界は文学や思想と平行して独自の視点をつくりだしたのではないですか。『過去の構成』はフォトエッセイみたいなものですが、その初期のステートメントだと思います。

ちょうどその本が出た頃に堀口捨己さんにも「構成」という視点が出始めていた。ですから藤岡洋保は、堀口捨己は「構成」をやり抜いた人だと書いていますが、その「構成」について理解すべきは、これは歴史に対する近代的な視線だということです。それを極端に追い詰めたのが石元泰博さん★二五の『桂離宮』の写真です。あの人は桂のなかにモンドリアンを探した。そして丹下さんは同時にそれを設計の方法にも取り込もうとした。それぞれの「近代」を通過した人たちなのだろうと思います。

それじゃあ都市については何かと言われたならば、まず丹下さんの影響、というよりCIAMの影響です。「都市デザインの方法」(『空間へ』)で取り上げてきたことと絡むのですが、いまの言葉で言えばユルバニスムやアーバンデザインという流れと、もうひとつは都市を制御の対象として捉える見方、これはどちらかというとドイツの都市計画論の流れと、この両方があります。日本はドイツ型ですね。コントロールシステムというのは全世界で用いられていて、ゾーニングをする、高さ規制をするという法的な規制を用いる概念はドイツからきている。これが高山英華さんの先生である内田祥三さん辺りが中心になって日本の法制化をした。その具体化が高山さん以下の世代の使命みたいなもので、僕の「八田利也」の同僚であった川上秀光はそちらに入る。それに対して、ＣＩＡＭ、ユルバニスム、アーバンデザインという流れのなかで丹下さんを見ないといけないなと僕自身は思っていました。もちろん高山さんも丹下さんもお互いが何をやっていたかはよく知っていて、川上と僕もお互いの違いはよくわかっていた。僕は都市をさらに違う目で見ようと思っていたと言えます。

そうこうしているうちに、二川幸夫といわゆるグランドツアーにでかけた。帰ってきてから原稿を書かなければいけない。ディテールをレポーターとして書いても仕方がない。観察している住居や都市を文明論的な視点を加えて見る見方が必要だと思い始めた。「日本の都市空間」は具体的な調査を含めた作業でしたが、そのあと自分で都市論を考えながら、広い意味での文明的な状況のなかで都市がどのように見えているかという見方にしぼりました。これも考えてみれば、外枠からまとめる考え方にやや近いと思います。それと、自分で建築の設計というものをやっているわけですが、設計というものは外枠を考えてもしょうがないわけです。言い換えると文明論的とは地動説のような客観性を持つべきだが、個別の建物の設計は天動説のように、それが中心になる。こんな二重思考です。ですから外枠と連続させることは無理だと考えました。でも外からの割り算でつくると常識的になるし、内を無限に広げていってもこれは無理で、どこかに相互の対立が生まれる。ですから、ロジックで言うと内部の論理と外部の論理になるわけです。それを「交換」というかたちで柄谷行人はマルクスから引いてきていますが、要するに内の見方と外の見方というものが同時にあるということです。そして場数を踏んでいくと、それを同時に見ればいいんだということがわかるようになる。そうすると一番困るのは一緒にやっているスタッフです。どちらからやればいいのかわからない。「お前は内からやりゃいいんだ」というふうに言わざるをえないわけです（笑）。

そのあと、「かいわい」に注目しました。これは表現技法の問題でもありました。ゾーニングという手法を批判しようとしたわけです。都市は線引きされて用途規制をされるわけですが、例えばわれわれが銀座と呼んでいるのはどこからが銀座的なのかわからなくて、その輪郭線はぼやけたものです。ですからいまの都市の表現の仕方では捉えにくい。われわれは「銀座」と言えば何となくわかるでしょう。だけど図面上の線引きでは区分できない。こんな単純な疑問ですよ。われわれは「かいわい」として理解しているわけですが、「ゾーニング」と「アクティヴィティ」は本来違うフレームですから一致しません。無理なんですけれども、一緒にしたいと思っている。そうした揺れ動くものを捉えるにはコンピュータ任せが一番いいよという話になってしまった。ここからは「アルゴリズム的思考と建築」（『10＋1』No.48）のときに話した内容に繋がります。

**日埜** 「かいわい」における賑わいという問題、不定形なものの問題が、前々回うかがった「エンバイラメント」へと繋がっていった部分があるだろうと思います。エンバイラメントは基本的に芸術との関係から具体化していったことも事実ですが、この二つの流れが万博という都市計画のなかにおけるお祭り広場という問題に合流していきます。

**磯崎** 万博にはずっと付き合っていたのですが、そのコンセプチュアルな部分は西山夘三さんが中心にやって、それを東京チームの丹下さんが受けて、そして建設する段階では建設省に移っていきます。ですから、二人の共同設計ということになっているけれども、いま言ったようにフェーズが異なっています。そのなかで西山さんの最大の功績が、「お祭り広場」という言葉を遺したことだと思います。これは不思議な言葉で、「お祭り」はアクティヴィティのことであり、「広場」は実体ですから、アクティヴィティと場という本来ならば違って理解されるべきものがひとつの単語になってしまっているということです。しかも「お祭り」とは日本的なところから来ているし、「広場」はヨーロッパ的なものです。これを西山さんが命名したというのが決定的だった。ちょうどそのときに僕は、「かいわい」を見ながら「エンバイラメント」的な見方をしていた。エンバイラメントは、要するにスペースというスタティックなものに対して、身体性をそのなかに含ませることで、関係を広く理解するというものでした。僕なりに美術のパフォーマンスだとか、時間的な要素の入ったキネティックな建築作品、彫刻作品、あるいは音楽といったものが重なり合って、何とか組み立てようとしていたのです。明快にはなっていないけれども、漠然と何か新しい状況に行き当たると、僕はまず勘でより分けている。そこで漠然とした繋がりができたときに初めてこれを論理的な説明の手続きに入ることができる(笑)。

**日埜** 《お祭り広場》は、物理的な実体としてはフレームだけになりながら場をサポートする装置だと思います。しかしほとんど同時期に「手法」論が書かれ始めている。それこそ二重人格的に違う次元の議論がひとりのなかで進行している。それらは必ずしも上手く繋がるものではないように思います。おそらく、このフレームとははたして建築なのか、という問題がそこで浮かび上がってきたのではなかったでしょうか。つまり「手法」という文化的な地平において建築を捉えていくことが、おそらく六八年から七〇年、あるいは《お祭り広場》が実体化したときにあらためて回帰してきたのではないかと思います。

**磯崎** あのときはたしかに目まぐるしかったですね。何から何までがぶっ飛んでいて、きりきり舞いをしたあげくに万博で倒れましたから、文章にできたものはごくわずかだったと思います。そのあとは忘れたのか、記憶に残っていても説明のつかない状態だった。実情は、何が起こるかわからない、どのテーマが出てくるのかわからない、それがオーソドックスなものなのか、半端なものなのかもわからない、けれどもつねに何かをやってきているという状態がすべてにおいてそうだった。政治状況もそうでしたし、社会情勢もそうでした。極端なことを言えば、僕の仕事場が当時は東京、大阪、福岡の三つに分裂していたわけです。ですから、体力的にダウンしたんです。そうした嵐の時期が終わって、七〇年代になってから、『空間へ』を整理しようとしていた。これは単純に六〇年代が僕にとっては一言で説明のつかない時代だと思っていたので、ただ書いたものをクロノロジカルに圧縮して出そうというのがあのときのつくり方でした。そのとき社会的にも肉体的にもとことんダウンして、まったくの空白状態に至ったときに出てくるものは何か。「廃墟」を五〇年代からの十数年を通して考えた。こんどは「空白」。いつもネガティヴな、縁起の悪いことばかりから考えていますね(笑)。けれどもそれは裏返しなのです。生成されていくということが基本的に一番重要なのだということがわかっている。だから空白も言わないといけない。建築で都市が建設されていくのはわかっている。だから廃墟も言わないといけない。こういう構図だったのです。

その次に「生成」「生成システム」が問題化されねばなるまい。手法論の「形態の自動生成」が次に浮かんできます。丸山眞男が古事記のなかに「なる」という言葉がキーワードのように散らばっていることから、「生成」こそが日本の宇宙観・自然観の根底にあると言っていますが、これはもう日本浪漫派とは無縁の視点です。僕の手法論は、やっぱり日本とどこかつらなっていると思うのですが、近代さえも通過してしまった。そんな時点で、「日本」についてその後にいくつか問題構制できるアイディアを探し始めました。そんな区切りが一九七〇年だったのかもしれません。

［二〇〇八年二月七日、磯崎新アトリエにて］

［註］

★一――ベルトルト・ブレヒト(Bertolt Brecht):一八九八―一九五六。ドイツの劇作家、詩人、演出家。一九二二年上演の『夜うつ太鼓』で脚光を浴びる。日常性を異常化させて、芝居を脱習慣化させる異化効果を発案。役への感情移入を基礎とする従来の演劇を否定し、社会的身振りの模倣、引用により現実を客観的・批判的に認識することを促す「叙事的演劇」を提唱した。代表的な作品に『三文オペラ』、『肝っ玉お母さんとその子供たち』、『ガリレイの生涯』など。

★二――シャルル・ボードレール(Charles-Pierre Baudelaire):一八二一―一八六七。フランスの詩人、評論家。詩集『悪の華』により象徴派への道を開く。詩という文学空間の可能性を追求し、後進に決定的な影響を与えた。モダニズム芸術運動を支えるモデルニテ(現代性)の概念を定義づけたとされ、「近代詩の祖」とも称される。邦訳書に『悪の華』(岩波書店)、『ラ・ファンファルロ』(第三書房)、『パリの憂鬱』(みすず書房)、『人工楽園』(角川書店)など。美術評論「ロマン派芸術論」、日記「赤裸の心」など。

★三――エドガー・アラン・ポー(Edgar Allan Poe):一八〇九―一八四九。アメリカの小説家、詩人。雑誌の編集者として勤めながら、『アッシャー家の崩壊』、『黒猫』などのゴシック風の恐怖小説、初の推理小説とされる『モルグ街の殺人』など多数の短編作品を発表。雑誌の読者である大衆の興味を意識し、骨相学、観相術、催眠術といった疑似科学をしばしば作品で取り上げている。詩、怪奇小説、推理小説、SF小説、冒険小説など多くの領域にまたがって作品を残した。

★四――多木浩二（たき・こうじ）：一九二八―二〇一一。思想家、批評家。専門は芸術学、哲学。建築や美術、写真から戦争論、哲学・思想・大航海の歴史など幅広い執筆活動を行った。著書に『生きられた家』（田畑書店）、『「もの」の詩学』、『都市の政治学』、『戦争論』（すべて岩波書店）など。

★五――マサオ・ミヨシ（Masao Miyoshi）：一九二八―二〇〇九。アメリカの英文学者。カルフォルニア大学バークレー校名誉教授。専門は、英文学（ビクトリア朝文学）、日本文学、比較文学。著書に『我ら見しままに』、『オフ・センター』（平凡社）など。

★六――浅田彰（あさだ・あきら）：一九五七―。哲学研究者、思想家、評論家。京都造形芸術大学大学院芸術研究科教授。主著『構造と力』（勁草書房）は一五万部を超すベストセラーとなる。著書に『逃走論』、『ヘルメスの音楽』（ともに筑摩書房）、『映画の世紀末』（新潮社）、『二〇世紀文化の臨界』（青土社）など。

★七――山口昌男（やまぐち・まさお）：一九三一―二〇一三。文化人類学者。東京外国語大学名誉教授。アジア・アフリカなど世界各地でフィールドワークを行なう。「中心と周縁」、「トリックスター」などの文化理論で一九七〇年代以降の日本の思想に大きな影響を与えた。思想、文学、演劇など専門分野を自由に横断し、後進のニュー・アカデミズムの下地をつくったとされる。著書に『アフリカの神話的世界』、『文化と両義性』、『「敗者」の精神史』（すべて岩波新書）、『道化の民俗学』（筑摩書房）など。

★八――へるめす：一九八四年に創刊された岩波書店刊行の学術誌。磯崎新、大江健三郎、大岡信、武満徹、中村雄二郎、山口昌男を編集同人とし、社長の大塚信一が編集長を務めた。一九九七年の第六七号の刊行をもって終刊。

★九――弁証法：議論によって、より高い次元の結論を出す方法論。テーゼ（定義）に対し、アンチテーゼ（反対の定義）を示し、その二つの意見から、新たな高次元の見識であるジンテーゼ（総合＝ひとつの結論）を生み出す。ギリシア語の「ディアレクティケ（dialektikē）」に由来し、「対話・弁論の技術」を意味する。

★一〇――剣持勇（けんもち・いさむ）：一九一二―一九七一。インテリアデザイナー。来日したブルーノ・タウトに師事。戦後、渡辺力、柳宗理、長大作らとともにジャパニーズ・モダンの草分け的存在。一般の人にデザインの良さを広め、多くの家具やインテリアデザインを手掛けた。《ラタンチェア（藤丸椅子）》はニューヨーク近代美術館永久保存作品。作品に《スタッキング・チェア》、《ヤクルトの容器》など。

★一一――日本近代建築史再考―虚構の崩壊：一九七四年に刊行された、新建築社創業五〇周年記念の『新建築』特別号。村松貞次郎、近江栄、山口廣、長谷川堯らが編集担当し、国家的な建築を目指す明治の様式建築、昭和の合理主義建築や、近代の機械美学、伝統論などの虚構性を批判的にとらえ、近代建築史を再検討した。

★一二――テマティック：主題論的一貫性のこと

★一三――ブント（共産主義者同盟）：一九五八年に学生主体で結成された反日共系政治組織。一九六〇年の安保闘争の主力となる。一九六六年に再建されるが一九七〇年、赤軍派、叛旗派、戦旗派など複数の党派に解体・分裂。

★一四――中川武（なかがわ・たけし）：一九四四―。建築史家。専門はアジア、日本。設計技術と建築生産の観点から様々な研究を行なう。早稲田大学理工学部教授。一九九〇年代から、ユネスコの世界文化遺産修復・保全プロジェクトに参画し、アンコールワットの調査に取り組む。著書に『建築様式の歴史と表現　いま、日本建築を劇的に』（彰国社）、『日本の家　空間・記憶・言葉』（TOTO出版）など。

★一五――スーザン・ソンタグ（Susan Sontag）：一九三三―二〇〇四。アメリカの作家、エッセイスト。ベトナム戦争、イラク戦争を批判し、人権問題についての活発な著述と発言でも知られる。スタイルこそがラディカルな意志をもつとし、アメリカで最も精力的に批評活動を続けたひとり。邦訳書に『反解釈』（竹内書店新社）、『ラディカルな意志のスタイル』『写真論』（ともに晶文社）、『死の装具』（早川書房）、『わたしエトセトラ』（新潮社）など。

★一六――萩原朔太郎（はぎわら・さくたろう）：一八八六―一九四二。詩人。一九一七年に発表した『月に吠える』で注目される。口語体の自由詩を持ち込み、新しい詩風を展開。高村光太郎とともに口語自由詩を確立させ、「日本近代詩の父」と称される。作品に、詩集『青猫』、『蝶を夢む』、小説『猫町』など。

★一七――小林秀雄（こばやし・ひでお）：一九〇二―一九八三。文芸評論家、作家。一九二九年『様々なる意匠』を発表し注目される。以後、文学、美術、音楽、哲学と幅広い分野で評論活動を展開。自意識と存在の問題を軸とする近代批評の確立者として知られる。著書に『私小説論』、『ドストエフスキイの生活』、『無常といふ事』、『モオツァルト』、『本居宣長』（すべて新潮社）など。

★一八――保田與重郎（やすだ・よじゅうろう）：一九一〇―一九八一。文芸評論家。日本浪漫派の中心人物。ヘルダーリンやドイツロマン派へ傾倒し、近代批判と古典回帰を展開。古典思想と古代から培われてきた日本の風景観をよりどころに、日本の本来のあり方を戦中戦後一貫して論じ続けた。著書に『日本の橋』、『絶対平和論』、『日本美術史』(すべて新学社)など。

★一九――大岡信(おおおか・まこと):一九三一―。詩人、評論家。東京大学国文科卒業後、読売新聞社勤務。谷川俊太郎らの「櫂」に加わり、吉岡実、清岡卓行らと「鰐」を結成。一九五二年、処女詩集『海と果実』を発表。以後三〇〇冊を超える著作を著す。詩集『記憶と現在』(ユリイカ)、『故郷の水へのメッセージ』(花神社)、評論『紀貫之』(筑摩書房)、『詩人・菅原道真』(岩波書店)、随筆『折々のうた』(岩波書店)など。

★二〇――近代文学グループ(マチネ・ポエティク):一九四二年に加藤周一、福永武彦、中村真一郎らを中心に結成された詩人の集まり。日本語による実験として、ソネット(十四行詩)などの押韻定型詩を試みるために始まった文学運動。戦争末期に一時中断され、正式に作品が発表されたのは戦後の一九四六年、雑誌『世代』の創刊号から六号まで。戦後の詩壇に受け入れられず一九五〇年に終息。

★二一――丸山眞男(まるやま・まさお):一九一四―一九九六。政治学者、思想史家。専攻は日本政治思想史。一九四六年に発表した論文「超国家主義の論理と心理」で、日本型ファシズムと日本政治を分析し、戦後の政治学を確立。東京大学で教壇に立ち、日本近世から現代までの政治思想を研究し、後進の研究者を育てる。著書に『日本政治思想史研究』(東京大学出版会)、『日本の思想』(岩波書店)など。

★二二――荻生徂徠(おぎゅう・そらい):一六六六―一七二八。儒学者、思想家、文献学者。朱子学を憶測の学問であると批判し、古文辞学を提唱。徂徠派を形成し、古典主義に立ち、実務的で現実的な政治と文芸を重んずる儒学を説く。本居宣長など後の国学思想に大きな影響を与えた。著書に『論語徴』、『政談』など。

★二三――本居宣長(もとおり・のりなが):一七三〇―一八〇一。国学者、文献学者、医師。医者を開業する一方、国学を研究。古事記、源氏物語など古典文学の注釈や漢字音、文法などを実証的に分析し、国語学的研究にすぐれた業績を残した。儒教を排し、国学の思想的基礎を築いた人物として知られる。著書に『古事記伝』、『玉勝間』、『源氏物語玉の小櫛』、『古今集遠鏡』、『詞の玉緒』など。

★二四――ウォルト・ロストウ(Walt Whitman Rostow):一九一六―二〇〇三。アメリカの経済学者。独自の経済発展段階を提唱。経済成長を、①伝統社会、②離陸の先行段階、③離陸段階、④成熟段階、⑤高度大衆消費社会の五つに分け、すべての近代国家は時期を前後してこの段階を進むと説明した。邦訳書に『経済成長の過程』(東洋経済新報社)、『経済成長の諸段階』(ダイヤモンド社)など。

★二五――石元泰博(いしもと・やすひろ):一九二一―二〇一二。写真家。高知県立農業高校卒業後、渡米。戦中、アメリカで収容所生活を送る。シカゴ・インスティテュート・オブ・デザインで写真を学び、帰国後、戦後復興期の日本で精力的な活動を展開。情緒を排した作風で、都市風景や桂離宮などを題材とした。著書に『桂』(造形社)、『桂離宮』、『伊勢神宮』(ともに岩波書店)、『シカゴ、シカゴ』(美術出版社)、『ある日ある所』(芸美出版社)など。

# 10 手法論とはなんだったのか

## 1 ルイス・カーンの「手法」との差異

**日埜直彦**―今回は磯崎さんの七〇年代、とりわけ「手法論」についてお話をうかがいたいと思います。

**磯崎新**―「手法論」の中身をどのように組み立てたか、それひとつでかなりの話ができるとは思います。当時、建築の外側にあったさまざまな文脈は、自分で書いている限りでは、あまり細かく触れていません。客観的に見て、モダニズムがどうだったのかなど、ロングスパンで捉えた論はあったとしても、僕自身は、当時の日本の建築の文脈におけるできごとの絡みのなかで考えていました。ですから、出る幕がないとして書いていない内容もあります。そのなかで、唯一そういったものが出てくるのが、一九六〇年代にまだ、わけもわからずに書いていた『空間へ』（初版＝美術出版社、一九七一〔鹿島出版会、一九九七〕）です。巻末には「年代記的ノート」を入れて、それまでの自身の活動をまとめていますが、今となっては、その後の時間のほうが長い。本当は、あの時に「環境」というコンセプトがどうやって成立したかや、宮川淳の理論がどのような役割をはたしたか、その背景を一九七〇年以降言わなくてはいけなかったのに、あまり言っていないというのが実情です。

**日埜**―《お祭り広場》までしか書かれていませんが、わりと手法論について懐古的に書かれていると思うのが、『建築のパフォーマンス〈つくばセンタービル〉論争』（磯崎新編著、PARCO出版局、一九八五）に収められた「都市、国家、そして〈様式〉を問う」です。

**磯崎**―たしかに、これだけは少し書いていますね。それ以外は、あまり出てこない。

**日埜**―この論文はとても重要だと僕は思っています。ですがいきなりそこから始めるのではなく、その前にルイス・カーンとの対比についてうかがってみたいと思います。手法論という考え方のもとで七〇年代の磯崎さんが展開していた立方体ないし球のような、いわゆるプラトン立体★1による構成を形のヴォキャブラリーとして見るならば、カーンもまた同時代にそういう幾何学を使っています。もちろんカーンはまったく違う文脈でそういうヴォキャブラリーを使っていて、彼が考えていたのは一種の「原型」ですね。例えば、「学ぶ」とか「遊ぶ」「祈る」といった行為の原型的な空間を求めるなかで、立方体と円を組み合わせたような形にたどりつき、それを複雑に操作・重合させて、彼の建築をつくっていきました。磯崎さんの仕事はそれとはまったく異なる文脈にありながらも、しかし基本となる幾何学、そしてその操作という点で似て見えます。ルイス・カーンとメタボリストの間には、一九六〇年の「世界デザイン会議」での出会いもありますし、当時日本には漠然としたものであれライヴァル的な意識もあったかもしれません。カーンの「原型」へのアプローチと、ご自身の手法論を、どのような関係で認識していたでしょうか。

**磯崎**──たしかに、カーンについてはこれまであまり話をしてきませんでしたね。カーンという人が建築界に登場したのは一九五〇年代の半ば以降です。彼が最初につくった《イェール大学アートギャラリー》(一九五一)について、彼の最もよい仕事だと僕は考えています。同時に一番影響を受けたカーン作品だと言えます。ですが、発表時はまったく評判にならなかった。当時彼が住んでいたフィラデルフィアの都市計画委員長エドモンド・ベーコンの指示によって、フィラデルフィア都心部の未来像の研究をカーンはしており、立体駐車場のあるシリンダーや、テトラがねじれて上がっていく高層ビルのスケッチが残っています(「City Tower Project」、一九五二)。その後、《リチャーズ・メディカル研究所》(一九五七)ができた時に、いろんな意味での大トピックスになって、MoMAが、そのドローイングで展覧会を開いたほどでした。《リチャーズ・メディカル研究所》のコアを垂直に立てて外側に押し出すアイディアに多くが注目したのです。イェール大学の建築デザイン学科が編集していた『Perspecta: The Yale Architectural Journal』(MIT Press, 1952―1961)という雑誌で、ルイス・カーンは何度か大きく採り上げられています。これが猛烈に印象深かった。ル・コルビュジエやミースは、プロポーションがシャープで綺麗なデザインをしているのに、彼はただのシリンダーや、テトラの組み合わせとか、非常にプリミティヴな幾何学を使ったプランをつくっており、僕も関心をもちました。衝撃を受けるくらい印象的でした。《リチャーズ・メディカル研究所》以降、彼の作品は二、三年のうちに知れわたっており、そういうこともあって、「世界デザイン会議」に呼ばれて彼は一九六〇年に日本に来たのです。

カーンは「リーヴド・スペース/サーヴァント・スペース」など印象的な言葉をいくつか使っています。そのなかでも僕が一番学んだのは「インスティテューション」でした。例えば学校がどのようにして誕生したのかは非常に基本的なもので、一本の木の下で、先生がソクラテスと同じように学生に語りかけることから始まった。それが徐々に広がりをみせインスティテューショナライズし、建築の形式として組み立てられることで学校の原型になったという説明でした。僕の記憶では、一九六〇年に日本で行なわれたカーンの講演で聞いたのだと思います。語ることに関しては、イスラム教では初期から使われていましたから、彼のユダヤ的な要素が関係しているのかもしれません。

「インスティテューション」についてなのですが、これまで学んできた機能主義とは非常に異なる印象をもちました。それまでの日本には、丹下さんによる「美しいものこそ、機能的である」という言葉くらいしかありませんでした（「現代日本において近代建築をいかに理解するか――伝統の創造のために」『新建築』一九五五年一月号、新建築社）。ブルーノ・タウトが桂離宮を見て、「こういうものこそ機能的だ」と言いましたが、その流れのうえで、「機能的なものが美しいのではなくて、その逆だ。美しいから機能的なんだ」と丹下さんが言ったわけです。

そんな状況でしたので、カーンの言葉は、僕にとってはすごく発想を変えさせられるものでした。彼が原型的なものにデザインのベースをおいていたことに多かれ少なかれ、印象深く思いました。

また、そう思ったのは、僕らがコンラッド・ワックスマンのゼミナールで、テトラというバックミンスター・フラー的なものをどうやって普遍化するかについて教えられた影響もあります。カーンの事務所の中で、そういった案の担当だったのが、アン・ティンという女性建築家で、カーンの最初の愛人です。映画『マイ・アーキテクト ルイス・カーンを探して』（ナサニエル・カーン監督、二〇〇三）にも出てきましたよね。彼女がテトラの研究をしており、カーンはそれを《イェール大学アートギャラリー》に応用したのです。彼女が担当していた《バスハウス》も、正方形にピラミッドがのっているという建物ですから、そのような展開は、一九五〇年代のカーンとのつながりのなかにあると思います。その裏事情は知りませんでしたが。僕自身が、《空中都市》で円筒とトラスの組み合わせにしたことと直接関係はないかもしれませんが、影響はあったかもしれない。要するに、こういうものでもよいということです。モダニズムの鉄骨フレームやル・コルビュジエのドミノシステムとは違うデザインが可能なんだと、呪縛が解けたような印象を受けました。ですから、間接的には、いろいろな影響を受けたような気がします。

一九五〇年代にバウハウスからユダヤ人たちがテルアビブにずいぶん流れたのです。いずれは、モシェ・サフディがションの人が、テルアビブの区役所かなにかのプロジェクトを《Habitat 67》などをつくるわけですが、その前のジェネレー進めていて、それも原型的な立体の組み合わせでした。一九六三年に現地に行った際、ほとんどできあがっているのを見ましたので、そういった要素はすでにあったわけです。やはりカーンは、ユダヤ人の根源につながるような思考方式を持っていたのではないかと思います。

日埜　ワックスマンもユダヤ人ですね。

磯崎　そうですね。いろいろな人が言っていますが、いわゆるインターナショナル・スタイルは、ユダヤ人の陰謀であるという考えがあります。バウハウスのヴァルター・グロピウスもユダヤ系です。インターナショナルというコンセプトが全世界に広がることで、ユダヤの思考そのものが一般化していった。スターリンは民族派になって、トロツキーを国外追放するわけですから、背後にはつねに人種問題も含めた思考形式の違いが流れていると思います。こういうことを研究している人はいると思うのですけどね。例の「インターナショナル・スタイル展」を組み立てたフィリップ・ジョンソンは、非ユダヤ的で、むしろレイシストの要素が初期にはあったと思います。ですが、ニューヨークで彼の仲間になった連中はほとんどユダヤ人で、WASPが力を持っているとしても、ニューヨーク・ジューみたいなものの知的領域への支配的影響は決定的なものですね。いずれにせよ、ルイス・カーンには、僕がその後モダニズムからシフトする時の手がかりがあったと思います。

日埜　例えばル・コルビュジエのトラセ・レギュラトゥール——斜線でプロポーションをコントロールしながら全体を内部に向かって組織していくようなやり方——に対して、複数の量塊的なオブジェクトによる編成で空間をつくっていくことは、空間のコンセプトが根本的に違いますね。

磯崎　ル・コルビュジエの、分析的にプロポーションを組み立てていく方法論は、ある種ヒューマニズムの伝統のなかにあり、透明性を持っているから、最後までシステムを貫徹させる傾向にあります。カーンの場合には、システムを原型に戻すことはあっても、全部を貫徹するような印象はなかった。僕が、「解体」をやって、「手法論」に向かった時にも、はじめから一貫していた状況認識としては、「透明性」では世界が認識できなくなってきたということだと思います。透明性や、単一の全体性ではなく、すべてが分断され散逸した構造に関心をもちました。僕にとっての問題は、システムの貫徹ではなく、散逸するイメージやエレメントの原型はなにかということでした。六〇年代初頭に、「霧のモナド」と言っている時は、まだひとつの単位でしたが、これがどうなるかということは読めないまま、一〇年間が過ぎて、正方形と円（立方体と球）というものに変わっていきました。原型になるようなものはなにかを考えていた点では、同じように思ってました。

## 2　引用による生成

日埜　おそらく、カーンの原型にしても、エティエンヌ＝ルイ・ブレーの独特の造形にしても、結局、「人間」とか「世界」といったようなもやもやした抽象に形を与える建築の系譜です。そのようなフレームを求めた時にいきつくのがプラトン立体なのかもしれません。先ほど「霧のモナド」に言及されましたが、まさにそのような不定形を意識すればこそ、逆説的に純粋幾何学が出てくるということがあるんじゃないでしょうか。考えてみれば、初期の著作を集めた『空間へ』に収められた「見えない都市」にそうした関心が現われていますし、あるいは例えばエーゲ海のまちについて迷路と秩序の美学というようなことを書かれてもいます。

そういうものが七〇年代に具体的な姿を現わしてくる経緯については、宮川淳さんとの関係を見ることである程度浮彫りにできるんじゃないかと思います。宮川さんは、一言ではなかなか言い表わせない人ですが、「インターテクスチュアリティ（間テキスト性）」、つまり、言葉と言葉のあいだ、そのあわいに文学空間を見出し、形象化しえないものを紙の上に書き留めようとされていたと思います。いわば言葉における「霧のモナド」と言えるかもしれない。そしておおまかに言って、手法論について磯崎さんが言われるようになった頃から宮川さんと磯崎さんのおつきあいが始まっている。例えば宮川さんと坂部恵さんとの座談「書物の解体と知的状況」（『日本読書新聞』一九七五年一〇月一六日号）がありますね。宮川さんの『引用の織物』、磯崎さんの『建築の解体――一九六八年の建築情況』（初版＝美術出版社、一九七五［鹿島出版会、一九九七］）が纏められた時のものです。

**磯崎**｜記憶ははっきりしませんが、宮川さんが一番考えていたことは、「テクネー」についてではないでしょうか。僕はそこに一番共感していました。シニフィエ／シニフィアンが合致している、つまり、それらがひとつのものでつながっているという一貫した全体性を背景にした思考方式で、それがロゴスなんだと言っていました。ジル・ドゥルーズを引用して、そのような構造は今ずれている、さらにロゴスそのものが統括する一貫性を失って、アンチロゴスというようなかたちが出てくると。アンチロゴスとは、要するにすべてのものに、統合的な一貫性がなくなってしまったわけだから、これが先述の散逸状態につながるのではないか。彼は、それをはっきりと最初から意識していて、僕があまり考えずに話していたこともそのように理解してくれていた気がします。僕も、それに近いようなことを別なかたちで考えていたのは確かです。おそらく「手法論」や『建築の解体』の最後の頃のまとめの時も、全体性や一貫性からつねにずれていく状態とは、どういうことかを考えていました。僕自身は、それがなんなのかは、宮川さんが「引用」ということを言い出すまではっきり理解していなかった気がします。宮川さんは「すべては、単一のオリジンからできあがったものでも、その都度生成されたものでもなくて、すでに語られたり、あったものからの、横滑りの引用でしかありえない」とはっきりと言いました。ですから、その時の「引用」は、たんにクオーテーションというよりは、むしろdisplacement、つまり、転移させることです。しかもそれがひとつにまとまっているのではなく、ばらばらに星座的に並列されていくのが「引用」だと彼は言ったのです。僕は、『建築の解体』の最後の項で、統一した近代の理論はなくなってしまったわけだから、「アパシー」とか「アイリアン」「アドホック」「アンビギュイティ」「アブセンス」など、「A」から始まるものをただ並べて項目をつくってしまえばよいだろうと、アイロニカルに言いましたが、これもじつは宮川さんの「引用」と構造が同じでした。けれど、最初の頃はわからなかったという感じがあります。

**日埜**――「反芸術」のシンポジウムにおいて宮川さんが反芸術に向かう当時の読売アンデパンダンなどに見られた方向性にとどめを刺した、というようなことをつい先日も『日本経済新聞』の「私の履歴書」（二〇〇九年五月一三日付朝刊）で書かれていましたけれども、宮川さんとはその頃からおつきあいが始まったのですか。

**磯崎**――あの時は、宮川さんは単純にひとりの観客でした★二。

**日埜**――美術批評家として宮川さんはすでに有名だったのでしょうか。

**磯崎**――デビューした年だったと思います。そして、美術出版社主催第四回芸術評論賞の選者が、針生一郎と瀧口修造と濱口隆一の三人だったことは覚えています。針生の説明によると、宮川さんを選んだのは瀧口さんです。針生はそれがどういう意味を持つかわからなかったし、濱口さんにいたってはまったく発言せず、ひたすら推したのが瀧口さんで「この人の独自な感性は、すでにひとつのヴェクトルをさし示している」（針生一郎「現代芸術における「制度」の問題」『宮川淳著作集二』、美術出版社、一九八〇）と思ったようです。「反芸術」については、宮川のデビュー以前、東野芳明が読売アンデパンダン展について評する際に使った言葉でした。反芸術について宮川は東野と「反芸術、是か非か」という討論を行なっていますし、『美術手帖』に批評を書いていて★三、『反芸術』に関するさまざまな人の意見に対して、それぞれにコメントを付けています。僕に関しては、括弧つきで「見えない都市」と書いて紹介してくれています。要するに現代都市には、リアルに対して、表層のイマージュがだぶってあり、それを「見えない都市」として考えた男がいると紹介したのです。僕自身は反芸術のコンテクストには入っていなかったのですが無理矢理入れられているような状態だったことは確かです。あれやこれやと議論がなされていたのですが、結局、反芸術と言えど芸術に過ぎないと。つまり、あの議論の前後には、流行があり、芸術はいずれ反芸術に移ってしまうだろうという大きな流れのイメージをみんなが持っていて、期待されていたわけです。対して、宮川さんはそんなことを言ってもたかが知れていると言っちゃったわけです。それが僕には印象深かったですね。リアルな実態から離れた別の領域、イマージュにあたるものがあるということです。僕は彼の言葉は文学的なレヴェルではフォローできませんでしたが、乱視のように何重にもレンズに写っているような、分離した広がりや重なりがイマージュらしいと考えていました。ですから、その後、建築で議論された「アンビギュイティ」に非常に近い読み方だったのだと思います。宮川さんは独特の言い方で、より記号論的な視点を持っていました。彼自身は記号論とは言いませんでしたが、そちらのほうにつながっていると思います。僕自身は、どうも思考方式が記号論的になっていたということは後になってからわかりました。

**日埜**　記号論的な言い方で言うと、シニフィエが外れてしまったシニフィアンみたいなものでしょうか。

**磯崎**　本来ならばひとつのものとして両面で重なっているべきものが、シニフィアンがずれてしまっている。そのずれたものが、自律して別の世界が生まれていく。あるいはつねにそういうものを見ていないといけないということだったと思います。ドゥルーズも初期の頃から言っていた。彼は「アクチュアリティとヴァーチュアル」という読み方をしていて、カントの「モノとカテゴリー」あるいは「認識論」に対応するものです。そのずれていく過程はかなり分析されています。ドゥルーズのカント論もそこしか書かれていません。それも宮川さんはいち早く引っ張り出していました。デリダについてもかなり早いですね。自分で読んでしまって、原著を読んだ人でもわからないような箇所ばかり引用するから誰も全然わからない(笑)。

**日埜**　そういう論文が発表されていたのはどんな雑誌だったんでしょう。『エピステーメー』あたりでしょうか。

**磯崎**　『エピステーメー』にも、もちろん書いていたし、同人雑誌の『パイデイア』とか『Memeメーム』という雑誌にも書いていました。『メーム』は豊崎光一、宮川淳のような人が売る気もなく書いていました。ほとんど同時期だったと思います。中野幹隆が『パイデイア』を始めたことが大きかったと思います。

## 3 「立方体」の発生

**磯崎**　宮川さんが亡くなった時、中野幹隆が『エピステーメー』で宮川特集を組んだのです(『エピステーメー』「巻末特集　宮川淳の墓」一九七八年一一月号)。僕は、そこで「宮川淳の墓」というドローイングを出しました。立方体に球を載せたものです。描いた当時は知らなかったのですが、ゲーテの「理性のモニュメント」というものがあり、つい先日、初めて実物を見たんです。立方体の上に球が載っており、ゲーテは、これこそが古典主義の神髄だと思ってつくったと言っています。彼が自分でデザインをしたワイマールの公園に今でも密かにあるのです。イギリス式庭園やジャン＝ジャック・ルソーが関わったような庭園の流れのなかで、ゲーテのデザインした廃墟もピクチャレスクとして、ワイマールの公園に残っている。ゲーテはストラスブルクのカテドラルに感動して、ゴシックを描いてしまった。本人は混乱したでしょう。古典主義者であったはずの自分がゴシックをなぜ褒めてしまったのかと。彼は自分の役人生活を放り出して、イタリアを旅行しパラディオを訪れたわけですが、最後にやはり自分は古典主義者だと自覚したと書いています。僕はそれを読んでいないうちに宮川さんの墓を描いてしまったのだけれど、最近、そっくりだとわかって、僕もゲーテと同じプロセスをたどっていると思いました。球体を出した理由はもうひとつあります。以前、『SD』で三〇人の建築家全集を企画し、僕は宮川淳にはルドゥーを担当してもらうことにしたんです。鹿島出版会の企画会議だった。全世界から三〇人の建築家をえらびだして、ひとり一冊ずつ書いてもらう。福田晴虔のパッラーディオ(『パッラーディオ―世界の建築家』鹿島出版会、一九七九)だけが本になって、他は企画つぶれ。「重源」=伊藤ていじ、「遠州」=磯崎新と日本からは二人だけ。「ルドゥ」=宮川淳となっていた。宮川淳はあの時代に球体が出現してくることに興味を持った。吉田喜重が最晩年の宮川淳をつれて「ショウの製塩工場」をみにいっている。私は「建築行脚」で篠山紀信と風船(球体)にのって、上空から撮影した。対して、一八世紀、フランス革命の頃に発明され流行した気球とルドゥーの球とブレーの球の関連を宮川は指摘しています。その記事を思い出して、《群馬県立近代美術館》ができた時に議論した立方体と合わせて、宮川の墓としたわけです。

中野が先日亡くなり未亡人から連絡をもらいました。生前に自分の墓のスケッチを残していたとのことでした。石をコピー機の形に掘り、台座に宮川さんの墓をそっくりそのままレリーフとしてはめ込みたいと言われました。もちろんいいですよと返事をしました。そういうわけで、僕と宮川さんの間にはいつも中野がいました。これについては、いろいろと話が広がっていくのですが、僕自身もどうしてここにいきついたのかはわからない。それの説明になるかはわからないのだけど、少なくとも、どうして立方体にしたか、これには根拠がありません。マルセル・デュシャンは「セレクションすればよいではないか」と言ったし、デュシャンのその「セレクション」と同じように、宮川淳は「引用」だと言っていた。僕の理解は、根拠なしに『選ぶ』ということは根源的な行為であって、それが最終的には決定的なものになるというわけでした。それだけでは、少し不足なので、僕は白紙から最初に浮かんだのが正方形だったといったこともあるのですけれど、言い換えると、たよりにできる根拠のないときにものを選ぶというのはどういうことなのかという話です。

そしてマレヴィッチにも関心を持っていました。先日、《ウフィツィ美術館新玄関口》のプロジェクトはカント的還元だと言われて、僕もそういうものかと徐々に思い始めました。カントは一切の雑物のなかから一番基本的な対象と、そのカテゴリーの限界を追いつめないと批評は成立しないと言っています。僕は多かれ少なかれ、まだこのカントの枠組のなかにいると言えます。僕のスタンスとしては、還元してやりつくした限界にある形を見つけるということでした。プラトン立体が自然界にある原型で、宇宙もそれで説明可能だと言われていました。ハイゼンベルクが不確定性原理をいうときでもこんな参照をしていました。けれど現在では、けっきょく、極端に人工的な非自然なものだということがわかっています。いきついたところに、自然があったのではなく、非自然の一番始まりにいきついてしまった。結晶もひずんだものはあるけれど、直角になったものはないとか、そういうようなレヴェルのものです。

**日埜**｜そのお墓の形そのものが宮川淳という人とどう関係があるのかなどといくら説明してもキリがありませんが、そうして研ぎすまして浮き上がってくる中に宮川さんの人となりや、宮川さんが言語をあつかいながら醸し出してきたものが偲ばれるものだと思います。そんなこれと言い当てにくいような独特の質の追求は、遡ると磯崎さんの六〇年代の仕事からあったものでしょう。例えば《中山邸》について「フェルメールの光」とか「重力を失う」というような言い方をされていました。あるいは《福岡相互銀行大分支店》も鮮やかな色によって空間に浮遊感が与えられている。もちろん実際には建築ですから重たいし、当たり前にハードなものですが、光や色彩によって変容するような空間の現象がそこにありました。それは磯崎さんのインテリアにおける独特の個性というのか、空間の厚みみたいなものとして今の磯崎さんの空間にもつながるものと思います。ともあれ「手法」としてそれを生み出すやりかたが形式化、客体化されていくなかで、しだいに後の「大文字の建築」の問題が現われはじめたのかなと思うのですが。

**磯崎**｜そうですね。「大文字の建築」問題にいつ到達したか、僕にも確信はないのですが、その頃ですね。おそらく七〇年代前半にはフォルマリズム全般を考えていた。後半に「大文字の建築」が意識にあがってきた。括弧つきで〈建築〉と書いたのが七〇年代終わりだと思います。ジャン＝フランソワ・リオタール★四が「大きい物語の終焉」を言ったのが一九八〇年前後です。僕自身は、大きい物語の解体は六〇年代から継続的にやっていたから、むしろ大文字に戻る。「手法論」が終わったあげくに、出てきたのが「大文字」だという感じでした。

## 4 誤解された「大文字の建築／建築の自律性」

**日埜**｜その文脈で手法論について書いているのが冒頭に言及した「都市、国家、そして〈様式を問う〉」と言えるのではないかと思います。例えばこんなことが語られる。「ひとつは、住宅建築のような、特定の施主との秘めやかな関係によってのみなりたつ場の中で、一般化（例えば量産化、反復化）を拒絶するような、閉ざされた解法をさがすことであった」という書き出しの部分。ここは、七〇年代の個人住宅の状況に対して述べられているのだと思います。

**磯崎**　これは篠原一男ですよ（笑）。安藤忠雄ははっきりしていなかったのですが、その他のもろもろ、毛綱モン太、石井和紘らが小住宅論を組み立て、「私性」をデザインの保証としながら表現していったのが、「野武士」★五と呼ばれていた連中の共通した流れだったと思います。それに対して、先日『日本経済新聞』のインタヴューで、伊東豊雄が「磯崎新が『建築の解体』と言ったがために、僕らはひどい目にあった。解体と言いながら、解体できないような建築について、いろいろ迷わされた原因はこの本にある」と言ってることについて、どう思うかという質問がありました。僕は、「解体」は卒業してしまっていたし、それは意図の誤解であると答えました。建築を本当に解体すればいいと解釈されては困ります。単純な意味での解体ではなく、ある種のコンテクストとしての「大文字の建築」に相当する建築をどう構築するかという問題意識でした。

**日埜**　つまり、そうした「閉ざされた解法」では閉塞するだろうと多くの建築家の置かれた状況を客観視しながら、それとは違う可能性を求めて「手法」あるいは「大文字の建築」に向かっていたという言い方ができるでしょう。その意味では、そうした住宅に取り組む建築家のメディアだった『都市住宅』の表紙と中身のズレは象徴的と言えるかもしれない。磯崎さんと杉浦康平さんが表紙のグラフィカルな構成をなさっていて、そのフォルマリスティックなスタイルと、雑誌の中身で行なわれている「意地の都市住宅」的な七転八倒は対比的です。その振れ幅のなかに七〇年代があったということも確かでしょうが。

**磯崎**　ここで僕が言いたかったことは、「私性」にこもって、それを売り物にしていては、やがてじり貧になるということでした。小住宅の言説が、問題構制の袋小路にいきつく原因はここにある。それが故に篠原一男と僕は大げんかしたとか、尾ひれはひれがその後もあるわけです。その一方で、「国家と商品」の問題があります。国家を問題構制にできた時代は一九七〇年代までで、とくに第二次世界大戦中にはそれが明確に見えていました。その代表が丹下さんです。丹下さん的なやり方が国家を表象できた。また、尾ひれはひれの話になりますが、やがて国家自身が壊れていって、「国家資本共同体」というようなかたちでの結合された国家資本主義」と柄谷行人が言っているような構造が七〇年代に成立しました。僕はその成立の一番のきっかけはオイルショックだと思っています。一九七三年にオイルショックがあった状況で、田中角栄は下河辺淳★六の理論などを元に「日本列島改造論」★七をつくっていきました。国家と資本と民間の論理を組み合わせて開発にもっていくという戦略を組み立てたのです。そういう状況のなかで建築家は、国家の表象の問題と、社会・資本が要求しているのだからその通りにやってなぜ悪いという、日建設計の林昌二のような居直り方がありました。それはいまだに日本設計や組織事務所の基本イデオロギーになっていると思います。神代雄一郎さんらは、その林昌二や池田武邦による資本の論理を批判しましたが、建築は所詮、商品だということは僕もわかっているつもりです。でも同時に、国家にも資本にも天皇にも回収されない建築があるのかというのが、僕の基本的な問いかけであって、それを考える手がかりは、建築の自律性だと思います。こういう議論は、吉本隆明だけではなくて、それまでも、「芸術の自律性」「文学の自律性」など、さまざまに行なわれている。建築の形式性が歴史とともにきちんと組み立てられうるような条件になった時に初めて、どこにも回収されないようなかたちが生まれるはずだという戦略です。「都市、国家、そして〈様式〉を問う」では、その問いをどう実現するかが《つくばセンタービル》のポイントだったということを言おうとしたわけです。その時に手がかりにしたのが、手法論を考えたときのフォルマリズム、形式の自律性であったのは確かなのですが、それを言った当時は、誰もわかってくれていなかった。そこに収録されている議論は、その文章とほぼ同時に、もしくはその文章を踏まえて起こっていると思うのですけれど、誰にも通じていなかったのが実情ですね。「都市、国家、そして〈様式〉を問う」は宙に浮いています。

**日埜**――《群馬県立近代美術館》では、プラトン立体や配列や重合のような形態操作を手がかりに取り出してきた建築のアプローチがありました。そういうと抽象的な「手法」のようでいて、たんにフレームが即物的にあるというよりは、むしろやわらかいものが漂うような、宮川さんと共振する部分がそこにあった。そうしたいわば芸術としての建築の問題を公共建築を成立させるまさにそのプロセスのなかで前面に押し出しています。野武士世代がプライヴェートな論理に進んで囲い込まれていくような同時代の状況に対して、手法というのはそれとは異なる論理をそうやって組み立てるものだったと見えてくるわけです。そうやって真正面からぶつけられるものでなければ、実際問題として、パブリックの問題に私的な論理は太刀打ちできない。

**磯崎**――説得性をもたなくてはならなかったということです。説得するということは、相手がわかっているロジックやナラティヴ(narrative)に合わせて言わない限り成立しないようなものですね。

**日埜**――そういうことですね。「パブリック」はまったく異なる論理の間には成立しないわけで、そこをつなぐもの、建築の論理を経由するということが必要だということなのでしょう。

そのことに関係して、『新建築』の「日本近代建築史再考――虚構の崩壊」という特集(『新建築』一九七四年一〇月臨時増刊号)についてもうかがっておきたいことがあります。磯崎さんが担当した「デザインの刻印」というページがありました。日本の近代建築史をフォルマリスティックに分類することで、建築史という通史的な見方を外してオルタナティヴなパースペクティヴを組み立てようとしています。この増刊号は時代の節目を画するものだと僕は思っています。モダニズムの限界、開発至上主義のいきづまり、ローマクラブによる「成長の限界」★八、こうした当時の社会的な状況が建築の歴史観のなかに定位される。そこで「虚構の崩壊」がなにを取り出したかというと、「官の系譜」「民の系譜」という対比の物語において、官が抱いていた「虚構」が崩壊するという村松貞次郎、長谷川堯的な史観ですね。

**磯崎**――長谷川の『神殿か獄舎か』(相模書房、一九七二)が登場したのはちょうどその頃です。

**日埜**――あの時には、「官の建築」「民の建築」、あるいは「官の建築家」「民の建築家」みたいな感じで、結局のところ抑圧・被抑圧の物語です。そういう歴史観で編まれた特集号のなかで、磯崎さんのページの位置づけがよくわからない。「虚構の崩壊」をめくると、近代建築図集のようなものがあり、総括論文があり、それから対談ときて、そしていきなりこの磯崎さんのカタログのようなものが出てきます。

**磯崎**――おそらく、あの号は馬場璋造★九がかんでいて、村松貞次郎★一〇のイデオロギーで全体をオーガナイズしたのだと思います。馬場は、長谷川堯の早稲田派で、今和次郎的な民衆リアリズム、日常リアリズムを持つと同時に、日建設計のような商業資本のイデオロギーも、リアルという点で受け入れていました。そういうものが重なったうえで、おそらく隠れた攻撃目標に、丹下健三的なデザイン偏重の建築家や、非社会性があったと思います。官学が組み立ててきた日本建築史のなかで、丹下さんたちのふるまいは、背後に国家があり、それを背負っていたからありえたが、もうそれはないと言いたかったのだと思います。けれども、それはそう簡単には言えません。僕も認識は似ていましたが、それを単純にこれまでの建築史の読み換えとして提示したところで、読み替える理論も見込みもなかったわけです。僕はそのなかに呼び込まれたわけですが、連中と関心が異なったので、議論したつもりもありません。そのうち時間もなくなり、これはひとりで調べるわけにもいかないということで、東大の大学院にいた鈴木博之に協力を依頼したわけです。けれど、そうこうしているうちに鈴木の留学が決まってしまい、僕がフレームをつくり、そのフレームに合わせる内容を彼と相談したのですが、彼はなにもいわずに行っちゃった(笑)。それが、彼との最初の仕事です。国家と資本の問題は藤森照信が簡単明瞭に説明しています。商業のデザインと工業のデザインという二つの系列があって、これまで近代建築は、工業のロジックで説明できたけれど、これからは商業のロジックであり、それがポストモダンだと。この頃から簡明に説明するのがうまかった。僕にしてみたら、本当はそのどちらでもないと言いたかったのですけれど。

**日埜**　先に言及しました「都市、国家、そして〈様式〉を問う」はまさにその文脈に対する、磯崎さんの解答であった気がしますが、それについてはまた次の機会にあらためておうかがいすることにしましょう。いずれにせよ「手法」というコンセプトは、抽象的な手法などではなくて、具体的なある時代の文脈、しかもそこで建築というものを成立させることができるかという基本的な問題から出てくる、きわめて具体的なものなのだということがよくわかりました。

［二〇〇九年五月一三日、磯崎新アトリエにて］

［**註**］

★一――プラトン立体：正多面体、すなわち同じ大きさの一種類の正多角形のみからなる多面体のことで、正四面体、立方体、正八面体、正十二面体、正二十面体の五種類のみであることが知られている。

★二――『日経新聞』「私の履歴書」より抜粋：東野芳明の司会で開かれたシンポジウム「反芸術、是か非か」の結果を受けて、宮川が、「反芸術と言えども芸術のひとつにすぎない」と批評。廃品を並べたり、性器を大写しにしたりした「反芸術」は、しょせんコップの中の嵐だと喝破した。芸術の精度や枠組みをその成立の段階から問い直さない限り、芸術の革命は起せない。宮川の批評は鮮やかなレトリックとともに私の記憶に刻まれた。出席者は、池田龍雄、磯崎新、一柳慧、杉浦康平、針生一郎、三木富雄（一九六四年四月、ブリヂストン美術館ホールにて）。

★三――宮川淳「反芸術　その日常性への下降」『美術手帖』一九六四年四月号（『宮川淳著作集Ⅱ』所収）。

★四――ジャン＝フランソワ・リオタール（Jean-François Lyotard）：一九二四―一九九八。フランスの哲学者。マルクス主義系雑誌『社会主義か野蛮か』に参加し、アルジェリア解放運動、パリ五月革命で活動する。ポストモダンの思想家として、現代は、主体や進歩主義などの「大きな物語」が有効性を消失した「ポストモダン」の時代であると提唱した。パリ第八大学哲学科教授、国際哲学学院学院長を歴任。著書に『ポスト・モダンの条件』（水声社）、『ポストモダン通信』（朝日出版社）、『非人間的なもの』（法政大学出版局）など。

★五――野武士：槇文彦が『新建築』（一九七九年一〇月号）誌上に発表した論文「平和な時代の野武士達」に由来して命名された、一九七〇年代に頭角を現わした建築家たち。安藤忠雄、石山修武、伊東豊雄、毛綱毅曠など。

★六――下河辺淳（しもこうべ・あつし）：一九二三―。官僚、都市計画家。東京大学第一工学部建築学科卒業、丹下健三研究室出身。戦災復興院技術研究所、経済審議庁、建設省、経済企画庁を経て、一九七七年新設の国土庁事務次官に就任。敗戦からの復興、そして一九九八年の第五次全国総合開発計画に至るまでの国土政策の立案、実施で主導的役割を果たした。一九九五年阪神・淡路復興委員会委員長として復興施策をまとめた。著書は『戦後国土計画への証言』（日本経済評論社）など。

★七――日本列島改造論：田中角栄が一九七二年に同名の著書で発表した政策構想。内容は、首都圏への人口集中で発生した地方の過密・過疎を工業再配置・全国的な交通ネットワークの構築により解決するもの。超過密都市から地方に工業の移転、地方の生活環境整備と工業の新立地による新しい二五万都市の建設、新幹線や高速自動車道など全国的高速交通ネットワークづくりの三つからなっていた。

★八――成長の限界：科学者、経済学者、企業家などで構成される、人口問題、資源、環境破壊などの問題に対処するために創設された民間の研究組織「ローマ・クラブ」が一九七二年に発表したレポート。内容は人口増加による食糧不足、環境汚染や天然資源の枯渇などによって、一〇〇年以内に成長は限界に達する、というものであった。参考文献＝ドネラ・H・メドウズ＋デニス・L・メドウズ＋ヨルゲン・ランダース『成長の限界――人類の選択』（ダイヤモンド社）

★九――馬場璋造（ばば・しょうぞう）：一九三五―。建築評論家。早稲田大学卒業後、新建築社に入社。一九七一年、同社取締役編集長に就任。日本各地の設計競技において審査員やアドバイザーを務める。現在、株式会社建築情報システム研究所代表取締役。著書に『生残る建築家像』（新建築社）など。

★一〇――村松貞次郎（むらまつ・ていじろう）：一九二四―一九九七。建築史家。東京大学生産技術研究所教授として藤森照信らを指導したほか、法政大学教授、明治村館長などを歴任。著書に『日本建築技術史』(地人書館)、『日本建築家山脈』(鹿島出版会)など。

# 11 「間」展前後のコネクションの広がりと日本をリプレゼンテーションすること

## 1 「間」展へといたるきっかけ

**日埜直彦**——七〇年代の初めから八〇年代にかけての変遷の背景にあったことについてお訊きしたいと思います。とりわけこの時期は磯崎さんが海外とのつきあいを拡げていく時期であり、その裏返しとして「日本」ということを意識する時期だったかと思います。

**磯崎新**——大きくは「間——日本の時空間」展（一九七八）前後の問題があり、そして「間」展から一五年後くらいには島国の美学、いわゆる和様化と関わるような問題について言い始めたわけです。この二つのあいだにはどのようなつながりがあるのかを考えてみたい。さらには、「間」展はそのサブタイトルにあるように日本における時空間の問題を問うものでしたが、振り返ってみれば二〇年おきくらいに、僕のなかで都市空間についての問題系が出てきていますし、現在の関心もそこに向かっています。

**日埜**——磯崎さんがニューヨークの建築家やアート・シーンに最初に関わられたのが、これくらいのタイミングですね。例えば、フィリップ・ジョンソンと出会ったのは「Man transFORMS」展（一九七八）絡みのニューヨークのパーティで、ここからアメリカの建築家とのつながりが始まったとのことですが。

**磯崎**——このあたりの議論をする前にひとつだけ頭に入れておいていただきたいのが、ベネディクト・アンダーソンの『想像の共同体』です。オリジナルが書かれたのが、一九七〇年代の初めで、日本語に訳されて議論になったのが八〇年代の終わり頃だと思います（リブロポート、一九八七年）。柄谷行人★1がアンダーソンとシンポジウムをやり、ちょうど自分も同じようなことを考えていた時期で、ついに理論的な書物が出てきたと思いました。七〇年代後半に、柄谷は『日本近代文学の起源』（講談社、一九八〇）を書いて、建築のほうにくる。理論化については、彼も手探りだったと思います。僕自身がまったく同じ雰囲気であったことは確かでしたが、国家論や地政学的な文化論は、このときまだ話せる段階ではなかったと思います。僕が初めて国家の問題を考えたのは、《つくばセンタービル》(一九八三)を設計したときで、実質的に国家と日本の問題を直接考えたらどうなるか、むしろネガティヴとして取り出そうとした。「間」展は、その前哨戦です。「間」展で扱うことになる問題が自分のなかに浮かび上がったころ、ちょうどニューヨークの展覧会に参加し始めた。僕の最初の海外プロジェクトである「エレクトリック・ラビリンス」(一九六八)の場合は、状況が単純でした。七〇年代になると、日本のなにが売れるのかというような、だれもまじめには読んでくれそうにない話をした。ですがあれが自分のなかに日本の問題を引っ張り出したのは確かです。九〇年代初頭に島国の美学の問題に行き当たって、「Visions of Japan」(一九九一)という展覧会の企画をしたことで、国家がテーマとして出てきた。たいがい自発的な契機があるのではなく、展覧会企画に遭遇したときにさまざまなことを考え始めるのですね。

**日埜**——パリでの「間」展の打ち合わせ前にシルクロードを旅行されていますね。沢木耕太郎★二の『深夜特急』(一九八六—一九九二)に磯崎さんの話が出てきます。ツーリズムとして外国を見聞するのではなく、バックパッカーのようにさまざまに異なる文化を見て歩くことが一般化し、西洋文化中心の文化的視野がそれ以外へと広がっていった。この時代の構造主義の思想というのもそういった西洋中心主義への批判的意識の形成とつながっているでしょう。そんななかでフランスでウケる企画として「間」展が構想されたのでしょうか。

**磯崎**——いろいろなかたちで動いていたと思います。七〇年代、僕自身がどのように対処したかは、それなりに説明ができます。オイルショックが世界に大きな影響を与え、日本では列島改造論が盛んで、その後ロッキード事件も起きた。このような一連の動きがありましたが、八〇年代のバブル的な気分はもちろんまだなかった。僕自身としては、まずは六〇年代を総まとめしなければいけないと、七〇年代の初めに『空間へ』と『建築の解体』を書きました。書くことで区切りをつけ自分なりの方法をここから始めたいと思っていたのです。その時期、僕は具体的な設計の仕事と、展覧会企画をかけもちしていて、自分自身の問題として手法論になるようなことを考えていた。また「エレクトリック・ラビリンス」と連続して、展覧会とどうつきあうべきかを考えていた。このような時期に「間」展が浮上した。同じ頃、日本論が少しずつ出始めました。その代表が、ロラン・バルトの『表徴の帝国』(*L'Empire des signes*, Flammarion, 1970)だったと思います。バルトは実際に日本を訪れて、これまでの日本論とまったく異なる印象記のようなかたちで、記号論的に日本を扱った。この本の影響がかなりあったと思います。

ミシェル・ギー★三という「フェスティヴァル・ドートンヌ」の全体ディレクターになった人物がいます。彼はジスカール・デスタン★四政権下で文化大臣を務め、パリのフェスティヴァルを自分なりにオルガナイズした。彼は現代版アンドレ・マルロー★五になりたかったのだと僕は思う。フェスティヴァルで日本特集を開催するにあたり、現代美術やパフォーマンスに関する調査員を密かに日本に送り込んだ。そして調査員が関心をもったのが、日本のアングラ系アヴァンギャルドだったんですね。

ミシェル・ギーは、音楽の武満徹★六と映画の大島渚★七と僕の三人に、企画の中心になってほしいと依頼してきた。美術に荒川修作の名前がでていたと思うけど、グループ展のようなものは嫌だ、とことわったのじゃないかな。武満と僕は「間」展をやり、大島は「阿部定事件」を題材として扱った『愛のコリーダ』を日仏合作でつくった。この映画にはフランス人のプロデューサーがついて、フランスで現像なども行なっています。文化大臣として無修正で公開してよいというサインをしたのが、ミシェル・ギーその人だった。脚本と映画のスチール写真を掲載した本が日本では事件になりました。ミシェル・ギーは、ロラン・バルトの日本論を大島渚で短編映画にしたかったのです。だから大島と接触した。

僕も大島とつきあっていました。その頃、彼は在日の問題や天皇制に関心を持っていて、日本論ということならば、御陵を盗掘する記録映画をつくりたいと考えており、そこにバルトが絡んでいた。この企画はつぶれてしまったのですが、大島からすれば、ギーからの依頼は逆提案というかたちで断ったようなものですよね。

『表徴の帝国』の視点が、フランスの日本に対する手がかりになったことは確かでしょう。フランス側のフェスティヴァル関係者は、みなゲイで、『表徴の帝国』の冒頭には、歌舞伎役者として武士の姿をした舟木一夫が出てくるのですが、彼らに言わせるとフランス人から見た日本人ゲイの典型は、舟木一夫の顔らしい。日本人の印象とは違うわけですが、おかしな国だという見方はあったと思います。それ以上の日本論は、あの当時のフランスにはないんですよね。後にミシェル・フーコーも日本各地をまわっていますが、彼の話はまたほかに詳しい人がいると思います。

「間」展をやったときに、『表徴の帝国』が邦訳されていたかどうか記憶にないのですが、僕はフランス語版を持っていました★八。

展覧会をフランスで行なうに際して、どうせやるならば「間」を扱ったらどうだろうかと僕が武満に提案をして、武満はそれなら「声」だろうと日本人の息の仕方を提案してくれた。僕も「間」をとることは呼吸の問題だと思いました。武満は六〇年代半ばにはすでに尺八と琵琶の入ったオーケストラをつくっていて、いち早く「間」の関係を予期していたひとりだったと思います。僕はそのような日本的なものは頭で理解していましたが、表現手段にもち込むのはあまり賛成しないと考えていたので、その点については武満と距離があった。結果的には、これが日本の問題を始める手がかりになりました。一方は文化論レヴェルの問題で、もう一方には政治的な背景があった。このとき、僕は文化論の問題の背後にある状況を解釈・整理したのですが、《つくばセンタービル》の頃には、七〇年代に合体を始めた資本と国家が、そのかたちを整えていった。

七〇年代まではなんでも国家が組み立てればよかったのが、その後、国家よりも資本、経済レヴェルの問題が入ってきたわけです。これが田中角栄から中曽根康弘へとつづくネオリベラリズム的な方向に流れていくきっかけとなって、日本というものが浮かんできたし、浮かばせようとする人たちもじわりじわりと出始めた。それが七〇年代だったように思います。僕は、日本というものを扱うことと、日本を売り物にするのは別ではないかと、その頃に思い始めていた。このような文脈で「間」展があった。

## 2 ホラインの「Man transFORMS」展のあり方

**日埜**｜海外から見た日本という文脈が出てくる一方で、六八年的な異議申し立ての時代を経て、国家から資本に時代の牽引力は移り、資本・消費と建築・デザインの関係があらためて組み立てられていきます。

磯崎さんがミラノで知り合うことになるハンス・ホラインやエットレ・ソットサス★九とのつながりにおいては、そういう意味で日本人だからどうこうという意識はなかったと思うのです。それが「間」展でのフランス人たち、あるいはニューヨークの建築家たちとの出会いにおいては、日本人であることを意識せざるをえなくなる。あるいは向こうから「日本」について語ることを迫られるといったことが起きてくる。

ホラインがデザインという概念そのものを問題にする「Man transForms」展を企画するにあたって磯崎さんの名前を挙げたときに、「日本」の建築家ということが期待されていたわけではなかったのだろうと思います。

**磯崎**｜昔から多くの国が装飾美術館を持っていました。イギリスはビクトリア・アルバート博物館が代表的ですし、アメリカにはスミソニアン博物館があります。他方でデザイン美術館に関してはどこにもなかったので、スミソニアン博物館群のひとつとして、この頃、ニューヨークのアンドリュー・カーネギーの住宅を改造したクーパー・ヒューイット国立デザイン博物館ができました(一九七六)。ここのディレクターを務めたリサ・テーラーという人物は、一九六八年の「ミラノ・トリエンナーレ」の展示を見ており、「Man transFORMS」展ではハンス・ホラインを起用することになる。全体の企画プロデュースというのではおもしろくないと、ホラインはコンセプチュアライザーという役割になりました。本人が希望したのか、スミソニアンがつけたのか、よくわからないのですが、その後この肩書きは使われていない(笑)。ホラインが展覧会の人選を行ないました。最初から

《エンジェルケージ》、「Man TransForm」展、1976、
クーパー・ヒューイット国立デザイン博物館
［提供：Carl Byoir & Associates, Inc.］

僕とソットサスは決まっていて、次にアメリカのネルソンとバックミンスター・フラーを入れることになった。次に各国から代表を選ぶことになり、イスラム圏からはイラン出身で当時はハーバードに在籍していたナーデル・アダラーンが選ばれました。彼は建築家ですが、実学以外のこともよく勉強していて、初めて外国人の口からイスラム哲学者の井筒俊彦★一〇の名前を聞きました。井筒さんはテヘランのイスラム文化研究所をはじめいろいろなところで教えていました。以前には戦犯になった大川周明がコーランの翻訳をしていますが、あのジェネレーションでイスラムを本格的に研究したのは井筒さんぐらいですよね。井筒さんのイスラム解釈は、そこらのものよりもはるかによいとナーデルから聞きました。ナーデルの展覧会コンセプトは非常にはっきりしていました。イスラム建築に用いられているモザイクは飽和状態のもやもやとした状態になって消えていくのだそうですが、このイスラム的なイメージを展覧会でそのまま扱ったので、おもしろくなかった。一方ソットサスは、山の中の原っぱに立てたポールにテントをかけたインスタレーションを行ない、撮影したものをモノクロ・プリントで会場に展示しました。今ではコンセプチュアル・アートでよく行なわれるようなことですが、当時はまだだれもやっていなかった。

「間」展のときは、領域横断していくような展覧会形式に関してかなり意識的でした。ですがその前に「Man transFORMS」展でもすでに意識してはいたんです。コンセプチュアル・アートのようなプロジェクトに関心を持っており、僕自身は、《エンジェルケージ》や《グラビティ》といった作品を出展しました。今では原口典之が廃油を鏡のように使っていますが、僕は《グラビティ》でオイルと水と四種類くらい混ぜて液体を鏡のように見せる作品をつくりました。観に来た人が液体に手を入れたりしてしまったものだから、美術館の人たちから怒られました（笑）。《グラビティ》では、ピサの斜塔の写真を展示し、床を傾けることで重力を表現しました。この作品はホラインだけが理解してくれました。ほかの人には《エンジェルケージ》のほうが受けがよかった。

**日埜**――「Man transFORMS」展に参加しているのは、それぞれの文化を背景とするさまざまな作家に違いないけど、それでも基本的にはデザインというひとつの切り口からある共有されたものを抽出する企画だったと思います。

**磯崎**――地域性やお国柄はナーデルの作品以外は一切なかったですね。

**日埜**――それぞれがデザインしているという視線ですよね。ところがニューヨークの建築家との交流やフランスの「間」展では、磯崎さんはむしろ「日本」をリプレゼンテーションしなければならない立場になってしまう。大きく見れば、ホライン、ソットサスの人脈からニューヨーク人脈に磯崎さんがつきあいを広げていかれるという流れになるわけですが、

11 「間」展前後のコネクションの広がりと日本をリプレゼンテーションすること

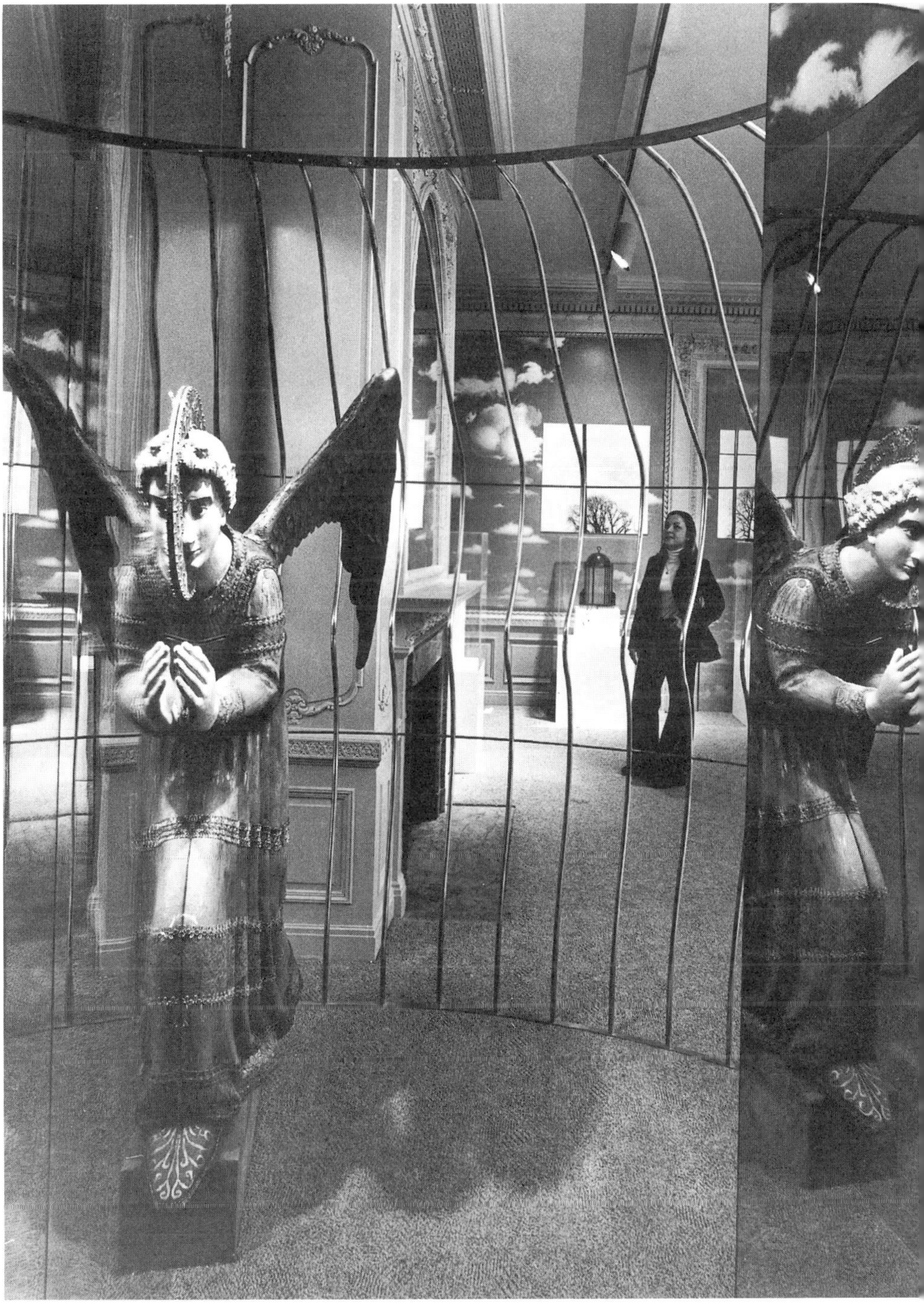

そこで「日本」が主題化してくる理由は、ニューヨークとパリが、どちらも文化のヘゲモニーを握ることに対して意識的な場所だからでしょうか。オーストリア出身のホラインはニューヨークやパリとは違って、いわば一歩下がったウィーンという視点から文化を考えているでしょう。

**磯崎**　地域的にヨーロッパのなかでは外れたところにいるわけだからね。

**日埜**　ある意味では終わってしまった場所の哀愁と言いますか、文化に対する距離感が違うと思うのです。

**磯崎**　例えば、ホラインとは一九六八年に「ミラノ・トリエンナーレ」で会ったけれど、そのときはお互いの作品の完成した姿を見れないまま別れた。その後、一週間ほどウィーンに滞在しました。じつは当初はパリに行こうと思ったのだけれど、ちょうど一九六八年の五月革命を迎えていた。ミラノにいるとパリ情報もどんどん入ってきました。フランをリラに両替してくれないほどに、フランスが危ない状況だったのを覚えています。日本館の横にフランス館があって、この連中とも知り合いになっていったのだけれど、その頃には、フランの両替もできなくなっていた。それだけパリは事件になっていたわけです。

ウィーンに着き、駅前のインフォメーションで探したホテルに宿を取りホラインに電話をしたら、そんなホテル聞いたことがないと言う。結局は、ホラインが段取りしてくれて、アンバサダーホテルに泊めてもらったんです。ホテルの部屋でテレビをつけたら、ロサンゼルスにも同じ名前のアンバサダーホテルがあって、そこでJ・F・ケネディの弟のロバート・ケネディが暗殺されたというニュースが流れた。そのような時期です。当時、ホラインはパイヒルという建築家と『BAU』という雑誌を編集していて、ワルター・ピッヒラーともつきあっていた。このパイヒルという建築家は、ウィーン郊外でお酒を造っている。そこで飲むことになって行ったらば、レクチャーをしてほしいということになったんです。ホテルの支払いなどがどうなったかを知らされておらず、なにもしないわけにはいかないので、このレクチャーでホテル代を捻出したかたちでした。当時は、そのような感じでしたね。こうしたつきあいがあったので、七〇年には大阪万博の予算でホラインも来日したし、アーキグラムのデニス・クロンプトンやクリストファー・アレグザンダーも来た。国や地政学とは一切無関係なつきあいですね。「Man transFORMS」展のあり方がまさに、その通りだった。

## 3 アメリカ人に日本を伝える試み

**日埜**　磯崎さんの「日本の何が売れるのか」(一九七七)というテクストに、MoMAで「Phenomenal City Shinjuku」という展覧会(一九七五)が行なわれた事情が書かれています。この展覧会はピーター・グラック、ヘンリー・スミスと多木浩二さんの三人がゲスト・ディレクターだったんですね。

**磯崎**　ピーター・グラックの奥さんのキャロル・グラックは、

ジャパノロジーの大家で、プリンストン大学とコロンビア大学で教えていました。彼女の専門は福沢諭吉に始まって、丸山眞男くらいまでの政治思想にまでいたり、さらには明治初期の戯文調の新聞を読める人だった。ピーター・グラック本人はコロンビア大学の助手かなにかをやっていたはずです。そのときに社会学をやっていたのがヘンリー・スミスだった思います。『朝日ジャーナル』で新宿をテーマにした座談会を行なうということで、僕が呼び出されたんです。そのときに彼らと出会った。その後、ここで議論されたことを彼らがコロンビアにもち帰り、企画をつくったという流れだったと思います。

**日埜**――そのテクストを読むとその新宿を主題とした展覧会は、標準的な都市に対する理解ではとても捉えられない日本の都市の現象的性格を抽出しようとするものだったようですが。

**磯崎**――僕の記憶では、新宿西口の開発が始まったばかりの頃。もっぱら歌舞伎町論で、これが東京論のごくごく始まりのひとつであり、その後の八〇年代の日本論ブームにつながると思います。バルトの行なったキッチュ探しのようなものと絡まって、日本論は起こっていったのだと思います。

**日埜**――展覧会に付随してピーター・グラックが組んだ「日本の環境デザイン」というシンポジウムがコロンビア大学であり、磯崎さんと黒川紀章さんが発表をしています。黒川紀章さんは日本を神秘的なものとしてプレゼンテーションする。これはこれでひとつの「売り方」でしょう。これに対して磯崎さんは、テキストを四つ提出されて議論を組み立てています。これら四つのテキストに表われている空間のイメージを提示しようということのようですね。「作庭記」『方丈記』「茶会記」『陰翳礼讃』ときて……。

**磯崎**――どうやってよいかわからないから、これらのテキストを持って行くことにしました。少なくとも英語になっていればよいと開き直って『方丈記』『陰翳礼讃』を選んだ。「作庭記」と遠州の「茶会記」には、英語訳がなかったのでむりやり英語に翻訳しました。お茶の進行と、起源の異なるものを集めることで成立している茶事を説明しようとしたのですが、ほとんど通じなかった。

**日埜**――そういうテクストを枕にして、例えば日本の桂離宮とイギリスのピクチャレスクガーデンを対比し、そこにある共通した性格と差異を説明をされた、ということですが。

**磯崎**――茶事の懐石料理の出し方と、バロック時代の大宴会を対比しました。また、「作庭記」とハドソン・リバー・スクールと呼ばれる一群の風景画家たちの仕事を比較しました。日本とアメリカの風景のつくり方の問題をどう対比できるかに関心をもったんです。『方丈記』プロパーというよりは、小屋を、ロージェの「原始の小屋」などのヨーロッパのものと、どうやって対比するのかを説明した記憶があります。ただ読んでも「ああそうですか」というだけで終わってしまうでしょうから、なぜ方丈に住みたかったのかという議論でヨーロッパとつながないとアメリカ人には伝わらないと思ったわけです。アメリカでは、エマソンが、鴨長明と同じように、森の中の、ベッドがひとつきりでほかにはなにもないような小さな小屋で、原稿を書いていたようです。必ずしもこのことと直接関係しているわけではないのですが、偶然、僕も軽井沢に小屋をつくりました。今は倒れかけているので、つくり直さなければいけないと思っています。なにもない小屋に籠もって原稿を書くような「人間のなにか」に関心をもったことは確かです。はたして文化論になるのかはわからない。僕の癖なのかもしれないけれど、いつも飛躍してしまう。これまでなにかをつねに比較しながら、両者のあいだにあるなにかをこじつけたほうがよいという考え方をしてきました。

最近では、静岡県の舞台芸術公園《楕円堂》で鈴木忠志が「ディオニュソス」を演出していますが、これに触発されて《楕円堂》とパッラーディオの《テアトロ・オリンピコ》との関係を書こうとしました。《テアトロ・オリンピコ》がイニゴ・ジョーンズを通して、《グローブ座》とつながっているし、《グローブ座》は能舞台とつながっている。鈴木の「ディオニュソス」の演出は「能」だと言われ始めていることからも、循環が見えてきます。じつは先日、鈴木と一緒にギリシアに行きデルフォイの遺跡を見てきたんです。やはりそこでもつながる部分が見えてきて、この事件をどのように整理するかを、今、考えている最中なのです。

ホラインの場合は、デザインにおける古今東西、地域的な軸と歴史的な軸の両者をカバーすることでデザインに概念を与えた。同じように、演劇的なものやギリシア悲劇的なものを取り上げるときにも、周りに表われたさまざまな歴史的な時間が浮かび上がるようにしないと話がうまくまとまらないように思います。

僕らのジェネレーションで、外国と日本の両方をうろうろさせられた人間は、「こと」を見つける以外に居場所がないという感じがします。仮に鈴木忠志が、世界演劇祭「利賀フェスティバル」の行なわれている利賀村(富山県南砺市)に籠もったとしても、デルフォイとのつながりのようなものがない限り落ち着かないはずなんですね。僕もまったく同じだと思います。こうした問題が僕らに発生していたのが、あの頃だったと思います。

**日埜**｜逆に、ニューヨークの建築家やアーティストたちにそのような感覚はあったのでしょうか。例えば、フィリップ・ジョンソンはそのような人ではなかったように思います。

**磯崎**｜ジョンソン本人は、哲学を学んだうえで俺はニーチェだと言っています。また、ニーチェ的なアフォリズムをもって売り出したのがジェフリー・キプニス★一で、そのキプニスを最初に評価したのはジョンソンということになっている。ジョンソンは基本的に一九世紀のオーソドックスな様式の美学、つまり近代の流れの筋に則って考える人だと思います。彼がキュレーターだったMoMA発のコンセプトを並べてみると、ネオクラシシズムとの連続性におけるモダニズム、ネオモダンといわれるレイトモダニズム、デコンストラクションと理解されるポストモダニズム、というようにひとつずつ時代の流行をたどってきており、これがやはりジョンソンの発想法なのではないかと思います。いわゆる、「インターナショナル・スタイル——一九二二年以後の建築」展(一九三二)では、モダンアーキテクチャーのサーヴェイを行なったわけですよね。MoMAは、先行きが不明な時代にサーヴェイをやらせる。ポストモダンでも、デコンでもやっています。最近では「Tall Building」(二〇〇四)という超高層ブームの始まりになる展覧会もやっています。こういう仕掛けをするのは、ある意味、彼らが現代建築の筋書きをつくっているようなところがあるからです。ルネサンス、マニエリスム、バロックへと連なる一九世紀の様式とつながっているのだと思います。

**日埜**——とりわけアメリカ東海岸では、フォーマルな分析から始まって、形態操作の論理を言語化し、定式化するような傾向があるかと思いますが、ホラインはまったくそういうタイプじゃないでしょう。むしろヨーロッパの知性には、どこかにそういう抽象を拒むようなところがあるのかもしれない。それに対して、磯崎さんや鈴木さんの世界の見方というのもまた違うでしょう。そういうなかで、磯崎さんは、ホラインとつきあいながら、ジョンソンやアイゼンマンともつきあえる。そういうつきあい方というのはかなり特殊なのではないかと思うのです。

**磯崎**——ここにフィリップ・ジョンソンが九〇歳のときに撮影した記念写真があります。顔ぶれを見ると、ジェネレーションごとに何人かを選んでいることがわかります。まるで、俺はゴッドファーザーだというように自分の周りにずらりと子分を並べたようにしているわけです。これはこれでいかにもジョンソン的なものです。ここにホラインも僕もコールハースもザハもみんな入れられている。こうした記念写真ひとつで、われわれの視点が、ひとつの継続的な展開として建築の歴史の流れを見ていくようになっていく。このスタイルはウィーン学派が始めた歴史記述の常識のようなものです。あるいは、イギリス人のバニスター・フレッチャー★三らがまとめた建築の資料集成のようなものですね。それに対して、僕はそのように順々に進むわけではないと思い始めていました。

ではどうするのかというと、七〇年前後のこの時期の方法は、アーカイヴを設定してひとからげにそこから引用するというものでした。一種の引用論で、ちょうど僕がその頃に一番関心をもったことです。そのときに、桂とパルテノンは等距離に見えるという言い方を始めました。今はだれもがこういうことを平気で言っているけれど、当時は勇気が必要でした。これよりももっと以前には、それぞれ建築は建築としてあるのだから地域や場所を問わず比較対象になりうるという理解があった。しかしある時期から、パルテノンはパルテノン、桂は桂であって、それを一緒にして議論する手がかりはないという具合になってきた。こうした状況をなんとかして壊したいと思っていました。最終的にごちゃまぜでいこうと。この点について、いまだにアメリカの研究者に指摘されることがあります。例えば、「間」展とほぼ同時期に設計をしていた《つくばセンタービル》を比較して、両者にある日本に対する関心のもち方の違いはどういうわけだと問われるのです。セオリーとしては同じだと説明するのだけれど通じない。

## 4 クックのエキセントリシティとアイゼンマンのロゴス

**日埜**──「日本の環境デザイン」のシンポジウムの後、ピーター・アイゼンマンが磯崎さんを建築都市研究所に連れていったそうですね。そこで磯崎さんは日本の空間概念についてレクチャーをすることになり、その内容についてアイゼンマンにさんざん問いつめられたと書かれています。対比的な説明だけではすまなくなって、ある種の体系的なコンセプトとしての日本における空間そのものを説明しなくてはならない。これはアメリカ東海岸だからこそであって、「間」展におけるフランス人との関係とはまた違ったのではないかと想像します。

**磯崎**──それについては、以前書いた記憶があります。「間」展直後のレクチャーで、フランスの建築家たちからいろいろ問われた。このときに助け舟を出してくれたのが、ピーター・クックだった。ニューヨークでは現代建築の設計の方法論にからむ話が多かったのですが、フランスでは「間」展をやったこともあり、僕がいかにルドゥから影響を受けたかという話をしたんですね。それに対してフランスの建築家は、「ブレのライブラリのプロジェクトにあるクロスボールトが、じつは二つの円筒であったのを知っているか?」と、訊いてくるわけです。どういうことかというと、質問をした相手からすると、日本からフランスにやって来て、フランスの建築をそう軽々しく話してくれるなよという気分なわけです。そのときフランス中心主義のような意識があることに、はっと気づいた。その後二〇年くらいは中国でも同様でした。僕が中国人のわからないことを話すと反発される。とはいえ、外国からジャパノロジストが日本に来て話をしたときのことを考えれば、少なからず日本人であるわれわれも同じように思いながら聞いているでしょう。一方でピーター・クックは「間」展をやった後に、「フランス人にはわからないだろうが、イギリス人の自分にはわかる。イギリスも日本も島国だからだ。島国は大陸の横にあるので、中心が外にある。日本は中国文化を中心とした周縁として考えられる。その意味で磯崎と自分は近いんだ」とはっきりと説明してくれた。僕にとってみるとこの一言によって、世界の文化のなかでの日本の問題がはっきり見えてきた印象を持っています。ピーター・クックはレクチャーもうまくて、シアトリカルに話ができるのですね。キングズイングリッシュですし、使う用語じたいがどのアメリカ人と比べてもうまいのです。難しい言葉を使っているから、日本語に翻訳するとわからなくなってしまうことが多いのですが、シアトリカルでいて少しエキセントリックなんですね。ブリティッシュ・エキセントリシティについて英文学を通じていろいろと聞いています。エキセントリシティが発生するのは、どうもやはりイギリスが島国であるせいではないかと思えるのです。では日本でエキセントリックに対応するものはなにかと考えると「間」がそのうちのひとつなのではないかと考えています。

**日埜**――アイゼンマンは、ロゴス、ロジックが建築をつくることを大前提としたうえで、日本の建築ないし空間はアンチ・ロゴスに見えると問いかけます。だけれど「間」展を見ればわかる通り磯崎さんは磯崎さんでそれを外在化しうるものとして組み立ててきているから、アンチ・ロゴスだというアイゼンマンの意見に簡単に同意するわけにもいかない。このことは、たんに日本をどうリプレゼンテーションするかということとはまったく異なる、建築を組み立てる手法の根源性に触れる問題で、だからこそそうしたつきあいがその後のAny会議(一九九一―二〇〇〇)にまでつながっていったと思います。

**磯崎**――最初にピーター・アイゼンマンとＩＡＵＳで会ったとき、彼は『a+u』の僕の特集号(一九七二年、一月号)を見ていたらしく、日本がごときところに面白いことをいう奴がいる、だから呼んだんだというのです。後になって、「手法論」の英訳もなかったのに、読んでいないはずだというと、いや、丸山洋志が学生だったから読ませたんだと、抜け抜けという。こちらは、『建築の解体』をやったとき、イエール、ペンは注目していたけど、ニューヨークは皆無。貴称のチョムスキーを下敷きにした短い文章をみつけたので、最後にひろったぐらい。ＵＳＡに建築ラディカルはなかった。さらに後、ピーター・クックがロンドン・トーキョー・ウィーン三軸説を説えたときさに、軸にも数えてくれてない。まあ、こんなやりとりが最初からできる相手でした。言説のレヴェルから言うと、彼の扱っているロジックと背後にある考えは、およそ見当がつくわけです。そうかといって内部に立ち入っての議論はやりにくい。あるとき『ヘラルド・トリビューン』紙にいる知り合いに、最近どんな本を読んでいるのかを訊かれて『存在の政治――マルティン・ハイデガーの政治思想』(リチャード・ウォーリン著、小野紀明+堀田新五郎+小田川大典訳、岩波書店、一九九九)と答えたところ、このことが後に新聞に記事として掲載されてしまった。ハイデガーのナチス協力を扱って有名になった本なのですが、アイゼンマンがこの記事を読んで「お前はあんなにくだらない本をなぜ読むのだ」と電話かけてくるわけです。彼がユダヤ人であることやハイデガーの問題などと、さまざまに絡み合っている。ベルリンの《虐殺されたヨーロッパのユダヤ人のための記念碑》(二〇〇五)でアイゼンマンは、政治的にふんだりけったりな目にあうわけですが、それを彼はなんとか切り抜けた。
リベスキンドも政治的な立ち回り方はうまいと思うのですけれど、彼の場合は、正統なユダヤ人の流れが背後にある。アイゼンマンは、もう少しアメリカ的にローカライズされている。その違いがあるのだけれど、アイゼンマンのおもしろいところは、自身のバックグラウンドに触れながらも、自分なりの関心を広げてもっているところですね。そのうえで、僕がアイゼンマンと差をつけようと日本をもちだせば、彼のロゴスのうちにも入らない。アメリカ人のなかで強引に話をとりまとめてものごとを進められるのはアイゼンマンぐらいだと思う。共に関心をもったのは、言語論＝記号論に言説のロジックを置いていたことです。ピーターはシンタックス、僕はセマンティックス、これは言語論の両面ではあるのですが、それぞれが建築デザインの手がかりにした。そのことが理解のきっかけだろうと思われますね。
僕は、ピーター・クックのエキセントリシティは、アメリカ人には理解できない部分があるのではないかと思いますね。もちろんアメリカ人にもものすごく変わった作家やアーティストがいます。そういった人たちのなかにアイリッシュ系、スコティッシュ系アメリカ人もいますけれど、僕には少し違って見える。いずれもイギリス的ではない。ジェームズ・スターリングがイェール大学に定期的に教えに行っていた頃、彼に「アメリカ人の英語は簡単にわかるだろうが、イギリス人の英語は難しいだろう」と言われました。その通りなんですよ。オバマの演説は、小学校の知識でもわかる英語をうまく話したという感じで、イギリス人から見れば、あの演説は聞くに耐えないと思っているに違いない。イギリス人であるコーリン・ロウや晩年のレイナー・バンハムはアメリカに行って教えていましたが、彼らは最後までアメリカ人にならないようにしようとしている感じで喋っているのが、僕にはわかりました。そういう人たちの理論をアメリカ的に理解して、アメリカ的に広げていくのが、アイゼンマンのやり方だと思います。例えば、いろいろな人がコーリン・ロウのもとに行き、教えを受けているのでしょうが、けっして多くの人ではない。ロウ自身もアメリカではやることがなくて、けっきょくイタリアのマニエリスムなどを扱うのが好きだったようです。

**日埜**――フィリップ・ジョンソンはエキセントリックな人でもあり、主張にしても批判にしてもスノッブな感じの皮肉な言い方をしますね。コーリン・ロウは、かなりそれとは違って分厚い人文的な知性を背景にして、その先で煙に巻かれるような印象です。

**磯崎**――一方でアイゼンマンはロジックが明快で、かつ自分の失敗を失敗だとはっきり言える、ひねったりはしないタイプの人ですね。

## 5　ニューヨークのアート・シーンとの邂逅

**日埜**｜七〇年代当時、一部のアメリカの建築家について「ホワイト＆グレイ」★三という対比的な言い方がありました。ホワイトと呼ばれたニューヨークの建築家たちは、モダンあるいはロジカルなところを大切にして、フィラデルフィアを中心としたグレイのほうは、もう少しヒューマニスティックな特徴を持っていた印象があります。

**磯崎**｜土着的な要素、いわゆるアメリカニスムと言われているような要素を持っているのがグレイですよね。ホワイトはニューヨークのイメージが強い。ニューヨークというのはある意味、ヨーロッパですよ。

**日埜**｜グレイの人たちとのおつきあいは当時はどうだったのですか。

**磯崎**｜それぞれ知っていて、ヴェンチューリとはわりと早くから知り合いでしたね。ホワイトの連中とは、僕がニューヨークに行くときは、いつもリチャード・マイヤーのアパートに泊まっていたから、自然に彼の交遊範囲の人たちと出会うことになった。アイゼンマンはマイヤーの従兄弟なのだけれど、二人はお互いにそこまで交流があるわけではないようでした。マイヤーは偶然に親がアパートを買ってくれたそうで、部屋が二つ、四つ空いていた。だからその空き部屋にスターリングが泊まったりしていたんです。僕も「Man transFORMS」展の少し前くらいから、ニューヨークでは彼のところに泊まるようになった。

**日埜**｜マイヤーを介してニューヨークのアート・シーンと触れ合うことになったのですか。

**磯崎**｜すでに、ネオ・ダダの連中が半分以上ニューヨークに移っていました。また、六〇年代の初め頃は意外なことに、ジャスパー・ジョーンズやラウシェンバーグ、ジョン・ケージらがよく東京に来ていて、毎晩飲みに行っていたくらいの関係だった。こうしてできた東京コネクションを通じてニューヨークのレオ・キャステリーやその周囲のアートシーンともつきあい始めました。僕自身は、そうこうしているうちに、サム・フランシスと知り合いになって、ロサンゼルス・コネクションができあがって、ゲーリーらと知り合いました。彼がちょうど独立した頃だったと思います。当時、彼は龍安寺を真似たような庭をアパートの前につくるというようなことをやっていました。それが六三年頃だったと思います。一九六〇年代は世界を旅行して見てまわることが多くて、ニューヨークを訪れても数日いては、どこかに行くということが多かった。ですから、ニューヨークで会っていたのもみんな日本人で、じつはアメリカ人とはつきあう機会が少なく、交友が深まるのは七〇年代になってからですね。

**日埜**｜どうしてジャスパー・ジョーンズだったんですか。気が合う理由があったのでしょうか。

**磯崎**｜あったんでしょうね。ネオ・ダダの東野芳明が五〇年代の終わりにニューヨークに初めて行ったとき、ラウシェンバーグとジャスパー・ジョーンズは一緒に住んでアトリエもシェアするような間柄だった。ラウシェンバーグが先に有名になり、ジャスパー・ジョーンズは国旗などをこつこつ描いているうちに六〇年頃に有名になった。そして、ナンバーのシリーズを描いている頃に、一段落しようと東京に来たんですね。六三、六四年頃です。僕の事務所にジャスパーやほかのアーティストが来て、夜通し朝までパーティをやったりもしました。逆にニューヨークを訪れたら彼らのところに遊びに行くという関係でした。

**日埜** ジョン・ケージとの関係はどうだったんですか。ニューヨークのアートシーンとはいくらか違う文脈ですよね。

**磯崎** ニューヨークにマース・カニングハムがいたこともあって、同じなんです。マースがジョン・ケージにダンス音楽をつくってもらっていて、ラウシェンバーグがステージのデザインをやっていました。マースとケージは一緒に住んでいたような関係でした。現代美術の作家と作曲家とコンテンポラリー・ダンスの振付家がいたことで美術系の人たちとつながっていました。ただし演劇をやっている人とは話さなかったし、建築については周りの友人たちは誰も知らなかった。作家の名前は知っていたけれど、彼らに接触しようとは考えませんでした。『建築の解体』に紹介したような人たちは、むしろまだ建築家になっていないような人たちばかりです。そうこうしているうちにフィリップ・ジョンソンと知り合いになったけれど、ジョンソンひとりだけが上の世代であとはみんな若い世代だった。

このあいだ浅田彰とレム・コールハースについて対談したときに、ウォーレス・ハリスン★一四という建築家について話しました。国連ビルの実施設計をやった人です。ウォーレス・ハリスン論は、同時にOMA論でもあると僕は思うのです。OMAのやっていることは、すべてウォーレス・ハリスンがすでにやっていたのだと、そのときに話しました。ハリスンのような建築家や、SOM、イオ・ミン・ペイのようにプロフェッショナルな建築家はいたわけですね。フィリップ・ジョンソンだけは、なにか言われると、俺は歴史家なんだ、あるいは、批評家なんだと斜に構えて逃げて、建築家ではないというスタンスで建築をやっていました。

## 6 ヨーロッパでの人脈の広がり

**日埜** フランスではどうだったんですか。

**磯崎** 僕はフランス語を少し読めてもちゃんと話せないので、コミュニケーションをどう取るかという問題があった。僕らのジェネレーションでフランス人でありながら英語を話すのはアンリ・シリアくらいなんですよ。ほかは誰も話さない。フランス大蔵省を設計したポール・シュメトフは、日本で言えば西山夘三さんのような立場の人だったけれど、彼と少し話した限りでは、僕にシンパシーを抱いてくれていたようでした。

去年（二〇〇八）、ドミニク・ペローと衛星中継での対談をしました。そこで「あなたがたのジェネレーションの建築家が、パリで輩出された理由はなにか」と訊いたのです。ペローは「僕の世代は、フランスではミッシング・ジェネレーションなんだ。誰も国際的に出てきていない」と答えた。

僕は六〇年代、七〇年代にエコール・デ・ボザールの先生たちと知り合ってはいたけれど、コミュニケーションの問題や仕事の関心の違いなどからつきあわなくなっていったんですね。そのなかで唯一、クロード・パランだけとは、交流がありました。彼はアンドレ・ブロックの配下にいたのだけれど、ブリティッシュ・エキセントリックに近い人で、いつもフランスの主流からずれているわけです。ポール・ヴィリリオとプロジェクトをやったりもしていました。パランの世代には普通の人がいなかった。あげくにフランスは国際化できなくなった。その理由は、ボザールを卒業すると、ディプロマ・アーキテクトとなって、国の仕事が絶え間なく入ってくるものだから、営業をしなくても、ましてやコンペを取る必要もなく、設計の仕事ができたからです。フランス建築協会の社会的な成果だと言えるけれど、仕事の山分けをして、敵はル・コルビュジエという状態が二、三〇年も続いたわけです。だけれど、コンペがないから競争もなくよいものが出てこない。ミッテランが政権を取ったときに周りに集まってきた元左翼の建築家や研究者は、この問題をわかっていた。そこで彼らは六八年の学生運動のときに、完全にボザールを解体したのです。ボザールの持っていた利権は解体され、無競争ではいられなくなった。日本も全共闘運動のときに大学解体が行なわれていたら、今とまったく違っていたと思うけれど、できなかった。フランスはやったがゆえに、あるジェネレーションの建築家が全然いなくなってしまった。それ以前の建築家は国際的な競争力がないわけですから、どうしようもない状況でした。

ミッテランがパリのグラン・プロジェを進めるにあたって、それまでフランスでは行なわれなかった国際コンペを採用した。プロジェの初期、フランス人はコンペに勝てなかったけれど、そうこうしているうちにジャン・メーヴェルや、クリスチャン・ド・ポルザンパルクらが出てきた。彼らも初めは僕くらいの英語も話せない状態でしたが、英語圏で仕事をやらなければならない状態になったために、いまや僕よりもはるかにうまい。フランスでは、彼らのジェネレーションから建築家が国際化したと言ってもいい。そして、僕は彼らの下の世代からは知っているのだけれど、僕と同じジェネレーションのフランスの建築家を知らない。顔や仕事は知っているけれども、つきあってはいない。

**日埜**　ヨーロッパでつきあったのは、ホラインやピーター・クックのような同世代ですか。

**磯崎**　僕のほうが少し上だけれど、同世代と言えますね。

**日埜**　ピーター・スミッソンとはどうでしたか。

**磯崎**　スミッソンはもっと年上で、丹下さんたちのグループだったと思います。もちろん彼のところに行ったことはありますよ。

**日埜** ピーター・クックのほうが感覚的に共通するということですね。

**磯崎** 僕の世代ではセドリック・プライスがピーター・クックよりも、よりエキセントリック。僕はプライスとつきあうことでイギリス人が何者かということに気づいたように思います。スターリングも相当変わった人だけれど、まだ常識があったから大学の先生もできたし仕事もあった。セドリックは常識が欠落しているから仕事にならないわけ。だけれどアイディアは抜群だったから売れないコンセプチュアル・アーティストになっていった。

**日埜** アルド・ロッシはどうですか。

**磯崎** ロッシは普通につきあう感じでした。早くに亡くなってしまったし直接の交流はなかったですね。僕はマンフレッド・タフーリとロッシの二人がこの時代のイタリアの建築の要だったと思います。二人はお互いに近いけれども領域が違うところがあった。タフーリとは会う機会が多かったんです。僕がヴェネツィアにつき合っていた頃、ロッシはミラノに移っていたから、われわれヴェネツィア側に対して、つねに構えたところがあるという妙な関係にあった気がします。東京と大阪のような感じですかね。パオロ・ポルトゲージ★一五はローマにいたから、それぞれが違うんです。僕はその後ヴェネツィア系とつきあうようになっていったから、マッシモ・カッチャーリ★一六やフランチェスコ・ダル・コー★一七らとの交流が生まれたわけで、交友関係に地域性が関係したと思います。

**日埜** 政治的なことへのシンパシーはあったのですか。タフーリは明らかな左翼ですよね。

**磯崎** イタリアで左翼でなかったら、文化人のコミュニティには入れない。大金持ちは極左になって、ちょっとした知識人や金持ちは共産党員でした。一番お金のない人は社会党で、右はないというのが当時の状況でした。ロッシはまともに共産党系で、ヴィットリオ・グレゴッティは社会党でした。グレゴッティは初期、僕に近い仕事をやっていましたが、最近はあまりに近過ぎて、あいつのやる仕事はおもしろくないと思うようになりつつあります。しだいにエットレ・ソットサスとのつながりをもとにミラノではデザイナーとばかりの、一方でヴェネツィアではアカデミーのような人脈とのつきあいになっていきました。「ミラノ・トリエンナーレ」が六八年革命でごたついた後に、アルド・ロッシが今で言うコンテクスチャリズムにあたるような、タイポロジーを手がかりにした「テンデンツァ」という展覧会を一九七四年の「ミラノ・トリエンナーレ」で組んだ。これがいわゆるラショナリズムの復活の契機となりました。対して、MoMAで開催された「ラディカルデザイン」と言われた「Environments and Counter Environments: Italy, The New Domestic Landscape」(一九七二)展の中心人物がソットサスでした。こちらのほうが派手に仕上がっていましたね。

**日埜**　そのような人脈が広がっていくのがこの時期なのですね。

**磯崎**　やはりミラノで同じ事件に巻き込まれたという連帯感が、その後もずっとあると思います。その点はニューヨークのコネクションとは違いますね。ニューヨークで今もちゃんとつきあっているのはマイヤーとアイゼンマンという従兄弟同士の二人ぐらいです。しかもつねにそれぞれ別々の件でのつきあいです（笑）。ニューヨークでは、センチュリー・クラブでジョンソンを囲んだ、蝶ネクタイ着用のドレス・コードがあり、女房は連れて来てはいけないという、建築家だけのディナーが行なわれていました。ジョンソンは相棒がいなかったので、女が入ると話がおもしろくないということらしい。僕やホラインなど海外から何人かの建築家が来たりすると、そこに呼ばれていましたね。ニューヨーク在住の何人かは、当時は朝七時頃にお互いに電話をかけ合って情報交換していたらしく、そのうちのひとりに夜マンハッタンのホテルについたと連絡しておくと、翌朝八時頃に何本も僕の部屋に電話がかかる。そうか、昔のフリーメーソンもこんな具合だったのだな、と思ったことがあります。9・11まではこんな有様だった。あの事件がきっかけで、僕はアメリカから遠のきました。

［二〇〇九年七月九日、磯崎新アトリエにて］

［**註**］

★一——柄谷行人（からたに・こうじん）：一九四一—。思想家、文芸評論家。一九六九年「〈意識〉と〈自然〉——漱石試論」によって、『群像』新人文学賞を受賞。七〇年代に『畏怖する人間』（講談社文芸文庫）、『意味という病』（講談社文芸文庫）、八〇年代に『日本近代文学の起源』（講談社学術文庫）、『マルクスその可能性の中心』（講談社学術文庫）『隠喩としての建築』（講談社学術文庫）（一九八三）、『内省と遡行』（講談社学術文庫）、『探求Ⅰ・Ⅱ』（講談社学術文庫）などを発表。二〇〇〇年には「国家と資本主義に対抗する」アソシエーション運動を展開する組織ＮＡＭ（New Associationist Movement）を結成したが、〇三年に解散。

★二——沢木耕太郎（さわき・こうたろう）：一九四七—。ノンフィクション作家。一九七三年『若き実力者たち』（文春文庫）を発表し、注目を集める。右翼少年による日本社会党委員長浅沼稲次郎刺殺事件を描いた『テロルの決算』（文春文庫）で大宅壮一ノンフィクション賞受賞。同書によりニュージャーナリズムの旗手と呼ばれる。ユーラシア大陸の旅行を記録した『深夜特急四　シルクロード』（新潮文庫）において、テヘランで磯崎新夫妻と会い、食事を共にする場面が描かれている。

★三——ミシェル・ギー（Michel Guy）フランスのディレクター、文化大臣。一九二七—一九九〇。一九七二年、演劇、ダンス、映画、音楽の芸術祭「フェスティヴァル・ドートンヌ」を創設した。一九七四—一九七六年シラク首相のもとで文化大臣を務める。

★四——ヴァレリー・ジスカール・デスタン（Valéry Marie René Georges Giscard d'Estaing）：一九二六—。フランスの政治家。フランス第五共和政第三代共和国大統領。サミットを提唱し、ド・ゴール退陣後のフランス保守政界の立役者として活躍。欧州将来像協議会議長などを歴任し、欧州通貨制度創設など欧州統合を推進した。

★五——アンドレ・マルロー（André Malraux）：一九〇一—一九七六。フランスの作家、政治家。ド・ゴール政権で文化相を務める。歴史的街区の保存、不動産修復を促進する制度を提唱、都市計画と文化財保護を統一したマルロー法を制定した。著書に『王道』、『人間の条件』（ともに新潮社）など。

★六──武満徹（たけみつ・とおる）：一九三〇─一九九六。作曲家。ほぼ独学で作曲を学ぶ。戦後、「実験工房」に参加。オリヴィエ・メシアンやジョン・ケージの影響を受ける。邦楽器を取り入れ、「水」「鳥」「庭」といった自然のイメージを内包した独自の音楽は国際的に評価される。映画、舞台、ラジオ、テレビや文筆、音楽祭の企画等幅広い分野で活躍し、社会的にも大きな影響力を持った。作品に《弦楽のためのレクイエム》、《ノヴェンバー・ステップス》など。

★七──大島渚（おおしま・なぎさ）：一九三二─二〇一三。映画監督。京都大学法学部卒業後、松竹に入社。一九三四年『愛と希望の街』で監督デビュー。権力に対峙する社会性の高い作品として注目される。続く『青春残酷物語』、『太陽の墓場』のヒットで松竹ヌーヴェルバーグの旗手と呼ばれた。作品に『日本の夜と霧』、『白昼の通り魔』、『愛のコリーダ』、『愛の亡霊』、『戦場のメリークリスマス』、『御法度』など。

★八──「間」展開催＝一九七八年、『表徴の帝国』の邦訳出版は一九七四年。

★九──エットレ・ソットサス（Ettore Sottsass）：一九一七─二〇〇七。イタリアの建築家、インダストリアルデザイナー。オリベッティ社のタイプライター《ヴァレンタイン》のデザインなどを手がけたほか、一九八〇年代には若手建築家らと「メンフィス・グループ」を結成し活動した。

★一〇──井筒俊彦（いづつ・としひこ）：一九一四─一九九三。イスラム学者、言語学者。日本ではそれまでほとんど研究されていなかったイスラム学を手がけ、イスラム思想研究の第一人者として活躍した。特に一九五〇年代に完成させた「コーラン」の翻訳は現在も高い評価を得ている。『イスラーム思想史』、『イスラーム哲学の原像』、『イスラーム文化』（以上岩波書店）などがある。『コーラン』の邦訳でも知られる。『井筒俊彦著作集』（中央公論社）全一二巻がある。

★一一──ジェフリー・キプニス（Jeffrey Kipnis）：一九五一─。アメリカの批評家、都市計画家。オハイオ州立大学建築学部教授。ロサンゼルスの設計事務所シャーデル・ザーゴ・キプニスのメンバー。また、建築家ピーター・アイゼンマンや、哲学者ジャック・デリダとの協働でも知られる。主な著作に『The Cunning of Cosetics』（未邦訳）など。

★一二──バニスター・フレッチャー（Banister F. Fletcher）：一八六六─一九五三。イギリスの建築家。王立英国建築家協会会長（一九二九─一九三一）などを務める。建築家であった父親の事務所に参加し、父との共著として『フレッチャー建築史』をまとめた。父の死後も同書の改訂を重ね、また本人の死後にもフレッチャー信託財団により改訂版が発行され続けている。

★一三──ホワイト&グレイ：一九七〇年代初頭の建築界での論争。コルビュジエの「白の時代」をもとにする抽象的理論を重視したコーリン・ロウ、ピーター・アイゼンマンら「ホワイト派」と、伝統的様式や土着性を重視したロバート・ヴェンチューリら「グレイ派」による対立。

★一四──ウォーレス・ハリスン（Wallace Kirkman Harrison）：一八九五─一九八一。アメリカの建築家。《国連本部ビル》の共同設計などに携わった。ＡＩＡゴールドメダル（一九六七年）受賞。

★一五──パオロ・ポルトゲージ（Paolo Portoghesi）：一九三一─。イタリアの建築家、理論家。一九九八年のヴェネツィア・ビエンナーレで建築ディレクターを務める。また、磯崎新、マイケル・グレイヴス、ハンス・ホライン、リカルド・ボフィールなど、世界的な建築家二〇名を招いて「ストラーダ・ノヴィッシマ（最新街路）展」を開催。作品に《バルディ邸》、《ベヴィラクァ邸》、《聖家族教会》、《ラクイラ美術アカデミー》、《イスラム文化センター》、《リミニのホテル》など。

★一六──マッシモ・カッチャーリ（Massimo Cacciari）：イタリアの哲学者、美学者、政治家。現代イタリア、ヨーロッパを代表する思想家。一九四四年─。一九九三─二〇〇〇年、二〇〇五─二〇一〇年ヴェネツィア市長。作曲家ルイジ・ノーノとともにオペラの制作もしている。著書には『必要なる天使』（人文書院）、『死後に生きる者たち』（みすず書房）などがある。

★一七──フランチェスコ・ダル・コー（Francesco Dal Co）：一九四五─。イタリアの建築史家。ヴェネツィア建築大学教授。一九九六年より雑誌『CASABELLA』編集長。

# 12 「建築の一九三〇年代」から「間」展へ

## アンビギュイティと日本近代建築史の再編

### 1 西洋近代の時間と空間、思考法に対する疑い

**日埜直彦**　おおまかに言って「大文字の建築」と言いはじめるまでの磯崎さんの仕事は、対比的な構図でとらえられるのではないかと思っています。《旧大分県立図書館》であれば全体の姿を規定する強固なフレームと伸縮可能なプランがありました。また《お祭り広場》を見ればスペース・フレームのニュートラルさとその下で起きる多彩なイヴェントのエフェメラルな性格がある。あるいは「プロセス・プランニング」にしても、究極的にはスタティックな建築とダイナミックなプロセスの対比でしょう。七〇年代の手法がキーワードになる時期を見ても、幾何学が宙吊りのままに組み立てられ、そのなかにさまざまな意匠が重さを失って浮かんでいるような空間のイメージがありました。おおまかに言ってここまでは対比という関係性で考えることができると思うのです。

それが《つくばセンタービル》あたりから事情が少し変わってくる。こうした変化において、前回もお話をうかがいました「間——日本の時空間」展（一九七八）が重要なきっかけのひとつだったのではないかと思います。いわば外からの要求に応えた結果、「間」をテーマにされたわけですが、しかしじつのところやはりそこに相応の内的な必然性があったのではないかという部分をきょうはお訊きしたいと思います。

例えば、日本で話をする限り、都市を無形のもの、うつりゆくものとして想定することは自然であったと思うのですけれど、ヨーロッパではそうはいかなかい。『日本の都市空間』で描かれるような「かいわい」はヨーロッパにももちろんあるけど、しかし西洋的な文脈では都市にはどうしようもなく形があるし、なければならない。『日本の都市空間』自体にもそのギャップを客体化するような意識があったと思いますが、それにしても日本で語るのとヨーロッパで語るのでは、ずいぶん事情が違ってしまうのではないかと想像します。

だからこそ、日本の伝統的空間の原基としての「間」という象徴的キーワードを展示のかたちでフランス人の前に提示し、神秘的な日本というありきたりのイメージにとどまらないものとして展示に定着したのではないかと想像しています。そのことで先に言った意味での磯崎さんの初期からの対比的な構図が、あらためて別の文脈において確認されるでしょうし、あるいは同時にそのことでその対比的構図自体も変質してくる、そんなふうに思うわけです。

**磯崎新**――冒頭のお話にあった《旧大分県立図書館》で実現したことは、「闇の空間」という、かなり初期の文章で書いたことなんです(初出=一九六二。『空間へ』所収)。当時は『建築文化』などで「日本の都市空間」についても文章を書いていました。一九六〇年に《孵化過程》などを考えた過程で、思考の手がかりに空間、時間という概念を最もよく使いました。われわれが、空間、時間という概念を、近代の思考の基本形として、疑うことなく見ていることに対して疑問を持っていましたから、空間、時間を「場所」と「機会」に置き換えてみたらどうかという文章を書いたのですね。空間はplace、つまり場所である。時間はoccasion、つまり機会であると。

前にも述べましたが、これはもともと、アルド・ファン・アイクの考えにヒントを得ています。彼はプエブロインディアンの集落調査を文化人類学的に行なっているのですが、調査結果を基に小さい単位をどのようにつなぐかということに関して幼稚園の計画を考えるときの手がかりにしようとしています。その過程で、西洋近代の時間論、空間論に対する理解では、プエブロインディアンの集落構造の全体は捉えられないと彼は考えた。そのときに、空間、時間を「場所」と「機会」に言い換えたのです。

最初、大元がわからなかったのですが、調べているとマルティン・ブーバーにたどり着きました。彼はもともとハイデガーのところにいたユダヤ人で、聖書のドイツ語訳などを行なった後、一九三八年にイスラエルに移住しました。われわれのあいだで最も知られている著書は『我と汝・対話』(原著=一九二三。日本語訳の初版は一九七八年刊〔田口義弘訳、みすず書房〕)で、主体と他者の関係論としておもしろいと言われていました。そして、アイクと似た部分があった。抽象空間、絶対的な時間、無限空間という近代の空間概念を実存主義的に読み替えて、一種の人間学の方向にもっていこうとしていた。

当時、僕がやりたかったのは、基本的にギーディオンの『空間・時間・建築』(一九四一)で書かれている近代建築史論の置き換えです。ギーディオンはチューリッヒ・ウィーン学派の系列で、ヴェルフリンたちの次の世代にあたります。彼は、本来は新古典主義をやろうとしていたので、ルドゥやブレーについての議論を行なったカウフマンのような方向に進む可能性もあったかもしれません。そして、批評家としてCIAMの事務局長も務めた。その後、グロピウスによってハーヴァード大学に呼ばれる。戦争中に行なったレクチャーをまとめたのが、この本です。『空間・時間・建築』は、二〇世紀のさまざまな成り立ちを概念規定するのにぴったりあっていました。時間、空間を時空間と読み替え、四次元の空間であるとし、当時の量子力学の時間論、空間論に近代建築の思考形式やヴィジュアルな解析につないでいった。デュシャンも同じことをやっていました。未来派は空間を時間の連続のようなものとして表現します。このようにさまざまな要素が関係しているのですが、いずれにせよ、時間、空間は一緒に考えられるのではないかと僕は思った。

さかのぼれば、カントによる三批判書のひとつ『純粋理性批判』に、時間や空間という概念は出てきます。批判を組み立てるときに、われわれは疑いもなく時間、空間という概念を認め、批判の思考構造はすべてそれを使ってできあがっている。これは基体であって、一つひとつの批判をしながら組み立て直すものではないと、カントは最初から決めているわけです。結局、このような思考が、カント以来、新カント派にいたるまでつながっていた。そして、現象学が始まった際、時間、空間の概念のなかに、身体や感覚の問題を入れることによって構造を逆転させようとしたのが一九二〇年代だったのです。

ギーディオンは、その部分を通過していなくて、それ以前からの時間、空間論のうえで考えていた。少なくとも、空間に時間が入ったことが以前と異なる。それが近代の建築デザインだというように。二〇世紀の特徴のひとつは、交通のようなダイナミズムが都市に入ってくることですから、時間が意識されたのは確かです。けれども、その時間、空間でさえ、一八世紀の始まりと変わっていないのではないかと僕は当時から考えていました。

先ほどのブーバーに戻るわけですが、空間概念の抽象性を解除して、特定の場所(place)と考える。時間は事件が起こる瞬間なのだから、ある機会(occasion)だと見直してしまう。このような見方をするとおもしろいと考えたのです。振り返ると、現象学あるいは身体論につながるような要素が芽生えてきていたのが一九二〇年代頃のことなのです。日本ではおそらく西田幾太郎の哲学や、もう少し別のかたちをした考えがあったのだけれど、当時の僕は理解できなかったし、文献も手に入らなかった。けれど、考えても見れば、あのときに「時間」「空間」に対して疑いをもったことが僕の視点のひとつになっていて、それがゆえに「プロセス」を考えるようになりました。そして、エフェメラルな瞬間に立ち現われてくる特定の感覚や事件に関心を持つようになりました。これを拡張すると、先ほどの「かいわい」はアクティヴィティではあるけれど、空間的にも時間的にも規定することができないような現象としてわれわれは感知している。このことをどのように捉えたらいいのか疑問を持つなかでプロセスなどの考えが出てきたのです。

今ここで形のあるもの、ないものと言っている概念の枠組は、当時の僕からしてみると、時間と空間の対比であるように思います。時間は流動的でアモルフな状態(これはいたって空間的なイメージ)。空間はモルフでフィックスされたひとつの広がりをシステム(こちらはいたって時間的な理解)として持っている。けれど、これらを統合すべきか分離するべきかを考えるうえでのロジックを支える概念の枠組がもともと曖昧でした。

**日埜**――ギーディオン的な近代建築が新カント派的なイメージを持っているとしたら、今お話しいただいたアルド・ファン・アイクから連なる文脈の背後に実存主義や現象学のような思想があるということですね。そういう意味では鈴木大拙★1の仕事の意味をどう考えるかがおもしろいようにも思います。鈴木は五〇年代に、アメリカで西洋哲学と東洋哲学を接続し、言語化しようとしました。ある意味では「間」展とパラレルと言えるかもしれない。それをどのように考えたらよいのでしょうか。

**磯崎**――鈴木大拙は西田幾太郎の同級生で、西田が日本でやったことをアメリカに行って英語で説明できたような人です。彼が日本に戻って来た頃、一種のスピリチュアリズムとして日本を説明するような本が出てきた。また、私の学生の頃は、中村元★2が東洋思想をインド哲学までさかのぼって論じていました。こういう人たちを一括して否定しなければ駄目だという学生時代の考えが僕のなかに色濃く残っていたものだから、彼らの本を読んでそれらを日本的だと捉えることを警戒していました。逃れるために見ないようにしていた面もありました。浪漫派も含め、戦前の日本主義に関わる思想を排除して考えるという、純粋アメリカニズムというか、純粋近代主義が、生のかたちで戦後の日本に入ってきてステレオタイプ化していた。今となっては、一九五〇年代にはこうした枠組みに縛られていたことが、明瞭にわかります。当時の自分にはそれが思考の限界であったと思います。

**日埜**――少し話がそれるかもしれないのですが、スターリンとトロツキーというもうひとつの対比についてはいかがでしょうか。

**磯崎**――トロツキーは単純に言うと、悪魔の権化みたいにいわれていた人です。当時は今とはまったく逆の評価でした。スターリンが一九五三年に死ぬわけですが、それまで日本のアカデミズムでさえスターリンを疑うことをしなかった。例えば、今でもスターリンの言語学を評価する人がいる。ソシュールらの言語学が台頭する前は、彼の言語学が有名だったわけです。スターリンの場合、長い目で見ると後期マルクスや、それを形式化したエンゲルスのような思考を受け継ぎながら、結果的に政治的な統制主義につながっていく。けれど五〇年代にそこを読み分けることはできなかった。一九六〇年頃になると徐々に自分なりに、スターリンへの批判は統制主義による圧政への批判であって、スターリン理論の批判ではないと思うようになりました。世間でも多くの人がそう言っていた。

対してトロツキーの場合は、彼が掲げる永久革命の非弁証法的な点が、マルクスから逸脱していると批判されていました。一九六一年に栗田勇★三さんによるトロツキーの自伝『わが生涯』が翻訳されていますが、当時はトロツキーの情報は日本ではあまり手に入らなかった。日本共産党の東大細胞内部や主流派で分裂が起きたときに、堤清二や安部公房らはそれぞれ「トロツキストだ」と批判され除名されているわけです。正統派で残っていったのは、スターリンを受け継いでいる幹事です。こうしたことを見ているうちに、理論的には明快にはできませんでしたが、直感として、どうもスターリンは怪しいと思いました。そこでトロツキーというとても破壊的に見える存在を取り出してみたのです。正統な歴史理解ではないけれど、「都市破壊業KK」(一九六二)のSとAという分裂の比喩の背景には、そのような事情がありました。

現代の政治でもそうですけれど、結局、アンビヴァレンスは統制しないとどうにもできない。それに対しトロツキーには一切の統制を排除した状況が理想的だという、新自由主義的なものにつながる要素もあった。理論としては二項対立するダイコトミーにしないと仕方がないのだけれど、統制と非統制という対立に加え、ひとつの枠組と、つねに壊れていく枠組という対立もあった。これは近代の思考の基本形だったと思うのです。

## 2 アンビギュイティと翻訳の問題──「間」が指し示すもの

**磯崎**　ここで「間」展の話になるのですけれども、当時、ドゥルーズやデリダが一九六〇年代に書いたものが一九七〇年頃になってようやく日本に紹介されはじめました。解説も増えましたし、フランスのポストモダン思想家たちの方法を読めるようになった。ドゥルーズは、僕らが学んだ近代のダイコトミーではなく、あるものが枝分かれしていくことを、言語論のシニフィエ、シニフィアンの一致、不一致とも関連させ、「差異」や「ずれ」、すき間の発生について論じていました。デリダの言葉で言えば、「エスパスマン(espacement)」(間隔化)です。その後、僕はそれを「GAP」であると理解するようになり、さらには建築的なヴォキャヴラリーで考えられないかと思いました。いきついたのが「アンビギュイティ(ambiguity)」なのです。要するに「曖昧さ」です。これは当時あまりプラスに評価されない言葉でした。一九五〇年代のダイコトミーのときは、いわば二分法の中間に位置づけられる「アンビギュイティ」はもってのほかだった。ですがドゥルーズらが、「差異」や「ずれ」と言い出したことで、僕も気が楽になりました。「アンビギュイティ」を『建築の解体』のメイン・コンセプトにしたのは、そのような背景からです。このとき、哲学の分野では、アンビギュイティについてはあまり論じられていませんでした。戦前に東大で教えたことがある詩人ウィリアム・エンプソンの書いた『曖昧の七つの型』(*Seven Types of Ambiguity*, 一九三〇)という本を偶然に手にしたのですが、そこには「言葉を詩的に転換するきっかけはアンビギュイティだけだ」と書かれていた。つまり、ひとつの言葉の意味が分離していくことや言葉の二つの読み方が同時に見えてくるようなことを言っているのですが、詩では当然のことですし、そのことはみんなわかっていました。ただエンプソンが理論化を行なったのです。この本に触れたことでアンビギュイティ論は建築に応用できるのではないかと考えました。

その頃、ヴェンチューリの『Complexity and Contradiction in Architecture』が発表されました(一九六六)。一九六九年に日本語訳が美術出版社から出たのですが(邦題=『建築の複合と対立』松下一之訳)、読んでみて翻訳があまりにおかしいと感じた。当時から海外文献の翻訳をよく手がけていた中村敏男に聞くと、自分がすべてチェックしたから間違いないという。そんなことはないと、僕が最後の段落を引用する際には、自分で翻訳しました。結局、美術出版社はその版を絶版にしました。その後、一九八二年に伊藤公文訳のものがSD選書で出版されました(邦題=『建築の多様性と対立性』)。じつは伊藤君は最後のパラグラフだけは僕の訳を使ってくれているのです。

『建築の解体』の最後に、ヴェンチューリの『建築の多様性と対立性』七つの章と、エンプソンの『曖昧の七つの型』の内容をパラレルに比較し、整理しました。コーリン・ロウの論文も「アンビギュイティ」に関連しています。彼は「透明性——虚と実」(ロバート・スラッキーとの共著、一九六三)で、「言葉通りの透明性」と「フェノメナルな透明性」という概念を扱っています。前者は、バウハウスのグロピウスが設計したような建物、後者はル・コルビュジエの「国際連盟ビル設計案」(一九二八)で、それらを対比して論を展開する。そのなかで、ル・コルビュジエの分析で扱う「フェノメナル」という概念がじつは「曖昧さ」「アンビギュイティ」だったのではないかと気づきました。ところが、訳書(『マニエリスムと近代建築——コーリン・ロウ建築論選集』[伊東豊雄+松永安光訳、彰国社、一九八一]所収)が出る前に日本でされた紹介では、「言葉通りの透明性」を「実の透明性」、「フェノメナルな透明性」を「虚の透明性」と訳している。かっこいいのだけれど間違って訳されている箇所もある。一九七〇年代、海外から入ってきた近代批判が、日本ではステレオタイプに翻訳されてしまうから、誤解が生じる。このような事態が一九七〇年代の日本で、海外建築論受容の際に起こっていた気がするのです。

「シュルレアリスム」という言葉についても同様のことが起こっていました。英語の堪能な知り合いに、「シュルレアリスム」について訊ねると「二重の意味」や「考えられない関係」など、曖昧さについての意味が含まれていることがわかりました。ところが日本では、その頃まで「シュルレアリスム」は「幻想性」と理解されていた。ですから、日本の美術界ではシュルレアリスムと幻想絵画はどこが違うかわからなかったのです。美術史家も美術批評家もその言葉を使って書いていた。そんなレヴェルでした。

そして、いろいろ勉強するうちに、僕は「アンビギュイティ」は両義性なのだと気づきました。そう読み替えるなら、この言葉の意味がわれわれとしても理解できるようになるのではないかと思いついたのです。実際に考えてみると、例えば、マン・レイのさまざまなオブジェは、置く場所を変えれば意味が変わるものです。その程度のことでさえ比較すると、ひとつのものが二つに見える。あるいは、枝分かれして、二つのものが表われる。ミシェル・フーコーの「これはパイプではない」もそうですが、この認知プロセスで考えていけば、世界の見え方が変わるのではないかと思い始めたのです。六〇年代末に宮川淳さんや豊崎光一さんらとつきあって勉強することで、ようやくそういったことが文学、詩、美術論のなかでも見えてきました。政治的なことを含めてさまざまな要素があり、この認知プロセスまで到達したときに、「間」というものが指し示す地点の察しがつきました。

物と物とのあいだの隙間、音と音とのあいだの沈黙などが「間」であるというのが通俗的な解釈です。僕は「間」とは「GAP」だというくらいに簡単に考えたらいいじゃないかと思う。「GAP」とは、目に見えてスペースが空いていることでもありますが、概念として「ずれ」が生じたときの、「ずれ」の部分でもあります。そこで、このずれも「間」だということにして、話を広げていくことが可能じゃなかろうかと思いました。もちろんヨーロッパで「アンビギュイティ」について考える人が生まれてきたのだけれども、それ以前に、われわれの理解するヨーロッパの近代とは、非常に明快で完璧な体系です。時間、空間、透明性など歴史のなかにあって一貫してできあがってきたものを崩すと、大きな反発があるから、ヨーロッパでは、シンプルに「GAP」として新しい動きを見ていた。しかし日本の場合は歴史的な背景を知らないまま受容していた。ですから、一九七〇年代の雑誌で古い翻訳を読むと、同じDeconstructionであっても、訳語が一〇くらいある。「脱構築」だ、いや「脱臼」だとか、いろいろ言うけれど、結局、「デコンストラクション」というカタカナが一番よいということになってしまう。

僕としては、言語の違い、翻訳の問題、言語から物体へ物体から言語へという異なる物体へのトランスファーの問題といったなかに共通の問題が潜んでいるのではなかろうかと考えました。極端に言うと、当時の僕の感覚では、輸入される概念が多すぎると同時に、日本語への翻訳の問題が加わって、迷惑だと感じていました。この迷惑している状態を一括して見せてしまおうという気分で、「間」展を企画したのです。

その意味で、つねに二項対立、二分法の概念があり、神学と否定神学、あるいは正と反という関係がこれまで自分のなかにあった。スターリンとトロツキーの話に戻ると、弁証法があるかないかという問題も関係してきます。弁証法の「正」「反」「合」のうち、「合」がないことはありえないとわれわれは最初に学んだ。基本と言ってもいい。ところが、日本には「正」「反」があればよいという弁証法が多く、僕も「合」はなくてもよいのではないかと思い始めたのです。要するに、二つに分かれているものを統合する必要はない。一九六〇年代のことです。

ここにいきついたのは、僕が学んだ丹下健三と岡本太郎、二人の影響が大きいと思います。丹下さんには、多くを学んだと同時に、ついていけないと思った部分もあります。あの人はつねに統合し、弁証法的に「合」（ジンテーゼ）が生まれてくる方向に向かうことが方法なのだと考える人でした。一方で、岡本太郎は対極主義です。両方が対立していて、そのあいだのテンションがよいというのが、彼の主張でした。太郎自身は「縄文」ということを盛んに言った。一見すると「弥生」に対する否定に見えますが、縄文的なもののほうが統一されているのだという見方ではありません。丹下さんは伊勢論で、縄文と弥生を統合するという言い方をする。対して、太郎は、縄文と弥生が二つあってなぜ悪いという言い方をする。彼は、引き裂かれるほうがむしろよくて、統合には意味がないという立場でした。そのような二人が目の前にいたのです。丹下さんからさまざまなことを学んでいるけれど、この部分に関しては、僕は太郎側についていると当時から思っていました。今は、ますますそう思います。太郎にとってみたら、二項対立を承認するという思考方式だったと思う。現実にまったく異なる他者が存在していることを言っているのだしいう見方もあるし、もちろんそれを含んでいる。けれど、僕は、基本的な二項対立が太郎さんの思考の要にあったのだと思います。一九七〇年頃から、ロジックのフェイズがずれて、ポストモダンのいろいろな思考が生まれてきました。そのなかには「アンビギュイティ」や両義性、GAPもあって、壊すのではなく、自動的に崩壊し生成する方向に、思考がつながっていくわけです。

そのときに「間」展の企画があった。その前後では「日本と西洋」「伝統と現代」といった対立軸があったのですが、西洋的な思考と日本的な思考は視覚的にも言語構造的にも分離しているわけだから、統合するわけにいかない。そこで、その中間に視点をずらすと、別なフェイズが見えるのではないかと思ったのです。日本には、目に見えるものと、見えないものがある。目に見えるものを反転した残りが、「間」なのだと考えたのです。表と裏みたいなものだから。これも二項対立を説明しているに過ぎないのですけれど。

## 3 息という概念

日埜　「間」展についての資料は数少ないのですけれど、基本的には日本特有の空間のアイディアを紹介しているわけですね。

**磯崎**――そういう要素も当然ありました。前にもこの話はしましたが「日仏文化会議」が開催され、僕はパネラーとして手伝った。フランスの連中は、直前に「間」展があったものだから、みんな「間」展について話す。日本側には堤清二や中村雄二郎★四がいたと思うのですが、連中は僕が「間」展をやったことさえ知らない。そんなありさまだったのです。僕は「間」についての質問に答えていたのですが、僕の説明がわかりづらかったようで、デリダが「間」についてフランス語で解説してくれました。そのときに、彼の概念「エスパスマン」やデコンストラクションにおけるGAPなど、これらをまとめて磯崎は「間」と言っているのだと説明してくれた。彼の言葉によって僕もやっとわかりました。僕にとってはよい経験だったのですけれど、当時は「間」を論じることじたいがどういうことなのか、日本側のほかのパネラーは理解していなかったと思います。

**日埜**――それは、先ほどの言葉を借りると、日本側のパネラーが新カント派的な近代主義の思考にどっぷりつかっていたからでしょうか。

**磯崎**――当時は、日本の古いものをフランスとの議論にもち出しても意味がないという見方がありました。

**日埜**――少し後ですが「間」展のリメイクをスウェーデンで行なっていますね。

**磯崎**――「間」展は、一九七八年にパリでやった後、一九七九年にニューヨークで展示し、その後、欧米を巡回して最後にスウェーデンに行っています。

**日埜**――記録によれば、そのときは神籬(ひもろぎ)がとく

image_01

image_02

image_03

image_04

image_05

image_06

image_07

image_08
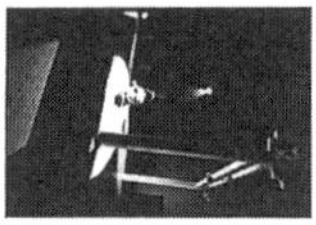
image_09

image_10
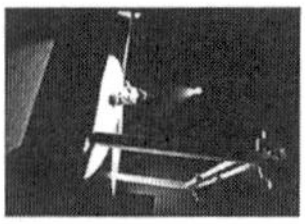
image_11

image_12

image_13

image_14
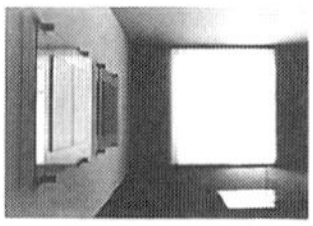
image_15

image_16

image_17

image_18

image_19

image_20

image_21

image_22

「間 MA : Space-Time in Japan」展、1978、パリ装飾芸術美術館、会場風景
[撮影=山田脩二]

にクローズアップされていました。

**磯崎**　「間」展では、展覧会のほとんどが空間解釈の問題になってしまった一方で、武満徹は音楽パフォーマンスを行ないました。僕も、芦川羊子★五や白石加代子★六や田中泯★七ら演劇の連中に舞台に出てもらいました。その結果、僕が感じたのは、もうひとつ概念を足さなければならないということです。「息」「呼吸」というものに対して、日本の音楽人、演劇人がいかに関心をもち続けてきたのかを考えたとき、「息」は「間」に相当する問題なのではないかと思ったのです。「間」が空間であった場合、それを身体化させたのが「息」や「呼吸」です。スウェーデンの展示のとき、映画作家の松本俊夫に《気＝Breathing》（一九八〇）というタイトルのフィルムをつくってもらいました。またその後、僕がシナリオを手伝って、飯村隆彦に龍安寺のフィルムをつくってもらいました。タイトルは《間――竜安寺石庭の時／空間》（一九八九）です。松本のほうは、僕にシナリオを手伝う時間がなく、昔のよしみでお願いしました。こうした経緯もあって「息」という概念を増やしたのです。僕は鈴木忠志とも長くつきあっていますし、身体論をもう少し明瞭にしようと自分でも考えています。そのとき、呼吸がひとつの手がかりになると思うのです。

## 4 死から始まる生成

**日埜**　息や呼吸は、生成とでも言いましょうか、そこで「間」が生まれることと関係があります。さきほど岡本太郎の対極主義の話が出ましたが、そもそも岡本さんの「対極の図」も、流転しながら生成することを図案化したシンボルだったでしょう。「間」展そのものがある空間のイメージを提示するというよりは、二項対立がどのように生成に関わるか、そのベースになっているアイディアや世界観を提示するものだったと言えるでしょうか。

**磯崎**　去年（二〇〇八）、海外の出版社から原稿を依頼され、いまエウリピデスやパッラーディオ、鈴木忠志、磯崎新の関係で文章を書いています。エウリピデスと鈴木は演劇人で、パッラーディオと自分は建築家です。具体的には、パッラーディオの設計した《テアトロ・オリンピコ》（一五八五）と僕の《楕円堂》（一九九七）をどう比較するかで資料を組み立てています。もともと《楕円堂》は《テアトロ・オリンピコ》を下敷きにしていることもあり、比較することにしました。鈴木は両方の劇場で「ディオニュソス」を演出しています。《楕円堂》の設計中にイタリアで演出してきたこともありますし、僕が《利賀村芸術公園野外劇場》を設計する際にパッラーディオの作図法を用いたこともあって、パッラーディオについての意見をくれました。それで《楕円堂》の形を思いついたのです。

《テアトロ・オリンピコ》は古代劇場を受け継いでいるのだけれど、パッラーディオがあのようなデザインをして組み立てたが故に、シェイクスピアでよく知られるロンドンの「グローブ座」(一五九八)などと間接的につながっています。シェイクスピアと同時代の日本には能舞台がありました。このような関係が見えてきます。《テアトロ・オリンピコ》は近代劇場の始まりで、ここから枝分かれしてスペクタクルを組み立てていくような近代劇場が生まれていきます。その最終形がリヒャルト・ワーグナーのつくった《バイロイト祝祭劇場》(一八七六)です。ここには、演劇をどのようにスペクタクルとして見るか、組み立てるかという歴史があります。

ニーチェはワグナーをいかに押し上げるかを考えて『悲劇の誕生』(一八七二)を書いており、一八七六年の《バイロイト祝祭劇場》のオープンのときには直接足を運んでいます。しかし、ニーチェは上演の途中で姿を消した。それまでニーチェはワーグナーを評価し、悲劇の究極にワグナーがいるとまで言ってきたのにもかかわらずです。僕はここがおもしろいと思います。ワグナーは、ニーチェを引き込もうと一生懸命なまま死を迎え、ニーチェはワグナーが死んでから「あれは、完成してしまったのだ。だから俺はここでワグナーを否定」すると言った。その後の評価では、ニーチェは、ワグナーがオペラを完成させたがために、オペラそのものを否定するにいたったという人もいる。ニーチェの解釈では「完成形とは死だ」となる。

僕がプロセス・プランニングを考えたとき、当時はワグナーも知らず、終末もしくは完成を無意識に仮定したのですけれど、今となってみれば、ニーチェがワグナーから逃げたということと、ニーチェがワグナーに完成(パーフェクション)を見たということが、僕にとっては建築の終末であり、死であった。それを僕は廃墟として見ていたのだと気づきました。そして、ニーチェが逃げた理由がやっとわかるようになったのです。当時は死から始まる生成をどう実現するかを考えていました。ニーチェは、そういうものを永劫回帰として進めていくわけですけれど、本来ならば終末という完成形のなかに、「ずれ」や「差異」のようなものが潜んでいないといけない。その潜むということが、亀裂(クラック)であり、それを切断として見せるべきではないかというのが、僕なりの解釈でした。それは、ひとつの西欧的な近代劇場の完成の過程でもありました。

## 5 劇的なるものが現われる場としての「間」

**磯崎** もうひとつ関心を持っていることがあります。「間」展で、僕は能舞台のパロディを設計しました。後ろの鏡板を鏡にして、四本ある柱を高さ六〇センチメートルのところで切って痕跡にしてしまうとか、床の素材もアルミにするなど、アブストラクションを施した。ここで鈴木忠志が白石加代子の独り舞台を演出した。その後《利賀山房》で、「間」展の能舞台の床を使うことになりました。大きさは少し違うけれど、材料は同じで、柱が立っていることなども一緒なのです。ここには、人間の身体は住み込んでいる建築に影響されており、空間が内面化しているの

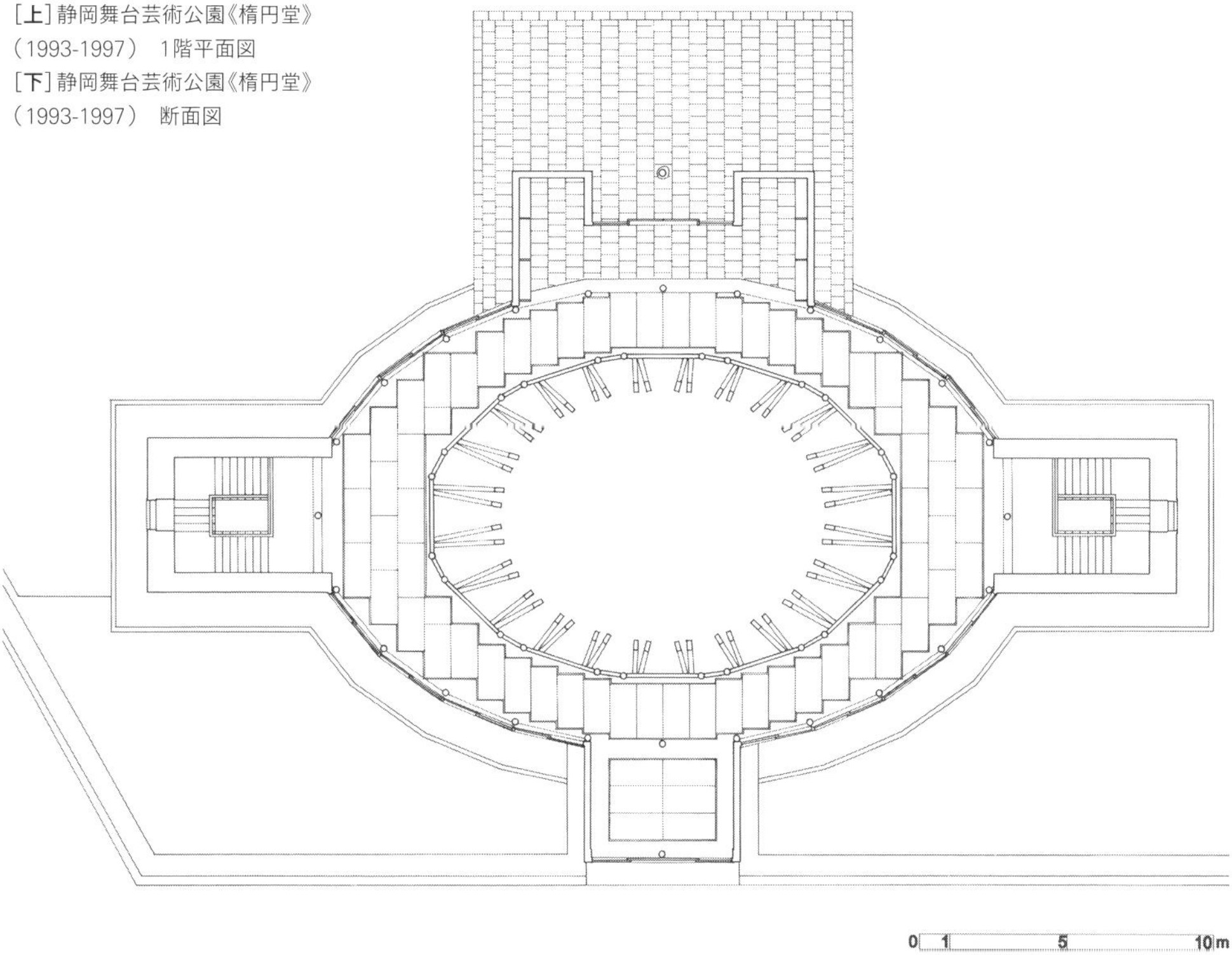


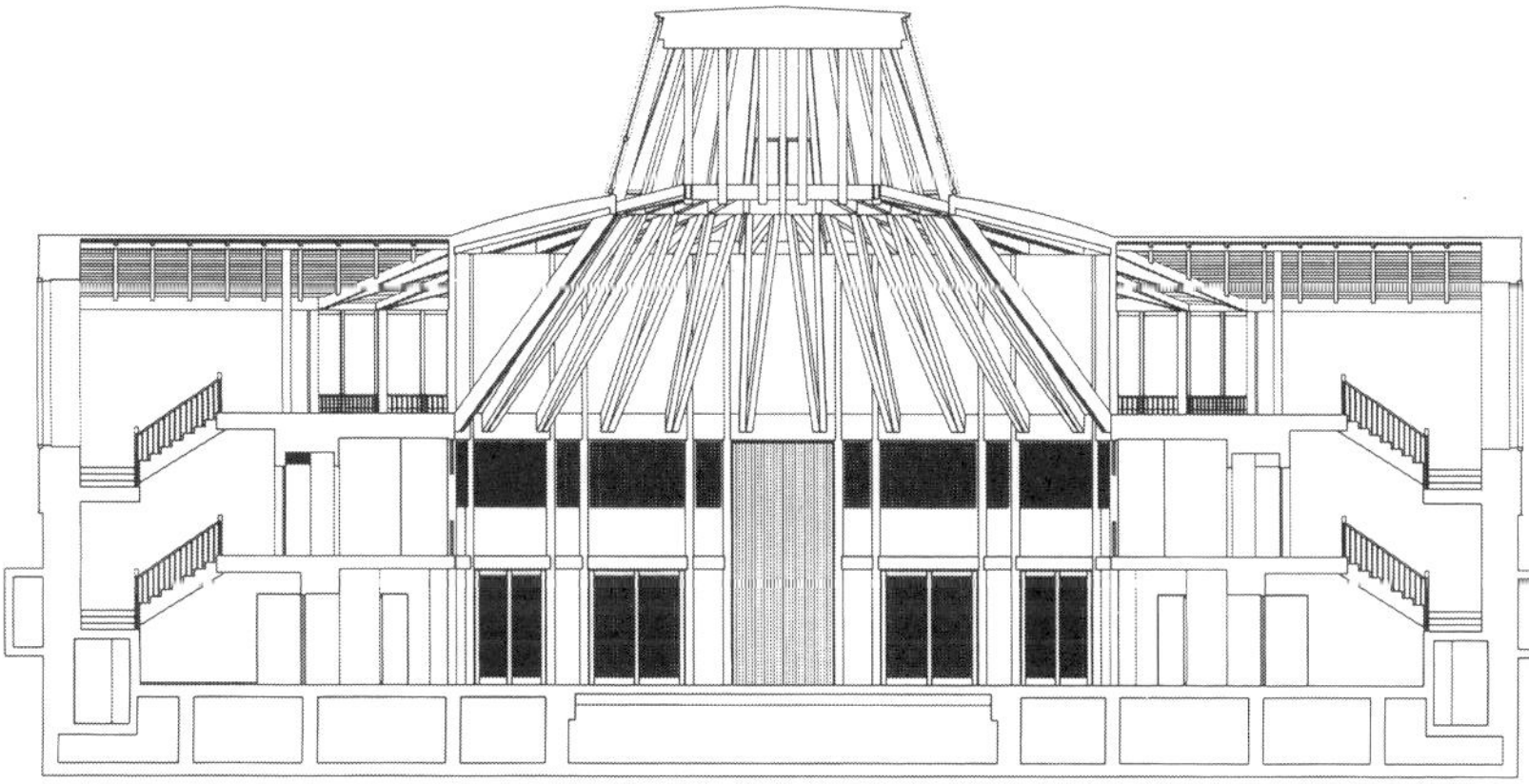

[上] 静岡舞台芸術公園《楕円堂》
(1993-1997） 1階平面図
[下] 静岡舞台芸術公園《楕円堂》
(1993-1997） 断面図

が身体なのだという、鈴木の理論が反映されています。囲いとしての建築と、住んでいる人間、演者を含めて、人間の身体は相互に関係している。極端に言うと、身体が建築を飲み込んでいるような状態にもっていって演出するべきだというのが、彼の方法なのですね。

観世寿夫さん★八は能役者として空間と身体について考えていました。鈴木がそのような発言を始めたのは、おそらく観世さんに「トロイアの女」に出てもらったとき、能を勉強して理解しようとしていた影響があると思う。観世さんは能舞台を、観客席の中に突き出た立方体だと言います。役者としてその立方体の中に立っていると、周囲のフレームとのあいだにさまざまなテンションが働くのだそうです。だから、能舞台での動きは、テンションのなかでどのように動くかに関わっているのだと、本に書いていらっしゃる。当時の演劇論において、地下演劇を評価する人間は、つねに身体性の問題にもち込もうとしたのです。この時代の演劇の流行で、渡邊守章や歌舞伎論で有名な渡辺保も身体性に新しい演劇の見方を探していた。観世さんは、枠とのあいだのテンションという言い方をしています。それを鈴木が理解したところがおもしろい。そして「トロイアの女」にも出演した白石加代子は、枠のないところで自分の身体表現を売り出した。

僕のなかでその先に建築が出現し、《利賀山房》のときに合掌造りのインテリアに押し込んでしまう発想が生まれました。しかもここには《テアトロ・オリンピコ》から始まった、スペクタクルにいたるような部分が一切ないわけです。スペクタクルの一部としての身体を見るのが西欧的な近代演劇だとすると、身体しか見せられない小劇場があり、能舞台がじつはそうだった。《東京グローブ座》(一九八八)を設計した際に、まだ復元されてなかったロイヤル・シェイクスピア・カンパニーを調べに行きました。ロイヤル・シェイクスピア・カンパニーは、大型劇場「ロイヤル・シェイクスピア劇場」と小劇場の「スワン座」などからなっています。まさに、スペクタクルと身体という構成なのですけれど、小さい「スワン座」のほうがおもしろい。スペクタクルと身体との分裂に対

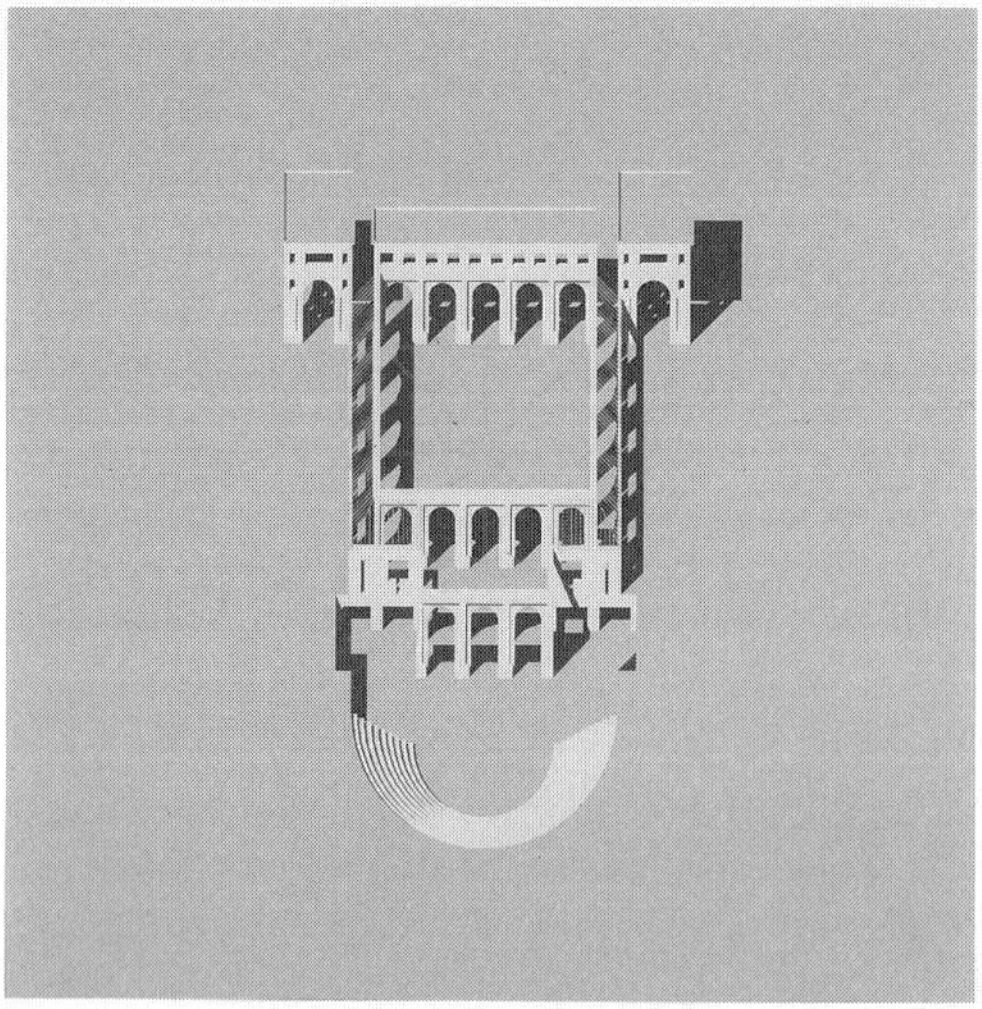

[右]西戸山タワーホームズ、野外劇場、シルクスクリーン
[左]西戸山タワーホームズ、東京グローブ座、シルクスクリーン

してどうトライアルしてきたのかが一九世紀末から二〇世紀のあいだ、つまり《バイロイト祝祭劇場》から《利賀村芸術公園野外劇場》のあいだちょうど一〇〇年間の現象ではないかと、最近になって考え始めました。

二〇世紀以降のアントナン・アルトーやベケットをはじめとする近代演劇はやはりバイロイト的なものです。ここからニーチェは逃げたのです。ニーチェは、自分が批判をした地点で終わってしまっているが、壊すことによってなにかをつくろうとしていたのが近代演劇の連中です。けれどもついに近代演劇側はまとまった概念を完成させられず、バラバラに壊したところで終わっており、その結果、辺境に裸の身体だけを取り出そうとしたのが利賀村だと僕は理解しています。

そして、《テアトロ・オリンピコ》から《バイロイト祝祭劇場》に向かわずに、《楕円堂》にきたことをどうやって詳しく説明するか、最後のところを考えている最中なのです。

僕は、身体と建築のあいだに見えない糸が張られているという、観世寿夫という能役者の感覚が「間」の根源であり、そこに鈴木の言う「劇的なる」ものが現われるのではないかと考えています。身体でも建築でもない、それらの中間に現われるものこそが劇的なものではないかと僕は仮定しています。鈴木の芝居を観てどう説明するのかについて、「間」展のときにかすかに考え始めて、もう三〇年経ちました。同じく鈴木も三〇年経って、能舞台のような舞台を「ディオニュソス」で用いた。僕はニーチェがそこに立ち現われればよいと思っています。ニーチェがギリシア悲劇を「ディオニュソス」を介して取り出したことが、その後の動きに、影響を与えていると思うのです。

## 6 日本的なものをどう捉えるか

**日埜** 「間」のなかでの身体性は、ブーバー的な現象学とつながっており、そして鈴木忠志さんの身体芸術としての舞台につながっていくわけですね。そのようにして磯崎さんの周囲に当時あった文脈が二つ合流してくる。
例えば、「間」が二項対立的な論理を下支えしている場だとすれば、西洋の伝統的な建築には、建築空間を組み立てる論理、ロジックとしての「大文字の建築」があり、ある意味で「大文字の建築」は「間」と同じように建築空間を構想するときの場となっているということではないかなと思います。

**磯崎**　「大文字の建築」は括弧付きの建築というように僕が整理をしてしまったけれど、『新建築』二〇〇九年三月号でカントと関連させてまとめ（「〈建築〉／建築（物）／アーキテクチャー――ツナミの後の建築家Architecture／edifice／architecture」）、「大文字の建築」を二つに割ったほうがよいと書いたのです。ひとつは括弧つきの建築（Architecture）で、形而上学的な構築物。もうひとつは物理的な形をもった建築物（architecture）です。ヘーゲルやカントの時代、論を組み立てた人をedifice（エディフィス）と呼んでいます。一方、物理的な形をもった建築は「edificety（エディフィスティ）」と呼べるようなものです。edificieとしてしまうと説明がしにくくなるので、もっと実態に近いという意味で、「edificety」と呼びたいと思います。片方は形而上、もう片方は形而下にしてもいいじゃないかということですね。

最近、浜野智史や東浩紀は、さまざまなことをアーキテクチャーとして読み替えようとしていますね。コンピュータをアーキテクチャーとして捉える潮流は一九七〇年頃からありました。僕も紹介したことがあるけれど、自分自身には扱う能力がなかったので、月尾嘉男や山田学らにふっていたような部分があります。僕はもっぱら、フィックスされていない、ヴィジュアル・アートやパフォーミング・アートに関心を持ってきたのですけれど、いずれにせよ、概念をパラレルに、「括弧つき建築（Architecture）」と「エディフィス（edifice）」「アーキテクチャー（architecture）」の三つに分けてよいのではないかと思います。「大文字の建築」は一九七〇年代、一般的にエディフィスとして見えていたと思うのですね。同時に形而上学であり、ほかの要素も含めた構築的なものだと考えるべきだとも思っていました。

これを整理する方法として建築のメタ概念を考えました。建築を論じるときには、よいとか悪いとか、あるいは建築的でないなどと、さまざまな評価をします。その際、メタレヴェルでの建築概念がない限り共通の議論にならない。われわれが議論するなかで、どうしても、この超越的なレヴェルの概念をはずすわけにいかないのです。建築にメタ概念があるから具体的な建築論ができる。当時はそういう順序で考えたのです。それで括弧つきの「大文字の建築」を取り出しました。

この問題については、カントが三批判書（『純粋理性批判』『実践理性批判』『判断力批判』）のなかで論じています。建築をつくるという行為をメタファーにして、哲学の議論を組み立てている。ですから三批判書の構造は建築（アーキテクチャー）だという議論はその頃からあったのです。言い換えれば、西欧近代が取り出した思考の基本が建築だったと言える。これを僕は「大文字の建築」と呼ぼうとし、このような概念がなかった日本の問題がいつも頭に残っていました。要するに日本に建築はなかったのです。伊東忠太以前には建築家はいなかった。建築という概念さえなかった。これは中国でも同じなのですね。東洋にない、西欧の思考方法の核心が建築だと言ってもよいでしょう。

東の辺境にあるアジアに、西欧の近代が入ってきて受容されるとき、そのプロセスがひとつの問題となります。東か西かということではなく、文化の転移の仕方です。近代の場合は、建築の受容であったけれど、日本ではそれぞれの時代、例えば古代には朝鮮半島から仏教が伝えられ、その後も継続的に時代ごとに中国大陸からさまざまな宗派の仏教が入ってきた。南蛮からキリスト教も入ってきた。日本はつねに外部から思想を受け取ってきました。僕は、受け取ったものを日本でどう料理するかが、和様化問題★九であると整理しました。その和様化の仕方こそが日本的なものだと考えたのです。

これに関連して最近『現代思想』の加藤周一特集(二〇〇九年七月臨時増刊号、青土社)を読みました。彼とは長いつきあいだったけれど、改めておもしろいと思いました。彼は中村真一郎、福永武彦らと、終戦直後に新しい近代文学運動を展開した人物として知られています。終戦直後の座談は読んでおらず、つい最近読んだのですが加藤はおもしろいことを言っている。みんな日本的なものをかつてあったものと考えて、その対立概念である近代的なものがいかに入ってきたかを議論しているけれど、そんなところに日本的なものなどない。外国からのものが入ってきて、それを日本という場所で言い出すことが日本的なのだ、と。当時の一般的な近代の理解と比べると完全に浮き上がっていると思いました。料理するのではなくて、入ったことをそのまま受け取るのが日本だという見方なのです。けれどそういう見方をしている人だということは以前からわかっていました。加藤周一は最晩年に『日本文化における時間と空間』(岩波書店、二〇〇七)を書き下ろし、日本文学だけでなく、思考や時間、空間がそれぞれの時代にどのようなものだったのかを通史的に書いています。あまりに抽象的すぎてすぐに理解するのは難しいのですが、僕が気になったのは、時間も空間もなかった日本の、古代からの問題を、西欧の空間、時間概念で論じても、日本を論じていることにはならないのではないかということです。彼は、首尾一貫して明解で、西欧近代の持っているあらゆる思考の基本を絶対に変えない人ですから、その論じ方にも納得はできます。

当時の僕は、日本的なものを次のように考えていました。例えば、重源が天竺様を受容することはストレートに輸入なわけです。日本人にとっては、このとき異物が移植されたと見るのが一般的な理解で、僕もそれに近かった。けれどもこれは必要な過程だったと言えます。天竺様★二〇を日本的でないが故に排除し、日本化できそうな繊細な禅宗様★二一を日本風に料理していったのではないかという見立てが、日本的なものを考えるひとつのきっかけとなったのです。僕の関心はストレートに輸入されたものにあります。例えば、百済から法隆寺に入ってきた百済観音もそうです。吉田五十八さんと議論したときに「あなた、法隆寺は日本じゃありません。百済ですよ」とはっきりと言われたのです。それで僕も「これはまったく日本化されていない、生のままの法隆寺なんだ」とわかった。

もしかしたら加藤さんはそれをひっくり返して、見ているわけです。白鳳時代から奈良時代にいたっては、和様化が進行していて、その極限が平安時代にあると。要するに、ドメスティケーションの度合いのようなものですよ。ドメスティケーションとは、こちらの身丈に合わせて料理していって、いかにも日本的と言われるような味付けにすることです。日本では各時代、つねに似たようなことが起こっています。

神奈川県立近代美術館で行なわれた「坂倉準三」展(二〇〇九)に関連して坂倉論を書きました(「坂倉準三の居場所 一」『建築家坂倉準三——モダニズムを生きる 人間、都市、空間』[神奈川県立近代美術館、二〇〇九]所収、「坂倉準三の居場所 二」『住宅建築』二〇〇九年七月号[建築資料研究社]所収)。坂倉準三がなぜ、日本近代建築論のなかで、前川國男さんのように浮かんでこないのかを書いたのです。その理由は、坂倉さんがドメスティケーションしなかった、日本化しなかったことにあるのではないかと。一般的には、《パリ万博日本館》(一九三七)が有名で、この作品は日本的だったけれど、坂倉は日本ではなにもやっていない。ル・コルビュジエのスタイルをル・コルビュジエの事務所でやったら、《日本館》になってしまったのではないかというのが僕の観察で、和様化ではありません。

ところが、前川國男は、ル・コルビュジエの洗練された部分を真似できない人で、漠然とル・コルビュジエ風なものを持ってきて、そのかわり、日本的な更新性や技術的なまずさを含めたうえで設計した。結果、非常に幼稚なものができしまい、僕は評価できない。けれど、そういう彼が日本で偉い人だと言われるのは、ドメスティケーションしているからではないかと思うのです。

ですから、和様化をドメスティケーションとして見るか、完全な断絶された状態に異物のようなものを引っ張り込んだ状態と見るかによって、見方が違ってくる。

以前、「日本的なもの」の実例で、伊勢、重源、桂について書いたのですが(『建築における「日本的なもの」』、新潮社、二〇〇三)、いずれも断絶が起こったときの話です。日本風ではなく非日本的なものが出現した、あるいは虚構としての日本的なものの例です。伊勢はそういうものではなく、虚構として組み立てたものですが、のちにこれを日本的と言うようになってきた。桂も同じではないかと思うのですけれど、こういうことも日本的と言えるのではないか、ということしか書いていないのが実情です。

**日埜**　実際、あまり整理しすぎると見失うところがあるような気もしますね。

**磯崎**　それは僕がいつも困ることのひとつです。海外の研究者からインタヴューされると、あなたの作品のどこに「間」展が現われていますかという質問が必ずくる。こちらとしては、関係ありませんとしか答えられない。けれど海外の人は、同じ人間が建築のデザインと同時に、論を書いているのだからつながっているはずだと思い込んでいるわけです。

## 7 二〇年区切りの日本近代建築史へ

**日埜**　ここで一九三〇年代の問題にも触れておきたいと思います。そもそも一九三〇年代に基本的な思考を形成した建築家へのインタヴューを『都市住宅』誌で連載したものですが、これが一冊の本にまとまっています。これもこの時期の磯崎さんの日本における近代という問題への関心を別のかたちで表わしているでしょう。これと「間」展のつながりはどのように意識されていたのか知りたいところです。

**磯崎**　大きな意図があって「建築の一九三〇年代」を始めたのではないんです。たまたま植田実が段取りをしたのがきっかけで、吉田五十八さんのインタヴュアーを務めたのです。ところが、一度きりで終わりではなく「次に誰と話すか」ということになり続いていった。いざ対談相手を考えるとき、堀口捨己さんや丹下健三さんら、僕が学生のときに建築家として有名だった人たちの仕事のなかで、自分の目で確認できるのは戦後の仕事だけでした。彼らの戦前の仕事は、資料にもアクセスできないような状態だった。ですが、インタヴューを通じて実際に話を訊いていくうちに戦後とつながっているように見えたのです。丹下さんや高山英華さん、岸田日出刀さんら、僕の先生だった人たちが、戦後に話したり書いたり、設計していることと、戦前に彼らがやってきたことは一見まったく違ったように見えるけれど、じつは同じではないかと思い始めました。本来ならそこのところを「建築の一九三〇年代」で浜口隆一さんに訊いて、とことん追いつめられたらいいなと思っていたのですけれど、浜口さんが企画に浮かんでこなかった。なぜなら、隆一さんは、かなり斜にかまえていたところもあって、こういう企画に乗らなかったからなんですね。

先日、『GA』が、日本の戦後建築史を特集号で扱うということで二川幸夫と話をしたのです（「日本建築の価値を決めたモノ」『GA Japan』No.100, 特集＝世界から見た日本の現代建築、A.D.A.EDITA Tokyo, 2009）。一九四五年から七〇年までと、七〇年から九〇年くらいまでの区切りにするというので、僕は四五年ではなく、三五年から五五年、五五年の次は七五年、七五年から九五年と、二〇年単位で切ってくれたら整理がつくと話しました。一九三〇年代と関係があります。「もはや戦後ではない」とする経済白書（一九五六）が記事になったりしましたが、戦後は相変わらず続いていたと思います。僕にとっては、戦後であることに間違いはない。説明がつかないことが多すぎるということで、四五年前後を連続させて考えました。一般的に戦後というと四五年から七〇年という区切りが多く、また日本近代建築論の多くは四五年もしくは七〇年で書き終えます。この二つの区切りをこれまで僕もかなり使ったのだけれど、最近は整理がつかないので、二〇年区切りに変えようと思っているのです。五五年は五五年体制があって、七五年はオイルショックがあった。一九七一年にドル紙幣が金と兌換しなくなり、一九七三年に変動相場制になりますから、最近の経済学者は、ネオリベラリズムの始まりは七五年からだと言っています。九五年は日本で、震災やオウム事件があった。そう考えると、このほうが時代との関係が説明しやすいと思い始めたのです。七五年以前に「三〇年代の問題」や『建築の解体』を、そして七五年を過ぎてから「間」展をやって、一九八三年の《つくばセンタービル》へと続くのですから、この区切りと僕のあいだにはやはりなにかがあるのですよ。

**日埜**――やはりフェイズが七五年あたりでずれているのでしょうね。

**磯崎**――田中角栄の『日本列島改造論』（一九七二）、オイルショック（一九七三／一九七九）やロッキード事件（一九七六）などが同じ頃にかたまっていますからね。僕の記憶では、この時代は不況のどん底で細々と仕事をするのが精一杯という感じでした。篠原一男（一九二五－二〇〇六）は別ですけれど、いわゆる野武士は七五年世代なんですね。七〇年代の半ばに安藤忠雄（一九四一－）が登場し、伊東豊雄（一九四一－）や毛綱毅曠（一九四一－二〇〇一）も出てきた。大型建築も公共建築もないので小住宅から始めざるをえなかった。そういう組み立てをし下地をつくったのが『都市住宅』（鹿島出版会）でした。一九六〇年に平良敬一さんのところで『建築』を担当した植田実が、一九六八年から始めたのが『都市住宅』です。鹿島出版会に平良さんが移ったのが一九六二年で、僕は『ＳＤ』にイタリアの広場などについて書いた記憶があります。植田実は一九六五年に『建築』二月号で僕の特集「〈磯崎新　都市と建築における作品と方法〉」をつくってくれました。『空間へ』（美術出版社、一九七一）の巻末の「年代記ノート」はそのときに書いた記憶がある。

**日埜**――一九六五年に『ＳＤ』が創刊されて、別冊のようなかたちで『都市住宅』を一冊平良さんが編集し、植田さんがそれを引き受けたかたちであったと思います。

［二〇〇九年八月六日、磯崎新アトリエにて］

[註]

★一――鈴木大拙(すずき・だいせつ)：一八七〇―一九六六。仏教学者。一八九七年渡米し、出版社で働きながら『大乗起信論』、『大乗仏教概論』を刊行し、仏教、特に禅思想の研究・普及に努めた。帰国後は学習院、真宗大谷大学で教鞭を執る。著書には『禅と日本文化』(岩波新書)、『日本的霊性』(岩波文庫)、『禅とは何か』(角川ソフィア文庫)、『鈴木大拙全集　増補新版』(岩波書店)など。

★二――中村元(なかむら・はじめ)：一九一二―一九九九。インド・仏教哲学者。一九四二年、インド哲学思想体系を考察した大著『初期ヴェーダーンタ哲学史』をまとめる。研究範囲は広く、インド哲学、仏教学、比較思想、世界思想史、など思想全般にわたる。著書に『東洋人の思惟方法』『中村元選集』(以上春秋社)、『原始仏典』(ちくま学芸文庫)など。

★三――栗田勇(くりた・いさむ)：一九二九―。評論家、小説家。評論の対象は文学、絵画、建築、仏教などと幅広い。一九七七年『一遍上人―旅の思索者』(新潮文庫)で芸術選奨受賞。そのほかの著書には『都市とデザイン』(鹿島研究所出版)、『異貌の神々――ゴシック・バロック・ガウディの空間』(美術出版社)、訳書には『ロートレアモン全集』(人文書院)、『トロツキー　わが生涯』(現代思潮社)など。

★四――中村雄二郎(なかむら・ゆうじろう)：一九二五―。哲学者。一九七〇年代以降、西洋哲学、現代思想、芸術、科学などジャンルを横断した多彩な活動を展開する。著書には『感性の覚醒』(岩波同時代ライブラリー)、『哲学の現在』『術語集』『臨床の知とは何か』(以上岩波新書)、『共通感覚論』『魔女ランダ考』(以上岩波現代文庫)、『精神のフーガ――音楽の相のもとに』(小学館)など。また岩波書店の元編集者・社長の大塚信一による『哲学者・中村雄二郎の仕事〈道化的モラリスト〉の生き方と冒険』(トランスビュー)がある。

★五――芦川羊子(あしかわ・ようこ)：一九四七―。舞踊家。暗黒舞踏の土方巽に師事し、一九七四年、土方らとダンスカンパニー白桃房を結成、土方の舞踏に欠かせない舞踏家となる。七八年の「間」展では土方振り付けの「闇の舞姫十二態――ルーブル宮のための十四晩」を踊った。

★六――白石加代子(しらいし・かよこ)：一九四一―。女優。一九六七年鈴木忠志主宰の早稲田小劇場(現ＳＣＯＴ)に入団。「劇的なるものをめぐってII」に主演し、「狂気」をはらんだ演技が注目される。その後「トロイアの女」などギリシア悲劇で主演する。

★七――田中泯(たなか・みん)：一九四五年―。舞踏家。一九六〇年代からモダン・ダンサーとして活動する。「間」展に招待参加し、ヨーロッパで大きな反響をよんだ。その後も国内外で舞踊、オペラ、演劇、映画などで活躍。ミュンヘン演劇祭で最優秀パフォーマンス賞、フランス政府の芸術文化勲章、朝日舞台芸術賞舞台芸術賞などを受賞している。

★八――観世寿夫(かんぜ・ひさお)：能のシテ方。一九二五―一九七八。「昭和の世阿弥」とも呼ばれた演技と理論で戦後の能楽界をリードする。また新作能を演じるほか、ストラヴィンスキーの『兵士の話』、武満徹『水の曲』などに作舞・出演した。一九七〇年、「冥の会」を結成してギリシア悲劇、ベケットなどの作品を上演した。著書には『心より心に伝ふる花』(角川ソフィア文庫)などがある。

★九――和様化問題：磯崎新は自身の著書などで、『日本的なもの』とはもともとは外部から輸入され、それが一定の期間をかけて日本に合った形に適応・変化していったものであり、その過程は歴史的に何度も繰り返されてきたという指摘をしている。

★一〇――天竺様：鎌倉時代に重源により導入された建築様式であり、大仏様とも呼ばれる。構造の強度を高める貫や挿肘木の使用が特徴である。代表的なものに《浄土寺浄土堂》がある。

★一一――禅宗様：貫の使用など天竺様と共通する部分もあるが、組物は詰組を用い、花頭窓や軒先の強い反りなど天竺様よりも装飾的な要素がみられる。代表的なものに《円覚寺舎利殿》などがある。

# 13 近代批判としてのポストモダン一九六八―一九八九

## 『ポスト・モダニズムの建築言語』の時代背景

**日埜直彦**——今回の特集のテーマは「八〇年代建築を読み直す」としています。ポストモダンの建築に対する評価、あるいは距離感がこのところ曖昧にされ、場合によってはネガティヴな評価を前提とした、ある種の踏み絵になっているような感じさえある。そしてそうした意識において想定されている八〇年代は、きわめて抽象的で、ほとんど仮想敵のような薄っぺらいイメージでしかないようです。こうした過去への眼差しは、少なくとも知的に不純だと言わねばならないでしょう。八〇年代は、もちろん全面的に肯定され得るわけではないにせよ、少なくとも全否定して片づけられる他人事ではないはずです。まさしく現在の直接の過去としてそれが存在する以上、八〇年代を抽象化することは、現在を抽象化してしまうことに繋がりかねない。この特集ではそういう意味であらためて八〇年代に積極的に目を向け、その具体的な実相を再検証したい。そこでポストモダンという時期について、八〇年代においても現在と変わらず状況をリードしてきた磯崎さんに、当時の状況や印象についてお話をうかがえればと思っております。

**磯崎新**——これまで僕は「ポストモダン」とは言ったけれど「ポストモダニズム」とは言わないようにしてきました。ポストモダニズムという言い方はチャールズ・ジェンクス★1から始まったのでしょう。彼はこの言葉をさして深い定義もすることなく、不注意のまま使いはじめた。迷惑を与えると同時に流行語にもなった。おさまりが悪くなるとレイト・モダニズムとかネオ・モダニズムとかラベルを連発していっそう混乱が起こった。こんなやりかたがいちばん気にいらなかったのはケネス・フランプトンだったのじゃないかな。あげくにニュー・リージョナリズム。なんだか建築は「〜イズム」というファッションになってしまいましたね。モダニズムが芸術としての前衛運動を介してつくりあげられてきたときに、マニフェストをもったイズムが掲げられるという型が生まれた。その前衛運動が終わった六〇年代のあとに、二〇年代の前衛運動の型だけが表現的に反復されはじめる。七〇年代と八〇年代はそんな宙吊りの時代だったと言うべきかも知れません。

他の場所でも書きましたが、一九六八年にいわば文化革命が最高潮に達する。この後、一九八九年のベルリンの壁の崩壊、さらにバブルの崩壊、社会主義ソ連の崩壊と続くわけだけど、このベルリンの壁の崩壊を象徴とする一九六八年―一九八九年の約二〇年が、僕なりに考えるポストモダンの時代です。この二〇年というのは全てが宙吊りの時代だったのではないかと思うからです。まあ、これも対立と闘争が歴史をつくっていくというヘーゲル的歴史観に基づくものかも知れません。ただ僕は、フランシス・フクヤマ★二がソ連の崩壊を歴史の終焉ととらえているのに対して、むしろ、それが歴史の始まりだと見ています。言い換えると、六八年にひとつの歴史が終わり（前衛の死）そして八九年にあらためて歴史が始まったと思うのです。だからこの間を「歴史の落丁」と呼んでいます。八〇年問題とはそんな時代が建築を踊らせた、そこに行きつくのじゃないですか。

一九六八年に関しては様々な発言がすでにあるし、最近も絓秀実★三が『革命的な、あまりに革命的な――「一九六八年の革命」史論』（作品社）という本を出したりしている。だから、一九六八年というのは思想史的にひとつの区切りになっている。そして僕は、六八年革命は挫折したと考えます。それ以降、世界の基本的な対立の構造の中での紛争がなくなった、表面化できなくなったという状態が起こって、これが二〇年間続いたのではないか。東西の冷戦構造がジワリジワリと腐食していくようにソ連が一方的に崩れていくのだけれども、それにしても紛争には至らなかった。それが、天安門事件も含めて八九年頃に世界的に一気に表出します。世界が変わりはじめた。同時に、表面的にポストモダンの運動も停止したのだと思います。

それ以降は別の世界の構図が始まっています。その構図がいったい何かというのは現在の問題なのですが、おそらくこの特集が八〇年代論ならば、その次に当然九〇年代論がある。その九〇年代論はそこから始まるのでしょう。ポストモダンが始まったのが一九六八年の挫折からだとするならば、日本では七〇年万博が区切りでしょう。それからの二〇年間が一区切り。だから八〇年代というより、むしろ七〇年から八〇年代の二〇年というふうに見た方がいいんじゃないかと思います。

一九七七年ですか、ジェンクスの『ポスト・モダニズムの建築言語』★四が出たのは。少なくとも、その前に彼は僕の《群馬県立近代美術館》を見に来ています。そのときから、視点がまったく相入れないのは歴然としています。僕は六八年の前衛の死を建築の零度からの再生成過程へとつなごうとしていた。立方体のフレームは、同様な事件を通過していたシュプレマティズムの色面や立体の生成を再編したもので、ロシア・フォルマリズムを形態の自動生成と理解したものでした。ところが、ジェンクスは形態を表象論的に、よく言えば記号論的にとらえようとしていたのですが、実情は一九世紀の様式論と、象徴論の枠を一歩も抜けでていない。記号論を一応使っていても、表象論にもいきついていない。ほとんど反動的な旧式な視点です。だが、このアナクロニックな説明がかえって分かりやすかった。おかげでジャーナリスティックな関心をもたれるようになる。だからジェンクスは理論的なライターとしてはまったく評価されず、コーヒー・ブックのライターとして、写真入りの厚い本を量産することになってしまった。『ポスト・モダニズムの建築言語』というタイトルに言語という言葉が使われていますね。まあ、ここが最も目ざとい、というか、流行にのることのできる彼の能力かも知れません。

実は僕が、ポストモダンの状況をもっとも適確にすばやくまとめて、どんな論文でも必ず参照する本として挙げているのは、フレデリック・ジェイムソン★五の『言語の牢獄』(一九七二)です。ポストモダンの言説の基本になるべきポスト構造主義、さらにはロシア・フォルマリズムも視野にいれて、言語論へと論点の基準を送り込む共通のマナーが支配していることを適確にとりだした先駆的な著作です。またこの頃にすでにウンベルト・エーコの記号論を自家薬籠中のものとしたいくつものエッセイが現われています。そして、思想の様々なレヴェルにおいて、七〇年代の中期には、いわゆるポストモダンの思考を方向づける重要な作業はほとんど出版されていました。ジェンクスの本はそんな思潮を建築領域にひきこむことを意図したわけでしょう。

ところで理論なり本というのは、すでに理解されている部分が九割、残りの一割が新しい内容だと受けるけれど、その逆だと当たらない(笑)。ポストモダニズムの話はそういう限界があったと思います。一〇年間くらい早かった。この本は最初から批判されてはいましたが、明確に批判されていたのは八〇年代の半ば頃ですね。その頃には、ジェンクス自身修正をやっていた。そして露呈したのは建築の様式史観でしかなかったということです。そして美的判断において、カッシーラーやランガーの象徴論よりはるかに後退して、一九世紀にもどってしまった。二〇世紀の前衛の仕事を否定しようとしたんだから当然の帰結ではありますがね。

実は同じことが、一九三〇年代に起こっています。有名なニューヨークMoMAの「近代建築」展★六、それのカタログ版として出版されたヒッチコックとジョンソンの『国際様式建築』(一九三二)において起こっているんです。三〇年代の初めに、それまでヨーロッパで試みられた数々の試みを巧妙に選別する作業がなされている。一口で言うと構成的表現を捨てて、容量的表現を採った。カーテンウォールなどへと連なる生産主義、あるいは機械的表現主義です。このとき、国際様式と呼んだように判断の基準が旧来の様式だった。これがその後に影響を与える理解のしやすさの原因だったけれど、ここには一九世紀以来の様式的解釈へと逆行したことに注意してください。ジョンソンは五〇年代の自邸の説明や六〇年代に書いたミース論などで、自分は建築史家だ、と居直っています。言い換えると建築史の流れの中に近代建築を位置づけようとしたわけで、二〇年代の前衛たちのつくった幾つもの可能性を切り捨てたことに注意しておいてください。それがMoMAの建築企画にずっとつらなっている。

いわゆるデコン、つまりデリダのデコンストラクションと、ロシアのコンストラクティヴィズムを混ぜ合わせたデコンストラクティヴィズムもその流れに過ぎない。それは建築をスタイルとして理解しており、とりだされた二つの内容の換骨奪胎であり、無関係だというわけです。このデコン展のキューレーティングの背後にジョンソンがいたけど、マーク・ウィグリー★七が表にたっている。彼の『The Architecture of Deconstruction: Derrida's Haunt』(MIT Press, 1995)はデコン論にみえるけど、デリダのかなり幼稚な解説にすぎない。ジェイムソンの洞察とは較べものになりません。

**日埜**｜ヨーロッパが先行していたモダニズムの流れを、MoMAが国際様式として換骨奪胎するとともに、モダニズムを脱色しながらそのヘゲモニーをアメリカに持っていく。それ以降の文脈において「デコンストラクティヴィスト・アーキテクチャー」展はMoMAがそのトレンド・セッター的な役割の反復を企てたものであることは明らかだし、ある意味でジェンクスにも似た意味があり、あの本は六八年以降の宙吊り的状況に放り込まれたわかりやす過ぎるほどわかりやすいスタイルブックだったわけですね。理論的に言ってあの本のどこがポストモダンなんだという感じは確かにあります。個人的なことを言うと、僕は大学に入るのが八九年だったんですが、当時すでに集約されていたポストモダンに関する情報に目を通した後にあの本を読みましたから、逆にどうしてこんな本が評価されたのかよくわからなかった記憶があります。

**五十嵐太郎**｜七〇年代と八〇年代のポストモダン建築の動向は、当時の『a+u』が結構フォローしていましたね。それにしても『a-u』の企画によって、『ポスト・モダニズムの建築言語』の邦訳が原書のわずか一年後に刊行されたのは、今から考えても早いですね。問題はあるけど、時代の雰囲気はつかまえていた。しかし、この本は、ミースの建物が何の施設かわかりにくいことを指摘することで、モダニズムのレッテル貼りを行ない、悪者に仕立てあげた感じがします。

## 2 ポストモダンと八〇年代思想

**磯崎**｜今回の特集で訳出されているジェフリー・キプニスには『ニーチェのスタイルによって』というアフォリズムの薄い本があります。全部アフォリズムで構成されていて、フィリップ・ジョンソンがこのキプニスの本をバックアップしているんですね。ジョンソンは、自伝によるとハーヴァードでは哲学を専攻し、最初ソクラテスをやったけれどもおもしろくないのでニーチェをやり、それで自分の考えがはっきりしたと言ってます。その後ジャーナリストとしてヒトラーの動きを追ってポーランド侵攻までついていくわけですが、そのきっかけはニーチェに基づいた新しい自分なりの見方の整理ということだった。そんな自らの初心を彼はキプニスにも見つけたんですね。キプニスのニーチェ的なスタイルによる短文は、かなり凝った文章でバラバラのアフォリズムが入っているだけです。建築的なことを言ってはいるが、建築についてはほとんどしゃべっていない。むしろそれがきっかけでキプニスは建築の世界に入ってきたわけです。同時に訳出されるコールハースの論考はどの時代のものですか？

**日埜**──八二年のラ・ヴィレットのコンペ案の説明文を準備しています。八〇年代の初期に、すでにコールハースのああいうプログラムに対する編集的な手法が出てきていたということは、八〇年代の建築の状況を現在から見たときに見落とされがちなひとつのポイントだと思います。当時の建築の議論とはかなり違った位相であの提案は考えられていて、当時も強いインパクトがあったと思いますが、しかしコールハースのラ・ヴィレットコンペ案や八九年のフランス国立図書館コンペ案も、八〇年代に現われた建築の構想であることは紛れもない事実ですから。

**磯崎**──同じ頃では、チュミの「ピラミッドと迷宮」★八がありますね。これはフランスのバタイユ系ですが、バタイユを直接読んだというより、当時はああいう形で読んだ人たちがたくさんいたわけですね。ドゥニ・オリエの『コンコルドの占拠』なんて本があります。そういうものからの影響があると思われますが、大きく言ってバタイユからの影響ですね。あの頃はポスト構造主義、もしくはポストモダンの思想家というくくりが生まれてきて、フーコー、ドゥルーズ、デリダ、それにボードリヤールやヴィリリオなどの名前が挙げられています。日本では彼らの六〇年代から七〇年代にかけての著作の翻訳が八〇年代に一挙に始まった。そのうちのいくつかの重要な著作の翻訳は、後になって改訳がなされるように、日本語としては意味が通じないものが多かった。例えばヴェンチューリの『建築の多様性と対立性』の最初に出た美術出版社版の日本語訳では、ほとんど意味不明で、これこそが建築におけるポストモダンの最良のものだったのにもかかわらず、不幸なことに、別な人の手によって改訳がなされるのに二〇年以上過ぎてしまったわけです。ヴェンチューリはにが笑いをしてましたがね。浅田さんの『構造と力』はドゥルーズを手がかりにした実に明晰な状況説明というか指針でした。あるいは、柄谷行人の『隠喩としての建築』はウィトゲンシュタインとゲーデルに触発されてメタファーとしての建築を考えているわけです。そこに柄谷のオリジナルな洞察があって、いずれカントに戻っていくきっかけをつくっています。

それに対して僕個人が関わった流れからするならば、六八年のポストモダンの始まりは挫折のあげくのことでした。結局ゼロ還元された状況に立ち向かわなければならなかった。そのころに書いていた『建築の解体』の最後は「主題の喪失」、すなわち主題がないということが主題になった、これが六八年の結論でした。ここでいう主題というのは、ヘーゲル的に言えば歴史が動く中から生まれる目標のようなもので、言い換えれば、われわれは紛争がない世界に追い込まれてしまった宙吊りの時代です。この宙吊り時代の最大のポイントは、議論や闘争あるいは物をつくるといった時の行動の根拠がなくなったということです。根拠が不在になったということは、主題が消えたということと同じです。根拠が不在のまま何事かをなさねばならない。これがこの時期の思想というか言説の基本的な問題になりつつあった。もちろん小ぜり合いはありました。しかし、民族国家の建設、階級闘争、民族解放など、近代を動かしてきた基本条件がここで無効になりつつあった。コンテスタシオンが六八年の合い言葉でした。それは文化レヴェルにおいて最も強く意識されていた点でした。だから文化革命と呼ばれたのですが、それが結果的に挫折して、ボクシングでいうとクリンチの状態になっていた。「歴史の落丁」は、それを言ったのです。目にみえた事件になるまでに二〇年を必要とした。これがポストモダンの時代なのです。だからこの時期の諸著作を見るし、いかに根拠不在に対処するかが主要な関心事になっています。この事態を感知できない著作は、まあ無意味なもんだったと見てもいい。七〇年代の初め、僕はこういう問題に行きあたっていました。

## 3　方法と修辞／決定不能性

**磯崎**　少し話が飛ぶけれども、イラク戦争を正当化したネオコンサヴァティヴの連中は、もともとあの六八年の時代は極左トロツキストだった（笑）。彼らは僕らと同じようにその後、根拠不在の時代に行きあたり、それを乗り越えるにはどうしたらいいかという時に、虚構でもいいから根拠をでっち上げなければならないと考えたのですね。でっち上げるに当たって、アメリカの軍事力をもとにして、人権をテーマに掲げるなんていい加減もいいところで、これも完全に虚構のひとつだと思います。そういうところでの理論構築をやってそれをグループワークして大統領に売り込んだというのが濃厚なんだと思います。あれがニューヨークの知的ユダヤ人たちのある意味での極端な流れであると思います。そういうことが起こる要因というか気配がポストモダンの状況が成立する時の根拠の不在に由来しているのではないかと逆に思います。

では、ゼロに還元してしまったそのあと、何から、どう始めればよいのか？　その時僕が考えたのは、無に戻すというのではなく無から始まるとしたら空虚の中からなにがしか最小限の形態が浮かび上がる方法を考えなければならないということでした。それは単純な幾何学的形態をしたイマーゴではないか。そしてグリッドとか純粋幾何学が出てきます。それをマニピュレーションし一種の形式化を行なう。その過程で形式のジェネシス――自動運動と呼んでいますが――形式の自動生成が捕まえられねばならない。その捕まえ方を理論化しようとしたものが僕の「手法論」です。

当時は、いろいろな人が近代を根拠づけた哲学なり理論なりを読み返すことで、新しい解釈への手がかりにしようとしていました。僕が追いかけたのは、ロシア・フォルマリズムのシクロフスキー★九の理論とそれにヤコブソン★一〇の言語論です。ヤコブソンはもともとロシアの出自で初期ロシア・フォルマリズム運動に深くかかわっています。フランスに渡り、現在の言語論の基礎をつくった。ソシュールを伝達論のレヴェルにひきだそうとしている。当時、この二人の理論の翻訳は少なかったので理解は厳しかったのですが、僕がここから学んだのは「形式の自動運動」です。その当時大江健三郎★一一も、シクロフスキーの「異化の理論」や、ミハイル・バフチンの「グロテスクリアリズム」を読んでいました。八〇年代に書いた「小説の方法」は、シクロフスキーとバフチンを自分の方法として組み立て、展開しています。

僕はバフチンには行かずにヤコブソンを介して言語論に興味をもちました。フレデリック・ジェイムソンの仕事にその後も関心をはらっているのはこのためです。日本語という世界があることから、勿論、折口信夫や時枝誠記を同時に読んでいました。このあたりで「間」展(一九七八)へとつながる視点がみえてきました。そして、こんな事を考えているうちに、根拠不在になったということは、逆になんでもありなのではないかと考えるようになったわけです。それまでモダニズムは、ひとつの原則を手がかりにして、展開のヴァリエーションでモダニティを獲得するという理論で来ていた。その背後には、マテリアリズムやファンクショナリズムがあるけれども、結局は、ひとつの根拠を型で組み立てていただけです。だから、それが消えた時に、なんでもありになった。キプニスがAny会議のAnyという言葉をアイゼンマンのところに持っていった時に、これはいけるというふうに僕が思った理由は、Anyというのはなんでもありだということ、それと同じ気分でもありました。

八〇年代の日本のはやり口調というと、「とりあえず」でした。決定的ではないがとりあえずやっちゃいましょう、というわけです。かつてのような決定論がなかっただけでなく、それは組み立てられなかったので「とりあえず」になった。日本でこの「とりあえず」を一番はやらせたのは蓮實重彦です。ヨーロッパではテンタティヴ(tentative)という呼び方だったと思います。

そしてこうした議論の中から、決定不可能性《インデサイダビリティ》(indecidability)が出てきます。これは議論はうち止めというに等しい。なぜなら、どういうロジックやテクニックを使っても、決定的なひとつの結論が出ないことを言っているわけですからね。ポストモダンであることの基本命題と言っていいかも知れない。ある問題や事柄に対しては、複数の、あるいは様々な可能性、多様性があるとしか言えないからです。しかし、そうした多様性があるというような言い方は、結果であって、その前の、物ができあがっていく最初の条件は決めようがない。一般化できるロジックが見つからない。それは消えたということなんだと。これもまた根拠不在ということとつながっているわけです。

六〇年代にデリダがフッサール★一二について論じた『声と現象』では、「決定不可能性」が根源的な問題であることは語られていたとしても、まだ萌芽的でした。彼はそれをだんだんはっきりさせてゆく。デリダのいうデコンストラクションは、脱臼と訳されているときもあり、これはかなりイメージがはっきりしていていいなと思いますが、勿論全体の構図にぴったりしているとは言えず、とりわけいったんはずされた蝶番を再構築するという意味も含ませようとしているから、脱構築がいいか、とも言える。ともあれ、僕なりの理解ではこれもまた根拠を失ったあげくに再編する方法が見出されねばならない。堂々めぐりになりますね。後になって、決定不可能性の議論が浮かびあがるのですが、六〇年頃までの僕らの知識では原子物理学の実験において、原子核内部の写真を撮るときに光量子が原子に衝突して位置を動かしてしまうという、例の「シュレディンガーの猫」のパラドックスの例ぐらいに思っていたのです。

僕がこの決定不可能性の問題に遭遇したのは、「プロセスプランニング論」を書いているときでした。このとき既成の計画方法にはクローズド・プランニングとオープン・プランニングの両方があり、一方は割り算、他方は加算によっている。だが両者とも完結した結末が予定されている。これに対して、僕は常時伸縮しているようなプランニング方法を考えて、適切なバランスを見出してフィックスする瞬間を捜すというプログラムを組んだ。そこまではいいんですが、フィックスするのはいつ、どのように、誰がやるのか。相手が軟体動物のようだったり、霧のようだったりするときに、決定的な決定がなされる必要があるとして、それをどうしたらいいのか。つまりここで決定不可能性の問題に行き当たっていたんですね。最初に発表した文章では、最後に一字だけ切断がでてくる。おそるおそる書き加えたのです。その次に設計を添えて書いたときには切断がクローズアップされています。

切断というのは、ある意味で言えば決定不可能性の中で無理矢理ひとつの決定をするということに等しい。ただ、無理矢理というのは一体何か、誰がやるのか、僕にはその時つかめなかったし、今でもつかめない。結局、自分が、建築家がそこで決めたらそこで決まる。そういうふうに言わねばならない。建築家も説明がつかないからテンタティーフといつも絡んでくる。あるいは決定的でないものの複合とか重層とか引用とか変換とか様々なレトリックがそこで生まれてくるわけですが、このレトリックの体系が突然大きく浮かび上がってくる。それを僕は「修辞」という呼び方をして、「手法」そして「修辞論」というふうに続けたんです。そこから八〇年代にはいります。

## 4 ポルトゲージ

**磯崎** おそらく展示イヴェントとしてポストモダ(ニズム)ンを最初に印象づけたのはポルトゲージがディレクターになったヴェネツィアの第一回国際建築展「過去の現前(Presence of the Past)」で、ストラーダ・ノヴィッシモと呼ばれる展示ですね。

このとき初めて、新しい会場として昔の造船所のロープ工場が使われました。いまはアルスナーレ会場としてさらに拡張して使用されています。このとき二〇人の建築家が廊下を街路に見立てて、一〇軒ずつが向かいあって並んだ。このとき八〇年代のポストモダンの時期に登場する新人たちが一堂に会したというべきかも知れない。勿論ポルトゲージ、ホライン、私たちは六〇年代世代です。後は七〇年代にロンドンのAAスクールを中心に登場した連中、コールハース、レオン・クリエたち★一三です。このときひとつの見取り図が生まれたと言えるでしょう。ホラインはアドルフ・ロースを意識したアイロニカルな列柱、ボッフィルの直截な歴史主義、レオン・クリエの古典主義的町屋、コールハースのロシア構成主義風、僕は木とファブリックでヴァナキュラーな構成……という具合でした。共通していたのは、いわゆる国際建築様式から離脱する多様な方向とでもいうべきものでした。

実寸で現実の街路に近い状態を再現していたところが受けたんでしょうね。図面上では既に七〇年代から発表され、ジェンクスが採集していたようなものですが、これが舞台装置のように、チネ・チッタ(映画スタジオ)の技術を借りて実現し、演劇的になってきたのです。あげくに都市を、劇場をメタファーとして論ずる、さらには劇的な舞台として組み立てる、言い換えるとピクチュアレスクが自然を背景ではなく都市をステージにして復活したのです。景観論はそんなかかわりを持って生まれてきたと言えるでしょうね。

このポルトゲージのプロジェクトはかなり長い伝統のあったミラノのトリエンナーレに対しての対抗意識があった。六八年は僕も参加した「グレーター・ナンバー」展、「エレクトリック・ラビリンス」をそのときにつくったのですが、これは六八年の五月革命に巻き込まれ、ほとんど不発に終わります。僕のものだけ最近ZKMが「イコノクラッシュ」展の際に再現してくれました(同展における磯崎氏の作品《エレクトリック・ラビリンス》は二〇〇二年大阪キリンプラザで開催され「EXPOSE 2002 夢の彼方へ」と題されたヤノベケンジ氏★一四との展覧会において、日本で初公開された)。挫折といっても僕自身は「EXPO'70」でしたが、これが時代の変り目であったことはたしかです。その復活の最初がアルド・ロッシがミラノ・トリエンナーレで行なった建築部門の展覧会「ラショナル・アーキテクチャー」(一九七三)です。都市のメモリー、都市のタイポロジーという二つのテーマを大きく取り出したものです。都市は固定されたひとつの伝統的存在ではない。だがここから読みとれるものとして共通の成立の仕方をした建築の形式をタイポロジーとして理解すること、それは都市の合理主義的な解釈を可能にする方法でもありました。記憶と建物型ですが、この展覧会はその後の都市論とデザイン、ポストモダン、そういう方向に片っ端から広げていくような影響力を持ったものでした。

七〇年代中期を考えてみると、僕は先述したように、ロシア・フォルマリズムの展開の中にあって、形式の自動生成を手法論としてまとめていこうとしていました。例えば《群馬県立近代美術館》を立方体のフレームの連続で構成するとか表面をグリッド状に分割して形態的な無化をはかるといったものです。ここで用いたかたちがいわば単純な幾何学をベースにしていたので、モダニズムの中でのラショナルと呼ばれていた表現と類似している点もあったのでしょうが、当時ドイツのドルトムントにいたヨーゼフ・クライフス★一五がオルガナイズした展覧会に招かれました。これは彼を含めて九名の建築家のグループ展でした。九は三×三の正方形分割からきている。最初から出版のフォーマットをきめていたというべきか、グラフィックの発想というべきか。ともあれ、ウンガース、スターリング、マイヤー、ホライン、イソザキといったラインアップで、これもまたラショナルという点において通底していました。

アルド・ロッシの「テンデンツァ」(「ラショナル・アーキテクチャー展」)の影響のもとに、もっと限定して、むしろプロフェッショナルなレヴェルに焦点をあてていたというべきかな。クライフスはこれでデビューをしたという人さえいますが、彼はこの後にベルリンの国際建築展(IBA)★一六を組織します。「ストラーダ・ノヴィッシモ」が短時間で消え去るステージセットとするならば、これは実在する都市の町屋を多くの建築家に分散して担当させ街区をつくりあげるという、その後世界の各地で行なわれはじめた実物による展覧会のモデルにもなりました。

「くまもとアートポリス」★一七は、元々細川護熙★一八が熊本県知事のとき、IBAを知って、同じようなやりかたができるかどうか僕に相談がきた、それがきっかけでもあるのです。IBAにはごく小さいものを僕もつくっていてその街区マスタープラン優先のシステムの限界を知っていたので、まったく違うやりかたを試みました。マスタープランのないプロジェクト方式です。点のネットワークづくりと呼びましたが、上から押しつける景観の形式方法への疑問が僕にはありました。というわけで八〇年代の末に始まった日本でのプロジェクトは、こんな具合に七〇年代初期ポストモダンの始まりに零度の建築と合理主義の建築がせめぎあっていた、その地点に送りかえすことが可能なのです。
今まで話したところが六〇年代終わりの理論的なプロジェクト──七〇年代までに用意され、八〇年代の始まりの前史みたいなものですね。その時には、ポストモダン、ポストモダニズムというものはあった。最近、ポストモダニズムやポストモダンというのは、本から始まったというのを哲学や社会学の人たちが言うから話がおかしいのではないかと思っているのですが、日本でのそういう人たちの理解というのは、かなり限られた情報でしかしゃべられていないと思う。そうかといって元を正す必要もないからまあ良いやと思ってはいますが。

**五十嵐**｜ポルトゲージがディレクションした一九八〇年は、現在のヴェネツィア・ビエンナーレの建築展のシステムが始まった一回目でしたね。ポストモダンの企画は、絶妙な符合のように思えるのですが、たまたまだったのですか?

**磯崎**｜イタリアには、プロフェッサー・アーキテクトは理論、研究、設計の全領域にまたがって仕事をするという伝統があるのではないですか。その中にトリエンナーレやビエンナーレの組織、ときにはディレクターやキューレーティングをやる。それに雑誌の編集もふくまれていて、そこで異なったデザインの方向やイデオロギーを挙げたコンペティションがおこるわけです。BBPRのエルネスト・ロジャース★一九、カルロ・スカルパ★二〇、チームXのジャンカルロ・デ・カルロ、そして、僕のジェネレーションで、アルド・ロッシ★二一、ヴィットリオ・グレゴッティ★二二、パオロ・ポルトゲージという具合です。フランチェスコ・ダル・コーはタフーリ★二三の後継だけど、『カサベラ』の編集やビエンナーレのディレクターをやっているし、次の世代ではマッシミリアーノ・フクサス★二四がやっている。
パオロ・ポルトゲージは勿論プロフェッサー・アーキテクトで、六〇年代にはボッロミーニのモノグラフを書いている。ローマという巨大な文化的堆積をみながら、「バロック的なもの」をむしろ発掘していると言うべきでしょう。こんなやりかたは美術史家アルガン★二五を意識しているようにもみえますね。アルガンは一時期ローマ市長をやっていました。ポルトゲージ自身も一度立候補したことがある。残念ながら僅差で敗れたようです。市長というならば「天使の都市」のマッシモ・カッチャーリ。彼は哲学者、詩人であると同時に、都市・建築論を文化の問題として扱っている。ヴェネツィア市長をこの間までやっていました。ルイジ・ノーノ★二六の『プロメテオ』(一九八四)のテクストを書いている。こんな具合に、建築家、哲学者はイタリアでは当然ながら政治的な参画を普通にやっている。僕は展覧会のプロデュースやコミッショナーは当然ながら政治の一部と思っています。

**五十嵐**｜確かにポルトゲージはボッロミーニの研究者として大著をだしていますし、ヴェンチューリもイタリアの古典主義建築を分析しました。こうした歴史への眼差しをもった建築家がポストモダンに関わっていたんですね。逆に言えば、九〇年代に脚光を浴びた建築家にこういう学者肌のタイプは少ない。先に建築史を究めた藤森照信さんくらいでしょうか。僕が大学に入学したのが一九八五年ですから、建築を学び始めたときには、もうポストモダン全盛でした。高松伸さんの《キリンプラザ大阪》や、石井和紘さんの一連のパロディ的な建築が印象的でした。そうした作品が当時の雑誌をにぎわせていたので、むしろ後から建築史をやりながら、モダニズムを知っていくというすでに逆転した世代です。卒業設計では、チュミやリベスキンドのデザインをコピーした都市開発のプロジェクトがやたらと多かった一方で、リノベーションやパラサイト的な弱い建築は、ほとんどなかったように思います。大学院の修士課程の頃までは、バブルの時代でした。スタルクの《アサヒスーパードライホール》や隈研吾さんの《M2》が登場して、なんだかすごいことになっているな、と。ただ、《M2》を葬祭場、アイゼンマンの《布谷ビル》を高齢者の福祉施設に転用するように、バブル時代の建築も最近はリノベーションの対象になっているのは興味深い。

改めてこうやってお話をうかがうと、七〇年代から「ポストモダン」のおおかたのものは様々に用意されていたということですね。八〇年代に入る手前でジェンクスの本が出たことは、世間にポストモダンを広く知らしめるという意味では効果があったけれども、弊害も多かったわけですね。建築と記号論や言語論が結びつくんだとみんなが思った。その後八〇年代に入り、哲学者と建築家が語り合う、あるいは建築の理論がいろんな形で洗練されていくという動きがある。今回の特集の動機のひとつで、日埜さんが考えていることのひとつでもあると思うんですが、こうやって宙吊り状態だからこそ、何らかの根拠をつくろうと理論を形成していくことが始まったんだけれど、九〇年代以降に状況が変わったように思います。装飾的な八〇年代ポストモダンへの反動として、建築界ではミニマルなモダニズムへの回帰が起こるとともに、理論を語ることを嫌う傾向が出てきたのではないか、と。もちろん、『10+1』は例外的な存在でしたが。そしてポストモダンが忘れ去られるのに並行して、近代以前の建築史に対する関心も薄れたように感じます。こうした状況を含めて日埜さんに説明をお願いしたいと思います。

## 5 レム・コールハースとヴェンチューリ

**日埜**　現象面から見ても特に九〇年代後半以降、理論化を明確に指向したり、対立的構図を仮構するタイプのアプローチが少なくなっているように見えます。批評的であるとないとに拘わらず、そうした言説が減っていることは確かでしょう。そして国内的には、思想的言説を振り回して建築を考えることに対する嫌悪感、あるいは商業的なファッションに取り込まれるような「強い」デザインへの拒否感みたいなものが、バブル景気の崩壊にともなって途中ではしごを外されたような感覚と共に現われたのかもしれません。しかしそれは理論的な問題というよりも、その背景としての状況の問題です。今回八〇年代を再検討することになった背景には、六八年以降の近代批判の文脈が八〇年代まで連続してくるとして、その文脈がバブル的状況に対する嫌悪感と一緒くたにされて、八〇年代の状況に対する嫌悪感ばかりが先行してしまうことで、連続しているはずの近代批判の文脈が見えにくくなっているんじゃないかという意識があります。現在も近代批判の延長上にあるはずなんだけれど、八〇年代に現われた取り組みに対してほとんど盲目的に距離を置こうとしているんじゃないか。しかし実態としては現在やっていることも、特に意識しないだけで発想としては近代批判の文脈上にあるでしょう。そういうこともあって八〇年代に対する再評価が必要だろうなというのが今回のポイントのひとつです。

**磯崎**――例えば九〇年代に大きく注目を浴びた仕事を始めたのは、国際的なレヴェルではOMAのコールハースなんかが一方の極にいます。彼は建築や都市を論ずるに際して、魅力的なキャッチフレーズをつくっている。最近は「ジャンクシティ」、その前の「ビッグネス」とか「XL」なんかそうでしょう。彼の場合、そのデザインにはヒストリシズムはない。しかしある意味で言えばロシア構成主義を通じて入っているとも言える。それを彼は消そうとしているのかもしれません。

「ビッグネス」とは、内容と形式は無関係だと言おうとしているわけですね。これは基本的に近代批判なんだけど、こんな事態に至ったのは、今日の資本主義が要請する開発規模がスケールメリットもふくめて、バカデカくなっている。否応なしに建築家やアーバニストはこれに巻き込まれている。職業的に要請されている。だけど、設計の方法論は、近代建築の持ってきたロジックしかない。すなわち機能または内容を、そのままストレートに表に表現するという評価基準があるでしょう。建築家やクライアントやメディアの批評家でさえこのロジックを順守している。これに冷水をかけるように、そんなやりかたでは追いつかないよ、と脅しをかける。内容と形式が一対一で対応していなければならないから、内部が外部に表現されている必要がある。エレベーションは内部の反映であるというのがこれまでの判断で、それがタイポロジーだ。こんな理屈が近代建築の中にあった。レムは、こいつを壊してしまおうというわけですね。つまり今の社会ではこんなまどろっこしいやり方ではだめだ。やたらと開発規模が大きくなっているので、そもそも中と外をあわせようといってもバランスもとれず、無理である。反対にバラバラにしてしまおう。外は外で勝手にやり、中は中で勝手にやる。それでいいじゃないか。外の機能は内部とは無関係に広告にしてもいいし、まったく別個のデザインにすればいい。内部は外と無関係に全くそれしかわからないような様々な内容の機能がそこには入っている。要求どおりに入れればいい。内、外の関係をとるなんて無駄な努力をやめようと。このほとんどシニシズムと見える姿勢が近代建築と距離を置いて、そこから抜け出そうとする人の手がかりになるんでしょうね。その結果何が出てきたか。今までの美的判断は使えない。近代建築を含め古典主義の様々な建築の評価基準は無効となる。こんな具合に生まれた街はがらくただ、ジャンクだけれども、それでいいじゃないかと居直る。これはある意味でアイロニーです。悪い言い方をする人は綺麗なデザインができないので負け惜しみを言っているのだという。だがこれまでのやりかたを無理矢理順守してもそれは悪あがきだというように彼は達観したんだという見方もある。プラスマイナスあると思いますが、どちらにせよ街の光景も、彼の作品もジャンクであることには間違いない。

このジャンクを成立させた、内部／外部理論はヴェンチューリだと思います。彼の言うデコレイテッド・シェッド★二七です。ディヴェロッパーの言うとおり内部は効率のいい箱にして、表に広告性をもったポップなデザインをやって貼り付ければいいじゃないか、建築は歴史的に全部これでできているということも言えます。そのロジックの根元はヴェンチューリだったわけです。ヴェンチューリのこの理論こそが、ポストモダニズムの基本的な構図を成立させたと言えるでしょうね。

僕は、建築のレヴェルで使える議論は、八〇年代において、デコレイテッド・シェッドとカードボード・アーキテクチャーの二つだということさえ可能だと思っているくらいです。カードボード・アーキテクチャーというのは、アイゼンマンの言葉です。たまたま段ボールで箱を作ったコンセプチュアルな模型が大きくなった。それが建築と呼ばれてもいいじゃないかと。実はゲーリーのビルバオはこの線に乗ってると思います。ミースのような、趣味の良いセダンな建築物を組み立てる社会的条件が失われてしまった。安物のジプソン・ボードにペンキというハリボテが一般化してしまった。僕はその現実を受けいれる。最初はアイロニーでもあったけど、いまではこのアイロニーも消して、チープルッキングな素材を真面目に使うという有様になっちまったんですね。かつてアドルフ・ロースが「ポチョムキンの都市」でハリボテ化したウィーンを批判して、これが近代建築を推進していったというひとつの歴史があります。これの逆転した反復です。何とも奇妙な歴史的な展開ですね。デコレイテッド・シェッドとカードボード・アーキテクチャーという六〇年代の二つの議論がポストモダニズムの中でうまく使われていると思います。

日埜さんの言われた「八〇年代建築」を忘れようとする人たちは、アパシーを手がかりにしている。感じないこと、つまりパッションがなく、何か壮大なものや良いものをつくるという意志もない。アパシーでヒロイックな大きい物語の支配を切り抜けようとする。アパシーそのものだったらたんにナイーヴなヴァナキュラーにこもればいい。これを戦略的に使おうと考えているのが九〇年代以降のひとつの動きじゃないですか。なぜアパシーになっちまうのか。さっきの言葉で言うと、いくらやってもジャンクにしかならない。ジャンクにやるならジャンクに乗るべくそれをスマートにつくる以外しょうがないという風にやっているのではないか。組み立てから見ると、今までやった議論から突然変わったのでなく、その中の一部分でこれもポストモダンの始まりの頃にみられたひとつの動きでした。

**五十嵐** 八〇年代建築の忘却は、モダニズムと現在をつなげることで、そのあいだに存在したポストモダンの歴史を隠蔽することでもありますね。政略的アパシーは一種の歴史修正主義的な考え方ですか？

**磯崎** そうとも言えますね。太陽エネルギー利用でもパッシヴソーラーとアクティヴソーラーというのがありますね。アクティヴソーラーはものを使うからメーカーが喜ぶ。パッシヴはいかにうまくエネルギーをサーキュレートするかということを考えるからメーカーは儲からないし、プアーな材料を使う。長持ちさせる仮設物だと見ても良いんじゃないか。歴史のどの時代にもこんな姿勢は見出せます。状況が動かない場合は特に起こります。江戸時代は鎖国状態だったので、ひたすら洗練にむかう。まあ今日ではそんな社会的な抑圧の中ににじみでる狂気が注目されているわけでしょうが、しかし大勢としては宙吊り状況への対処の方策と見ていいのかもしれない。

**日埜** そのアパシーというのが、リアリズムなのか、シニシズムなのか、あるいはその混合ということもあるでしょうけど、例えば理論においてシニシズムで実践においてリアリズムとなると、これはかなり厄介なんじゃないかっていう感じもあります。結局それは宙吊り的状況とのいわば結託でしかない。

**五十嵐** さきほどのコールハースの位置づけは九〇年代的な状況の説明になると思います。そこで、ヴェンチューリの事例が出てきたので比較していくと、内部と外部の分裂という視点そのものは彼が先に提出したわけですが、デコレーテッド・シェッドの話を見ると、やはり看板はいいものをつくろうという意志はあると思います。分裂しているけど、美意識は捨てていない。八〇年代ポストモダンも、外観のファサードをどうデザインするかが重要なテーマでした。一方、コールハースはジャンクでいいと居直るわけですね。ある意味で、ファサードはどうでもいい。

**磯崎** ヴェンチューリは記号論的機能主義と言ってもいい。いぜんとして機能主義的だし、目的的にデザインを貼り付けるという点で、モダニズムの正統にも従っている。まあ、モダニズムが初期にまだラディカルであった時期に切り捨てた歴史的要素、装飾的要素を回復していこうとも受け取れます。

**五十嵐** ヴェンチューリは、ある意味ではモダニズム以上に機能主義を追求していて、本体から記号を切り離したうえで、コミュニケーションの効率を高めるために、看板のデザインを洗練させるべきだと考える。一方、アヒルは構造体を歪めてしまうからだめだと。ヴェンチューリはそこで「装飾された小屋」の方がすぐれているとみなすので、やはりエリート的な選別がはたらいていることを、ジェンクスは指摘しています。ダックも平等に扱えと。

**磯崎**　ジェンクスはダック好みですよ。

**五十嵐**　ヴェンチューリもコールハースも、ともに資本主義が鼓舞する商業空間に注目したのは共通点ですね。モダニズムが住宅や公共施設をターゲットにしていたのに対し、ポストモダンは消費社会の建築に対応しています。

## 6　バブル経済とポストモダン建築

**磯崎**　それはもちろん社会構造のなかで建築の建設用材生産、建設の経済的なバックグラウンドがあり、それもプライヴェートとパブリックという関係が急速に変化している。大勢としては社会主義的計画経済が崩れて、もっぱら公共化していた土地や組織がプライヴェータライゼーション、新聞用語で言えば民間化させられていくわけでしょ。流動化した資本が世界の経済をほとんど一本化しながら、グローバリゼーションの名のもとに閉鎖して孤塁を守ろうとしている民族国家の解体を企てている。経済活動の単位が変わったのです。さらには建築家は都市の巨大な資本の動きに個人的についていけない、大組織しか対応できない。そういう巨大な流れができあがってきている。それに対応するには、蛮勇をふるって切り込むか、全部受け流してスマートにやっていくかのどちらかしかないでしょう。いま、八〇年代については、われわれ九〇年代を通過した視点から見ているわけですね。だから八〇年代の中にいた時とは全く事情が違う。八〇年代、僕らがそのつど手探りで仕事をしていたような状況の中では、未来は予感はあってもどうなるのか分からなかったですね。ただ、「ポストモダン」がこんな宙吊り状況において語られたことに注意しておいてください。

これが大きな意識としては近代批判であることは間違いない。この近代批判というのはプリモダンに帰るのでなくて、近代を批判的に解釈するということです。この方法として、構造的にデコンストラクトするやりかたが生まれました。その他にもいろいろな試みが生まれました。結果的にベルリンの壁の崩壊が、世界資本の動きをあらためて顕在化し、よりネットワークを強化したウェブの世界が出現しました。これが九〇年代の特徴です。九〇年代に至る八〇年代の終わり頃までは、こんなヴァーチュアルな世界がこのリアルな世界に重なりあうなんて見込みは議論としてはあったとしても、そんなものが来るとは信じていなかったですよね。

その場合に八〇年代日本の特殊性はたまたまバブルになったということです。このときのバブルというのは単純に古いシステムが膨らんだだけなのです。回転が加速して収拾がつかなくなってしまった。現在の世界資本主義のようなグローバルな資本の流れがバブルを組み立てたのではなく、たんにローカルな現象がたまたま当時日本で起こっていた。そう見ないといけない。バブルというのは局所的には世界中どこにでもあって、例えばいま、中国もバブルじゃないのかといった議論があります。九〇年代の終わりの頃のアメリカも、少なくとも9・11まではバブルだったのだけど、あれからまだ回復できないし、もっと悪くなっているといわれているように、バブルは順々に潰れていくわけです。まっさらに一度更新された社会、例えば崩壊した旧社会主義の国は何か起こるとバブルになる可能性を常に持っていると思われます。

**五十嵐**――現在は中国に限らず、シンガポールやマレーシアなどアジアの国に行くと、郊外に新しい高層マンションがどんどん建設されていて本当に驚かされます。その風景は、画一的な箱ではなく、遅れてきたポストモダンのデザインのカタログのようです。様式的に言えば、ポストモダンの範疇に入ると思うのですが……。

**磯崎**――ポストモダニズムでしょう。

**五十嵐**――そうですね。あれこそ差異が全域化した究極のポストモダニズム。アジアでは、経済が活性化した九〇年代以降に顕著になった現象だと思います。

**磯崎**――われわれは例えば近代建築の展開、とくに僕は六〇年代以降は直接的にインボルブしてきたからそれができていったプロセスを全部知っているから、そういう風には思わないのだけど、中国はいわば民族的な革命、さらには文化革命という時期を経ているので、情報が閉ざされていただけでなく、外部の世界の近代建築、さらにはポスト近代建築の展開なんて身近かには知らない。それまではゼロだった。そうするとどういう方法が生まれてくるのか。今の中国のデザインはフォトショップデザインだと言われています。ようするにさっとコンピュータで建築物をスキャンして、元の建築の色を変えたり、新しく飾りを入れ込んでみたりする。そういう状態でできあがっているから、フォトショップのテクニックによるコピーの建築なんですね。設計する手間が省けて、組み合わせが自由だからまったくデコンの方法論をデコン風にならないように使っている。これが中国の今の状態です。フォトショップを用いれば、普通に悩みながら生みだした設計が一年かかっていたのに一週間でできてしまう(笑)。

**日埜**――八〇年代当時の状況の中で、直接磯崎さんが建築家としてプロジェクトに取り組むことももちろんありましたが、大きなプロジェクトを成立させるためのプロデューサー的な役割を果たされたケースも比較的多かったように思います。それはある種の距離の取り方を意識的にされていたのだろうと思うわけですが、そういう中で当時「イメージ・ゲーム」という文章を書かれています。九一年ですからもう一二年も前の文章ですが、非常に微妙なテクストだなと思いながらあらためて読み直しました。コールハースなどを交えた福岡でのプロジェクトにまつわるエッセイです。

**磯崎**　NEXAS★二八のことね。

**日埜**　そうです。そこでバブル期の建築の状況についてこんなふうに書かれています。「虚構しか受け付けなくなったこの都市がマネーゲームに蹂躙されたあげくに産み落とされねばならない、鬼子として宿命づけられた建物の貌にむかって、しかも娼婦とたわむれるようにそれを楽しんでいる私たち自身にむかって、それでも虚構の中で、その一部を構成する仕事をせねばならないときに、いかなる視点を組み立てて対処すべきか」と。実にデリケートなニュアンスが込められていますが、ある種の困難さと共にそういうことを考えられていたんじゃないかと思います。こういう困難を日本でつぶさに見ておられて、おそらくほとんど似たような状況が中国で進行中のプロジェクトにおいてもあるのではないでしょうか。一種のマネーゲームに巻き込まれているという状況もあるのではないかと想像するのですが。

**磯崎**　大きな意味で現在の中国の状況は「マネーゲーム」だと言ってもおかしくないと思います。それは日本なんかより過激に動いている状態だと思います。僕はもともと自分自身が建築家としてやれる限界をいつも考えているせいもあるのですが、商業開発——住宅やオフィスの開発も含んだ六本木ヒルズのような組み合わせのもの——の仕事には手を出さないという原則で来ています。それは、クライアントとして商業開発をやっている人たちの持っているものの考え方やメンタリティにつきあっているしきりがないというか、僕自身が処理できないといつも思ってしまうからなんですね。建物をきちんとやるには条件を細かく整理をして、ゆっくりデザインをしないと建物にならないという、非常にまどろっこしいやり方をこれまでやってきたわけです。まあ最初に仕事場をアトリエと命名したことが運の尽きといいますか。建築はアーティストがやっていくように手仕事の中から生まれてくるというわけで、これが巨大プロジェクトには通用しない。まあコンセプトやアイディアレヴェルでとまりということは自覚してきました。商業開発のような場所で要求されるのは、オフィス、ショッピングモール、住宅などを単純に決まった形で寄せ集めてくるような仕事ですね。時間もかけられない。

今でもよく、あなたはオフィスタワーを何本やりましたかと訊かれます。何本かやったうちの、スピードアップしたタイプで仕事をやってくれないかという問い合わせが来る。そういうのは僕のやり方じゃないからとずっと逃げてきたといういきさつがあって僕自身はそれに入らなかったんです。

逆に、相手としては難しいのですが、どちらかというと建設委員会が美術館をつくるとか、全く今までとは違ったソフトウエアを組み立てる建物——例えば八〇年代につくったのはニューヨークのディスコ——ならば誰もやったことがないから、おもしろいと思ってやりました。それが故に、そんなにバブルの時に儲かりもしなかったけれど、結果としてくたびれもしなかった。建築家の設計事務所というのはまともにやっていると、大きくなって、仕事が切れるとぺしゃんこになる。場合によっては破産する。コールハースでもジャン・ヌーヴェルでも経験してきていることですよね。彼らのところは未だにその危機をひしひしと感じているような状況です。組織事務所がバランスをとって仕事をしているような、そういうシグネチャーを売るような建築家たちは量をこなせないから、時間をかけてデザインをやるわけです。だから結果的にその仕事が潰れたらどうしようもないというような綱渡りをやらざるを得ない。このクライアントとは一回きりなので後はどうでもいい、怒ってもいいからこのデザインでやって後は喧嘩でさようならというやり方の建築家もたくさんいるわけですが、こういうやり方も僕はとらない。となってくるとすごく限定されてしまう。それでもやはり状況としてあるものをつくらなければいけない、それが必要だということはわかった。そこで、イメージゲームの話に出て来るNEXASなんか、もともとこのクライアントは福岡の銀行を僕がやった時のクライアントで、僕の最初のちゃんとしたクライアントだったわけですよ。当然彼らは僕がやることに期待していたし、一番初期にはゴルフ場をやったわけです。ああいうのは単発でそれなりにおもしろいからやったのですが、NEXASになっていった時にどう対処するか。そうかといって、普通の開発より変わったことをやりたいというから、まだろくに仕事をやったことのない人たち、コールハースもスティーヴン・ホールもそんなに大きいのはやったことがなかったし、ポルザンパルクだって、少し大きいものはあったにしてもそんなになかった。皆そういう感じで社会的にも認知されていなかった。だからこういう機会にちょうどいいんじゃないかとやったわけです。そんなに大きくないから、仮にうまくいかなくても各自にダメージになることはないだろうと考えて、できるだけ働きやすいようなバックグラウンドをつくったというのがあの時の仕事だった。やっているうちにバブルになってきて、さっきの話のような事態に落ち込んでいった。彼らがあそこで直面していたというよりも、日本全体で直面していた問題ですね。

**日埜**——そんな古い文章を持ち出してきたのも、例えばバブル的な状況が再度日本に起こったときに、われわれはなすすべなく全く同じ困難に直面するような気がするわけです。まあ当分心配ないとは思いますが(笑)。しかしそれは歴史的想像力の問題で、そんなことはもう当分ないだろうという目算によってこの困難に目をつぶるというのはどうなんだろうか。そういう想像力の欠如が八〇年代を見えにくくしているような気がします。

**五十嵐**――バブル期の日本建築界での重要な文章に伊東豊雄の「消費の海に浸らずして新しい建築はない」★二九というのがありますよね。先日、飯島洋一さん★三〇と対談をした時にその解釈を巡って対立しました。飯島さんは、そうすると基本的に建築家は資本主義に使われていてだめだという風におっしゃるんです。批評性がなくなる、と。ただ、あの文章自体は、単純に資本主義に対峙するでもなく、飲み込まれるわけでもなく、泳ぎ切ったかなたに新しい現実というか建築があるという決意を示したわけで、コールハースの戦略と似ているように思うのですが。

**磯崎**――「消費」は八〇年代のあらゆる分野を含めた共通のはやり言葉であったことは確かですね。言い換えるとモダニズムはプロダクションだった。それがコンサンプションに変わったのがポストモダンの時代だと理解して考えてもいい。九〇年以降はこの両方がもう一度変わっている。消費であることは間違いない。それからウェブサイトが起こったということも間違いない。プロダクションを新しいフェイズに回復しようともしています。

八〇年代に僕はあるシンポジウムで、吉本隆明と話したことがあります。その時彼は――その後の吉本の思想的な変化とも関わってくるのですが――堤清二の消費社会論がおもしろいという評価をしていました。僕なりの説明をすると、これまでの産業社会というのは工場がものをつくる。そのプロダクトにデザインを加えてマーケットに出すわけですね。商品の流通はどれもこういう形式だとマルクスは考えたわけですが、これに対して、堤清二は――彼は実践していたことが重要で、理論の背景は多くの経済学者、文化人類学者がすでに言っていたことです――まずマーケット・サーヴェイを行ない、このサーヴェイで消費者の意向を理解したうえでモノを生産する。今ではどの会社でもこうした方法でモノをつくったりしているのですが、堤さんはこれをかなり早く理論化して実行し、東大なんかでレクチャーをしていました。

これはある意味での消費と生産の逆転です。当時は生産から消費へという流れが常識でした。その関係を逆にしたところがおもしろいと、吉本隆明はそんなふうに評価していた。一方で岩井克人はもっと過激に貨幣そのものが無根拠で虚構のうえで成立している、生産／消費というリアルな物の流れではなく、これに虚構のマネーが独自のシステムを組みたて、ヴァーチュアルに重層して、かつての経済機構を再編してしまいつつある。ここから、彼はユニークな会社論を展開していますね。経済の理論問題だけをとりだしても、八〇年代では、九〇年代に現実の世界に起こり始める事態を予測するような理論的な研究がすでに生まれていたんですね。先ほどのポストモダンの時代の建築にかかわる多様な言説も、多かれ少なかれこんな見通しをもったものだけが生きのこり、今日再読、再検討に価するのです。

# 7 八〇年代磯崎作品

**五十嵐**　今の話を建築に置き換えていくと、モダニズムの時代というのは人口が急増し、需要が圧倒的に多くなったので大量生産のプロダクションの効率的なシステムを確立することでなんとか応えた。それに対して、ポストモダンの時代は、供給が過剰になり、生産者よりも使用者側の視点を入れていくという、発想がマーケティングなんですね。そうやって考えると、ヴェンチューリやジェンクスの言うことも、作り手側から受け手側へと視点をシフトさせた理論です。どうつくるかよりも、つくったものに対して、使う人がどう見ているかという視点の推移が確かにあります。悪く言えば、ウケ狙いの理論ですが。

**磯崎**　ヴェンチューリが自覚しているかどうかわからないけど、彼の仕事のやり方はポピュリズムです。一般論として、古典的なビルディング・タイプ論では伝達可能性を期待しています。一言で言えば美術館風とか市役所風といったもの、言い換えれば建築型が一種の啓蒙の役割をしたんでしょう。新古典主義をパターン化したデュランの理論はそれを予見しています。正面に列柱やペディメントをくっつける、ルネサンスの建築家たちがオーダーを建物の特性に応じて使い分けたように、新古典主義ではこれが建築型になり、ファサードの扱いが情報伝達の役割をしています。ヴェンチューリはこの古典主義的建築の装飾体系が無効になったという二〇世紀の共通軌範のうえにたって、新たにアメリカン・ポップを導入する一種のヴァナキュラリズムです。その手がかりがラスヴェガスだった。これが運の尽きだと見る人もいます（笑）。ヴェンチューリはほとんど正統的な建築の理解に基づいていて、かつての建築家が伝統的な装飾言語で表面をおおったように、ポップ的に表現化された要素を表面に貼り付ける。看板のはたしていた役割とも同じだし、グラフィズムのデザインだとも言えます。今では電光掲示板、ジャンボスクリーン、ＬＥＤをコンピュータでコントロールした照明装飾、あらゆる商業的なアイディアで表面がうずまりつつある。この乱雑な光景もヴェンチューリが予測していたものかも知れないですね。コールハースはここからそんなに遠いところにいるわけではない。彼は箱としての建物の外部装飾は、内部に収められた内容と無関係で恣意的であってもかまうものか、と言ったに過ぎない。

**五十嵐**　ヴェンチューリはイタリアに滞在して古典主義建築の形態分析をちゃんとしたので、アジア暮らしの経験もあるコールハースのようにハメを外せず、良い趣味が出ちゃっているのでしょうね。

**日埜**　ヴェンチューリの場合、要するにモダニズムの建築が現実にできあがった時に普通の人が感じるであろう一種の近寄り難さに対して、リテラルに対応して修正点を見出そうとしたから、親しみの湧く装飾やそれらしく見えるようなファサードをポップ・アートのイコンみたいに考えるようになったわけでしょう。ファサードとか、あるいは九〇年代的には大屋根が似た意味を持ちますけど、内部を外部に表現するメディアとしてのそれと、近代建築に回収して表現することができないような内部を少なくともひとつのまとまりに見せるラッピングとしてのそれへ、というようなシフトとしてヴェンチューリからコールハースのズレを考えることができるかもしれません。

**磯崎**――ファサードの存在価値を認めているか、認めていないか。これも今の問題としてはかなり大きい部分だと思います。僕は八〇年代の半ば――つまりバブルの前に、アメリカにつきあいができてパラディアムというディスコをニューヨークに設計しました。アメリカという国はハイアートとローアートが非常に明快に区別されている。テイストとしてローアートばかりやる建築家というのは低級の二流で、ハイアートをやるやつを評価する。美術館はハイアートに属している。ディスコはローアートだという風になってきているのに、一人の建築家がロサンゼルスMOCAとニューヨークのパラディアムの両方やるというのはおかしい。アメリカ人にしてみると考えられないような組み合わせなんですね。この延長にディズニーがあります。ディズニーも、現会長のマイケル・アイズナーがこういうアメリカの議論を念頭に置いて、映画が監督や役者などのキャスティングがキーとなるのと同様に建築も同じであると考えたわけです。それで八〇年代の終わりに、グレイヴスを使っているし、僕もつきあった。さらにヴェンチューリやゲーリーなど、本来美術館をやるべき建築家達も呼び集めた。そうしていくつかのディズニー建築が出てきた時、『ニューヨークタイムズ』はディズニーは絶対にローアートであるという決めつけをやった。それに建築家が協力するとはもってのほかだと言うわけです。それは、今でも続いていて 書き手は変わってきているけどさらにきついですよ。

**五十嵐**――ポストモダンの建築は、ラスヴェガスの路上にならえといって、いわばサブカルチャー的なデザインをポップ・アートのように取り込んだわけですが、八〇年代末からディズニーがポストモダンの建築家を起用することで、ひとまわりした感じがありますね。もともとアイズナーは映画業界で活躍していた人だから、まさにハリウッド的な戦略の延長に建築が位置づけられた。グレイヴスがディズニー・ワールドのために設計した《スワンホテル》と《ドルフィンホテル》の竣工は、八九年と九〇年だったと思いますけど、あれはマーケット的には、人気は続いているということですか？今や観光旅行のパンフレットの宿泊ホテルとしても紹介されています。

**磯崎**――建物としてはいい加減で、出来がいいとは思いませんが、あれだけぐちゃぐちゃな装飾が上に出て来るというのは、彼は初めてだし、グレイヴス自身は当時お皿までデザインしていたわけですね。僕はパロディのつもりでジオメト

《パラディアム》
[撮影：古館克明]

リックミッキーというエントランスのキャノピーをやったら、これは妥協だというように言われました。フィギュラティヴなものとかイメージができたら、全部反対されるという状態。

六〇年代にハイとローの区別は様々なレヴェルで変わったわけですが、ポップ・アートは、ローアートを引っかけながらハイアートにどうやって見せるかというときに成立したんですね。ポップというのはローだけど、ポップ・アートと付けばハイになるという判断基準を、戦略的にMoMAがつくった。アンディ・ウォーホルも最初はすごく苦労しましたが、今や最大のアーティストになった。結局、ローアートを素材にしてハイアートにした。彼にしてみたら、人間のポートレートを描くようにコマーシャルなグッズを描いたにすぎないだけです。他領域言語の建築への導入やコマーシャルなプロダクトなどにもあったけれども、ハイとローの関係というのはすごく微妙で、ディスコのパラディアムの場合には、それまで名前の知られていなかったアーティストに作品をつくってもらいながら、全体をディスコにしたわけです。一九八五年のことです。例えばまだ無名の頃のバスキアの壁画はあの中の作品のひとつとしてあったのです。まあ、これはバスキアが有名になって、死後ホィットニーが回顧展をやった時に持っていった時には、部屋に入らない。そんな大きさのものでした。また、クレメンテはフレスコ画を描きました。その後このディスコの建物が壊されるときに、まるで古い教会の壁画を扱うように、一枚ずつはいで分解してバラバラの断片にして保存されています。画廊では、ものすごい値段になっています。当時は職人が泊まり込みで、コカコーラしか飲めないような状態で描いていた。今ではディーラーの世界ではすごい高値になっているんです。そして、片一方では、マドンナを最初に連れてくるとか、デヴィッド・ボウイが使っているバリーライトをパーマネントに設置するといった仕掛けづくりも積極的にやりましたね。だから、最初の数年間は大成功して、元が取れすぎた。つまりアートとエンターテインメントの区別を崩して、両者を合体することを目論んだといってもいい。この主題は逆に九〇年以降にクローズアップしています。僕は決して悪い仕事ではないと思っていました。大阪万博のお祭り広場でやり残したことをもう一度、テクノロジーをしっかりさせてから組み立てたいと思っていた。

これと一年違いで、MOCAがオープンしました(一九八六)。MOCAは、一番最初に美術館の歴史を考えている時に、群馬で立方体のフレームを使って組み立てるということをやりました。MOCAはギャラリーのコンセプトを徹底して、結局ホワイトキューブと呼ばれるようになってきた基本形の、世界で最初にできたものだと思います。それまではパーティションが自由自在に動かせる、ポンピドゥー型だった。僕も最初悩んだ記憶があって、ポンピドゥー的に無限にヴァリエーションがあるようなものをつくるべきかどうし

ようかと思って、議論したり、おもしろそうなものを見て歩いているうちに、結論としてはいくつかのプロポーションのヴァリエーションのあるホワイトキューブ、これが唯一正解だと考えました。その後の一〇年から、一五年間は全世界でホワイトキューブしかないような美術館の動きになっていった。それはポストモダンから離れていくというのと同じなんだけれども、今はホワイトキューブができすぎていて、新しく何をやろうという時に、インスタレーションが出て来る。そうするとこれは、工場やガレージでいいじゃないかという、むしろ未完成な状態のままのギャラリーの方がアーティストとしては好むという状態が生まれました。ミュージアムのコンセプトは何でもありという有様になってきています。これもひとつの状況の変化です。ひとつのコンセプトが、美術館やギャラリーの中身でも一〇年、一五年で変わってゆく。これはキュレーティングされた展示コンセプトやアーティスト側の変化が大きいですよね。僕にしてみると、あんまりポストモダニズムと呼ばれるものをやったつもりはありません。もしポストモダニズムに一番近いものというなら《つくばセンタービル》です。この場合は歴史的様式を利用したと言われているけれど、僕の意識はまったくそうじゃなくて歴史のアーカイヴから引用したパッチワークなんだという考えなんです。なのであそこにあるミケランジェロのカンピドリオ広場が決定的に良いんだということでなく、あれは単純にあいうパターンの意味をひっくり返したらどう

だろうというところから来ているんですね。ルドゥーがあり、ボッロミーニがあり、昔の僕もある。いろいろあるんですが、これも同じように移植するというか移転することによって意味を変えてしまうという手法をここで組み立てようとしたわけです。これが当時の意図であったわけですが、その引用元が明瞭に見れるように、一つひとつ名指しができるようにしてあった。僕はなにがしかアイロニーのつもりもありました。しかし、もはやアイロニーなんかなくて、ごちゃごちゃの引用がキャンセルし合って無意味なものができればそれでいい。何しろ、「日本的なもの」を消去することが最大の目標でしたから。

**五十嵐**——《チーム・ディズニービル》で、磯崎さんがなされたミッキーマウスの耳のようにも見えるデザインは、直接的な引用ではなく、矩形と円形の抽象的な組み合わせがたまたま文脈によって具象的なものも連想させる操作でしたね。そうした意味で、抽象と具象のあいだを巧みに狙っていたように思います。《つくばセンタービル》における引用は、確かにアイロニーでしたね。ルネサンスの建築は古代ローマデザインから引用しましたが、権威づけという意味がありました。一方、《つくば》は、桂もパルテノンも等距離になり、歴史的な建築のヒエラルキーを解体させる操作です。しかも、《つくばセンタービル》をめぐる議論をもとに、『建築のパフォーマンス』という一冊の本がつくられたことも、ポストモダン的でした。言説が強度を持っていた。ただ、現在から考えてみると、八〇年代はこうしたアイロニーがぎりぎり成立しえた時代だったように思います。それは建築史という教養がまだ力を持っていたからではないか。建築を志すなら、ルドゥーやパラディオぐらい知らないと恥ずかしい、と。だからこそ、アイロニーが効いていた。ところが、九〇年代以降は、過去の建築を参照したポストモダンが忘れ去られ、歴史への関心が減り、へたをすると今の学生は桂もパルテノンも知らないといった状況もありえます。それは建築の分野に限らず、教養の抑圧がなくなったことと関係がある。《つくば》の登場は、東京ディズニーランドと同じ一九八三年。テーマパークはアイロニーなきイメージの引用であり、アイロニーの崩壊はもう始まっていたのかもしれません。九〇年代には、修学旅行の訪問先でディズニーランドが清水寺や法隆寺を抜いてトップになりますからね。

[二〇〇三年七月二八日、軽井沢磯崎山荘にて]

[註]

★一——チャールズ・ジェンクス(Charles Jencks):一九三九—。イギリスの建築評論家。ハーヴァード大学で英文学と建築学を専攻。ロンドン大学のレイナー・バンハムのもとで建築史の博士号を取得。一九七七年に発表した著書『ポスト・モダニズムの建築言語』において、一九六〇年以降に登場した装飾性、折衷性、過剰性の回復を目指した建築の本質を「二重のコード化」にあるとし、ポストモダンを定義づけた。邦訳書に『現代建築講義』、『複雑系の建築言語』(ともに彰国社)、そのほか『The Iconic Building』(未邦訳)など。

★二——フランシス・フクヤマ(Francis Fukuyama):一九五二—。著書『歴史の終わり』(三笠書房）において、民主主義・自由市場経済体制こそが最終的に最適な体制であるとし、これをもって進歩のプロセスとしての「歴史」は終わったとし、論争を呼んだ。他の邦訳書に『人間の終わり』（ダイヤモンド社）、『政治の起源』（講談社）など。

★三――絓秀実（すが・ひでみ）：一九四九―。文芸評論家。近畿大学国際人文科学研究所教授。著書に『詩的モダニティの舞台』（思潮社）、『革命的な、あまりに革命的な』、『吉本隆明の時代』（ともに作品社）、『反原発の思想史』（筑摩書房）など。

★四――一九七七年に刊行されたチャールズ・ジェンクスによる著書。モダニズム建築以後台頭した建築の八つの動き、①社会的現実主義、②推進される計画案と対計画案、③修復、復元、保存、④アドホック主義と不調和都市、⑤代用品あるいは人工的都市、⑥記号学と急進的折衷主義、⑦急進的伝統主義と断片的な修繕、⑧政治的な再編成を紹介。一九七〇年代後半以後、建築の領域以外にも「ポスト・モダニズム」という言葉が広まるきっかけとなった。

★五――フレデリック・ジェイムソン（Fredric Jameson）：一九三四―。アメリカの思想家、文化批評家、フランス文学研究者。マルクス主義文芸批評の代表的存在。邦訳書に『サルトル』（論創社）、『弁証法的批評の冒険』（晶文社）、『言語の牢獄』（法政大学出版）、『政治的無意識』（平凡社）、『時間の種子』（青土社）など。

★六――近代建築展（The International Style: Architecture Since 1922）：一九三二年にフィリップ・ジョンソンとヘンリー・ラッセル・ヒッチコックによって企画されたニューヨーク近代美術館での最初の建築展。アメリカにヨーロッパの先端的なモダニズム建築を紹介する機会となった。

★七――マーク・ウィグリー（Mark Wigley）：一九五六―。ニュージーランド出身の建築評論家、建築史家、作家。コロンビア大学建築学教授。妻は建築史家のビアトリス・コロミーナ。一九八八年にフィリップ・ジョンソンとともに脱構築建築の展覧会を企画し、ザハ・ハディドやダニエル・リベスキンドらを紹介した。また二〇〇五年よりレム・コールハースとともに雑誌『Volume』を創刊。著書に『The Architecture of Deconstruction』、『Architecture: In Fasion』（ともに未邦訳）など。

★八――ピラミッドと迷宮：ベルナール・チュミが一九七五年から九一年にかけて著した論文。建築における理論と実践の位相を明確に浮かび上がらせ、単純な機能主義から逸脱したプログラムのズレを現代都市の特性ととらえ、建築論に展開。一見混沌として見える東京やニューヨークこそ、新しく意外な形態と機能の関係を生み出し続けるこれからの建築のあるべき姿だと述べる。

★九――シクロフスキー（Viktor Shklovskii［Viktor Shklovskiy］）：一八九三―一九八四。ロシアの言語学者、文芸評論家、作家。ペテルブルグ大学在学中に「オポヤーズ（詩的言語研究会）」を結成、ロシア・フォルマリズムの批評運動の中心的存在。「異化（非日常化）」の理論を提唱し、構造主義、記号学の基礎をつくった。著書に『言葉の復活』、『手法としての芸術』（ともに未邦訳）、邦訳書に『ドストエフスキー論』（勁草書房）、『散文の理論』（せりか書房）など。

★一〇――ヤコブソン（Roman Osipovich Jakobson）：一八九六―一九八二。ロシア出身のアメリカの言語学者。ロシア・フォルマリズムの言語学者。ソシュールの構造主義を基にするプラハ学派の代表者のひとり。クロード・レヴィ＝ストロースやノーム・チョムスキーを指導。言語の構造と、その基本的機能に焦点を当てた手法の開拓に力を注ぎ、構造主義音韻論を確立。研究の対象は、音声学、音韻論をはじめ一般言語学の諸分野、スラヴ言語学、言語病理論、詩学など広域にわたる。邦訳書に『一般言語学』（みすず書房）など。

★一一――大江健三郎（おおえ・けんざぶろう）：一九三五―。小説家。一九五八年、東京大学在学中に『飼育』で芥川賞を受賞。サルトルの実存主義の影響を色濃く反映した作家として登場。現在まで日本の文学界を牽引する戦後世代の代表作家のひとり。九四年ノーベル文学賞受賞。著書に『個人的な体験』、『洪水はわが魂に及び』、『同時代ゲーム』、『燃えあがる緑の木』（すべて新潮社）、『万延元年のフットボール』、『水死』（講談社）など。

★一二――フッサール（Edmund Gustav Albrecht Husserl）：一八五九―一九三八。オーストリアの哲学者、数学者。数学基礎論の研究者として出発し、論理学を経て現象学を提唱。前提や先入観、形而上学的独断にとらわれず、現象そのものを把握して記述する方法を追求。後の実存主義の基盤をつくった。邦訳書に『現象学の理念』（作品社）、『デカルト的省察』（岩波書店）、『間主観性の現象学I　その方法』、『同II　その展開』（ともに筑摩書房）、『ヨーロッパ諸学の危機と超越論的現象学』（中央公論社）など。

★一三――レオン・クリエ（Leon Krier）：一九四六―。ルクセンブルクの建築家、理論家、都市計画家。ヨーロッパの歴史的街並みを重視するコンテクスチュアリズムを推進。過度の商業主義に走る近代建築批判を展開するイギリスのチャールズ皇太子の理論的支援者としても知られる。計画に《「ルクセンブルグの新街区」計画》、《パウンドベリーの計画》など。

★一四――ヤノベ・ケンジ　一九六五―。現代美術家。幼少期、大阪万博の跡地にみた「未来の廃墟」が創作の原点となる。以後、「現代におけるサバイバル」をテーマに制作を続ける。

チェルノブイリ、阪神・淡路大震災、オウム事件など社会性のあるメッセージを含んだ作品が特徴。大型機械彫刻作品群は、海外からの評価も高い。作品に《アトムスーツプロジェクト》、《ウルトラ・サン・チャイルド》、《クイーン・マンマ》、《サン・チャイルド島》など。

★一五——ヨーゼフ・クライス(Josef Paul Kleihues):一九三三—二〇〇四。ドイツの建築家。ベルリン国際建築展(IBA)ディレクター。作品に《シカゴ現代美術館》、《コロニーハウス》、《ハンブルク駅現代美術館》、《カントドライエク管理ビル》など。

★一六——国際建築展(IBA):ドイツ語のInternationale Bauausstellungの略。ドイツで行なわれている街づくりの手法。地域単位で建築や都市計画の国際設計競技を開催、選出案を実際に建築し、展示することで、従来の街並みへ新たな施設を組み込み、都市の更新とストックの形成を行なう。一九八七年のベルリンIBAでは、「居住場所としての都心」をテーマとし、磯崎新も参加した。

★一七——くまもとアートポリス:地域の建築文化の向上、地域活性化や情報発信を目的に、一九八八年から熊本県で行なわれている建築・都市計画の事業。当時知事であった細川護熙はベルリンIBAも視察している。一般に公共建築物の設計者の選定は、設計競技や競争入札を経て行なわれるが、本事業おいてはコミッショナーに全権が委ねられている。現在のコミッショナー(第三代)は建築家の伊東豊雄。

★一八——細川護熙(ほそかわ・もりひろ):一九三八—。政治家、陶芸家。上智大学法学部卒業後、朝日新聞社入社。新聞記者を経て、一九六九年政界へ。一九九三年第七九代内閣総理大臣就任。一九九八年政界を引退後は、陶芸活動を始める。著書に『鄙の論理』(光文社)、『明日はござなくそうろう』(ダイヤモンド社)、『権不十年』(日本放送出版協会)など

★一九——エルネスト・ロジャース(Ernesto Nathan Rogers):一九〇九—一九六九。イタリアの建築家。リチャード・ロジャースの祖父。ミラノ大学教授。一九三二年に結成されたBBPRのパートナー。作品に《トーレ・ヴェラスカ》など。

★二〇——カルロ・スカルパ(Carlo Scarpa):一九〇六—一九七八。イタリアの建築家。パウル・クレーの展覧会の会場構成などからキャリアをスタート。職人との共同作業をとおして装飾的なディテールや技巧、古い工法を復興させた職人的・工芸的な建築家。既存建物の改修を多く手掛けた。作品に《カステル・ヴェッキオ美術館改修》、《オリヴェッティ社ショウルーム》、《ブリオン家墓地》、《ヴェローナ銀行増改築》、《サン・ペレ・デ・ローダス修道院改修》など。

★二一——アルド・ロッシ(Aldo Rossi):一九三一—一九九七。イタリアの建築家。プリツカー賞受賞(一九九〇年)。日本での作品に《門司港ホテル》などがある。著書に『都市の建築』(大龍堂書店)『アルド・ロッシ自伝』(鹿島出版会)など。

★二二——ヴィットリオ・グレゴッティ(Vittorio Gregotti):一九二七—。イタリアの建築家。雑誌『CASABELLA』編集長(一九八二—一九九六)などを務める。作品に《バルセロナ・オリンピック・スタジアム》、《ピレリ不動産本社ビル》など。

★二三——タフーリ(Manfredo Tafuri):イタリアの建築史家、建築批評家。一九八二年にヴェネツィア建築大学に設立されたDSA(建築史研究所)の初代ディレクター。マルキシズムを背景に、近代建築の総体的な再検討を試み、七〇年代、八〇年代の建築批評を牽引した。邦訳書に『建築神話の崩壊』(彰国社)、『建築のテオリア』(朝日出版社)、『球と迷宮』(PARCO出版)など。

★二四——マッシミリアーノ・フクサス(Massimiliano Fuksas):一九四四—。イタリアの建築家。一九六七年ローマに事務所を設立。イタリア各地で設計活動を展開し、八九年パリに事務所を設立。ローマとパリを拠点に数々のプロジェクトを手掛ける。作品に《スポーツ・コンプレックス+パーキング》、《ストラスブール・ゼニス・コンサートホール》、《ミラノ見本市会場》、《アルマーニ銀座》など。

★二五——アルガン(Giulio Carlo Argan):一九〇九—一九九二。イタリアの美術評論家。邦訳書に『ルネサンス都市』(井上書院)、『ブルネレッスキ』、『ボッロミーニ』(ともに鹿島出版会)、『ウフィーツィ美術館』(岩波書店)など。

★二六——ルイジ・ノーノ(Luigi Nono):一九二四—一九九〇。イタリアの作曲家。電子音楽、ミュージック・セリエルにおける主導的存在。ジョン・ケージ、ピエール・ブーレーズと並ぶ現代音楽の巨匠として知られる。共産党員でもあり、急進的な政治思想と音楽を関係させたメッセージ性の強い音楽を多く残した。作品に、歌劇《不寛容》、バレエ音楽《赤い外套》、《管弦楽のコンポジション》、《力と光の波のように》、《進むべき道はない、だが進まなければならない》など。

★二七——デコレイテッド・シェッド(decorated shed):現代の商業建築における表層的な装飾のこと。プログラムに基づいてつくられる空間や構造が文化の特徴をあらわすヴァナキュラーな建築に対し、現代の商業建築においては、経済的合理性に関係なく、表層にその文化的特徴が現れているとする。一九七二年にアメリカで出版された『Learning from Las Vegas』(ロバート・ヴェンチューリ、デニス・スコット・ブラウン、スティーヴン・アイゼナワー共

著）に書かれた。
★二八――NEXAS：磯崎新のコーディネートのもと、一九九一―九二年に竣工した福岡県福岡市東区香椎浜の集合住宅群。参加建築家はスティーヴン・ホール、石山修武、レム・コールハース、マーク・マック、クリスチャン・ド・ポルザンパルク、オスカー・トゥスケの六組。
★二九――一九八九年に雑誌『新建築』に発表された伊東豊雄の論文。多様で表層的な時代状況において、いかに建築をつくるかという建築家の姿勢について述べている。建築のデザインがコピーされ消費されていく状況を嘆くのではなく、その生活のイメージを存分に取り込み、受け入れた上で新しい都市生活のリアリティを発見することが必要だと論じ、都市生活をオプティミスティックに楽しみ、かつそれを超えるしかないと説いた。
★三〇――飯島洋一（いいじま・よういち）：一九五九―。建築評論家。多摩美術大学教授。著書に『現代建築・アウシュヴィッツ以後』、『現代建築・テロ以前／以後』、『建築と破壊―思想としての現代』、『グラウンド・ゼロと現代建築』（すべて青土社）など。

# 14 「国家／日本的なもの」とのせめぎあい

## 1 分離派の問題構成

**磯崎新**　昨年、二川幸夫と『GA Japan』(「日本建築の価値を決めたモノ」『GA Japan』No.100、特集＝世界から見た日本の現代建築、A.D.A.EDITA Tokyo、二〇〇九)で対談した時に思いついたのは、日本の建築の流れを一九七〇年代で切ってしまうということです。問題構成としての日本はこの時期に終わっていて、堀口捨己が「日本的なもの」として取り出した問題は、この時期区切りがついたように思います。一九七〇年代になってからはまったくフェイズが変わったかたちでことが動いた。日本では、ひとつの問題が二五年から三〇年くらいで区切りがつくように動いていて、そこで一種のパラダイムが組み立てられてきたのです。

分離派結成：一九二〇年
敗戦(広島)：一九四五年
大阪万博：一九七〇年
阪神・淡路大震災、オウム、インターネット：一九九五年

この区切りを、伊東豊雄建築設計事務所設立四〇周年記念パーティ(二〇一一年二月)のトークの時に「建築＝都市＝国家・合体装置(メガ・ストラクチャ)」論を書いていたので、チラシに持っていきました(論考は『思想』二〇一一年五月号に掲載)。一九三〇年から一九三五年くらいの間には、堀口捨己が日本的なものということを話し(堀口捨己「建築における日本的なもの」、一九三四)、それが戦後まで続きました。次に六八年問題があり、その後近代をユートピアと捉えた概念が消えた時にどうなるかという事態が一九九五年頃まで続いたように思います。一九九〇年頃以降は、グローバリゼーションの概念が広がり、ユートピアも消えた。メインのパラダイムはグローバリゼーションの津波にどのように向き合うかということに移っていきました。日本建築の流れは、このような三段階に分けられると思います。そして、その流れのなかでも、堀口捨己という存在は、僕にとって核になっているのです。

先日、平良啓一さんが堀口捨己について語るセッションがワ

タリウム美術館で行なわれました。堀口捨己全集を編集した平良さんから昔の話を聞くというものです。その時に、僕も呼ばれたので(「建築家の居場所――問題設定のグローバルとローカルをめぐって」、二〇一〇年一月二三日)なにを話そうかと藤岡洋保の本(『表現者・堀口捨己――総合芸術の探求』、中央公論美術出版、二〇〇九)を読んでいて、堀口捨己のフレームに気がついたのです。

僕は、シカゴ派の立体フレームを前から気にしていて、そこに日本のラーメン構造を重ねて考えていました。堀口は、それまでのラーメン構造を、コンセプチュアルな空間的フレームとして組み立て、それを隠蔽してしまっている。フレーム単体ではデザインにならないので隠してしまったのではないかと思います。

平良さんにうかがったところでは、堀口は本をつくるにあたって、レイアウトに関して写真のトリミングまですべて本人がやったそうです。図面も、自分が発表用にチェックしたものしか掲載しなかったといいます。

当時の図面を見ても、立方体があることはわかりません。日本の建築構造は、木割によってほぼ決定されますが、洋風にするためにどうするかと言えば、スケールを大きくするんです。けれど、大きくすると住居空間としては無様になる。これはみんなが指摘しているけれど、一本の線で区切り、一枚の壁を背景にし、この横に立方体を二つ置くことが、堀口の対応であったと思うのです(磯崎新「一本の線、一枚の壁、一組の立方体」『住宅建築』二〇一〇年一〇月号、建築思潮研究所)。堀口は、これについてはなにも語っていないのですが、まさに「様式なき様式」です。

そして、コンクリートフレームは都市近代化の原則であると主張したのは、分離派を抑圧した佐野利器、内田祥三ラインだった。当時、堀口にしてみれば、無柱の不燃空間も住宅内に実現するための建築認可(基準法)をとるには敵を使わざるをえなかったのです。それは制度には逆らえないということであり、その抵抗として制度を隠蔽したと僕は思っています。

佐野はシカゴ派を日本で最初に評価し、フレーム構造に日本近代化の道を見出しました。耐震構造論を書いたのはその後です(佐野利器+谷口忠『耐震構造汎論』、岩波書店、一九三四)。そして佐野の都市論を内田祥三が引き継いだ。彼らは、野田俊彦を評価したのです。伊東忠太以来、堀口たちはヨーロッパ派、ヨーロッパの一九世紀近代の流れを汲んだ人ですから、彼らをどう扱うかという時に、アメリカ派が野田を引き抜いたのではないかと思います。ちなみに野田は早くに亡くなり、その後には後藤慶二★一もいましたが、彼も監獄くらいしか設計していない。

その後、分離派サイドは構造派に抑圧されていて、堀口自身は、この二人に恨みのようなものを感じていたのではないかと思います。こういったことをうまくまとめながら引き継ごうとしたのが、岸田日出刀ですが、岸田もナチ問題などで干され気味になっていたのは確かですよね。あくまでも当時の正統は構造派でした。

## 2 論文「都市、国家、そして〈様式〉を問う」をめぐって

**日埜直彦** そういう文脈のあとに続くものとして、《つくばセンタービル》に寄せて書かれた論文「都市、国家、そして〈様式〉を問う」(『新建築』一九八三年一一月号、新建築社)は、いくらか預言的に現在に至る日本の建築の状況を描いています。このなかで一九七〇年くらいまでの時代というのはつきつめるとネーション・ステートによって状況が規定されていて、産業資本主義と国家資本主義が建築においてリンクし、都市環境が形成されていった時代だとされます。そしてそうした状況に抵抗する縁(よすが)として、いわゆる「七〇年代住宅」は私性を盾にしていた。しかしそれがはたして盾になるのかということを問うています。
この私性の問題と堀口捨己の「隠遁」はぴったり重なるわけではもちろんないですが、構図として少し似たところがあるように思います。抵抗の姿勢のありかたとして、積極的に隠遁の姿勢をとる堀口に対して、立て籠もる小さな砦としての七〇年代住宅という対比ですね。いわゆる「野武士」(槇文彦「平和な時代の野武士たち」)という構図をそんなふうに見ることもできるんじゃないか。磯崎さんが問うているのは、そういう姿勢を取る建築家はパブリックな建築にどう向き合うか、国家あるいは社会に正面から対応せずに、パブリックな建築が成立しうる可能性はどこにあるのかということだったと思います。

**磯崎** この論文は、確かにそのような具合で書いたのですけれど、ポストモダニズムのコンテクストに吸収されてしまいました。けれども基本的には日本をどうやって消すかということを頭に入れていました。同時に、その姿勢が最も批判された。
痩せても枯れても「つくば」は戦後の日本が総力をあげてまるごとつくった都市です。それは日本の戦後にとって始まりであり終わりだった。この都市の中心に広場があり、建物がある。僕は、そこに日本的なもの、日本の威信のようなものが繁栄していかないはずはないと考えたのです。当時、《つくばセンタービル》の計画に関わっていた住宅公団ら、建築系の関係者は、このような議論がかつてあったということを知っていて触れないのですが、土木系や事務系、外から建築を見ている関係者にとっては、これが重要問題で、プロセスのなかでも何度も指摘されました。それに対応してしまっては負けるようなものですから、むしろ話をすべてスライドさせて、そのままつくってしまったのが《つくばセンタービル》です。そのことに関しては住宅公団側の関係者も、デザインとは変わったものなのだ、という印象で許可をしてくれたと思うのです。当時は、長谷川堯が『神殿か獄舎か』(相模書房、一九七二)を書いたような時代です。神殿として、《東京国立博物館》(渡辺仁、

一九三七）のような屋根をかけるのがなぜ悪い、かけてよかったというのが長谷川の意見で、口には出さないけれど、文字では言っていた。これには僕らも一種の対抗意識をもちました。

『建築のパフォーマンス〈つくばセンタービル〉論争』（PARCO出版局、一九八五）の原稿にはそこまでは書けた。建物が竣工した後、いきなりニューヨークで、《つくばセンタービル》について議論するシンポジウムが開かれました。シンポジウムはクーパー・ユニオン大学が企画し、そのオーディトリアムで開催されました。当時、ニューヨークで活躍していた批評家が出席し、ケネス・フランプトンは、歴史様式がひっかかっていて気に入らないと言う。それまで彼は僕のサポートをしてきていましたが、ここで決裂したようなものです。反面、ポストモダンで動こうとしていた連中はかなり囃し立てた。それで僕はこの時に、ベラスケスの《ラス・メニーナス（侍女たち）》における王の不在のようなことをとして、《つくば》を理解しました。フーコーが『言葉と物』で触れているように、《ラス・メニーナス》では、鏡に映る王について、中心として描かないことによって、王を描いているのです。そこで《つくば》においても、王の不在を不在として見せることで、日本の置かれた状況を示した。つまり《ラス・メニーナス》を日本に置き換えたのだと、主張したのですけれど、今、顔の売れている歴史家や批評家連中がそのときになにを話していたかは、なかなかおもしろいですよ。

『建築のパフォーマンス』では、参加者が対談を行なった後に、僕が最後にコメントをつけたんです。後から書くとはけしからんとみんなに言われました。

**日埜**　この本に収録された作品評や対談を今読んでみると、腑に落ちる評が少ないのがむしろおもしろいと思います。例えば、西澤文隆さんの読みは、どこを見てこのように書いたのか。ディティールなどを評価していて、あれこれに着眼し丁寧に積み重ねていく書き方はわかるのですけれど、全体としてなにが言いたいのかはっきりしない。西澤さんならば、複雑な動線の組み立てのようなプロフェッショナルな部分についてコメントされてもよさそうな気がします。

**磯崎**　西澤さんは、坂倉準三が派手に活躍していた時代の坂倉事務所のチーフで、この本に執筆を依頼した頃は、坂倉さんが亡くなった後、関西で半分独立した存在でした。彼の当時の仕事にはコートハウスなどあるけれど、一方で日本の庭の実測もしていたのです。堀口が茶に向かったように、彼も庭に向かった。そのように若干の屈折があったのだと思います。

坂倉さんは、かなりイノセントな人だと僕は思うのですが、戦争中から国家の問題について、ストレートに、疑わずにやっていました。ですから、坂倉事務所の戦後の仕事は、《東急文化会館》（一九五三）や《新宿駅西口広場》（一九六七）のように駅周辺のアーバンデザイン的な要素をもった建築物をビルディングタイプとして組み立てた。そこが坂倉さんの戦後の仕事のおもしろさだと思っています。メトロポリスの様相に対して建築的に対応した点では、世界のどの建築家よりも早かったはずです。

**日埜**｜量やフローといったものにかたちを与えたということですね。

**磯崎**｜そうです。けれど、それはデザイン上の問題としては、なかなか理解されない。

二〇〇九年七月に《国際文化会館》で坂倉準三のシンポジウムが開かれました。鈴木博之がモデレーターで、僕と、大原美術館館長の高階秀爾がパネラー。高階さんは、国際文化会館という建物を通して、ヨーロッパの概念と日本の概念の違いを説明してくれました。そして僕は、それだからこそおもしろいのだと、現代都市のコンセプトのひとつがここに表われていることを評価したのです。対して鈴木さんは、建築デザインが悪く、歴史にものせられないと主張した。僕が《新宿駅西口広場》の車道スロープは建築だと主張したのですけれど、土木だという意見もありました。《つくばセンタービル》の議論においても同じようなことが起きていたように思います。

**日埜**｜《つくばセンタービル》は、あまり大きなスケールの建物ではないですが、プログラムは非常に複雑ですね。アプローチのレベルがいくつかあり、しかもホテルや音楽ホールなどかなり異質な機能をコンパクトに結びつける必要があった。広場を囲んだ動線によってそこをうまく解決している。

**磯崎**｜西澤さんは、品川の《パシフィックホテル》(一九七一)も担当しています。建物が建ち上がって、インテリアもなにもデザインしていない時に、坂倉さんが亡くなったもので、残りを彼が引き受けた。エレヴェーションはそのまま進めるしか道がなかったので、彼はインテリアに力を入れて、なかでも庭やロビーのデザインに集中しました。これらは、その後、都市型庭付きホテルの典型になった。ですから、僕は西澤さん個人が表われているとしたら、建築物よりも外部デザインであると思います。細かいことを専ら気にしていたのだと思います。この表現が適切かはわかりませんが、中国的に言うと、老職人という感覚の建築家、デザイナーですね。両者とも伝統的な日本の庭の空間に関心を持って、建物よりそれが置かれる庭を重視した点は共通していますが、僕の勝手な理解では庭に面した縁に、坐ってみる(堀口)と歩いてみる(西澤)という視点を無意識に持っていたので、前者は露地庭、後者は回遊式につながるようなデザインをやったように思えます。僕が学んだ丹下さんは西欧的都市広場へ、僕は日本の「かいわい」へと堀の内側じゃなく外側に向かっていったんでしょうね。堀口はそのようなことをわかっていて、《岡田邸》(一九三四)の「秋草の庭」などを実現させたと思います。

**日埜**｜『建築のパフォーマンス』では西澤さんに限らず多く

の方がコメントを述べていますが、当時どう見えたかは別として、今から読むと、それぞれが自分の抱えていた問題を投影しているようでもあります。ヨーロッパの建築家は、ポストモダンとモダンの問題が気になっていて、それを《つくばセンタービル》に投影している。伊東豊雄と石山修武の対談では「野武士」の屈折が投影されている。それも時代なんでしょう。そういうドキュメントとしても興味深いのですけれど、磯崎さんにとってなにが一番記憶に残るものだったのでしょうか。

**磯崎**――僕にとっては、引用と暗喩という方法です。本の制作の少し前から考えていたことを、このようなかたちでまとめあげた。八〇年代にはメタファーよりもメトニミーへ、そして物語性(ナラティヴ)に説明の方向をむけていた印象が残っていますが、どこで何を培ったか、定かではありません。暗喩は、自ら考えだしたのですが、引用は、宮川淳とのの議論が手がかりになっています。あの頃は、ポストモダン論争があったと言われているけれども、ポストモダンに関して実質的にはまとまった資料や本もなかった。そのような現場でいきあたったのは日本という主題の問題です。それ以前は完全に引用の組み合わせで、引用元を日本に置かないとどうなるかという意識と、近代建築が否定した歴史的なイメージを引用して見せてしまえばよいではないかという二つの意識が重なっていました。その初期には、方法にあたるようなものを、直接的に打ち出したいと思っていたのは確かです。

本ができあがりつつある段階で「都市、国家、そして〈様式〉を問う」を書いたのですが、これはある意味で言えば、日本の建築史において、一種の国家の様式問題が、《国会議事堂》コンペ★三の際(一九一九)にでてきたこととつながっています。日本国家の様式は終わったようでありながら、じつは終わっていないという印象を僕は持っていました。そして同時に、周りの人間が様式問題が終わっていないことを確認したいと期待しているように僕には感じられました。最終的には彼らの期待に応えないデザインをつくったのですが、それこそがこちらの意図でもあったのです。

**日埜**――以前の《群馬県立近代美術館》(一九七四)などのシルクスクリーン作品では、建築を無重力下の抽象的形態のような姿に還元して表現されていました。これに対して《つくばセンタービル》の場合は、あえて廃墟となったあの建物の姿が描かれ、物質性というか壊れ崩れるものの重力を感じます。なぜここでとりわけ廃墟というイメージが現われたのでしょうか。ピクチャレスクの問題があらためて海外で議論になりはじめた頃だった気もしますが、そうしたことも関係あるのでしょうか。

**磯崎**――僕は、具体的なかたちをコンシスタントにキープしてデザインしようとしました。建築家という存在は、オリジナルの署名にあたるものがつくれたら、それをどうやって自分の型としてリファインするか考えますよね。これは近代のアーティストの型でもあります。モダニズムに対するポストモダニズムの流れのなかに僕がすっと入ろうとした理由は、自分自身を伝えられないのはつまらないことだと思っていたからなのです。それが本の痕跡だけではないと考えました。だけど無作為のなかでもホワイトキューブは立ちあらわれる。だったらそれを作為とみせるほうがまだましだろう。純粋形態から物語形態へうつったところで、癖はなおらない。「手法論」に固執する根拠はコントロール不能な身体感覚が消えないためらしい。それ以上に「手法論」を展開することをやめたのは七〇年代の終わりの頃ですかね。『建築行脚』をやっていた頃です。

そこで思考を切りかえたのです。存在と不在、かたちのあるものとないもののあいだの不安定な関係のなかに、どのようなシチュエーションが組みたてていけるかということが僕自身の方法のイメージなのではないかと思っています。フレームとコンテンツのように、両者がないと互いに成立しないのだけれど、そのあいだには隙間があって、完全な一致はありえない。そういうことを最初からずっと考えていました。そしていろいろなものがフレームになってきたということなのです。「リダクション（還元）」シリーズをつくりはじめたとき、勿論バウハウスの頃からアクソノメトリックが標準になってきていることは知っていました。そのまえに、平面図の上側に立面図をかくと、平面のうえに空間が浮かぶ、すくなくとも建築家はその読みとりかたを学べ、と教えられてきました。その後このような図面表示はパッラーディオがはじめたことを知りましたが、それが茶室の「立て起し絵図」じゃないですか。堀口捨己さんが発掘、再現していました。もっとさかのぼれば、「当麻寺曼荼羅」★三のもと「観無量寿経浄土変相図」★四のやりかたです。平面と立面をかさねて一挙にみせるため、建物をフレームだけに還元して平立一緒にしただけです。影さえつければ錯覚で空間を感知させ得ます。キュビスムなんてはるか昔からあったのです。

**日埜**――《群馬県立近代美術館》ではフレームが非常にストレートに表現されていましたが、時代を経て次第にフレームでは語りきれない作品が生まれてきます。とりわけ特異な構造形式が建築のかたちを決めているように見える作品で、例えば《西日本総合展示場》（一九七七）あたりがそうした流れの始まりになるかと思います。

堀口捨己が「様式なき様式」について語るときにも、その基本的な条件として構造ができてきます。建築に形を与えるときに表層だけの問題ではなくて、やはり構造が持っている形の問題は本質的でしょう。そういったことがひとつの導きになったのではないかという気がします。

**磯崎**――少なくとも先述の堀口捨己による問題構制はつねに頭にありました。とりわけ日本の一九三〇年代から一九四〇年代のあいだに建築に表われてくるコンテクスト、政治的なものや表現的なもの、制度化した社会システムとの対応など、さまざまなものに対しての様式化がつねに頭にあった。これはメジャー・サブジェクトとして議論されてもいました。これに対抗する方法について堀口は言っていて、非常に明快な表現だと思ったのです。ある意味でのアイロニーですけれど、すべては事後的だという表現でもある。事後的にしか語れない。先験的な様式、統合された様式というものはなく、様式はつくられていくものだと非常に素直に言っています。

僕は、このような堀口の表現は言い訳だと思うのですけれど、事実エクスキューズはさまざまなものに及んでいます。メディアに対して、自身の建築ができたこととできなかったことを言っているのがひとつ。

また、《岡田邸》と《若狭邸》(一九三九)は、クライアントは一緒なのですが、じつは別々の愛人の妾宅なのです。当時の日本社会では妾宅は隠しておかなければならないものでしたから、存在を知っていたとしてもだれも口には出さないたぐいのものでした。それらが唯一設計できた仕事であって、堀口には国家的な問題を取り扱うような建築作品がなにもありません。発表をしたとしてもけっして大きいことは言えなかったと思うのです。

**日埜**　妾宅であったことはそれなりに知られていることだと思います。今ではそうだからといってどうということもないと思いますが、当時はそれほどに否定的な印象を受けることだったのでしょうか。

**磯崎**　吉田五十八も料理屋の設計をしましたが、それを市役所や裁判所のような建物と比べることはできません。極端に言えば、長谷川堯が、後藤慶二は監獄を設計しているから偉いと言ったことの裏がえしですよね。

**日埜**　なるほど。妾自体が前近代的なものを引きずっていて、所詮はパーソナルな領域のことだからパブリックな建築とは比べるべくもない、ということになるのですね。

**磯崎**　当時で言えば、非国民、反社会的というようなものですよ。堀口は、自分は「非国民」だ、「非都市的」なのだと居直ったのだと思うのです。居直らざるをえないようなところもあったと思います。これは建築のサブジェクトとして、このようなことがあるなかでてきた言葉だから、反転、逆転のモーメントが強いわけです。

戦後一九五〇年代の座談会で堀口は、東大の構造派がいかにデザイナーを抑圧したかということを話しています。西山夘三や高山英華ら、世代若く左翼で旧帝国大学の教授になったような人物を前にして、戦争中に彼らがやろうとしたことは、アルベルト・シュペーアと同一ではないかと、前川さんも含め、直に指摘しています。シュペーアがヒトラーと組んでいたのと同じように、彼らがしていたのは国家のイデオロギー構造のなかでの建築様式だという指摘です。そして、これはスターリニズムとまったく同じなのです。現在は、スターリニズムとヒトラーの政策は同一だと理解されていますが、堀口はすでにそう指摘していました。

つまり、反権力も権力なのだと。反権力を考えることは、権力を志向しているにすぎないということです。堀口は、その直感が優れていて、反と言わずに「非建築的」「非都市的」というように「非」という言葉を使っている。そして、非というのは対抗もしないわけですから、浅田彰の言うように逃走しかない。そのような姿勢を堀口は持っていただろうと思います。国家というテーマにはまったくのらない。だけれど、一方にはプレイボーイのモダニストという性格も持っていた。そのような姿勢です。

余談ですけれど、《岡田邸》のクライアントの渋井清さんに、個人的にお会いしたことがあります。《若狭邸》が雨漏りするので、敷地内に新築してほしいと丹下さんに依頼がきたのです。公には発表されませんでしたが、その流れで、僕もお供でお会いしたことがあるのです。

## 3 メタ概念としての〈建築〉

**日埜**｜八〇年代の外せない主題として「大文字の建築」があります。一九六〇年代に「解体」という言い方とともにいわゆる建築に対するある距離感を規定されました。そして八〇年代になって、あらためて「大文字の建築」「キャピタルAの建築」が問題になってくる。磯崎さんの建築の動向に影響を受けてきた世代にとって、これはいわば転向にも見えたようです。そうした波紋は《つくばセンタービル》への反応の混乱にも一部現われているでしょう。大文字の建築なんてどこにもないじゃないかという、身も蓋もないところでみんながスタックしてしまった。

**磯崎**｜元々日本では、建築を論じること自体があまりなかったのです。建築という言葉はできたものの、ヨーロッパで言われるような建築として理解されていたとは思えませんし、むしろ、先ほどの東大の構造派が、建築は都市だ、構造だと言ったことで、日本において建築デザインは様式論で捉えられるようになったのだと思います。

なぜ、大文字の建築ということを言い始めたか覚えていないのですけれど、《群馬県立近代美術館》のフレームは、僕にとってヨーロッパ建築のオーダー、列柱のようなものであり、それを現代につくるとすれば立方体なのだという説明を一生懸命していました。「大文字の建築」という表現の背後にヨーロッパの建築との関連を言ったということは、そのうえにまず、メタ概念としての〈建築〉がない限り、論理が成り立たないと思っていたのだと思います。それは確かなのですけれど、当時はまだ「大文字」とは言っていなかったと思います。言えていなかった。

**日埜**｜「キャピタルA」という表現はやはり、例えば柄谷行人さんの『隠喩としての建築』（講談社、一九八三）などのポストモダニズムの思想言語からきたものですよね。

**磯崎**｜一九七九年に『建築の地層』（彰国社、一九七九）という本を書きました。建築家や周辺分野の芸術家について、一九七〇年以降に書いたものを集めたものですけれど、そのなかに堀口捨己論も収録しています。「様式の併立」(初出＝『新建築』一九七六年一一月臨時増刊「昭和住宅史」、新建築社)などです。あの本をまとめていた時には、とりわけ建築概念というものが必要だと思っていました。

**日埜**　それはなにかきっかけがあるのですか。

**磯崎**　〈建築〉(括弧つきの建築)という表現は、ここで初めて使った記憶があります。その頃は、世の中から大きな物語が消えたと言われ始めた頃です。柄谷行人らとつきあい始めたのもその頃で、小説家になった鈴木隆之が新人として登場し、磯崎は大文字、大きい意味での建築と言っているけれど、当時、起こり始めていた大きい物語批判にどう答えるのかと問われた記憶があります。

**日埜**　そういうことをあえて言う目的がなんなのか読者が実感を持てないまま、建築メディア上に「大文字の建築」という言葉がひとり歩きしているような状況があったでしょう。それは先ほど言われた国家的建築、近代国家に資する建築が〈建築〉であるという歴史的な規定から由来するもので、そういう建築のとらえかたに対する拒否感がいまさら？　という戸惑いを呼ぶわけでしょう。かつてそういう〈建築〉を体現したのが例えば丹下健三さんだったとして、ほかならぬ磯崎さんの『建築の解体』以降、そういう近代建築はもう限界だという意識が自明化し、ほとんど空気のようになったときに、大文字の建築という基本的な主題の意味がもはやわからなくなってしまったのではないでしょうか。

**磯崎**　僕には、建築をポストモダン理論で大文字と言っているのが、よくわからなかったのです。とりわけ日本ではっきりしていなかった。むしろ、ポストモダニズム理論が展開されるようになってから、ちらほら、英語の理論のなかに、「ARCHITECTURE with capital A」という表現が出始めたように思います。

**日埜**　ロラン・バルトも大文字のS、小文字のsという言い方をしていますね。

**磯崎**　ジャック・ラカンも『精神病』(岩波書店、一九八七)のなかで大文字の他者Aと言っています。それが意識にあったのかもしれません。僕はビルディングの議論に対しては、もうひとつのメタ概念、超越概念として建築というものがないと共通の議論の場が成立しないと認識していたのです。より具体的に様式化していて、全体が支配的なパラダイムになっているものが「大文字の建築」と呼ばれていたのだけれど、そういったことを僕はそこまで深く追究しませんでした。そしてメタ概念としての〈建築〉と言った途端に、古典的な建築という意味になってしまうのです。アーキテクチャーの本義と伊東忠太が言った(「『アーキテクチュール』の本義を論じて其訳字を撰定し我が造家学会の改名を望む」、一八九四)のと同じことですよね。そのような扱い方など、徐々に反動的だ、反動的とは反ポストモダニズムだという議論に進展していきました。

**日埜**　磯崎さんはこれまで幾度かポール・ヴァレリーの「エウパリノス」に言及されていますが、そこには近代性と古典性が交わるヨーロッパ的な人間観念をベースに、コンセプトとしての人間に対応した、コンセプトとしての建築があります。ヨーロッパの人々は、実際に古典的な建築を見ていて、コンセプトとしての建築に対して揺るぎない実感を持っている。

しかし、日本で古典性を言ってもいったいなにを参照したらよいのか。それが宙づりにされたまま建築概念は明確化されぬままに流通してしまった。このような歴史があって、磯崎さんが「大文字の建築」と言ったときに、「建築の解体」と言っておきながらいまさら大文字の建築とはなんだと混乱を生む。

現代においても、「大文字の建築」あるいは建築の古典性と現代性のようなことについて共有されたスタンダードはないでしょう。あいかわらず曖昧なまま、みんなそれぞれに建築のことを知っていると思っているだけのことかもしれない。

**磯崎**　この時の雰囲気からすれば、当時は誰もがポストモダニズム論は、可能な限りばらばらに拡散していくのがよいと思っていたはずです。そして、誰もが、統合されて正統に考えられた建築はださいと思っていた。

**日埜**　例えばレイナー・バンハムが言うように、モダニズムにも、一方に機能主義、ノイエザッハリヒカイトのように古典性から遠ざかる方向性があり、他方にモダニズムをつきつめたミースにすら潜在する古典性への指向もあります。この両極端のあいだのテンションにおいて近代建築は展開したわけですが、おそらくそういう実感は日本においては薄い。むしろ日本の近代建築史は佐野利器に象徴されるような実利的なエンジニアリングの問題と、日本の伝統的な建築空間と近代の要求を結びつける美学の確立のあいだにあり、後者が前者に抑圧される構図のなかで推移したと言っていいんじゃないかと思います。そういう構図を国家がドライヴしていたわけですが、近代建築の限界の意識と並行するようにそのパトロンとしての国家の存在感が退潮し、消費の海に飲み込まれて方向感が失われる。「大文字の建築」の問題というのは、そういう状況に依存しない建築自体の自律性への意識であるはずですが、なかなかそうは伝わらない。

**磯崎**　そのような問題をまとめて整理した視点はあまりないですね。このねじれの問題においては、日本では構造派がかなり大きな役割をしているのではないかと思います。正確には言えませんが、『建築とパフォーマンス』のなかで、藤森照信が工業派と商業派を分類していて、ポストモダンは商業だと書いています。インダストリアルは一九世紀近代のモダニズムをベースにしたもので、商業とは消費、金融資本主義、商業資本主義段階でのデザインの問題だという分類の仕方です。彼はそれ以後、こういうことを明快にしていませんね。

**日埜**　藤森さんの「赤派」と「白派」という言い方は、その構図を引き継いでいるかもしれません。長谷川堯さんの明治と大正の対比というのもそれと関係しますね。国家的なものとしての明治と、民衆的なものとしての大正という。

**磯崎**　そのように考えると、公共、パブリックというものは国家のフレームで、最も正当化されるものは産業。これに対して、商人都市というものがあり、商人はインダストリアルとは言わず、むしろコマーシャルと言った。そのコマーシャルを手がかりにデザインをする人たちもいます。極端に言うと、当時、前川國男に対抗した村野藤吾という構図で見られているわけです。村野藤吾は商業建築として《旧読売会館・そごう百貨店》(一九五七)をつくった。前川國男は《日本相互銀行亀戸支店》(一九五七)をつくった。『新建築』一九五七年八月号ではこの二つの作品が紹介されているのですが、村野作品を巻頭に掲載し、前川作品を後に載せなかったということで後に編集部ごと全員解雇されるという「新建築問題」が起こった。単純に《日本相互銀行亀戸支店》のほうは、コンクリートと煉瓦でつくられておりそう重要なものではないけれど近代建築の本筋であり、《旧読売会館・そごう百貨店》は商業建築だということですよ。編集部の意向は、痩せても枯れても近代建築の正統は工業だということです。本当は村野作品のほうが工業的なデザインで、今もビックカメラが使うくらいのインパクトがあるものです。

**日埜**　「新建築問題」は、左翼と右翼の対立構図ともつながっていますね。編集部には左翼的な傾向と前川さんへのシンパシーがあったでしょう。それが工業と商業を区別する視点と重なる。

**磯崎**　戦後一五年でそのような状況ですから、やはり戦前の妾宅なんてものは前面に出てなかった。

**日埜**　なるほど。そう考えれば空気は想像できる気がします。当時の雑誌メディア上の住み分けもあったのでしょうね。『近代建築』や『国際建築』など、それぞれカラーがあります。

**磯崎**　正統は、『建築雑誌』しかなかったですよ。写真もない雑誌で建築メディアには入らないかもしれないけれど、そのような社会通念があったと思います。

**日埜**　日本には日本のずいぶん絡み合った文脈があって、それは今から見るとなかなか解きほぐせないし、ましてそこに道筋をつける一貫したコンセプトとしての〈建築〉も共有できない。《つくばセンタービル》だけでなく、《ロサンゼルス現代美術館》(一九八六)やバルセロナの《パラウ・サン・ジョルディ》など、当時磯崎さんが取り組んでおられたパブリックな建築に取り組む際には、そこでどう問題を組み立てるかが当然問われる。もはや立方体のフレームのような抽象的な形式だけでは応えられないような、より複雑な要求に直面せざるをえなくなってきていたでしょう。

**磯崎**　周辺のコンテクストが複雑な社会のシチュエーションにつながっていくようなところがありましたね。

**日埜**　複雑さを逆に建築の力にしていくことが必要な状況、プロジェクトだったはずです。

**磯崎**　僕は九〇年代の初期に《チーム・ディズニー・ビルディング》(一九九一)を設計しました。丁度、多木浩二さんと『へるめす』で対談をしている時期です。ディズニーという会社は、設立当時はデザイン会社でした。偶然、ニューヨーク博(一九六四)のどこかのパヴィリオンをデザインした時にうまくいって、これはいけると《エプコット・センター》(一九八二)などを展開しました。これがディズニフィケーション★五のコンセプトにつながっていったわけですけれど、八〇年代の初頭には会社は買収対象になるまでに経営が悪化していました。もし買収されれば、資産を切り売りされてディズニーが解体されかねない。そのような状況の原因もはっきりしています。ディズニーは娘婿に会社を継がせたのですが、いわば田舎の女学生が惚れ込んだのが、アメリカンフットボールの選手でぜんぜん経営能力がない。それが実情で、ディズニー社はディズニー家を経営から外して経営再建を図りました。その時にCEOとして呼ばれてきたのがマイケル・アイズナーです。アメリカのメディアでワイドショーを始めた人物です。そして、再建にあたっては、建築を映画と同じようにプロデュースする方針をとったのです。ディズニーの本筋とは異なるアイズナーによって、ディズニーは全世界に展開されました。映画の基本はキャスティングですから、だれを連れて来るか、どのようなシナリオにするか、そのディレクターが建築家を選ぶのです。戦略としてなにが当たるか理解している人材が求められました。

建築家をピックアップする時に、アイズナーがあたりをつけ

[右]《つくばセンタービル》
シルクスクリーン
[左]《チーム・デイズニー・
ビルディング》
[撮影:石元泰博]
© 高知県:石元泰博フォトセンター

たのはポストモダンと言われていたようなデザインで、最も仕事をしたのはマイケル・グレイヴスです。フランク・ゲーリーもやりましたし、ロバート・ヴェンチューリ、ロバート・A・M・スターンにいたるまで選ばれて、僕もそのなかに入れられたわけです。そこから彼らとのつきあいが始まりました。その時に、グレイヴスは「七人のこびと」をオーダーにするようなことをやるものだから、もうけっこう!という空気だったのだけれど、『New York Times』などは、正統な建築家がなぜ二流コマーシャルの本社ビルを設計したのかという批評をしていました。われわれの世代の建築家は軒並み、ディズニーにひれ伏し、恥ずべきデザインしかしていないということを書くわけです。そのなかで僕は、オーランドに設計したのですが、磯崎の設計はディズニー風でないからよいのだという。すると今度は、ディズニー側が、磯

崎の設計ばかり褒められては、ほかの建築家に対してやりづらいと半分冗談でぼやくわけです。

日時計をつくるなどして、ディズニー風を試みてはいたものの、これはアブストラクトすぎて、ディズニー風の受け方とも異なるわけですね。僕から見れば、これがポストモダンの末期症状ですよ。けれど振り返れば、その時に起こっていたディズニフィケーションこそが情報化社会になった九五年以降の世界で蔓延したものだったのです。

**日埜**――いわゆるビルバオ現象の原型ですね。

**磯崎**――フレデリック・ジェイムソンが編集長をしていた雑誌に、ディズニー論を書いたこともあります。彼の奥さんもディズニフィケーションの研究をしていましたが、彼はディズ

ニーの動きに、いかに批判的に関わるかという視点で、依然としてディズニフィケーションを扱っています。コモディティ、コマーシャリズム、コンシューマリズムの「3C」によって、全世界が占められている時になにを考えるのかが、ジェイムソンのポジションです。この頃、大文字がどうなったかということはわからないのですが、僕はポストモダンからディズニフィケーションに至るまでの流れを、このように把握しています。アメリカではジェイムソンも、いまや、ネオコンにケチをつける元左翼というように見られている。ネオリベ批判の立場から『ネオリベラリズムとは何か』(本橋哲也訳、青土社、二〇〇七)を書いたデヴィッド・ハーヴェイも、サスキア・サッセンも現在のアメリカでは隅に押しのけられているのです。

**日埜**　日本において、近代日本に資する建築とそうでない建築という対比があったとしたら、アメリカではパブリックとコマーシャルのような対立があったということでしょうか。

**磯崎**　ハイ・アートとロー・アートという対立でしょうか。日本的にいうとメインカルチャーとサブカルチャーです。このような分類がアメリカには強固に存在します。日本にはこれがない。アメリカで建築はハイ・アートとして定着しているけれど、日本ではそのような土壌のないところから始まっている。

**日埜**　なるほど、市役所はパブリックな建築だからハイ・アートとして位置づけられるわけですね。ニューヨークの《パラディアム》もディズニーの話と同じように扱われるでしょうね。

**磯崎**　僕は《パラディアム》に携わったことでコマーシャルをやる男として見られていると思います。僕としては、《パラディアム》は、ハイ・アートのメジャーになった連中と仕事をしているなかでのエンターテインメントだったので、狂っていないと思っていたけれど、商業の枠組のなかにいますからね。

**日埜**　磯崎さん自身の文脈としては、環境という主題がありますね。《お祭り広場》(一九七〇)、《パラディアム》(一九八五)、福岡の「オリンピック競技場計画」(二〇〇六)と、音や光によって空間を変容させることを目論んだ一連の仕事がある。これらは〈建築〉の問題なんだけど、そういう文脈とはまったく関係なく、ディスコだからLowと評価されてしまうわけですね。

きょううかがった話を振り返ってみると、そもそも《つくばセンタービル》の状況が象徴的に思えてきます。つくばの都市のセンター、中心になるということの成り立ちがたさがそこに見えるとしたら、それは日本の状況を反映しているのでしょう。消費の海がパブリックを浸食し、コマーシャルなものに誘引されない限りにぎわいなどなかなか生まれない。地域の核、人が訪れる場所としてホテルが必要であるし、文化と娯楽のためにホールが必要になる。地域計画的にはそうなんだけど、それだけでは都市の中心とはならない。そういう状況のなかでなにが中心としての文脈を刻むのか。その意味で《つくばセンタービル》をつくることと、

《チーム・ディズニー・ビルディング》をつくることは、そう違わないのかもしれません。

**磯崎**――僕としては、施主に応じて変えるということでもないのです。事件というか、トラブルも含めた問題が起こるとしたら、どういうものを持ち込めば、そういうことが起こるのか。そのような発想は《つくば》にも《ディズニー》にもあったと思います。ひとつにまとまりたくないという、自分でも説明のつかないサブコンシャスな問題です。

**日埜**――二極のあいだにあるきわどい場所を敢えて選んでいくということですね。

［二〇一〇年二月一八日、磯崎新アトリエにて］

［註］

★一――後藤慶二（ごとう・けいじ）：一八八三―一九一九。建築家、構造学者。東京帝国大学卒業後、司法省営繕課に入省し、《豊多摩監獄》などの設計を手がけた。

★二――《国会議事堂》コンペ：一九一九年に公募コンペとして行なわれ、宮内省技官の渡邊福三案が一等に選ばれたが、渡邊がその後死去したことなどから最終的にはデザインを大きく変更して大蔵省臨時議院建築局により設計された。また、コンペ結果に対して下田菊太郎らがコンペの無効を訴えるなどの抗議活動を展開した。

★三――当麻寺曼荼羅（たいまでらまんだら）：奈良の当麻寺に伝わる観無量寿経浄土変相図。中将姫が蓮糸を使って一晩で織り上げたという伝説が残る。原本である根本曼荼羅は損傷がひどいが現存している。

★四――観無量寿経浄土変相図（かんむりょうじゅきょうじょうどへんそうず）：大乗仏教の経典である『観無量寿経』にもとづいて阿弥陀浄土の姿を絵画などで表わしたもの。

★五――ディズニフィケーション：イギリスの社会学者のアラン・ブライマンが著書『ディズニー化する社会』（邦訳明石書店）で提唱した概念。ディズニー化の意味。内容は、ある環境・空間には必ずテーマ・物語が付与され、それが推し進めることによって、非日常的な経験の創出を目的とする、というもの。

# III

# 15 数々の写真家たちとの関わり

**日埜直彦**──篠山紀信★一さんと一緒の建物で事務所をやることになったのはいつ頃だったのでしょうか。

**磯崎新**──一九八〇年頃に、かつて坂倉建築研究所のあった乃木坂の事務所に移りました。その時に、篠山紀信がその三軒先の土地が手に入ったのでスタジオをつくりたいと言ってきた。それが先日までいた僕の事務所の始まりです。

石元泰博、二川幸夫といった同年代の建築写真家だけでなく、ほかにもいろいろな写真家との付き合いがありました。なかでも篠山はアートや思想に関わるところには近寄らない人でした。多木浩二は、元々東松照明と深くつきあっていたはずでしたが、森山大道★二、中平卓馬★三、高梨豊★四、岡田隆彦★五らと『Provoke（プロヴォーク）』をつくったとき、なぜか東松照明は離れています。

『日本─東松照明写真集』（写研、一九六七）という作品集に「家」シリーズについての原稿を書くことを本人から依頼されました。「空間から環境へ」展で真っ白い部屋をつくったりしているので、知り合ってはいたんですね。

『Provoke』は、一種の内輪もめがあったんでしょうね。多木浩二も投げ出したような状態になりました。その後、篠山がシリーズで撮った『家 meaning of the house』（潮出版社、一九七五）で多木浩二は「生きられた家」という文章をそえています。建築論を現象学として論じています。彼らしい見方が出てきたと思います。

たまたま依頼があって、『家』を僕が書評する機会がありました。写真はそれより前の世代の仕事と違っていました。そんな写真を撮っている篠山紀信に関心を持ったのです。一九七六年に中原佑介がヴェネツィア・ビエンナーレのコミッショナーになりました。中原が「住まい」や「都市」がテーマなのでなにかアイディアはないかというので、篠山の『家』はどうかと見せました。彼は写真集を持ち帰り、しばらくしてから「日本館のアーティストを篠山に決めた」と言ってきました。僕に展示デザインをやれ、というわけでした。二人ともアーティストではありません。それがおもしろいという。世界文化革命の後ですから何でもありですよ。予算がなかったので、天井に照明を入れて膜を張ったり、壁を白くするくらいしかできませんでした。ともあれ、ヴェネツィア・ビエンナーレに一緒に参加したのです。

その頃、六耀社から本（『ガウディ全作品』、六耀社、一九七九）を出すという話がありました。当時は出版社はヴィジュアルに金をかけていました。「もう一度実物を見なくては」というわけでスペインへ行く。篠山は「ガウディなら自主的について行く」と言って、アルハンブラ宮殿からバルセロノのガウディを見る全行程で一緒でした。篠山は撮るふりをしながら僕が建築をどう撮るかを見ていたようです。全景が入る場所から建築の中心軸上に立って撮るような常識的な撮影をしていたらしい。後に篠山は、建築家がまず最初に目をつけるのは中心軸だと言う。建物の空間を記録しておきたい、と思っていただけです。それを見て、建築写真をぱっと理解する。その後は自分流の解釈をさっと展開する。この手ぎわのよさは天性のものですね。

一九七四年に《群馬県立近代美術館》ができた時、多くの写真家が撮ってくれました。大型カメラを正面に据え、正方形が崩れないように撮るのが基本でした。建築写真として撮りにくい建物です。そんななかで、中平卓馬の撮った《群馬》はやはりほかの人が撮ったものとまったく違っていた。垂直水平はありませんでしたが、実像と虚像が映りあうような佇まいがよく出ていました。東松照明の「家」、篠山紀信の「家」、それに中平卓馬のこのときのモノクロのスナップ風のショット。被写体が建物ですが、それぞれの写真家の個性的な作風が実によくわかります。妙な写真を撮るのは山田脩二★六でした。彼は、一九六〇年代半ばから凸版印刷で写真の製版の仕事をやりながら自分でも撮影を始めました。変貌をはじめた日本都市の光景を遺留品研究所グループのような視点でディナールをとばしたハイコントラストで記録している。新宿西口フォーク集会と地平線を傾けた東京の遠景、この二点は僕の東京論に欠かせないショットです。

## 1 篠山紀信の写真、都市論への接続

**磯崎** 『家』で篠山論を書いて、ヴェネツィア・ビエンナーレが終わった後、AAスクールに『家』を回して展覧会をやりました。

『家』は一九七二年頃から撮り始めていたと思います。そのうちにスタジオで光を調整して構図を考えて撮るのではなく、素人を自然光で撮るというコンセプトの「激写」を始めて、テレビに出たりして、一気にポピュラーになりました。キオスクに並ぶ雑誌のカバー写真とグラビアはほとんど篠山というほどでした。一九七〇年代半ばには、「激写」を撮るための自然光スタジオの設計を手伝いました。天井と屋根を切ってスカイライトを載せただけのシンプルなものです。

**日埜**　磯崎さんの設計によるスタジオをつくることで、東松的な写真とははっきりと違う、篠山独自の写真が出てくるということですね。

**磯崎**　彼のアイディアの具体化を手伝っているだけですよ。当時は自然光スタジオなんて時代遅れと思われていたんでしょう。トップライトと自然光をミックスした内部空間をいかにつくるかというこのときの経験は、その後ロサンゼルスのMOCAのギャラリーを設計するときに役立ちました。ポール・マランツと一緒にギャラリーの照明設計をやる。外光と人工光の分布や散乱を予測する。そのときのデザインが、いわゆるホワイト・キューブと呼ばれる現代美術ギャラリーの照明の型をつくることができたと思っています。東松は一九五〇年代からずっと政治的なドキュメンタリーをやっています。いっぽう篠山はヴィジュアルなメディア、要するに大量印刷されて世に出ていくものとして写真を扱っています。モダニズムのアート作品の評価はその署名性が基本です。写真家も同様で、同じネガからでも、撮影した本人が焼いて署名したヴィンテージものが評価されます。ほかの人が焼いたものは、印刷として遜色はなくても、マーケットでの値段は下がる。東松はそういった署名性を意識した日本では初期の人です。注文の仕事をやりながら、作品として写真をとらえている。そのプロセスを経ているのはモノクロ写真に限られていました。メディアの注文でカラー撮影はしているが、作品としての署名はしていない。対して篠山は一九七〇年代になるとカラーにしぼってしまった。ところがカラー現像は業者の機械で行ない、業者のプリンターで焼きます。つまり、撮った瞬間に手を離れ、それがそのまま出版メディアに出る。作家が一つひとつ署名をしなくても、ブランド名として流通する。これを日本で最も早くやれたのが篠山紀信だと思います。

僕は篠山を介して、メディアの動きをフォローしていた。数々の印刷媒体がイメージを都市全体に分散させていく。都市の光景に巨大看板やポスター広告がひろがる。「ラスベガス」論（『建築の解体』）で描いた事態が東京の日常へと展開している。そのイメージを篠山紀信というひとりの写真家が組み立てている。それは「都市論」だと言えるのではないか。さらには『家』以降、何台もカメラを使う「シノラマ」や、超大型カメラでぼかしのない写真など、一九八〇年代の物質が氾濫した東京の表面を記録していく（『シノラマニッポン』（世界文化社、一九八九）、『TOKYO未来世紀』（小学館、一九九二））。決定的な一枚の写真などにこだわらずに大量に撮って大量に頒布する、絞り込むのではなく、拡散させていく。

東松照明は、一点に絞り込む昔ながらのモノクロ写真をやっていましたが、一九七二年に沖縄へ移住して、初めてカラーを使った写真集『太陽の鉛筆・沖縄・海と空と人びとそして東南アジアへ』（毎日新聞社、一九七五）をつくります。それについては彼の追悼文を書きました（『現代思想』

二〇一三年五月臨時増刊号「思想写真家・東松照明」や『IMA』(2013 Spring vol.3))。美術館が扱っているのは前半のそれで、後半のカラー写真はマーケットで扱われません。本人が焼いたヴィンテージ写真は、ワインと同じで古ければ古いほど値段が高い。東松があるときカラーでしか撮らない。デジタルにするとい言っていますが、これは作品としての写真の枠組みを変えるということなのです。いまだにカラー写真はアート作品として扱われていない。カラー作品もモノクロと同じく「作品」だと考えていたとしても、美術市場、ひいては美術館はカラー作品には手を出さない。

建築雑誌のグラビアでは一九五〇年代までは一枚だけがカラーで、一九六〇年代になると、作品ごとに一枚ずつカラーが出てきます。僕は『SD』で石元泰博さんに頼んだ時は、一枚では足りないということで一〇枚に限定して、細かく決めて撮影してもらいました。内藤廣も石元さんに撮影を頼んでいますが、ほとんどがモノクロです。僕は石元さんのやり方はだいたいわかるから、雑誌にカラーで出る時は石元さんに頼んでいました。じつは本当に頼みたかったのは、木の建築模型をモノクロで撮ってもらうことでした。『磯崎新の建築30』の時には、「建築に見えなくてもいい、オブジェクトとして撮ってほしい」と頼みました。石元風の構成で、照明も下からや逆光など、いわゆる建築模型写真とはちがっています。

石元さんは桂離宮をモノクロとカラー両方で撮っています。モノクロの『桂 日本建築における伝統と創造』(中央公論社、一九七一)は丹下健三さん、カラーの『桂離宮 空間と形』(岩波書店、一九八三)は僕が付き合いました。その違いについては、文章を書いています(「桂——その両義的な空間」)。『伊勢神宮』(岩波書店、一九九五)はモノクロ撮影です。モノクロのほうが石元風の写真です。桂離宮もモノクロのほうが作品になる。ところが、モノクロの『伊勢神宮』は海外版が出ていません。

石元さんは生前に、自ら選んで写真を高知県立美術館(「石元泰博フォトセンター」)に寄贈しました。桂離宮も伊勢神宮もモノクロです。カラー作品はフォトコラージュ風の作品だけです。

篠山紀信はモノクロには戻らない。時折モノクロの注文があるようです。昔ながらのやり方はありえないとポラロイドで撮ったりしていますね。ポラロイドは、ふつうフィルムで撮影する前に構図を決める時に使う。一点モノとして撮るわけですね。

彼は一度だけ大型カメラで《神岡町役場》を撮ってくれました。その時はあおりを使わずに、大型カメラを使って、三五ミリカメラと同じ方法で撮った。新築には見えませんが、雰囲気のあるものでした。

また、鈴木久雄さんはデジタルの人です。コンピュータを使って自分で焼き方を操作して、一品作を焼く。建築写真の歴史的な展開のなかで、デジタル印刷が主流になった現在において、テクノロジーの使いかたを考えている。環境のなかでの建築物の場の存在感をつかむような写真がいいですね。

**日埜**　モノクロ／カラーの問題、それと関係してイメージの流通に表われる時代性があり、その変化に向けて篠山さんの独自性が成立したということですね。一九八〇年代に都市をどう見るかという時に、「シノラマ」的なものと、磯崎さんの都市論がシンクロする時期があった。そこに石元さんも『Provoke』の人たちも撮れない東京が浮上してきた、と。

**磯崎**　一九七〇年前後は『Provoke』のやり方でよかったと思います。新宿を決定的に撮っているのは東松照明です。（「おお！新宿」）デモ、機動隊との衝突、大学占拠などの事件そのものがリアルでありながら、東松照明独特の一瞬の出来事に背後の都市や社会や時代の貌が浮かぶ。いまではこの時代はガラッと変りながら消えていったと誰もが思うのだけれど、それが同時代に撮られています。ですが、一九八〇年代に、モノの種類が猛烈に増えて目立つようになってきました。中身がなんであろうと、モノの表面、印刷物、包装紙が浮かんでいるような状態です。アンリアルなものが立ち上がってきて、都市の表層を埋めました。その文化を支えていたのはセゾンです。出版物、演劇、ファッションなどもそうです。田中康夫が『なんとなく、クリスタル』（河出書房新社、一九八一）のなかで註としてたくさん入れたような表現の仕方や、吉本隆明の「ハイ・イメージ論」を僕は評価しています。

先日、亡くなられた時に出た彼の活動を振り返る言説では、一九八〇年代以降吉本は反動化したのだという評価が多かった。僕は反対の意見です。一九六〇年代のリアルを知っていた人の多くが、一九八〇年代の変化に対応できず脱落している。吉本隆明は表層化したアンリアルを掴んだのだと思います。

## 2 倉俣史朗、三宅一生との交流

**日埜**　そのような都市のあり方は、どこかで倉俣史朗★七さんの仕事に現われているような物質のエフェメラルなあ

《群馬県立近代美術館》
［撮影＝中平卓馬］

り方を連想させます。

**磯崎**――倉俣が亡くなったのは一九九一年ですね。彼が最初に登場したのは六〇年代半ばで、高松次郎と組んで影を描くとか、建物を色だけにしてしまうとか、建築家が考えてもここまではやれないところまでできていたのが印象的でした。《福岡相互銀行大分支店》のインテリアのサーモンピンクは、リアルからどうやって抜けるかという意味で同じ気分でした。倉俣とは一九七〇―八〇年代に展覧会やインテリアの仕事でずい分つき合いました。一九八〇年にエットレ・ソットサスが『メンフィス』を立ちあげたとき、日本からクラマタ、イッセイ、それに僕が加えられています。ポルトゲージが組織した第一回ヴェネツィアビエンナーレ国際建築展「ストラーダ・ノヴィッシモ」もこの年です。ぼくは両方に付き合わされています。ポストモダン・デザインの国際的な動きの始まりです。《つくばセンタービル》のホテルのインテリアはすべて倉俣でした。

三宅一生は、パリへ行っている時は知りませんでしたから、日本に帰ってきてからだと思います。パルコで初めてのショーをやった。それ以降、モデルにされたりしましたから、七〇年代の終わりには親交があったことは確かです。

八〇年代に活躍したアーティストやデザイナーは、それぞれ七〇年代に何か変化をしているわけで、変わり方を調べるとおもしろいと思います。篠山は「激写」。倉俣も七〇年代が最も過激でした。一九七八年の「間」展の時は、ガラ

《ル・トロネ修道院》[撮影＝篠山紀信]

スだけの接着の家具をつくっていました。「一枚の布」というコンセプトを挙げた三宅一生の登場がそのときです。アートの世界では、六〇年代にもの派と「美術家共闘会議」で日本的土着アヴァンギャルドが現われる。すぐポストもの派の時代になっていきました。八〇年代ではいわゆるシミュレーショニズム。表層の操作に集中していったわけです。

## 3 八〇年代という特殊な時代

**日埜**　その意味で思想家も変化した人と一貫した人とがいて、八〇年代あたりを曲がり角とする社会の変化のなかで、残ったり残らなかったりということが起こってくるわけですね。

**磯崎**　一九七〇年代の中期に岩波書店が「文化の現在」というシリーズを始めるということで、さまざまな領域の一五人ほどが研究会を行なっていました。文学は大江健三郎と井上ひさしが中心、音楽は武満徹と一柳慧、建築は原広司と僕で、六〇年代に仕事をスタートした連中が主でした。七〇年代にはそれぞれの領域で独自の仕事をはじめていました。そして八〇年代に移ると、『へるめす』という雑誌が創刊され大江健三郎、大岡信、武満徹、中村雄二郎、山口昌男と僕が編集同人になっている。

**日埜**　なるほど。篠山紀信が感じていた現代都市の様相と『へるめす』が見ようとしていたものの先はある種共通していたということですね。もはやかつてのモダニズムの理論や左翼のイデオロギーでは整理できないものが現実のなかに見えてきている。

**磯崎**　『へるめす』は移行期だったという気がします。八〇年代、世の中はポストモダニズム論ばかりで、僕は《つくばセンタービル》で騒がれました。その時代の文化状況に大きく影響を与えたのは山口昌男だと思います。「道化論」や「中心と周縁」など、文化人類学の現代的解釈、領域横断的な現代思想とくくられるひろい意味での文化論でしょう。同世代の仕事として、網野善彦さん、辻惟雄さんの仕事などに僕は関心を持ちましたが、それぞれアカデミーの内部からのうごきですね。

**日埜**　マルクス主義を基本としていたかつての思想から、フランス現代思想、民族学など、領域もヴォキャブラリーも広がっていくわけですが、しかし反面で決定的にただひとつの正しい見方などないというほかなくなってきて、世界観が多焦点化していきます。そんななかで、例えば山口昌男さんが大きな焦点としてあり、大江健三郎もまたそうだということになってくる。篠山紀信による量として流通されるイメージもその意味でひとつの世界観を示しているでしょう。

**磯崎**　「激写」はスピードと量です。篠山紀信はそれしかないと、直感的に突っ走った。たった一人の個として、メディアの理不尽な特性と正面から渡り合う手法を開発しつづける。走りつづける有様は感動的ですよ。

一九七七年の東大の五月祭で、蓮實重彦司会、寺山修司と高橋悠治★八と僕がパネリストのシンポジウム「現代芸術を考える」がありました。この頃に全巻グラビアの雑誌がはじまり、いずれ『写楽』という雑誌が出ますね。今で言えば、『BRUTUS』の始まりみたいなもので、ページをめくっていくとそれらしい写真がありますが、統括した意味や一貫したイメージがなにもない。読み終えてなにも憶えていない（笑）。とにかく量とスピードが今の気分だという話をしたかったのですが、全然通じません。『GS』（一九八四年創刊）は中身がなんでもありで、サブカルとアカデミックなものの区別がない。でも厚みだけがある。今で言えばフラットです。流通しているメディアのスタイルが変ってきた。すべてはカラー写真、言葉はそのキャプション。言語的レトリックよりも、記号（非文字）の配置、順序だけになる。表層性の優位、といわれていましたね。ロジックよりレトリック。表現者のタイプが変ってきたのです。

高橋悠治は当時、三里塚闘争に参加していたアクティヴィストでした。一方、寺山修司はイランから戻ったところでした。イラン革命前のパーレビ国王（モハンマド・レザー・パフラヴィー）の妃は、勘のいい人で、全世界の新しい芸術文化を集めフェスティバルを主催したりしていました。天井棧敷は、彼女が主催した世界演劇祭に招待された。高橋悠治は「三里塚闘争が鎮圧されて飛行機が飛び始めたら絶対成田空港から外国へは出ないと言って、わざわざ他の空港をつかうぐらい徹底していたんです。こともあろうに、アングラの中心人物が交流基金の後援で海外へ行くとはなにごとだ」と、寺山に食ってかかったのです。悠治は全共闘と同じで、徹底的に喰い下がる。司会者の蓮實重彦は、司会放棄を宣言。僕はその横で沈黙（笑）。寺山は怒ってそのまま帰る。悠治は僕のアトリエで酔いつぶれる。六〇年代的なものが終わり八〇年代が始まる。そのはざかい期の気分です。「間」展でその状況を抜けること試みますが、これが国外展であったから問題構制を明快にできたんだろうと思います。

**日埜**――一九八〇年代と言えば、やはりバブルの話をしなくてはいけません。磯崎さんはバブルと微妙な距離を取りながら、当時の多くの建築家とは違うことを考えられていたように思います。またこの時期は「くまもとアートポリス」で熊本県と関わり始めた頃でもあります。バブル経済をどのように眺めていたのでしょうか。

**磯崎**――段々時代が近づいて、精神分析的なレヴェルで思い出すものではなくなってきましたね。一九七〇年代末頃には、フリーランス系の篠山、一生、倉俣などがいて、あとセゾン系の小池一子さん、石岡瑛子さんたちと仕事外で付き合っていました。岩波書店系のつきあいとは違った流れです。メディアで言えば、中野幹隆系ですよ。彼らはありとあらゆるものを混ぜていく。

僕が中野幹隆とつきあうようになったきっかけは宮川淳

さんです。《群馬県立近代美術館》の頃が一番密接だった。宮川さんは阿部良雄と美術史を読み替えるようなことをやり始めました。その後体を壊された。僕はデザインの側からファッションへ関心を持ちました。いまでいうと文化論的と言えるでしょうが、都市論が可能ではないかと自覚し始めた。「見えない都市」と言っていた状況を東京で感じ始めたのです。

**日埜**──ここに『いま、見えない都市』(大和書房)があります。本の刊行年は一九八五年。いろんな文脈が結びあってあらためて都市につながってくる。

**磯崎**──なにかの機会にシンポジウムの企画を頼まれて司会をやったりしました。参加者は田中康夫と吉本隆明とビアンカ・ジャガー。ビアンカは交通事故にあって、全身打撲で来日できなかった。その後、渡米したとき、MoMAのブックストアで逢いました。松葉杖をついていました。「スタジオ54」で白馬にのって、さっそうと入場した人です。その時に吉本隆明はコム・デ・ギャルソンをテーマに話してもらおうと考えたのですが、彼は都市を論じた。吉本隆明は元々自分の身の回りのことしか言わない。一九五〇年代は路地裏の人と思っていました。このとき、ハイ・イメージ論につながる都市の視点を語ってくれました。いまだに覚えているのは、これまでは路地や街頭を歩いて見ていたが、そうではなく、空中から見るようになってきたというのです。都市を考える時は俯瞰図や鳥瞰図で全貌を見るのが都市論の基本だったというと、そうではないんだと言います。『ブレードランナー』(リドリー・スコット監督、一九八二)では、都市の模型を特撮で撮るようになっていましたが、空中から都市を見るのを保証しているのはそうした「イメージ」だという説明です。同じ理屈でコム・デ・ギャルソンのカットについても説明する。地上と空中の複眼でいいじゃないかと僕は言いたかったのです。

長年、思想や哲学の世界の人と付き合ってわかったのは、美術やファッションに関心のない人が大勢いることです。八〇年代は領域が混じり合っていたので、両方がわかる人でなければ時代に対応できなかった。ジャン・ボードリヤールやポール・ヴィリリオの影響があった。ヴィリリオは建築を研究していました。そして独特のメディアクラシー論に到る。あるいは、ロラン・バルトはエッフェル塔論や日本論を書く。扱うテーマは幅広い。日本では都市の状況をフォローする人が限られていました。「見えない都市」(一九六七)など発表当初はまともにとりあげてはくれない。このときに予測していた都市状況が、八〇年代東京で顕在化している。だがこれを正面から解読する手がかりがない。伴走することで体験しながら理解すること。これしかない。僕にとってはマンハッタンやロサンゼルスや東京で進行していた現場がすべてに先行する体験です。言葉にするか、展覧会を組むか、図面を描くか、スケッチするか、そんな同時性にかかわっているときのコトが唯一の手がかりだろう。説明のロジックは誰かがやっている。その場に近づき走ればいいんだ、こんな気分でした。目まぐるしかったですね。東京という都市は一九六〇年代が「リアル」、八〇年代が「アンリアル」、二〇〇〇年代が「ヴァーチュアル」という流れで整理できると考えています。

**日埜**｜八〇年代の終わり頃に多木浩二さんと対談を繰り返されていますね。

**磯崎**｜多木さんとは『へるめす』で連載をやっていました。編集委員に多木さんは入っていませんでしたが、ほかの人とは話せないことを多木さんとは話すことができました。先日、再版されたそのときの対談集『世紀末の思想と建築』（岩波書店、一九九一年刊。二〇〇一年、岩波人文書セレクションとして新装版刊行）を読み直したのですが、連載が終わった時にバブルが崩壊しているんですね。もちろんバブル崩壊がいつ起こるかはわからない頃に話をしていたのです。

**日埜**｜「くまもとアートポリス」は、たんに開発や経済の話ではなく、大きく引いてみた時に政治という社会全体を交えた問題設定があったのではないかと思います。八〇年代独特の聖も俗もごった煮になったような状況があり、『世紀末の思想と建築』は、磯崎さんの本としても多木さんの本としても一風変わった感じがあると思います。

**磯崎**｜多木さんの書いたものは難解ですが、話をするとわかりやすい人なんです。みんなそう思っていました。『天皇の肖像』（岩波書店、一九八八）などはユニークな仕事です。ある種の記号論ですが、美術論よりもおもしろい。あの対談の時は『へるめす』の編集部が三、四人脇に控えていましたから、お互いひねらずに素直に話しているので、読みやすいものになっているのかもしれません。

**日埜**｜個人的には学生時代の最後の頃にこの本が出たわけで、ここまできてようやくリアルタイムで僕が経験した時代になってくるんですね。そのころの気分としてはバブル建築の時代は終わったということだけははっきりしているけど、次の方向感はまだ見えない時期だったと思います。そういう時期において多木さんとのこの本はかつてとかわらぬ知的な視点を貫いていて印象深かった記憶があります。

**磯崎**｜二〇年間、歴史が動いてなかったことに、あの対談の最後に気づきました。「歴史の落丁」なんて勝手に言っています。八〇年代の初期にアレクサンドル・コジェーヴ★九が海外で再発掘されて、日本では八〇年代の終わりに翻訳が出ました。

**日埜**｜やや強引にまとめてみますが、篠山—倉俣のような作家が七〇年代から見出したアンリアルなものが、都市において赤裸々な現実となっていき、それが爛熟してだんだんとリアルの限界が見えてくる。アートと並行して思想の世界もそういう現実をなんとか捉えようとしていた。そんななかで冷戦終結はひとつ大きな事件だったでしょうが、全体に状況の見通しは不透明になり、さまざまな試みも停滞感は否めない。それが歴史の終わり、宙づりという認識ですね。ちょうどその頃バブル経済も潰れていきます。

**磯崎**――今から見ればそう説明できるかもしれませんが、僕らはそのなかにいたわけです。バブル崩壊とは時代が捩れる時です。八〇年代に考えてきたことが通用しなくなるかもしれないとは思いましたが、けれども先に何が見えるかもわかりませんでした。『世紀末の思想と建築』には「世紀末」という語がありますが、誰がつけたんだろう。

**日埜**――世紀末と言うにはずいぶん気が早い一九八〇年末あたりから表象系の領域では「世紀末」と銘打ったものはずいぶん出ていましたね。ほかにこの時期の書名で僕がおもしろいと思ったのは、『建築の政治学――磯崎新対談集』(岩波書店、一九八九)です。とくに政治学という言葉ですね。今読むとネオリベラリズム=グローバリゼーションの予兆にも聞こえる。

**磯崎**――政治がそれ以前と違うかたちで表に出てきていることは、八〇年代に感じ始めていました。思想界の人たちも同じだったと思いますが、「決定不可能性」ということがよりはっきりと言われるようになってきました。言い換えると、すべての事態は何がしかの決定がなされることによって進行する。その決定のロジックの共通の理解が失われても決定されている。恣意的であり、非論理的であったとしてもなされる決定は「政治力」と言わざるを得ない。個別的、重層的、多くのやりかたがうまれてしまった。コンペの審査でも満場一致なんてない。面白いものは出てこない。ロビー的、説得的、天の声的、黒幕的、何でもありです。こんななかでもまれているうちに超ロジカルな決定を「政治的」と呼んだのだと思います。考える手がかりにしなければいけないと実感したのは、バブル真っ最中の時でした。それまで学んできた近代とは、啓蒙主義以来、決まったロジックがあり、それによって社会は動いているというものです。民主主義にしても、すべて予定調和です。唯物史観もそれに近いわけですが、基本的な発展段階の大筋があり、すべての行動や理論やデザインの判断がされてきたように書かれます。『建築の解体』も今読み返せば、解体へ向かうという大きな流れ自体は疑っていませんでした。ところが、八〇年代の終わりに、ひとつの大筋の流れ自体が危なっかしいものだったと思い始めました。経済は右肩上がり、政治は二極対立や五五年体制などのある均衡が成立していましたが、大きな物語がなくなったと言われていました。「大きな物語がなくなり小さな物語になった」という議論自体も、ある種の大筋であると言えますが。一方で、小さな物語は何かという実感もない。当時、さまざまな人がそれぞれ何か言おうとしていました。例えば、吉本隆明は「重層的な非決定」と表現しましたし、僕も日常的にすべてのことが不確定性を持ったまま動くようになった時にどうするのかなど、個人的にあれこれと考えていたことを、多木さんと素直に話していたように思います。「くまもとアートポリス」の先例にベルリンの「ＩＢＡ」（国際建築展覧会）がありました。ＩＢＡは昔ながらのマスタープランに基づくものでしたが、対して「くまもと」はマスタープランなしで、一つひとつ決定するというアイディアです。コミッショナーに大きな筋書きはなく、個別の決定をしたうえで、それをばらまいていくという一種のアナーキーな決定論でした。手間はかかることでしたが、そのほうが日本の状況に合うのではないかと思いました。やったもんがちということで始めたのが「くまもと」ですが、やはり事件がさまざまに起こるわけで、それはまたおもしろかったですね。

## 4 経済主導となる世界状況／グローバリゼーション

**磯崎**――「くまもと」以前は、世界中引っ張りまわされてウロウロしていました。それらは支離滅裂で、ニューコークの《パラディアム》の場合、内装はローアートで、立地はすぐ横にマフィアがいるようなところでした。ハリウッドではアート業界のトラストと付き合い、ほかにはアカデミックな文脈では大学との関わりがあり、アメリカでは不思議な引っかかりがありました。日本は当時おもしろくないと思っていました。八〇年代初め、アメリカではレーガノミクスが始まる頃で、フランスではミッテラン政権が誕生するところでした。レーガンはイギリス保守党のサッチャーと一緒にネオリベラリズム（新自由主義）を組み立てたわけですが、当時の日本では誰もそれを説明してくれませんでした。アメリカはその頃から、政治主導から経済主導になっていきました。また、ネオリベからネオコンが登場する端境期ですね。日本ではバブルが進行していましたが、ロッキード事件があって、中曽根康弘が民間活力を導入する方法を輸入します。民活とは、ネオリベラリズム、ディレギュレーションによって官僚機構を崩していくというものでした。

《つくばセンタービル》みたいなものはこれまでの公共事業をやっている官僚機構のシステムではどうしても受け入れられなかったのですが、八〇年代は発注側の都市住宅公団が、ロジックを外したデザインをわかってくれたことです。白井晟一さんを顧問に据えてくれて、白井さん自身は自分が磯崎にやらせていると思っていたようです。そして、白井さんも亡くなり、都市住宅公団のような官僚機構の人たちはすぐにポジションが変わりましたが、そういった「たまたま」が成立するという、ある種の変化が起きたはざかい期でした。また、同時期に、ニューヨークの《パラディアム》においては混乱させるほうがいいという。一方ロサンゼルスＭＯＣＡは、ＭｏＭＡと違うものをつくり、あわよくば美術の覇権を握りたいぐらいの意気込みでした。ロサンゼルスのアートは一時期いくらか復活しましたが、結局またニューヨークに吸い上げられていきました。日本の《つくば》の場合には制度的な混乱があり、アメリカでは大型資本による都市開発が行なわれ始める。フランスはミッテラン政権になり、政治主導でした。ドイツはまだ分裂中でまとまらなかった。このように、まったくパターンの違う国々をウロウロすることになりました。七〇年代は批判を組み立てればよかったのですが、八〇年代は対応する相手がすべて違うために「これが正しい」というロジックがなかった。九〇年代になるとグローバリゼーションに突入しますが、いわば金融帝国主義です。相手が巨大なだけでロジックは摑める。八〇年代は特殊で支離滅裂な時代でした。僕は半分以上外国にいましたが、東京においておそらく最もこの時代を楽しんだのは、篠山紀信でしょうね(笑)。

**日埜** 八〇年代は文脈を見通すことが難しく、さまざまな要素が複雑につながって動いていた状況です。できればそうした文脈をうまくここで整理したいところですが、いくつかの線を確かめることぐらいしかできそうもない。

**磯崎** その時代のことは自分でもうまく書けません。『建築という形式I』にまとめたのがせい一杯ですね。

――篠山さんと同時代に、荒木経惟★一〇さんもいました。きれいになっていく東京の裏面、場末を撮ったり開発の現場を撮ったりしていました。

**磯崎** アラーキーは篠山よりも早くアート業界に登場していますね。いま美術コレクターや美術館のコレクションに森山大道とアラーキーの二人は入っていますが、篠山は意図的にそう扱われることを拒否している。美術館側もメディアの人とみなしている。

僕は、かつて「東京は写真だ」という趣旨で、篠山のレトロスペクティヴになるような展覧会を組もうとして、そのシナリオもつくりました。篠山が実家である新宿の裏手のお寺で写真を撮り始めたところから始まるものです。日本では当然ダメでしたが、海外で写真に関心を持っている美術館にコンタクトを取っても受けつけてくれませんでした。美術館は旧い型の「アートとしての写真」というコンテクストに固執している。美術界の文脈がちがうのです。

先日、東京オペラシティギャラリーで回顧的な個展「篠山紀信展 写真力」(二〇一二年一〇月三日―一二月二四日)が開催されました。デジタル・プリントをでかくのばして展示していた。ひさしぶりに篠山と話をしておもしろかった(その時の対談と磯崎によるエッセイは『アサヒカメラ』二〇一二年一二月号に掲載)。オペラシティギャラリーは貸ギャラリーです。やはり、美術館とは関係ないと言って居直ればいいと思います。森山大道はテート・モダンで回顧展をやったり、アラーキーがフランスで受けたりしています。これは浮世絵の春画が流行るようなものでジャポニズムですね。篠山は浮世を撮っているはずですが、文脈的には浮世絵のジャポニズムの線には乗れない(笑)。アラーキーのカラーはその力は篠山と比較にもできない。モノクロの人です。自然主義、私小説の系列だということを自分でも意識しています。

篠山の写真は大衆小説的でもないし、カテゴリーさえない。かつて、「怪人二十面相」と評したことがあります。篠山の名前で二〇人のカメラ小僧がいると言いたかったわけです。篠山はそんな説明は不満だったようですが(笑)。作家自らが考えていることやその仕事と、客観的な評価はずれています。ずれていたとしても、この人だとわかるのは「写真力」というべきか。これは篠山本人の説です。

――一九九五年にTNプローブで「O.M.A. IN TOKYO:レム・コールハースのパブリック・アーキテクチュア」展が行なわれました。展覧会に関連して出版されたレム・コールハース責任編集の『レム・コールハースのジェネリック・シティ』という本では、コールハースに直接指名されて荒木さんが東京を撮っています。

**磯崎**――一九九六年に原美術館でエットレ・ソットサスが「倉俣史朗の世界」展をやった時にも、アラーキーの写真をバックに倉俣の家具を置く展示が行なわれました。エットレは「やっぱりこれが東京なんだよ」と言っていました。ジャン・ヌーヴェルもアラーキー好きです。外国人から見ると、かつての日本人が植民地上海を見ていたのと同じような、ノスタルジックな東京を感じるのではないかと思います。僕なりのジャポニズム理論は、外側からの視線と内側からの視線はどうしても合わないというものですが、まさにそれですね。

かつて、アラーキーが電通にいた時に、近所の喫茶店でやった個展を見た記憶はあります。篠山は都市論、アラーキーは文学論です。ちゃんと写真論がやれた人は東松照明だと今でも思っています。

なぜ今、美術館が当時のカラー写真を作品とみなしていないかを分析すると、われわれのジェネレーションの写真家のやり方が見えてくると思います。アメリカの写真家ウィリアム・エグルストン★二一はモノクロを撮っていましたが、一九六六―一九七四年に、アメリカ南西部の原爆実験をやった街の廃墟や近隣のモーテルや、看板やお店などをカラー写真で撮りました。それは『ロス・アラモス』という本になっていますが、一緒に歩いたのはワルター・ホップス★二二というキュレーターです。作品はポップでもなく、中途半端ななんとも言えない感じをカラー写真で記録したものでした。日本では九〇年代に写真による郊外論が出てきましたが、それとも少し似ています。例えばホンマタカシ★二三はある種『Provoke』の伝統に引っかかるようにも撮っていますが、また別の筋もあると思います。そのエグルストンの写真展がMoMAで開かれたのが一九七六年で、それからやっとアメリカでもカラー写真が議論されるようになりました。東松照明はカラー写真を発表しても作品には入れていなかったのに、『太陽の鉛筆――沖縄・海と空と島と人びと・そして東南アジアへ』(毎日新聞社、一九七五)では、パートカラーでやっています。そのように、七〇年代半ばに初めてカラー写真がアートになる契機がありました。同時期にすでに篠山は『家』を撮り終えていました。

デヴィッド・リンチの映画『ブルーベルベット』(一九八六)の出だしでオヤジが倒れるところがありますが、そのシーンはエグルストンが撮っていたニューアメリカン・フォトグラフィー風のボロボロの汚い風景が下敷きになっているのではないかと思います。そういった気分は、八〇年代に篠山的にバッチリ撮ったものから、九〇年代に日本の郊外のきれいだけれど意味がないような景色を撮影する流れに変わっていったのと重なるところがあると思います。

写真では、カラーからデジタルへという大きな変化がありましたが、他の領域でもそういったラディカルな変化が起こっています。建築でもコンピュータが使われはじめ、アナログからデジタルへと変っていく。とはいってもテクノロジーが建築のデザインを丸ごと変えたということはないですね。いつも残っている。それが(建築)だと考えはじめたのはこんな背景があったのです。モダニズムが一区切りついて——ポストモダニズムもモダニズムのうちですが——、その先はいまだに決まっていません。

[二〇一三年九月二三日、軽井沢磯崎山荘にて]

[註]

★一——篠山紀信(しのやま・きしん)：一九四〇—。写真家。日本大学芸術学部写真学科卒業。広告制作会社「ライトパブリシティ」を経て、一九六八年よりフリー。一九六〇年代末から七〇年代初期に発表した『Death Valley』『Twins』『Nude』などの写真で脚光を浴びる。以後、週刊誌のグラビアなどを主な舞台にアイドルや女優、ミュージシャンなどを「激写」。また、複数のカメラによる撮影手法「シノラマ」によって、新しい都市写真の領域を切り開いた。

★二——森山大道(もりやま・だいどう)：一九三八—。一九六〇代末にノーファインダー、粗い粒子、ピンボケを特徴とするラディカルな写真表現によって鮮烈に登場。『にっぽん劇場写真帖』(室町書房)、『写真よさようなら』(写真評論社)を残す。しばらくの沈黙の後、一九八二年『光と影』(冬樹社)によって復帰。以後、国内外で展覧会を開催するなど精力的な活動を展開。

★三——中平卓馬(なかひら・たくま)：一九三八—。一九六八年、多木浩二、高梨豊らと写真同人誌『Provoke』を創刊、戦後写真のあり方に大きな転換をもたらす。写真集に『来るべき言葉のために』(風土社)、『新たなる凝視』(晶文社)など多数。映像論集に『なぜ、植物図鑑か』がある。

★四——高梨豊(たかなし・ゆたか)：一九三五—。東京造形大学客員教授。一九六八年、中平卓馬、多木浩二と『Provoke』創刊。一九九二年、赤瀬川原平、秋山祐徳太子とライカ同盟結成。写真集に『都市へ』(イザラ書房)、『東京人』(書肆山田)など。

★五——岡田隆彦(おかだ・たかひこ)：一九三九—一九九七。詩人、美術評論家。一九六一年吉増剛造らと詩誌『ドラムカン』創刊。一九六八年、中平卓馬、高梨豊、多木浩二と『Provoke』創刊。詩集に『史乃命』(新芸術社)、美術評論に『危機の結晶—現代美術覚え書』(イザラ書房)、『幻影的現実のゆくえ』(田畑書店)など。

★六——山田脩二(やまだ・しゅうじ)一九三九—。一九六二年からフリー。代表作『日本村1969—79』の写真構成は、磯崎新+篠山紀信、テキストを磯崎新、多木浩二が執筆している。一九八二年より、淡路島の瓦生産地集落津井で粘土瓦の製造に従事。

★七——倉俣史朗(くらまた・しろう)：一九三四年—一九九一。インテリア・デザイナー/家具デザイナー。一九六五年クラマタデザイン事務所を設立。一九七〇年万博参加、一九八一年イタリアのデザイン集団「メンフィス」に参加するなど、国際的な場で活躍。一九九〇年フランス文化省芸術文化勲章を受章するなど、海外でも高い評価を得る。

★八——高橋悠治(たかはし・ゆうじ)：一九三八—。ピアニスト・作曲家。柴田南雄、小倉朗、ヤニス・クセナキスに作曲を学ぶ。一九六〇年代ヨーロッパ・アメリカで演奏活動に従事。

一九七八—一八八五年「水牛楽団」を結成し、全国各地の様々な集会で演奏活動を展開。機関誌『水牛楽団』定期刊行。著書に『ことばをもって音をたちきれ』（晶文社）、『高橋悠治／コレクション』（平凡社）、『カフカノート』（みすず書房）など。

★九——アレクサンドル・コジェーヴ（Alexandre Kojève）：一九〇二—一九六八。亡命ロシア人哲学者。フランスで活動。一九三三—一九三九年、パリ高等研究院でヘーゲル『精神現象学』を講義。聴講生に、戦後のフランス現代思想の中心をなす、ジャック・ラカン、メルロー・ポンティ、ジョルジュ・バタイユ、ピエール・クロソウスキーなどがおり、大きな影響を与えた。邦訳著書に『ヘーゲル読解入門—『精神現象学』を読む』（上妻精・今野雅方訳、国文社）、『法の現象学』（今村仁司・堅田研一訳、法政大学出版局）などがある。

★一〇——荒木経惟（あらき・のぶよし）：一九四〇—。一九六四年、写真集『さっちん』で第一回太陽賞受賞。代表作に自らの新婚旅行を撮った『センチメンタルな旅』（私家版）、『東京エレジー』（冬樹社）など多数。

★一一——ウィリアム・エグルストン（William Eggleston）：一九三九—。テネシー州メンフィス生まれ。初期にはロバート・フランク、リー・フリードランダーなどの影響のもとにモノクロ写真を撮っていたが、一九六〇年代半ばからカラー写真を撮り始める。一九七六年年、ジョン・シャーカフスキーの企画によって、一九六九—一九七一年にメンフィスで撮影した写真七五点がニューヨーク近代美術館で展示され、「ニューカラー」と呼ばれる写真表現の新しい可能性を開いた。

★一二——ウォルター・ホップス（Walter Hopps）：一九三二—二〇〇五。アメリカ現代美術のキュレーター。一九六五〜一九七四年にかけてアメリカ国内を、車の運転手としてエグルストンの「ロス・アラモス」の撮影に同行。

★一三——ホンマタカシ（ほんま・たかし）：一九六二—。一九九九年、写真集『TOKYO SUBURBIA 東京郊外』で第二四回木村伊兵衛賞受賞。写真集に中平卓馬を撮った『きわめてよいふうけい』（リトルモア）、「Tokyo and my Daughter」200, Nieves（スイス）など。

# 16 「桂」／タウト
## 重層的なテクストとしての

### 1 Electa社版『KATSURA』の成立と構成

**日埜直彦**　磯崎さんは二〇〇三年に『建築における「日本的なもの」』（新潮社）をまとめられています。その周辺のことについて、とりわけ「桂」、そして「桂」と切っても切れない関係にあるブルーノ・タウトがポイントになるかと思いますが、お話しいただければと思います。既に磯崎さんの『建築における「日本的なもの」』でも「桂」論とでも言うべきものを書かれていますね。例えば井上章一の『つくられた桂離宮神話』★一にあるように、イデオロギー的バイアスのかかったさまざまな視点から桂離宮は捉えられてきた歴史があります。一九六〇年代あたりからその見え方は複雑化していくわけで、丹下健三さんの『桂』（造形社、一九六〇）もその中の節目となるでしょう。当時見えていた「桂」の像、あるいは現在それをどう考えておられるかというあたりから話をうかがえればと思うのですが。

**磯崎新**　まずイタリアのElecta社が二〇〇四年につくった『KATSURA: La Villa Imperiale』という本の成立のいきさつから説明して、そこからタウトの時代に遡ってみたいと思います。実はこの『KATSURA』はフランチェスコ・ダル・コーがElecta社の編集長的な立場にいることから作られました。僕の『建築における「日本的なもの」』（新潮社、二〇〇三）の中に「桂」の章「カツラ――その両義的空間」がありますが、これを書いた八三年に「桂」の解体修理が行なわれ、修理が終わったときに石元泰博の撮影で『桂離宮――空間と形』（岩波書店、一九八三）がつくられました。これに僕が文章をつけました。一九六〇年に出た石元さんの撮影による『桂』（MIT Press）はモノクロで、ハーバート・バイヤー★二がトリミングをして、グロピウスが序文を書き、丹下さんが論文を書いていました。その二〇年後に「桂」が解体修理されたときに、同じ石元さんが今度はカラーで撮影したわけです。丹下さんの書いた文章やグロピウスの序文を前において、僕なりの考え方を述べなければならない。そのときは田中一光★三がデザインしています。

『KATSURA: La Villa Imperiale』

かつての先生にあたる人たちが関わったものを、新しいスタイルで考えたらどうなるかと思って引き受けたとはいっても、一番の目標は、解体修理したとしても中は一般公開しないので、でき上がるときに石元さんの撮影についていって、細かく見ることでした。中を細かく見ることは、伊勢神宮も一緒なのですが、こんな機会を逃すまい、そんな程度のきっかけですよ。ブルーノ・タウトは自分の「桂論」で「桂」が有名になったと自負している。僕がそのあとに「桂」論で重要だと思うのは、堀口捨己さんの『桂離宮』(毎日新聞社、一九五二)です。これは非常にはっきりした考証に基づいた、さまざまな面でユニークな桂論です。そのつぎにグロピウス−丹下による『桂』という三代目の論がある。ですからこちらは四冊目になるわけです。同じ「桂」に対して、ひとりの人間が論じたものでも違った見方が出てくる。そういう意味で「桂」解釈は見る側の視点と考えとその記述法に基づいて組み立てられ、結果として、全く違った論になる。解釈学と言われているものの組み立ての基本形はこういうものです。つまり決定的な像がひとつあるのではないということが二〇世紀になってから言われてきたテクスト解釈の方法です。ならばこれまでの「桂論」に対して僕が付け加えることはできるかもしれないと思いました。

石元さんは最初はライカでモノクロ、三五ミリで撮って、それから今度は大型カメラでカラーで四×五で撮られていました。モノクロ、三五ミリに比べたら粒子の数も圧倒的に多いし、かつ色彩があるということは情報量は一挙に上がるわけです。ひとつの細部をとってもその写真の情報量は段違いになる。それにしても写真は写真であり、撮る対象は同じです。しかし実際の写真を見ると、同じ場所を撮っていながらモノクロとカラーで違うものが出てくる。解釈学的にいろいろな人が桂を解釈するのと同じように、ひとりの写真家のなかでさえ、使うメディアや時代が変わると違って見える。これを手がかりに僕なりの視点で捉えようとしたわけです。石元さんの同じ場所を撮ったカラーとモノクロの写真をこの本では並べてあります。トリミングはハーバート・バイヤーと田中一光ですが、まったく同じ場所で見え方が違う。ここで問題が出てきます。何が本物の「桂」なのか。モノクロとカラーだと違って見えることになります。たとえば「桂」でさえ、決定的なひとつの見方なんてあり得ない。見る人間やメディアによって違って見えているということです。ならば僕はどういう解釈を付け加えたらよいのか。タウト、堀口捨己、丹下健三、それに僕と続くことになってしまった。これを茶室の完成に深く関わった武野紹鴎★四、利休★五、織部★六、遠州★七と並べてみるというアクロバティックな設定をやってみるとどうなるか。日本の一六世紀終わりから一七世紀初めにかけての茶道の展開は、茶室空間、茶道の見方、それぞれの好みなどを反映していて、後の人は前の人の蓄積のうえでものを言っているわけです。後になればなるほど、前の人の言ったことは承認するか否定するか、一度態度を決めたうえで言わなければならない。そういうふうに見ると、タウトは紹鴎、捨己さんは利休、丹下さんは織部と考えられる。それならば僕は遠州的な見方をしなければならない。僕の視点を定めるために設定した枠組みです。たまたま「桂」は遠州好みと言われていますが、遠州を手がかりに遠州的な見方をしてみようとしました。加えて、岩波版の「桂」(『見立ての手法』所収)のときには四章しか書いていなかったのですが、『建築における「日本的なもの」』では五章目を加筆しました。それが「帰属ー斜線」という章です。これは僕なりの遠州解釈です。建築学会の「批評と理論」シンポジウム(『批評と理論』〔ＩＮＡＸ出版、二〇〇五〕に収録)では「密庵席★八と遠州」として「遠州好みとは何か」が議論されました。遠州は「桂」にはタッチしていないが、「桂」に遠州好みと言われている要素が見出される。遠州に焦点を当てようとしたタウトの考えは間違いではなかった。こういう日本の建築家像と建築の著作者との関係をひとつの章にして加えたのです。

『建築における「日本的なもの」』は、日本語版と同時にＭＩＴから英語版が出されるはずだったのですが、やっとこの春(二〇〇六)過ぎに出版されることになりました。すでに翻訳はなされていたのだけれど、ネイティヴにもう一度チェックしてもらったほうがよいということになり、さらに外国人が日本建築を理解するためのベーシックな参考文献なども足して、アカデミックなスタイルが整えられました。デイヴィッド・スチュアートがエディターになって二年くらいかかって、やっと本になりそうです。その英文のドラフトをダル・コーが見て思いついたのが『KATSURA』の構成です。だから石元さんのモノクロとカラーの『桂』を比較するということを手がかりにして、近代建築家による「桂」論集としてできたのがこのイタリア語版の『KATSURA』です。

『KATSURA』の構成は僕の文章が最初にあるのですが、「桂」に関わる近代建築家たちのドキュメントが載せられていて、タウトの論文とスケッチと、それをテキストクリティックしているマンフレッド・シュパイデルの文章、さらにグロピウス、丹下さんの論文があって、そして最後にグロピウスがル・コルビュジエに京都から送った絵葉書が収録されています。この本で使われている写真は石元さんのとは違って非常に平明にドキュメントとして撮っている写真です。これまでの石元さんの写真集に比べて裏の裏まで全部撮ってあって、そういう点ではデータ的に面白い。石元さんが絶対に撮らなかった屋根まで撮っています。さらに僕は改修の時の実測図の図面を載せてくれと言いました。この実測図は宮内庁で管理されていますが、これを全部図面として載せました。ちょっと皮肉に言うなら、石元さんの白黒写真もカラーもどちらを見ても本物の「桂」とは言えない。そうすると「図面は変わらない、図面が『桂』だ」ということになります。何が「桂」という建物における真実なのか。つまり文章もそれぞれ違っていて、写真を撮っても撮った人間の主観が出てくるのでみな違う。しかしこの実測図は変えようがないということで、ぜひ載せてほしかったのです。そこで宮内庁に保管されている「桂」のすべての図面が撮影され掲載されたのです。そこでもうひとつアイロニーがあります。普通われわれが木造の建築の図面を描くとき、柱は四寸角、畳は京間で六尺一寸五分などと寸法を入れるわけですが、この実測図では、意図的に寸法を入れてない。それが修理報告の考え方なんですね。図面は一応図面として残っていて、スケールは入っているが寸法は入っていないんです。何百年か経つと部材の一本一本の径は縮んでいくわけです。四寸とあったとしても四寸一分だったのが四寸になったのか、四寸が三寸九分になったのかわからなくて、実際に測ってみると完全な四寸角ではありません。そうすると実測するとしても、いったい何が正確な寸法なのかも本当はわかっていない。それは記述できないという考えのようです。本当の建物のそのままのものをどんなに工夫を凝らしても、完全に記述するというのは本質的に不可能なのかもしれない。ただ一番接近しているのがこの実測図ではないか。この本には実測図が全部載っています。

「桂」についていうならば、最初のスタートはタウトだということになります。タウトが来日した頃に、日本の古典の美術や骨董や建築を扱う『座右宝』という雑誌があり、ここに志賀直哉が桂離宮の紹介を書いている。僕はその原文を見たことはないのですが、当時すでに「桂」は関心を持たれていたんでしょう。その時の「桂」の写真がここに出ていますが、確かに同じ「桂」ではあるのですが、写真が昔のものということもありますが、本当に今考えられているような「桂」がヨーロッパで一般の人たちに伝わったのだろうかと思うくらい現在とは違っている写真です。だけど少ない情報のなかでタウトが「桂」について語り始めたことが一番重要であると思います。

## 2 「こと」の建築――保存・改修・復元

**日埜** そうするとこの本を構成しているのは、「桂」をめぐるいくつかのテクストと写真はひとつの切り取り方であって、プロポーションの読み方を含めてひとつの解釈の仕方ですが、そういうある見方の揺らめきを反映した写真、それから図面ということですね。図面は建物を定義するドキュメントとしてある種の客観性を持っているでしょうが、でも実際に存在するのは柱の径のような情報を欠落させたドキュメントでしかない。いったい本当の意味で「桂」はどこにあるのか、というわけですね。今ある建物にしても幾度も改修を受けて当初のままというわけではなく、そういう改変を含めて日本的な建物のありかたなのかもしれませんが、しかし敢えて言うならば近代に現われた「桂」の像とは、あそこに建っている建物そのものというよりも、この本に収録されたものだったのかもしれません。

**磯崎**――古い建築の保存改修が議論になりますが、僕はたまたまリヨンでオペラの舞台装置をやったときにちょうどこのオペラ座を、ジャン・ヌーヴェルがコンペをとって改修をしている最中でした。改修されたときにエレベーションは昔のファサードをそのまま残して、その上に巨大なヴォールトをのせて、これがダンスシアターになるという案をやっていました。一枚のペラペラのファサードを表からも裏からもサポートして壊れないようにして内部を掘り下げて施工しているわけです。「そんなことやるくらいなら、一度全部ばらして、きちんと番号を付けて再度組み立てればいいのではないか」と僕が言ったら、「それはわかっているが、そうやったらもう文化財ではない」と言うわけです。これがヨーロッパの考えで、要するにそのままの格好で残されないといけない。あとで壊して改修したりするときもその部分は壊してはいけないというのが原則らしい。だから無理してでも補強しながらやるということです。このヨーロッパの解釈の仕方の対極に日本のように木造なんだから何度でも組み替えができるという考え方があります。例えば伊勢神宮は丸ごと改修をやっているから、ユネスコの見解は伊勢は新築建築であって歴史的な文化遺産には入らないと言われていると聞いたことがあります。「桂」も解体修理されている。法隆寺はすでに焼けたか焼けていないかという再建論争があって、その間で数十年の差があるわけですが、仮に再建があったとしても創建時の部材は何本残っているかと考えたらそれはもうほとんど無いに等しいくらいでしょう。何回も解体修理しているわけです。だから その新築のものにも一四〇〇年前の建物の一部が含まれるとなってくると矛盾してきます。いったいその基準はどこにあるのか、僕はいろいろな人に聞いたのですが、誰も答えてくれない。そこで僕は基本的に建築というのは「もの」ではなくて「こと」であると『建築における「日本的なもの」』に書きました。日本では建築を「こと」としてみればわかるので、「もの」は消えてもまた改めてつくればよいということです。だからそこはヨーロッパの概念とは違うと言わざるを得ない。そう考えると、「桂」は全面的に解体修理をしているわけですから、「二〇年しか経っていない新築建築である」とも言えてしまうわけです。事実中に入ると、本当にきれいでそんなに汚れていなくて、結構きちんと残っています。これがまたあと何十年後かに解体修理するかもしれません。そのほかにも薬師寺の塔の例を見てもよい。東塔は焼けていないから残っている。最近全く同じものをもうひとつつくった。これはもうディズニーランドと同じだと言われたりします。新しいほうはフェイクで、古いほうはリアルだと言われる。でもよく考えてみると、ついこの間つくって手の内がばれているからフェイクであって、もう忘れてしまったらリアルとなるのかもしれない。おかしな話ですよ。

**日埜**　何年か前に室生寺の五重塔が台風による倒木で大破してしまい、その後再建されたのを見たのですが、薬師寺西塔とは違って朱塗りの赤が小豆色のようなくすんだ色でした。かえって前のほうが鮮やかだったような気がするほどで、新しいというのでも古びているのでもないなにか作り物めいた感じがしました。この場合、かつての姿に戻すということでもなく、新しいフェイクで置き換えるというのでもなくて、なにを基準としているのかさらに曖昧になっているように思います。

**磯崎**　例えば修復の問題から考えると、ヴィオレ・ル・デュク★九の中世建築の復元改修が今批判されていています。彼なりに中世建築に対する理論があって、「ゴシックとはこういうものである」というゴシックの純粋形のようなものを一九世紀に考えていたんです。それを手がかりに彼なりのゴシックの基本形にそって修復している。後で実証的に考えていくと、ゴシックの純粋形というのはその時代に存在していたわけがなくて、つぎはぎになっていたり、コンセプトがはっきりしないままできたということになってきた。だから今ヴィオレ・ル・デュクは間違いであったと言われるわけです。僕は彼のようなやり方を「想像的復元」と言っているのですが、イマジナリーな復元をやったと考えるしかない。

## 3　オーセンティシティ

**日埜**　建物の場合はオリジナルの意味が美術品とは少し意味合いが違うと思います。例えば絵画の場合は画家の最後のひとタッチで完成ということになりますが、建築の場合は竣工当時の姿がある一方で、その後の歴史において手を加えられた場合、それも歴史の一部となるでしょう。単純にもとの形に戻したからと言って歴史の復元ということにはならないでしょうね。

**磯崎**　一種のオーセンティシティですね。歴史をやっている人たちは、オーセンティックだとか、そうではないという分類でやっているわけです。ただ現実問題として、例えば美術の方だって二つしか手がかりはないはずです。ひとつはサインです。サインをしてその作品が作者の承認を得たということです。中国の明末期に董其昌という人物がいて、有名でも実物がほとんど残っていない作者を自分で発見したと言って、自分で鑑定してこれは本物だと言ったと言われています。そうすると自分で描いた偽作までが本物になってしまう。すると今度それが有名なコレクターである清の乾隆帝に繋がります。董其昌が鑑定したならばということで、判子を押して、もちろん故宮博物館に入る。彼は自分でかなり独特のスタイルの山水画を創め、これは中国美術史で高く評価されている。この作品は非常に近代的で面白いと思います。だけれど彼が描いてしまった贋作は霧の中に消えている。それと同じことをつい最近まで生きていた張大千という人がやっています。彼も非常に絵がうまくて、この間中国に行ったら五〇〇年にひとり出るような重要な作家というふれこみで一流の美術館で展覧会をやっていたりします。ものすごくうまいのですが、偽作を描くともっとうまいと言われている。彼が発見したと言われている、元の時代の作品というのがあってこれも本物かどうかわからないのですが、みなそれを偽物だと思っています。「どうして偽作を描くのか」と聞くと、「自分が描いた値段の百倍で売れる」「自分のサインを入れると儲からないけど、偽作だと百倍になる。それはやめられないよ」と平気で言ったなどと評伝に残っている。しかもそれが重要人物なのだから本当にわからないですよ（笑）。書はどうやって評価するのかと言うと、もっと曖昧です。真筆というのはありえないんです。例えば東京国立博物館で「書の至宝」展がありましたが、書道家では王羲之が一番有名です。王羲之は、親子でかつては何千点か書いていたのだけれど、何百年か経つと十分の一になって、今はコピーしかありません。コピーしたり、なぞったり、木版でつくったりといろいろです。日本ではそれを切ってばら売りにしている。国宝になっている。だけどそれは西欧的基準でいうオーセンティシティの観点からすれば、偽物でありコピーにすぎません。

**日埜**　彼らとしてはオーセンティックなものが存在しないと言うことは絶対にできない。

**磯崎**　要は「桂」は本物かどうかということです。少なくとも先ほどの志賀直哉が書いた『座右宝』に掲載された写真と、現在僕らが見ている写真を比べた場合でも、庭の手入れの仕方などを見ると違っています。だからタウトが見た「桂」と僕らが今見る「桂」は違うのではないか。だけど同じ「桂」と呼んでいる。しかしこういう議論はある意味では「桂」の持っている魅力です。テクストとしての重層性です。だから依然として面白いと言えるわけです。だからオーセンティックなんて言わなければいいわけです。

**日埜**　ある意味でイヴェントというか出来事としての「桂」というものがあって、それがこの本にまとまっているわけですね。

**磯崎**　歴史教科書問題も似たようなものです。あれは歴史的にどう解釈するかで、論の組み立て方が違う。誰もが正当なオーセンティックな歴史を記述できないということは知っている。どれだけそれを説得力ある形で解釈するかということです。

**日埜**　そういう意味で言うと、本のタイトルにもなった「日本的なもの」さえもやはりいろいろな人が記述してきた歴史が雲のようになって、その雲全体ということになるのでしょうか。

**磯崎**　核になる確固とした存在としての建物なり美術

状況があるということそれ自体が曖昧だと思っています。それらしいものはある、だけどその周りにいろいろな議論があって、そのあげくもやもやとした全体が生まれていくとみたほうがいい。これらの組み合わせのすべてが「桂」を組み立てていると読んだほうがよいと思います。

## 4 実証主義というイデオロギー

**日埜**　ここ数年で磯崎さんの日本に関する本がそろって出ました。『漢字と建築』（INAX出版、二〇〇三）、『建築における「日本的なもの」』と福田和也さんとの対談集『空間の行間』（筑摩書房、二〇〇四）ですが、実はこの三冊のレヴューを二〇〇五年の末に『10＋1』（No.38）に書きました。そのときに気になったことが二点ほどあります。一点は神代雄一郎さんの言葉なのですが、彼は「九間《ここのま》論」の序論で、「これは時代考証ではなく、意匠論である」と書いておられます。前後の文脈からその正確な意味を読み取ることは難しいのですが、あるいは広がりとしてそういうモヤモヤとした歴史への指向を読み取れるのかなという感じがします。

**磯崎**　それは桂論争中にいろいろな形で出されたものと重なっていると思うのです。もともと一九二〇年代に議論されていた日本の実証主義はかなり簡略化されていました。すなわち、一切のイデオロギーを介した解釈をはずしたあげく、その後に残る事実、もの、存在があるはずだ、これを探し出していくことが一番確実な研究の方法だということです。歴史的に見るならば、この実証主義は、ある種の勝手な歴史解釈を排除する、それに対抗するような捉え方を考えていた。そこにひとつの意味があったとは言えますが、これも非イデオロギーというイデオロギーに過ぎなかったとも言えますけどね。それが日本では戦後になると実証性がない、考証されていないと学会の論文として評価されないという通念になる。要するに学会論文で批評を出しても認められない。だけどこれを調査して、データをつければオリジナルな見方がなくても論文になる。このような転倒した状態が学会の原則になっていました。そこで神代さんの論文を見ると、仮説がたくさんあるわけです。実証されたものしか受け取れないとする先生方からすれば、そんな仮説は韓国の黄教授によるES細胞論文のデータ捏造と一緒です。あの人はデータとして実物の実験データを載せているわけですが、写真が捏造だということですべての議論が否定されてしまいました。ああいう証明のやり方の原則は建築の議論においても、論文の評価のされ方は同じだったのではないでしょうか。写真は捏造できる。そのように考えてみると、実証主義は非常にプラスの側面がある一方、限界もある。神代雄一郎はそれを知っていました。彼の「九間論」やそのほか日本の村落構造に関する論があるわけですが、こういうものについてはいわゆる実証する手続きを踏むことが難しい。そうするとこれは学会論文ではないということになる。だから神代さんはちょっと卑下してデザイン論としか言えないと言ったと考えられます。「巨大建築」論争で神代さんは組織事務所のイデオローグたちから、袋だたきの目に遭っています。実証や考証しか認めない建築学会のムードも、こんなイデオローグと同じに見えていたんじゃないですか。神代さんは遠慮したからつけ込まれたので、遠慮しなければよかったというのが僕の見方です。大学でのポジションも学会が支えているから、曖昧な姿勢を取らざるをえなかったのだと思います。アカデミズム批判にはならなかった。だけど逆説的にアカデミズムの持っている限界を露呈させたとは言えるんじゃないですか。

## 5 グローバリゼーションとリージョナリズム

**日埜** もうひとつ、それは歴史に対する視線のあり方に関する問題だと思うのですが、『建築における「日本的なもの」』で「グローバリゼーション状態のなかに沈殿物が発生し、これが〈しま〉をつくり、世界は無数の凝固の集合体としての、群島《アーキペラゴ》となるだろう。そのひとつの〈しま〉のつくりだされかたは、〝退行〟や〝擬態〟のみならず、もっと多様に開発されねばなるまい」と書かれています。これは歴史を把握する云々よりもむしろ、建築家が歴史をどう利用するかということへ踏み込んでいるように読めて、ちょっと驚いたのです。これを書かれた時と今とは少し違うのかもしれませんが、ある種確信犯的な感じがしないでもないのですが。

**磯崎** いつも確信犯的でありたいと思っているので、そう読んでいただいて感謝します。このアーキペラゴについては、海洋国家論や東アジア共同体論なんかを語る人と近い部分があるかもしれないけど、僕はもっと広義のメタファーとして考えたいと思っています。例えば〈しま〉の浮かぶ海は大航海時代の海というよりも、グローバリゼーションの進行するメディアの海、つまりウェブサイトでもあり得るのです。こんな視点に一番近いのは昨年、再びヴェネツィアの市長に返り咲いたマッシモ・カッチャーリのアーキペラゴ論に近いと私は思っています。

**日埜** でも一般的に見てグローバリゼーションの展開とともにある種普遍的なスタンダードというか意識の共有がなされるとするならば、むしろかえって固有性のようなものがそこに養分を供給するものになっていくだろうという筋書きは、それ自体ごく普通のひとつの見方だと思います。そういう意味で歴史的に形成された「日本的なもの」が固有性のリソースになっていくというイメージを感じることもできる。やはり建築家として歴史に対面するときに、神代さんが歴史に対して取らざるをえなかった微妙なニュアンスとは違った、言ってみれば戦略的なスタンスがそこに見えているのかなとも思うわけです。

**磯崎** そこまで読んで下さると僕もわからなかったこと

がはっきりしてきますが、少なくともさっき言ったような固有性を取り出す、組み立てていくという意味というのは、これから後も必要になってきます。ケネス・フランプトンの言う「クリティカル・リージョナリズム（批判的地域主義）」は、要するにグローバリゼーション、当時は国際建築という普遍性をもった近代建築という波の中で、地域の特徴を世界の全体の動向に対する批評として組み立てていくということで、フランプトンはそれを取り出そうとしたんだと思います。いまだに似たような発想でリージョナリズムの問題を中国もやっている。ポンピドゥ・センターのキュレーターだったブルックハルトから手紙が来て、今回あらためて『Rossenia』という雑誌の編集長になったという通知がきました。その第一回目の特集がリージョナリズムだと言っています。グローバリゼーションに対するある種の抵抗の核としてのリージョンということを言おうとしていると思われます。フランプトンの限界は普遍性をもって世界に浸透してきたモダニズムに単に対抗するということで「クリティカル・リージョナリズム」を取り出しています。だから「クリティカル・リージョナリズム」は、固有性の問題ではなくて、対グローバルという形に裏返そうとしたものです。言い換えると、両方ともロジックの組み立て方が一緒です。反対というのは相手の裏表にすぎない。もうひとつ、グローバリゼーションを海としたときに、海に無関係な何ものかを考える、あるいは海に共通した基準に何ができるのか、その期待みたいなものを考えることはあるのではないか、と思います。中国はリージョナリズムを考えようとしているけれど、大国という仕組みの中でリージョナリズムをやろうとすると、やはり裏返し、単にグローバリゼーションの裏がえし、単純なナショナリズムになりかねない。そこを抜ける方法論を組み立てられないと、どのようなロジックを使っても結局グローバリゼーションに回収されてしまうでしょう。ある意味ではグローバリゼーションというのはひとつのベースなので、反対してもしょうがない、容認したうえで、その中に異物が発生する方法を考えていくことが重要です。和様化が「日本的なもの」になっていくことを考えていたのですが、その例外になるのかどうかはまだ何とも言えません。日本的なものができ上がっていく過程は説明はできますが、これをやったところで異物の発生に繋がるのかどうかは保証できません。

一九世紀末に、アール・ヌーヴォーや分離派、ゼセッション、アール・デコなどがありました。アール・デコの中からモダニズムが出てきたというのは常識的な話ですが、アール・ヌーヴォーあたりのファッション性と今日本で流行っている細かい模様、ギアレであるとかプリントのものとかの流行り方は僕はそっくりだと思います。どちらも表層です。骨組みや形式や中の空間の質は問わずに、アール・ヌーヴォーやアール・デコとかは、剥げばすべてクラシックです。今日本で流行っている建築の表層の模様も同じで、剥ぐとモダニズムが出てくる。だけど何とかして意匠のデザインとして売りを作ろうという方向で、それはファッション性を持っているわけです。歴史的にどう位置づけられ、どう流れていくかという予測は簡単で、それはアール・ヌーヴォーの運命と同じだと思えばいい。

## 6 モダニズムの変容と「日本的なもの」——タウトの「桂」論

**磯崎** 今回の主題である一九三三年頃のタウト周辺をどう見るかということにもどります。おそらく一九三〇年代前半のモダニズムの受容がひとつのポイントになるような気がします。以前のインタヴューでも言いましたが、堀口捨己さんたちの分離派やその周辺の流れは、結局ヨーロッパの近代建築を流行として受容するものでした。表現派や初期バウハウス、アール・デコなどをごちゃ混ぜにしたのが日本分離派です。それに対して日本がいわゆる近代建築のなかでのモダニズムを輸入し始めたのは前川國男さんがル・コルビュジエを学んで日本に持ちかえったときです。フランク・ロイド・ライトの手伝いをしていたアントニン・レーモンドですら、ル・コルビュジエスタイルに変わっていった。ライトのところにいた土浦亀城さんも——あの人はル・コルビュジエというよりはバウハウスですが——そうなりました。ル・コルビュジエを選択的に受容したというのは、日本の近代建築の大きな特徴です。それに対して同時期にジョンソンはミースを選び、これがニューヨークのMoMAのポリシーになった。アメリカというのはル・コルビュジエは受け取っていない。今のアメリカの状況を見ていると、現在のコールハースはル・コルビュジエと同じような拒絶のされ方をしているように見えます。もちろんコールハースは自分はオランダ人のミースの直系だと思っているけれども、彼のミース解釈は違います。つまり、一九三〇年から三五年の間を取ってみると、日本とアメリカは同じようにヨーロッパを受容する状態だったと言える。当時建築に関してアメリカは全然先進国ではないんです。そこでモデルとして選んだ相手が違っていたことが、アメリカと日本の流れを分けたと思います。

タウトはル・コルビュジエを受容しようとしている日本に来たとみなければならない。タウトは純粋なヨーロッパの近代建築の流れを日本に移植する仕事をした人ではありません。どういうところで違っているかというと、一九二九年の大恐慌が全世界でモダニズムの流れに大きな影響を与えました。ロシア、ソ連、ドイツ、フランス、イタリアといった国々はモダニズムを政治的主題に繋ごうとしていたわけです。そこでは、純粋モダニズムの抽象化されたレベルの運動ではなく、もっと政治的解釈が入っている。スターリン時代の社会主義リアリズム、コミンテルンも同じ意味を持っていました。ドイツにはシュペーアがいて、アメリカでもジョンソンはミースを紹介した足でアメリカのファシズム運動に参加して、通信員としてヒトラーのドイツに行きました。その前はMoMAのキュレーターとしてドイツに行っているのですが、今回はファシズムのレポーターとして行っているわけです。アメリカではそれがニューディールと繋がっていました。フランスは人民戦線の運動なんかと、右翼が衝突したりしながら、後期アール・デコを公共建築の意匠につくりかえています。イタリアはムッソリーニのファシズム。すべての言説が政治化しています。このように政治が全世界のモダニズム建築のテーマに入り込んでいったわけです。その頃タウトが日本に来ました。タウトが持ってきたものは、バウハウスでもル・コルビュジエでもなかった。自分のスタイルをそのまま日本に移植することが不可能なのは最初からわかっていたのではないですか。だから日本文化との関わりの中での建築論を書き始めました。タウトは、建築の言説の組み立てが純粋なモダニズムとは違って、政治性を持ったパラダイムに移行しているとわかっていました。モスクワでスターリニズムがモダニズムを抑圧しはじめるのを見てきているし、それが故にドイツでのポジションが危うくなったあげくの来日で、日本もまた政治の季節へ突入していたことも理解していたと思われます。そこから彼の桂論が始まっている。堀口捨己さんが一九三二年くらいに「日本的なもの」を語り始めているように、すでに言説がシフトを始めていた。その決定的なオリエンテーションをタウトが編成した。ここでのタウトのイデオロギーは明治維新の反復です。明治維新において、将軍的なものの代わりに天皇をたてる。この単純な流れを踏まえて、明快な分類をしたわけです。いわゆる天皇的=ほんもの/将軍的=いかものという二分法ですね。彼の建築のディスコースの戦略がうまくあたったんでしょう。そこでタウトの桂論は評判になったのではないでしょうか。その論を受け入れる素地が日本にすでにあったし、世界的状況としてもあった。タウトがナチスに追われたのは彼が社会主義者であったことが理由ですけれど、彼は日本では一言もそれをしゃべったこともなかった。

僕はタウトの世話をした井上房一郎さん★一〇と晩年付き合いました。タウトが借り住まいした洗心亭はこの井上房一郎さんが段取りしたものです。戦後になって、彼の個人的なコンセプトやプロジェクトはレーモンドに頼んでいました。高崎音楽堂などです。レーモンドが引退する時期になったときに、僕が呼び出されて《群馬県立近代美術館》をやることになりました。井上さんの旧宅が哲学堂になっていますけれど、実はその前に哲学堂というのを作りたいと考えていて、レーモンドにプランを頼んでありました。レーモンドはプランは作ったけれどファンドレージングができなくて、つくる条件がなかった。レーモンドが亡くなってから続いて僕がやってくれと言われました。そのとき何をやってよいかわからず、水戸芸術館のタワーの原型のようなものを考えていたので、そのシステムを建物にしたプランをやりかけたのですが、条件が整わないうちにつぶれました。

日本建築論を執筆しているときのタウトは、洗心亭という六畳・四畳半くらいの小さな建物に住まざるを得なかった。

そのとき特高が周りを見張っていたと言われています。社会主義者のタウトは危険人物だったわけです。日本の特高は彼がドイツから追われて逃げた理由も全部わかっていた。でも彼は何も言えないわけです。タウトはユダヤ人だからナチスから逃げたという人もいますが、彼はユダヤ人ではありません。ドイツを離れたのはモスクワに呼ばれてプランをやりに行ったことで目をつけられ、ブラックリストに載ったからです。井上さんという人は面白い人で、タウトが特高に見張られていたことについても知っていました。じつは彼の奥さんの父親が当時の内務省警保局長だった唐沢俊樹で、なかなかの通人で、墨絵のコレクションなんかしていました。戦後も、警視総監をやり、政界でも活躍した人です。この特高の元締だった人のところにタウトはいって墨絵を見せてもらって、自分の墨絵の見方も進歩していることがわかったと日記に書いています。そういうことで、特高から見張られていても何とか事なきを得たのでしょうが、すれすれの状態でいたことは確かです。政治的にもあぶないし、誰も経済的なバックアップもしていない。タウトが一番やりたかったのは、グロピウスのように大学の先生になることで、東大の先生か何かになれればと思っていたようです。だけど、日本の大学がそういう人をいきなり着任させることは滅多にできない。当時唯一、東北帝国大学に、ユダヤ人でカール・レーヴィットというハイデガーの弟子でハイデガー批判をした哲学の先生がいました。九鬼周造の推薦でしたが、戦争中にドイツ人で大学でそういうポジションに就いた人は彼くらいです。経済的にも誰もまともにタウトをバックアップできる力はなかったですし、ときどき東大で講義をしたくらいです。その時に立原道造が東大の二年生で、タウトの授業でとったノートが残っているはずです。その段取りをやったのは岸田日出刀さんです。タウトの桂論や日本文化論は、非常に政治性をもった言説だった。むしろそれが狙いであったと見たほうがいいと思うし、タウトはそれをわかっていてわからないふりをしてしゃべっていたと思うんです。

**日埜**　ソフトに状況を受け止めつつ、巧みに振る舞うような感じですか。

**磯崎**　そう思いますね。井上さんは単刀直入にものを言う人で、それにタウトはしょっちゅう腹を立てている様子が、日記に書かれています。井上さんはその日記が発表されてからガックリきて、あんなに世話したのにひどいことを書かれたと思ったようです。ともあれ、タウトの日本における言説は、あの時期の政治情勢とのかかわりのなかで評価すべき点が大きいことに注意したいですね。すると、そんなイデオロギーに直結した部分をはずしてみると、建築物に裸の眼で接しているタウトがやはり残ります。タウトには「桂」をこれこそが機能的な建物だという、有名な台詞があります。丹下さんが「美しいものこそが機能的だ」と言ったのと似たような台詞です。機能的が近代建築の代名詞であったのだから、この新カント派的な説明はこの時点では効力があったのでしょうね。こんな解釈には、「目の愉楽」をいうのとつながっています。これがタウトの「桂」に対してのただひとつの美学的な説明です。プロポーション、テクスチュアーなど、一九二〇年頃、プラトンのイデア論などが手がかりになって、建築美学が組み立てられていますね。抽象的なものをあらためて正当化する方法が探されていた。これに機能的という切り札をつなぐ、まあこんな企図がバウハウスなんかを介して流行していた。このあたりがタウトの限界でもありました。この頃に、日本の古典建築を、近代の持つ、近代を学んだ感覚でどう読み取るか、どのように鑑賞するかという視点が「桂」を舞台にしてなされていきます。石元さんはいきなり「『桂』はモンドリアンだ」と言いきったのです。堀口さんは、むしろ周辺の実証的、考証的なデータを取り上げて考察する。それで堀口さんの庭論、建築論は違っています。それに対してタウトが取り出した説明というのは近代を通過したこんな視点、枠組みでした。これは岸田さんの日本建築の写真による解釈と通じるところがあります。

「桂」に「目の愉楽」の対象になる視点があることがわかったうえで、これを避けて語ったのが僕の桂論のもうひとつの筋書でした。いろいろ批判すると手間がかかるし、わかっていてあえて避けた感じです。むしろ僕は「桂」の解釈を形式論や空間論に置き換えた。この二つは前の人たちがやってこなかったことです。

ほんの数年の間に日本がシフトしていく。いきなりル・コルビュジエからシュペーアにいくことはないでしょうから、その中間にタウトという人がいたというのはこの時期の説明には、座りがよい。文学の人がタウトをほめるのは僕には理解に苦しむところですが、それはどうも先ほどの政治的な部分に理由があると思っています。建築界ではどう見られているんでしょうかね。タウトは伝記的なことをいろいろ書いたりする人だから、苦労したとか、厳しい状態でよくやりましたという同情があるだろうし、熱海の崖の下にある赤い茶室の《日向邸》も、面白いといえば面白いけれども、絶妙のデザインでステップのデザインが出たと僕は思いませんけれどね。

［二〇〇六年一月一六日、磯崎新アトリエにて］

［註］

★一――『つくられた桂離宮神話』：一九八六年に弘文堂から出版された井上章一による著書。タウトによって「日本美の典型」とされている桂離宮、その評価の高さに対する著者自身の違和感をもとに、どのようにしてその評価が形成されていったのか、豊富な資料を読み解きその背景を分析、解体している。タウトの発見以前から周到に仕組まれた虚構であったことを実証し、これまでの通説を覆した画期的な日本文化論となる。

★二――ハーバート・バイヤー（Herbert Bayer）：一九〇〇―一九八五。オーストリア出身のアメリカを代表するグラフィックデザイナー、画家、写真家。バウハウスでオスカー・シュレンマー、ヴァシリー・カンディンスキーのもと、壁画とタイポグラフィを学び、モホイ＝ナジの影響を受けて写真を始める。構成的でありながら、シュルレアリスム的な感覚を併せ持った作品を多く残した。作品に《世界地理地図》、《セルフ・ポートレイト》、《孤独なメトロポリタン（都会人）》、《メタモルフォシス》、《手紙の言葉》など。

★三――田中一光（たなか・いっこう）：一九三〇―二〇〇二。グラフィックデザイナー。日本の伝統的な色や形を西洋的な表現で再現し、文芸や能など伝統芸能のポスターや装丁を数多く手掛ける。代表的な作品に《東京オリンピック入賞メダル・背面デザイン》、《西武劇場ポスター》、《国際科学技術博覧会・シンボルマーク》、《無印良品・トータルデザイン》など。

★四――武野紹鷗（たけの・じょうおう）：一五〇二―一五五五。堺の豪商、茶人。村田珠光の提唱した侘び茶の湯を仰ぎ、茶会の儀式的な形式よりも、茶と向き合う者の精神を重視。珠光の「不足の美」に禅的要素を取り込み、侘び茶の思想的な背景を形成。三畳、二畳半の茶室を創作し、日常生活で使う雑器を茶会に用いて茶の湯の簡潔化に努めるなど、その精神を千利休、津田宗及らに伝えた。著書に『南方録』、『山上宗二記』、『紹鷗侘の分』など。

★五――千利休（せんの・りきゅう）：一五二二―一五九一。安土桃山時代の商人、茶人。千家流茶道の開祖。武野紹鷗に茶を学ぶ。「詫び」の対象を茶道具だけでなく、茶室の構造やお点前の作法など、茶会全体の様式にまで拡大し、草庵茶室を完成させる。新たに樂茶碗を創作するなど、極限まで無駄を削り茶道を追求、侘び茶を大成させた。《妙喜庵待庵》は唯一の遺構とされている。織田信長・豊臣秀吉に仕えて御茶頭となり、天下一の宗匠と評される。秀吉の命により自刃。

★六――古田織部（ふるた・おりべ）：一五四四―一六一五（一五四三―一六一五）。戦国期の大名茶人。正式名は古田織部正重然（ふるたおりべのかみしげなり）。茶道織部流の祖。千利休に師事し、利休の高弟「利休七哲」のひとり。利休が大成させた茶道を継承しつつ、武家好みの動的で大胆かつ自由な気風の流派を確立した。故意に形を変形させたり、完成したものを壊して継ぎ合わせた茶碗など、不均衡さに美を見出す「破調の美」が織部好みとして伝えられている。

★七――小堀遠州（こぼり・えんしゅう）：一五七九―一六四七。江戸時代の茶人、建築家、作庭家。近江小室藩藩主。作事奉行として活躍、大徳寺孤篷庵、南禅寺今寺院の庭園はその代表作とされる。茶の湯は古田織部に師事、織部の創作的な茶の湯を受け継ぎながら、新しい安定した時代にふさわしい優美で均衡のとれた「きれいさび」といわれる遠州流茶道の創始者となる。明るく大らかで軽快な方向に向かう。三大茶人と称され、織部亡き後将軍家茶道指南として千利休、古田織部に続く一時代を代表した。

★八――密庵席：大徳寺塔頭龍光院にある小堀遠州の設計による四畳半台目茶室。書院風茶室の代表例。国宝に指定されている。

★九――ヴィオレ・ル・デュク（Violeet-le-Duc）：一八一四―一八七九。フランスの建築家、理論家。中世建築の修復、及びゴシック建築の構造合理主義的解釈で知られる。ゴシック建築をすべて力学的に説明することを試み、最大の特徴である交差リブの構造的な重要性を示した。修復した主な建築に《ヴェズレーのラ・マドレーヌ教会堂》、《パリのノートル・ダム大聖堂》、《ピエールフォン城》、《サン・ドゥニ・ド・レストレ教会堂》など。邦訳書に『建築講話』（中央公論美術出版）など。

★一〇――井上房一郎（いのうえ・ふさいちろう）：一八九八―一九九三。実業家。二五歳でパリに留学し、彫刻や絵画理論を学ぶ。アルベルト・ジャコメッティと親交を結び、ポール・セザンヌに傾倒。戦後、井上工業社長のかたわら、群馬交響楽団の創設、群馬音楽センター、群馬県立近代美術館の創立につくした。自宅は、アントニン・レーモンドの《笄町の自邸》を再現したもの。現在は「高崎哲学堂」として市民に解放され、現在も活用されている。著書に『私の美と哲学』（あさを社）など。

# 17 堀口捨己

## モダニズムから「日本的なもの」への転回

### 1 「様式の併立」をめぐって

**日埜直彦**　これまでうかがってきたお話を振り返えると、大きくは桂離宮を巡り端的に現われた日本の近代建築と伝統建築の問題ということになるかと思います。そしてそのことをもうすこし視野を広げて見れば、近代建築が日本において成立し、それ相応の具体化を遂げる過程で建築家がいかに考えてきたかということになるでしょう。一九七五年の『新建築』臨時増刊号「新建築五〇年に見る建築昭和史」に掲載された「様式の併立（堀口捨己論）」は、そうした問題を扱う磯崎さんの論文の原型とでも言うべきものではないかと思います。これは基本的には堀口捨己論であって、「建築の非都市的なものについて」（一九二六）や「様式なき様式」（一九三八）といった彼の論文、和風と洋風の併存する堀口の住宅独特の形式などを見ながら堀口捨己の建築をクリティックしていくわけですが、興味深いことにその結びで「一九三〇年の時点において、日本の近代建築が、西欧のそれと接触しながら、数寄屋で代表されるような日本の伝統的な空間概念を積極的にえらびとることによって、大きく旋回していった」（「様式の併立」『見立ての手法』鹿島出版会、一九九〇）と書かれています。その理論的な背景が堀口の「様式なき様式」の論文に見えるというわけですね。またそれに続いて「丹下健三の五〇年代の仕事は、堀口捨己がきっかけを作った『旋回』を逆手にとって、衰弱しつつあった国際的な近代建築の虚をつくことにあった」（同）ともあります。このパースペクティヴは日本の近代建築成立の過程についてとても興味深い視点を与えてくれるものだと思います。三〇年も前の論文ですから現在のお考えは少し違ってきているかもしれませんが、そういったことを含めてあらためてお考えをうかがいたいと思っております。

一般に日本における近代建築史のストーリーとして、例えばル・コルビュジエのアトリエに前川國男さんや坂倉準三さんが行って云々というような、直接的な師弟関係を中心とした筋書きがある。それに対して堀口捨己は、例えば分離派建築会★1やオランダの近代建築黎明期の紹介について言及されることはもちろんあるわけですが、近代建築の需要においてそれ以上の主要な役割を果たしたとは考えられていないように思います。しかし先の論文の見立ては前川や坂倉とは違った意味で、堀口が深くモダニズムを把握したうえで、彼らとは違う方向で近代建築を考えていたことを示唆しています。

**磯崎新**——この堀口捨己論を書いたのは捨己さんが体を悪くして、引っ込まれた頃だったと思います。それまでわれわれの世代で、ジャーナリズムも含めて、堀口捨己を論じる人はいなかった。知ってはいても、誰も捨己さんのことは書いていない。捨己さんを学者として知っている人はいても、彼のそういう姿勢を批評家として引っ張り出し、取り上げる人はほとんどいなかったし、捨己さんのデザイン、特に近代建築のデザインは、和風は別として洋風になると、なにかぴんとこないという印象を当時みな持っていたと思う。それは捨己さんの持っている限界かもしれないけれど、そういう対応の仕方がありました。

この「様式の併立」前後に「建築の一九三〇年代」という対談をやっていました。そこでの捨己さんについての稲垣栄三さんとの対談の際に、稲垣さんから、捨己さんがこの論文は読んだということを聞きました。別に感想は聞いていないですね。先生に勝手な意見を言うと、本人が気に入らないといろいろ意見が返ってくると聞いていましたが、捨己さんの場合は何も返ってこなかった。すでに体がかなり悪かったのではないかと思います。

なぜこの論文を書いたのかというと、『新建築』の編集長だった石堂威さんに捨己論を書けと言われて、それであわてて調べたというのがいきさつです。その論文の最後に捨己さんの論文を引用しました。

> 私はかつてギリシャのパルテノンの傍に立ったことがあった。(…中略…)ギリシャの古典は、東のはてから来た若男に「柄にあった身についた道を歩め」とささやいてくれる女神ではなかったが、冷たくきびしく寄りつくすべのない美しさの中に、うちのめされて、柄にあう道を探さざるを得なかったのである。そこには近代建築の道が開けて、そこに身についた柄にあう行く手を見いだした。またその立場の上で、新しく身についた古典をも見いだした、妙喜庵茶室、桂離宮……等々の日本の数寄屋造りを。
>
> 堀口捨己「現代建築と数寄屋について」一九五四

## 2 堀口捨己のモダニズム受容

**磯崎**——「建築の一九三〇年代」の頃の問題意識は、日本の近代建築の始まりにいた建築家たちが近代、さらにはモダニズムをいかに受容したかにありました。吉田五十八さん、村野藤吾さん、堀口捨己さん、それから少し年齢が下がった谷口吉郎さん、前川國男さん、坂倉準三さんたちです。なかでも先行する世代、とりわけ五十八さんと捨己さん(稲垣さんを代理として)に「三〇年代」の対談でいろいろ話を聞きましたが、あの頃は吉田五十八さんはまだ矍鑠とされていました。例えば「おれの建築は日本建築だと言われているけれど、学生の頃は最先端のモダニストだった」と言うわけです。そしてルネサンス建築を見に行って、これに対抗できるのは日本建築ではないかと考え帰ってきた、と言うわけです。五十八さんは戦前からそういうことを意識していたのです。それに対して、捨己さんは戦後かなり経つまで、自分がいつ西欧と接触して、いつ旋回して、何が起こったのかということについて語っていないと思います。むしろそれを自分の思想として表に出したくないと思っていたのではないでしょうか。戦争中はとりわけそうで、完全に茶室に没頭した。没頭というより屈折してそれ以外やれなかったというのが実情だと思います。つまり、最初からモダニズムでスタートした世代が捨己さんたちだった。村野藤吾さんはそれよりも前の人だと思います。

そのようなかで、モダニズムを一種の流行と見ていた人たちがいます。流行として見ることは様式主義というか、一九世紀建築を様式やスタイルで見てきた人たちとそう意識的に変わっていないわけです。モダニズムも流行のひとつで、その前にアール・デコやアール・ヌーヴォーがあったのと同じです。当時、思潮と言われていましたが、あれはファッションということです。本当のモダニストは、自我の問題にモダニズムを取り込んで、その表現として何ものかを考え、そして初めてモダニストになるわけです。モダニズムが流行としてあっても、それはそれでいい。しかしモダニストになれること、そのこととは違いがあって、それを考えないといけないのではないかと思っています。

お茶室でも、捨己さんの茶室は肌触りが堅くて、雰囲気としてはうまくないデザインです。逆に村野さんのほうがお茶室の作り方としては柔らかい。この違いは何かと言うと、捨己さんは数寄屋やお茶室が生まれくるオーセンティックな原理、建築的な原理を考えたうえで作っている。逆にお茶室の中にそういうものを探していたと思う。つまり捨己さんは西洋的な建築がわかったうえで、もう一度お茶室を見る。だから、どうしても知的判断や知的解釈にこだわるので堅めの茶室になるわけです。

それに対して村野さんはそういうロジックはいらない、感覚だけでいくわけです。これは、京都あたりの伝統的な数寄屋大工が理屈なしで作る手法と似ています。そしていろいろな手法を取り込んでいくから非正統的なものになっていく。もしかするとお茶室が生まれたときはそちらに近かったのかもしれない。書院をやりながらお茶室をやった人、お茶だけをやって書院とは無関係だった人、これはかなり大きな違いがあります。その差が、捨己さんと村野さんにはあったのだと思います。

書院はある意味でオーセンティックな建築で、宮大工の作るものです。一方でお茶室はお茶室大工が作るもので、手法の体系から伝承の仕方まで書院とは全部違う。大げさに言うと、茶室は「立て起こし絵図」です。捨己さんが『茶室の思想的背景とその構成』(一九三二)で分析しているのが一番面白いのだけれども、エレヴェーションを描いて「立て起こし」ているわけで、表面の構成だけで空間を作るシステムです。お茶室大工はそれが普通で、「立て起こし」のパターンをいくつか頭に入れて、その通りにプランを作るのですが、捨己さんはそれを、自分で編集し出版までされているということは、「立て起こし」というシステムを、オーセンティックな建築のメソッドとして見ていたからだと思います。その背後には、西洋的なものやモダニズムに対する接触と受容の仕方や、受容することによって出てくる日本的なものとの関係などいろいろあります。この日本的なものやモダニズムへの対応の仕方が、あの時代の建築家を読み分ける重要な点です。その点から見ると捨己さんの近代建築とのスタンス、対応というのは、近代建築、西洋的建築がわかったうえで、つまりモダニストとしての目でもう一度日本を見ているわけです。だから非常に近代的な解釈をお茶室に加えようとしていたのではないでしょうか。

捨己さんのお茶室に対する視線と初期機能主義のデザインとの関係のなかからその問題はどう出てくるのか、そのせめぎ合いがあるという気がします。そのような問題を、初期の時点でプリミティヴに感じていたのが、「様式の併立」という論文だと思います。

## 3 「日本的なもの」「非都市的なもの」「様式なき様式」

**磯崎**──捨己さんは『建築様式論叢』(板垣鷹穂と共編、六文館、一九三二)の編集をやったのですが、その最初に「茶室の思想的展開と其構成」、最後に「現代建築に現はれた日本趣味について」という捨己さんの論文があり、「日本趣味」は、捨己さんが最初に書いた文章だと思います。「日本趣味」と「建築における日本的なもの」(一九三四)ではお茶室について語っているのですが、あまり桂離宮についてはふれず、むしろ神道に偏っています。タウトが日本に来て桂を評価したことは、例えば捨己さんが杜に先に連れて行ったらどうだ、と言ったという話が残っているように、すべてが捨己さんの演出だと言われているのですが、「日本趣味」と「日本的なもの」を見ると、捨己さんは桂を表立って取り上げていないのです。だから、タウトが桂について言い始め、あらためて捨己さんが桂を論じることになったのだと思います。それまでは東大寺的なものや伊勢的なもののほうが「日本的なもの」だと考えていたと思います。
もうひとつの問題は、モダニズム、近代建築の受容時期に関するものです。一九二〇年に結成された分離派建築会の後の一〇年間に捨己さんはオランダ建築を研究し、またパルテノンにも行っています。そして帰国後、お茶室とオランダ風建築を合体させた最初の住宅《紫烟荘》(一九二六)を作ります。そしてそれ以降、こういう方向にいくわけです。一九二〇年代というのはアール・デコや表現派をごちゃごちゃの状態で受容していた時代です。その中で捨己さんは「非都市的なもの」という概念を、オランダの藁屋根住宅などとの接触やお茶室への関心から取り出します。すごく重要なコンセプトが最初に出てきて、捨己さんのスタンスが都市との対抗関係の中で組み立てられていきます。

話がお茶室に戻るのですが、お茶室の書院造に対する関係を捨己さんは常に意識していたと思います。書院造そのものについてはほとんど触れていないのですが、その後に言われた「書院の数寄屋化した桂」の部分については、お茶室の続きとして扱っています。だけれど書院造そのものには触れない。純正統派とそれに対する非正統派というはっきりとしたけじめがあるわけです。正統派に対して、お茶室は盲腸のようにくっついているものです。正統派としての書院とお茶室がどういう関係があるのかということをかなり意識し、「非都市的なもの」にお茶室をあてて、自分はそちら側から見る、という立場で考える。そしてそのほかは正統派だとして、例えば京都御所は書院造の系統に入ります。伊勢神宮については、その後捨己さんは書いているのですが、一般論しか言われてない。つまり捨己さんのより分け方には微妙なところがかなりあると思います。そのうえで様式を言わない。《岡田邸》(一九三四)の頃の捨己さんの姿勢を反映している「様式なき様式」(一九三八)では、日本はまだ成熟していないから、木造を使えば木造風になるし、コンクリートならコンクリート風になり、それを純粋にやった結果、統一されていなくてもしょうがないという突き放した見方です。「非都市的なもの」から「様式なき様式」へと続く見方が、日本の他の建築家が持てなかった批評性だと思います。

## 4 建築の一九三〇年代と堀口の抵抗

**磯崎**　もうひとつ、「日本的なもの」という論を捨己さんはなぜ立てたのか、という問題があります。「建築の一九三〇年代」は、一九三〇年という時点で、デザインがどのようにシフトするのかということを、いろいろな例で示しています。例えばデコラティヴなものから、ものそのものというノイエ・ザッハリヒカイトに移っていく。このような時代のファッション、趣味の変換が起きたのが三〇年代だと思います。またこの時代は世界的大恐慌の真っ最中で、みな何をやってよいかわからなかった。それを理論化する過程で、一九三三年くらいに全世界的にナショナリズムという問題があらためて出てきます。それがヒトラーであり、スターリンであり、ムッソリーニの問題です。ムッソリーニのファシスト建築もその頃から明瞭に変わり、ピアチェンティーニたちが関わっていきます。アメリカもニューディールという一種の社会主義になり、アール・デコからニューディールの建築になってくる。イギリスも同じで、福祉的なものが出てくる。三〇年代にまとめて変わったのですね。これはパラダイムシフトだと思います。モダニストが持っていたさまざまなものを別なパラダイムへと転換するとき、ナショナリズム、あるいは民族様式が議論に入ってくる。つまり政治的要素が建築の議論に介入してくるわけです。それが、三〇年代初め頃だと思います。こういう動きと、捨己さんが取り上げた「日本的なもの」とがダブってくるわけです。つまりそれは日本の全体の情勢でもありました。前回も話したように、タウトの日本での役割は、モダニズムを日本に導入するのではなく、そういう時代状況に言説を当てはめることでした。だからタウトは一種のイデオロギー戦略にはめ込まれたと思うのは、そういう状況があったからです。

そのような流れの中にも、いろいろな人たちがいました。モダニストでそういう戦略を考える人、モダニストになれなくてモダニズムをファッションとして受け止め、流れていく人に大別できます。流れていったのは《第一生命相互館》(一九三八)を設計した渡辺仁★二や、国会議事堂のデザイナー吉武東里★三などです。この人たちにはイデオロギーはなく、ファッションとしてのモダニズムに流れるわけです。そのベースは全部アール・デコです。その辺に、それぞれの建築家たちの微妙な屈折があったと思います。その中で、捨己さんが一番敏感にパラダイムシフトしている状況を感じて表現してきたのではないでしょうか。

**日埜** 時流に対する抵抗の表現として、その頃の堀口捨己の振る舞い、あるいは屈折があるということですね。

**磯崎** パラダイムシフトが起こっているときに自分はどう対応するか、という問題です。政治的な立ち回りができる人ならいろいろ言えるわけですが、捨己さんはそういうことは嫌いな人でした。それならマイナーなほうに徹するということでしょう。だから捨己さんは隠者です。神代雄一郎さんを隠者と私は言ったけれど、それは捨己さんをモデルにしていたのだと思います。

前にも述べましたが、一九五六年に建築学会で座談会があって、そのときに捨己さんは西山夘三、高山英華、前川國男という元左翼のマルキストたち——彼らは戦後アカデミーの中核になったわけですが——を前にして、「皆さんはシュペーアを夢見て、その位置になっていらっしゃったが、われわれはそれに縛られる側で、つぶされる側のつらいとこなんですよ」(「日本建築学会創立七〇周年記念座談会」『建築雑誌』一九五六年四月号)と言っています。当時の感覚からすれば、シュペーアはヒトラーの意図を実現する建築総監だったわけだから、反動そのものと思われていました。なにしろ戦犯として二〇年の刑を受けて収監中の身でした。だけれどもこの元マルキストたちの大学教授や建築家としての業界の中核にいた人たちは、捨己さんにとって、権力にすり寄り、権力を行使する側の人たちと見えていたんでしょうね。政治的権力にどうやって接近していくか、という点ではシュペーアと一緒だとはっきり言ったわけです。そして「つぶされる側のつらいとこなんですよ」と、三人を前にして言っている。これは並大抵の言い方ではないし、骨の太かった人だという印象があります。

**日埜**　そこで名の挙がった人たちは、例えば満州での事業に関わり、あるいは国内から情勢をコントロールする立場にありました。左翼的な計画主義を媒介として植民地経営に携わり、言うなれば転向左翼的な側面があったわけですね。それに対して堀口捨己の場合には、モダニストとしての自我が単にポリティカルな立ち回り方を許さなかったし、その意味で批評的であった、ということになるでしょうか。

**磯崎**　そう思います。僕が『建築の一九三〇年代』を考えたときに思っていたことはそういうことです。つまり時代はパラダイムシフトの状況で、当時モダニズム——今から見ると圧倒的に正統派だと思われているけれど——は完全なマイナーで、モダニストとしてやっている人も、モダニズムの筋を通すことができるのかはっきりしていないわけです。そのような状況で、政治的なものに引っかかりながらデザインが変わっていく、ということです。一九三〇年代のロシアにおいて、スターリンが非常に明快に建築のデザインに介入していった時代状況と比較すると面白いと思います。日本には、あれほど強力な権力を持ち、デザインに介入するほどの能力を持った人がいなかったから、あいまいなままできたわけです。ヒトラーもスターリンもムッソリーニも建築デザインの好みがあり、だからそれぞれの国でことがクリアーに現われたけれど、日本ではあいまいなままだった。だけれど伝統という枠組みが重圧としてあって、それとのバランスの中でやっていくわけです。

## 5　もうひとつのパラダイムシフト

**磯崎**　その受容のされ方に関して言うなら、最初に挙げた「様式の併立」で、「丹下健三の五〇年代の仕事は、堀口捨己がきっかけを作った『旋回』を逆手にとって」と書いたのは、こういうことです。五〇年代にまたパラダイムシフトが起こったわけです(五〇年代に起こったことに関しては『建築における「日本的なもの」』で整理していますが)。それは四五年以降かもしれないですけれど、日本の場合には占領下だったこともあって、三五年以降抑圧された時代を過ごしてきた近代建築の人たちが、ばねのように反発して、あるものは表に出て、もう一方は逆に向かうという変換が五〇年代に起こりました。その中で、丹下さんのメソッドが浮かんできた理由は、彼の場合は、ル・コルビュジエを通じてモダニストになったにもかかわらず、戦争中は日本的な計画をかなりやってきた。丹下さんは高校の頃はコミュニストの文献をよく読んでいたらしいのですが、戦争中、学生の最後の頃はコミュニズムに対して距離をとり始め、批判をするようになり、最終的にはハイデガーにいく。そのプロセスが学生時代に始まっています。立原道造の丹下健三への手紙は、丹下さんを「日本浪漫派」的な行動へ誘うアジテーションだったと思うのです。例えば「日本浪漫派」の主導者、保田與重郎も同じ経緯を経ていました。そういう変遷をして、もう一度日本的な、伝統的なものとモダニズムの近代建築を重ねるメソッドを丹下さんは考え始めた。

近代建築を私たちはいきなり学び始めたのですが、五〇年代にはル・コルビュジエやグロピウスはそろそろ引退だと思っていました。だからチームXができたわけです。CIAMも戦後第一回目まではいろいろやったけれども、次をやろうというときにチームXが出てきたので、ル・コルビュジエたちは「おまえら勝手にやれ」という感じです。丹下さんも、最初は前川さんのお供でCIAMに行くけれど、後はCIAM批判をやるジェネレーションに入っていき、チームXと付き合うようになる。そしてチームXはどうやって上のジェネレーションのモダニズムを破壊するかを考えます。ネオブルータリズム★四が出てきたのは同じような考えがあるわけです。それにしてもル・コルビュジエのデザインから影響を受けているということは当然あるわけですが、もっと徹底して、ネオブルータリズムにはいずれポンピドゥー・センターを作るような思想的な芽が含まれていました。これと同じものが五〇年代に発想されている。このようなチームXの方向と丹下さんのメソッドが一緒になったときに、アメリカのモダニズムが求めていたものをもう一度戦略として捉えたのではないか、と思います。

丹下さんは日本の三つの古典建築をモデルにデビューしたと言いましたが、その売り込み先は日本ではなく、アメリカだったのではないか。そのときにアメリカには何か欠落している部分があったと思います。グロピウス、ギーディオン、ミースなどヨーロッパの建築家がアメリカに行って、アメリカはミース的なものを選択し、そしてギーディオンはミース的な骨組みをシカゴ派につなごうとしたと言われています。それはメソッドとしてはあったかもしれませんが、デザインにおけるイメージが必ずしもはっきりしていなかった。当時アメリカは日本からいろいろな戦利品を持ち帰りました。その戦利品のひとつが「ジャポニカ」だと思います。つまりスーヴェニールとして持ち帰った日本です。そのときの日本的なものとは、イサム・ノグチの《あかり》や石元泰博の桂の写真で、これらがデザインや美意識におけるアメリカの戦利品だと思います。イサムも石元さんもモダニストだから、モダニズムの目で日本を発見し、その発見された日本をアメリカが持ち帰る。こういうメカニズム、動きがあって、この動きの中に丹下さんは、どういう方法で戦略的に組み立てたらよいかと考え、石元さんと組んで桂的なものを分析したり、イサムさんと組んでデザインを展開していくわけです。そういうなかからコンクリートと木造を合体するというメソッドを探します。それは、ある意味逆転かもしれない。どういうことかと言えばアメリカには日本のような伝統がないわけで、あったとしてもパラディアニズム、ボザール系のアール・デコです。モダニズムもミースという機能主義から外れている人が中心で、デザインの決定的根拠にはならなかった。しかし、その根拠をものとして、かつ感覚としては組み立てねばならないという要請があったわけです。そうすると日本的、ジャパネスクは五〇年代のアメリカ・モダンの美学をジャスティファイする手がかり、基準になったと言えるのではないでしょうか。

これはMoMAの五〇年代の動き、とりわけアーサー・ドレクスラーの「ジャポニカ」移植の経緯、さらにはそのスポンサーであるロックフェラー家の東洋趣味なども反映していたでしょう。このあたりで、アメリカがヨーロッパに対抗して、独自の趣味を選びとる過程がうかがえます。個別に評価する人はいますが、大きく見て、アメリカはル・コルビュジエを嫌ったと私は見ています。マンハッタンの超高層に対して、攻撃的な言葉をはいたという無礼が気に入らないという伏線があるとしても、元来ル・コルビュジエのデザインを受けつけない、嫌いなのだと思います。ル・コルビュジエが日本に来て、桂にも感動しないし、線のうるさいごちゃごちゃのデザインはつまらないなどと言ったことを吉阪隆正さんが記録していますが、これはル・コルビュジエが「ジャポニカ」ではなかったためだろうとも思うんですね。そんな時期から半世紀経ってMoMAを本格改造したのも日本的ミニマリスト谷口吉生だったのも、どこかつながりがあるんじゃないですか。

**日埜** 抽象的なインターナショナル・スタイルが支配的だったアメリカにおいて、逆説的に美学的な空白みたいなものが生じるのはある意味で自然なことかもしれませんが、そういう負圧のかかった状況に自分の仕事を接続していったということでしょうか。

**磯崎** 丹下さんが戦争中に無意識にやり始めたこと、それをもう少しさかのぼって岸田日出刀さんや捨己さんのモダニストとしての古典解釈を現在のテクノロジーでつなげる、それが戦略として成立したのだと思います。

**日埜** とても説得力があり面白い見方だと思います。例えば近代と伝統と言えばいわゆる「伝統論争」の問題設定を連想しますが、しかしそれ自体は基本的に視野がドメスティックな範囲にあったと思います。だけれど丹下健三は少し違う視野で、より国際的な建築の状況の中でそれを考えていたということになりますね。

アカデミックな意味での建築史と建築家にとっての歴史観はしばしばずれることがあります。つまりいわゆる史実の積み重ねとしての歴史と、考えるためのリソースとして、あるいは補助線として歴史を見る場合で、歴史が同じであるとは限らない。それぞれ異なる視点から成立するものであって、各々の歴史観がその建築家を方向づけるということがおそらくある。ポジティヴな部分もネガティヴな部分も含めて、それがどのように作用し、建築家がどのように動機づけられていたかは興味深い問題です。

そしてこと日本の近代建築の成立過程においては、その集約的な焦点として桂離宮がある。堀口捨己は彼の『桂離宮』の最後で、タウトによる訪問以前にはヨーロッパの近代建築はまだ未成熟であって、タウトの頃になってようやく桂を理解することが可能となり、そのような美を追求してきたものこそ日本の茶の湯の世界であったと書いています。タウトその人というよりもむしろ、古典的な建築観から脱皮し、相応の成熟を経た近代建築の目があって初めて発見しうるようなものとしての桂、あるいは茶室というわけです。茶室に向かった堀口捨己の歴史観の片鱗をここにうかがうことができるのではないでしょうか。こういう見方が考証として正確であるかということとは別に、建築家が現にこうした歴史観によって動機づけられて、具体的に茶室の研究におもむいたわけです。

## 6 オリジナルとコピー

**日埜** ただ一般に誰か建築家の研究をする場合と勝手が違うのは、例えば桂なら桂の作者が誰か定かでないということですね。誰が何を考えてこのようになったということが特定し難い。

**磯崎** 桂離宮の作者は、結局見つからないわけです。文化史家としてお茶を研究している熊倉功夫さんは遠州と八条宮、桂の関係は捨己さんが言うよりもっと深かったはずだと言われています。例えば、遠州の庭を担当していた庭師が加賀藩から呼ばれています。八条宮夫人の富姫は加賀藩から嫁いできたので、そのような関係の中で、八条宮に相談がいくということなど、いろいろあったはずで、かなり深い関係にあったと熊倉さんは言っていました。だけれど、今日的に言う設計者として遠州を考えることは、捨己さんの言う通り、ありえないわけです。僕もぜんぜんありえない構図だ、と思います。逆に、なぜ遠州が八条宮に出入りしていた記録があるのかということに興味があります。八条宮家は徳川家からにらまれていたわけです。遠州は反徳川の八条宮を探りに行かされていた探偵ではないかというのが僕の推測です（笑）。だから建築家として認められているわけではなくて、お茶人として認められていたのでしょう。当時としては、武家も天皇家もお茶に関してはニュートラルに動いている。そういう部分で遠州の特権があるわけです。そういう付き合いは考えられるけれども、それがいったいどういうものかはわからない。「遠州好み」というのは遠州が死んでから起こってきます。死ぬ前にそういうものはあったはずだと思われますが、それはないわけです。そこが面白いところで、それが日本特有の好みの解釈です。「遠州ノ心ノ」という言い方があって、これは

「遠州の気分」のような感じです。マスターならこういう好みを持っているだろうと推定し、それを「マスター好み」と言う。こういう解釈の仕方です。

**日埜**　お茶やお花の世界では、そういったシステムが今でも生きていて、仮に弟子による洗練でも、先代のこころはこのようなことであったと、いわば擬しながらことが進む。万事こうして洗練されていく。

だけれどそれでも、『建築における「日本的なもの」』の桂論の最後では、そのような仕組みの中でキッチュとなることを恐れないという態度と、クリシェ化していく傾向の絶対的なコントラストがあると書かれています。遠州は彼の好みがキッチュとなりかねないところに踏み込んでいきながら圧倒的な緊張感を作りえた。しかし後の洗練はえてしてその好みを単なるクリシェへと弛緩させていってしまうとなれば、そこには遠州という何か具体的な主体の存在がやはり抜きん出たものとして見えてくる。

**磯崎**　建築学会のシンポジウム「批評と理論」（二〇〇〇－二〇〇一、『批評と理論』〔ＩＮＡＸ出版、二〇〇五〕収録）のとき、遠州好みをどのように定義するか、という問題がありました。さまざまな研究者の言説があって、遠州好みというのはこういうパターンだといろいろ議論されました。そういう部分はあるかもしれないけれど、それをそのまま受けとったら、日本的キッチュというのは全部遠州につながってしまう（笑）。この説明は理論的に無理なのではという印象をそのとき受けました。例えば遠州が「筋掛け」をかなりやっているということがあります。僕はこれは斜線として対立する構図をどうやって組み立てるか、と解釈します。パターンとして斜めになっているから、あるいは鍵の字型になっているからこれは遠州だというのではきりがないわけです。そちらの方向に議論を持っていくのは無理だと思いながら、こういうことを印象風に書いたわけです。

**日埜**　桂についての部分は、過去と現在の部分を往復しながら書かれていて、特に「キッチュ」という言い方は現代に引き寄せておっしゃっているように思います。オリジナル、近代建築で言うならば例えばル・コルビュジエは、彼のフォーム、形式をプロモーションするため単純化された原則をぶち上げる。それを守れば近代建築ができる、というわけがないのは当然だけれど、しかしあえてそれをする。そうして結果として彼以降そのクリシェが陸続と現われた。そんな事情と同じ構図ですね。ル・コルビュジエが言っていることも、個々に見ればオリジナルかと言うとやや疑問の余地はある。しかし重要なことはそれを平明化してしまうことで、例えばボザール的な勢力に対してあえて緊張関係を作り出したということになってくるのでしょう。先の桂論の結びではこう書かれています。「無数の同形のものが反復され増幅されていくメカニズムこそが『好み』と呼ばれ、これがクリシェ化し、「J-Pop」あるいは「J-キッチュ」と見まごう如くとなる」。このあたりに現在の状況に対する磯崎さんの見方がうかがえるように思います。

**磯崎** これを書いた頃は、サンプリングと「J-Pop」がすごくはやっていたせいもあります。例えば、《孤篷庵》が遠州作といっても、焼けた後、松平不昧が再建したものなのだから、オリジナルと同じかどうかはわからない。しかし、図面も残っているから、こうだったとは言えるでしょう。それに書院を足して山雲床というお茶室を作ります。これは密庵席の写しで、密庵床があるから密庵席なのですが、山雲床には密庵床はない。そういう若干の変形はあるけれども、それでも一応写しになっています。しかし、密庵席と比べると印象がまったく違うのはなぜか。何か理由がないかと思っているうちに、これは今で言うサンプリングではないかと思ったのです。要するに、完全にコピーをしてそれらしくみせるけれど、本物かコピーかわからない、あるいはコピーでよいではないかという形で出す、そういうやり方があって、「J-Pop」も同じではないかと若干皮肉に言ったわけです。サンプリングの仕方と、サンプリングの相手が抽出したのが日本的なものであれば、今風に見える。このやり方と、丹下さんたちが考えていた日本的伝統、それから現代という解釈の問題とはかなり違うと思います。丹下さんはそのときに、弁証法的統合ということを言うわけです。僕は、丹下さんとロジックを変えたいと思ったのはその辺が理由です。僕は弁証法に疑問を持っていました。岡本太郎は統合はありえないから「対極」と言っていました。だから僕は太郎の影響を受けたわけです(笑)。そういうことから言うならば、この「斜線」というのは、対極主義を言おうとしていたと思います。

密庵席の中で、書院の裏側には長押がまわっています。ところが、お茶室風に付け足した部分には長押がなくて、鴨居がお茶室風にあるわけです。それからこちらにはお手前をするコーナーがあって、そこには棚がついています。反対側にはフォーマルな、幾何学的構成の棚がついていて、漆が塗ってあるのですが、こちらは黒木のままです。比べるとまったく違います。そういうものが小さい密庵席の中にいくつもあるわけです。これは統合しているのではなくて、対立を対立のまま取り出しています。その対立したものの間に起こるテンションが力なのではないか。しかし最初は対立したものがあっても、例えば山雲床がひとつの原型としてあり、それを写すと対立に見えなくなってきて、統一された様式に見えてしまう。こういう矛盾があって、サンプリングには限界があるという印象を持ちました。

**日埜** そういう意味では堀口捨己の「様式なき様式」というのも、または今言われた意味でテンションの問題ですね。

**磯崎** そのとおりです。とりわけ《岡田邸》は並立したまま一本の線でくっつけたものですね。コンピュータをさかんに使う時代では様相が変わってきていると思います。捨己さんはこんなやり方で洋式と和式を並立させ、対立させたわけです。しかしコンピュータを使うと二つの違うものをノンリニア、非線形という概念でやることができます。それぞれ計算しくっつけ、さらに計算を続けると、相互に影響が出てきて、グジャグジャになって別の形になってくる。それをまとめるのがノンリニアのシステムです。僕が佐々木睦朗さんとやっているストラクチャー・システムもこれに近い。そうして解くと、これまでと違う形が見えてくる。何が出てくるか想像がつかないけれど、それが一番面白くて、関心を持っているところです。しかし捨己さんの時代にはノンリニアを統合するメソッドがないから、対立、並立で見せた。それはひとつの方法だと思います。

**日埜**――ぶつかり合いというのは事件でしょうから、うまくいくこともあれば、難しいことも当然あるのでしょうが。いずれにしても単なるスタイル、ファッション的なコピーは消費されることに対してなす術がありません。建築家はそれに抵抗するために、どうせめぎ合いを組み立てていくか考えざるをえない。

**磯崎**――対立は、いくらでもサブジェクトがあるわけで、例えば時間を取り出せば、二種類の時間なのか、過去と未来なのか、あるいはひとつの時間のなかにいくつもの線が入っているように見るかなど、見方はいろいろあるわけです。例えば五人いたら五つの時間があるというのが、僕の時間に対する解釈で、時間は一人ひとりが背負っているもので、共通の時間はない。もしあるとすれば、それは実感できない、観念的な時間です。僕は《チーム・ディズニー》で日時計を作りました。あの日時計を作ったときに、中庭に置くエピグラムに時間に対するコメントを寄こせと言われて、『枕草子』で島影を移動する帆船の描写のくだりを日本的時間感覚の詩的表現だと言って持ち出したのだけれど、難しすぎるといって却下された(笑)。このとき古代ギリシアからミッキーマウスまで、いろいろ集まったのですが、そのなかにアインシュタインの「時間とは時計が指したものだTime is what clock shows」という言葉がありました。アインシュタインははっきり時間は相対的なものだと言っていたわけで、それを進んだり遅れたりする時計の針が指しているようなものだと言っているわけです。これはなかなかしゃれた表現で、清少納言もか

《有時庵》
[撮影:古館克明]

なわない（笑）。時間はそのくらいずれている。原美術館の裏に《有時庵》というお茶室を作りましたが、この「有時」というのは道元の言葉です。道元は時間の存在論をここで取り出したと言われています。それまでは、時間を外にあるものとして見るのではなくて、もともと時間と空間は議論の対象ではなく、議論してもしょうがない、ということになっています。ところが道元は存在としてしまった。それが彼の面白いと思っているところです。

**日埜**――時間ひとつとっても、そこにあるテンションを発生させるような対立を仕組むことだってできるわけですね。

**磯崎**――ひとつの視点ではありません。おそらく、これはすごい通俗的な見方になるけれど、パラダイムが変わってくると、それにあわせて研究も進んでいくことはあるわけです。だから、捨己さんの「日本的なもの」という議論も、その時代の世界状況と、日本での問題がナショナルになってきたという状況で出てきた視点だから、その枠組みの中で考えなくてはいけない。それにしても、あの人はそんなことやりながらも、戦争中は逼塞していたわけです。逼塞していることは、それなりに時代に対する批評でしょう。そういうことを意識的にやってきた人だと思う。

［二〇〇六年四月一八日、磯崎新アトリエにて］

［註］

★一――分離派建築会：堀口捨己、山田守ら東京帝国大学の卒業生が中心となって始めた日本における最初期の近代建築運動であり、一九二〇年から一九二八年までに七回の作品展を開くなどの活動を行なった。当時の東京帝国大学では佐野利器らを中心に耐震構造などの工学面を重視して建築を考える傾向があったが、分離派建築会はそれに反発して建築の芸術性を訴えた。

★二――渡辺仁（わたなべ・じん）：一八八七―一九七三。建築家。歴史主義や帝冠様式、初期モダニズムなど、時代の要請に応じて様々なスタイルを使い分け、《服部時計店》、《第一生命館》などの作品を残した。

★三――吉武東里（よしたけ・とうり）：一八八六―一九四五。建築家。京都高等工芸学校（現・京都工芸繊維大学）で武田五一に学んだ。大蔵省の技師として《国会議事堂》の実施設計に携わったメンバーの一人である。《横浜税関本館庁舎》などの設計にも携わった。

★四――ネオブルータリズム：戦後、本来の機能主義を離れつつあったモダニズム建築の原点回帰を目指して、チームXのスミッソン夫妻により一九五三年に定義された建築理念および建築様式。コンクリート打ち放しによる仕上げなどの荒々しい表現を特徴とする。一九五〇年代から七〇年代に多くの作品がつくられた。代表的な作品に《ユニテ・ダビタシオン》（設計：ル・コルビュジエ）、《フィリップ・エクスター・アカデミー図書館》（設計：ルイス・カーン）などがある。

# 18 手法論からの転回

**日埜直彦**｜今日は九〇年代についておうかがいしたいと思います。いろいろな話があると思いますが、ひとつ押さえておきたいポイントとして、七〇年代以降の「手法論」あるいは「フォルマリズム」からの流れがどう繋がり、また変化したのかということです。例えば《つくばセンタービル》まではその流れが複雑化していったという捉え方が出来るでしょうが、《パラウ・サン・ジョルディ》や《静岡県コンベンションアーツセンター》になってくると基本的な成り立ちが変わってきます。それまでは幾何学が正方形や円のような基本的幾何学に則っていたのが、より複雑で特殊な形態になってきます。その変わり目の頃に磯崎さんは「大文字の建築」について語り、それに付随して建築のタイポロジーとしての「ビルディングタイプ」と配置の形式としての「パルティ」★一という概念が提示されました。

「大文字の建築」という概念は、フォルマリズムのような抽象的な概念ではなくて、むしろ歴史的に培われてきた建築の伝統的な形式を指すものととりあえず言えるかと思います。「ビルディングタイプ」と「パルティ」はその二つの面だったでしょう。そういう参照先を経由して、どうも九〇年代に「テンタティヴ・フォーム」★二と「アーキペラゴ」★三という概念が出てきたように見えるわけです。《水戸芸術館》のタワーについて、イグナシ・デ・ソラ=モラレス★四に「テンタティヴ・フォーム」という言葉を当てられ、うまい言い方だと思われたというお話を以前うかがいました。《パラウ・サン・ジョルディ》や《奈良一〇〇年会館》に見られるような「パンタドーム構法」はその例で、構造形式と構法によって建築の成り立ちを決めるような作品が出てきます。あるいは例えば《ハラミュージアム・アーク》において古典的な「パルティ」と関連付けられていた配置の構想が、《秋吉台国際芸術村》では「アーキペラゴ」と呼ばれて、地形と呼応しつつ風景を生み出すような試みがなされます。「テンタティヴ・フォーム」にしても「アーキペラゴ」にしても、「手法論」のフォルマリズムに比べればあきらかにフリー・フォームになっているわけですが、この転回についておうかがいしたいと思います。

**磯崎新** そのように理路整然と事が進んできたとは自分では思っていません。時代の順序とひとつの筋書きは、常に入り乱れていると見てもらわなければなりません。僕から言わせると、すべてが並行していて、この時はあれをやって、これはこうやって、という感じでその都度対応しているのです。

通常、理論を手掛かりに演繹的にプロジェクトを組んでいったような説明になりますが、実際はそうではなく、説明は事後的なものです。最初はやぶれかぶれの状態、白紙状態で相手と対応します。相手とは、クライアントであったり、新しいテクノロジーや新製品であったりします。それらに対応しながら考えていくとアイディアが出てくる。そして、発表する時に、事後的にそれは何だったのかという文章を整理していきます。最初に一〇あった可能性のうち、二つか三つをやってみて、これはいけそうだというひとつを選び、結果が出ます。自分ではその結果を説明しているだけです。プロセスは本当は説明にならないのです。

いつも複数のアイディアを自分の中に持っていて、相手次第でこのカードでいくか、あのカードでいくか、と分けているところがあるのですね。だから、事務所の中では同時にまったく違う図面を描いています。絵描きであれば自分ひとりなので一貫してやれるわけですが、建築家は元々相手があるものです。都市もそういう意味での相手です。

そういったそれぞれの相手への対応を大きく整理できるようになり、そのひとつが「手法論」になりました。ですが、僕は「手法論」ですべてをやろうとは思っていませんでした。常に、別もあると思っているわけです。

蓮實重彦が登場したのが一九七〇年代で、妙な批評スタイルが出てきたと思いました。彼の近辺には共通の知り合いがいたので、その登場の仕方を割と見ていましたし、文章も読んでいました。本人は一貫してテマティック批評をやっていると語っているようですが、僕は領域外の設計業をやっているわけなので中身についてはあまりよくわかりませんが、スタイルがおもしろかった。初期の文章でとりわけ僕がおもしろいと思ったのは、長い文章で、わざと途中をわからないように書いていますが、必ず文中で三頁に一回くらい「とりあえず」という言葉が使われているところです。もしくは「差し当たり」とか。文体はわざと焦点を散らしてモタモタ、ヌルヌルしている。ついていく方が迷いますが、本人が元々迷っているのだからしょうがないかなという感じです。ただ、「とりあえず」や「差し当たり」がつなぎの癖になるのはよくわかります。まあ僕も彼と同じように書きながら何かを探しているのでさだまっていない散乱するような文章のリズムに引きこまれてしまう。

## 1 バルセロナとの付き合いから

**磯崎** バルセロナ・オリンピックのコンペで当選して、向こうの連中と付き合いが始まりました。最初はオリオール・ボヒガス★五と友達になりました。モダニズム左翼の先頭を走っていて、「チームX」以降、バルセロナの建築を押さえてきたという感じの人でした。彼の思考方式はマンソレッド・タフーリがイタリアでやっていたような感じに近く、より明快でした。タフーリはかなりひねくれています。でもヴィットリオ・グレゴッティほど単純ではなく、さらに様々な知識がある人です。ボヒガスは自伝をカタルーニャ語で書いています。カタルーニャはバイリンガルで、今独立しようとしています。ボヒガスは、バルセロナの近代化の問題、そしてカタルーニャの問題、つまりナショナリズムや地域主義、さらに社会主義が全部重なっているイデオローグでした。彼とはずっと友達でしたが、マルキシズム的な思考形式を政治問題としてアクチュアルな発言をするだけでなく、バルセロナ市のシティ・アーキテクトとしてリアルな世界に対抗している人とみえました。

バルセロナにラファエル・モネオ★六がきたときに、彼の自宅でディナーに呼ばれたんですが、そのとき一緒に呼ばれたのがイグナシ・デ・ソラ=モラレスだった。ご存知のようにバルセロナは、食事の時間がすごくズレています。一五時くらいから昼食を始め、一八時くらいまでかかる。ベロベロに酔っ払うけれど少し仮眠をして、また一九時か二〇時くらいに事務所へ行きます。それから午後の仕事です。その後、さらに家でパーティをするから二三時に来いと言われることも普通です。ところが、二三時に行っても本人がまだ事務所から戻っていません。当時、ビアトリス・ガーリーというランドスケープ・アーキテクトが同棲していました。あの国は離婚ができないので、戸籍上の夫婦なんて無関係に勝手な組み合わせで住むのが普通です。かなりいろいろな仕事をした人ですが、よく覚えているのは、ラ・ヴィレットのコンペの時にそのガーリーの案を佳作の中でかなり推していました。でも実は割とおとなしい案だったということが後になってからわかりましたが。その彼女が夕飯をつくるのですが、家に帰ってくるのは〇時頃で、それからつくり始め、やっと一杯飲もうという感じです。僕は時差のある日本からだったので疲れも限界でした。そういった頃を見計らってイグナシ・デ・ソラ=モラレスがやって来たりする。

話しているうちに、彼がラファエル・モネオとオリオール・ボヒガスの理論を同時代の主要な対立理論として見ていて、その先を考えている建築家だということがわかりました。そのような構図で当時のスペイン建築界の議論がなされていたのは印象的で、眠気が醒めました。似たような席をロンドンでジェームス・スターリング★七が自邸で私のために設定してくれたことがありました。八〇年代の後期です。イギリス系の批評家がほぼ全員いました。J・M・リチャード★八、コーリン・ロウ、ケネス・フランプトン。ニコラス・ペヴスナーだけが欠けていた。レイナー・バンハム★九は当時USAにいました。ジョセフ・リクワート★一〇ははっきり記憶がないけれどロンドンにいたらここに顔を見せたはずです。イグナシ・デ・ソラ＝モラレスが頑張ったものは《バルセロナ・パヴィリオン》の復元です。その後は焼けたオペラ座を改修して元に戻しています。古いものをわかっているうえでモダニズムの仕事をしていました。彼は幅のひろい理論家でしたから、Any会議の時ヨーロッパをまとめてもらうべく委員になってもらいました。「フランスにはジャン・ヌーヴェルという英語をしゃべらないけれど、ものすごくシャープで優れた男がいる」といった評価をこんなディナーの席で聞きました。後にボヒガスとヌーヴェルはフランス語で対話集を出すことになります。

コロンビア大学へ行ったスイスのベルナール・チュミもフランスに来ていた頃です。フランスの建築家からはフランスのポストモダン思想？の影響にある建築家にすぎないと見られています。《つくばセンター・ビル》が完成した頃、フランスの建築メディアがツアーを組んで二〇人くらいが日本にやってきて、勿論京都には行くのだけれど東京ではつくばに行きました。僕のアトリエでレセプションのパーティをやったのですが、クロード・パランだけは顔見知りだけど英語を話す人が少なくてコミュニケーションができない。そのなかでひたすら新宿カブキ町に興味を持って深夜までいりびたっていた奴がいて、ラヴィレット・コンペのアクロバティックな応募案をやったというので、こいつがジャン・ヌーヴェルなんだと分かる始末。ただし、彼はいまでは英語が上達しコンペのプレゼンテーションでも押し切っています。

バルセロナのイグナシ・デ・ソラ＝モラレスとは、英語で議論できました。その時に流行りだったのは、根拠不在による「決定不可能性」の議論でした。カントの『純粋理性批判』『実践理性批判』『判断力批判』の三批判書で言われているようなロジックが成立していれば説明できた世界を、ヴィトゲンシュタインやゲーデルが崩してしまった。「とりあえず」でいくしかない、という気分がだんだんと出てき始めたというのが僕なりの理解です。蓮實さんの「とりあえず」がこんな具合に使われたりしては、誤解もはなはだしいと言われるでしょうが、僕は「とりあえず」は使い物になると思っていました。イグナシ・デ・ソラ＝モラレスと話すうちに「テンタティヴ」という言葉が出てきた。僕はまずそれを「とりあえず」の用法と同じじゃないかと考えたのです。まあ皮相な理解です。

**日埜**　後からまとまって見えるほど意識的だったわけではなかったんですね。

**磯崎**　イグナシ・デ・ソラ＝モラレスが日本に来て、《水戸芸術館》へ連れて行ったら「これがテンタティヴだ」と言うのです。僕としては「そうですか」という感じでした(笑)。無根拠という問題は、思想や哲学の世界との共通問題ですが、根拠づける論を建築の中でどのように言うか考えていました。

**日埜**　しかしながら、たとえば《群馬県立近代美術館》

の立方体にも絶対的な根拠はなかったわけで、それ自体「差し当たり」だったと思います。マリリン・モンローのカーブだってそうだった。そんななかでとりわけこの時期に構造的なエンジニアリングのロジックを「差し当たり」のひとつの型として使うことになったのは、なにかきっかけがあったのではないでしょうか。

**磯崎**――一九六〇年代にマルセル・デュシャンの理論を聞きかじっていたことが影響していると思います。一メートルのワイヤーを落としてできたカーブという有名な「ストッパージュ」(一九一三―一九一四)という作品がありますが、僕はそれが昔から気になっていました。デュシャンはそれを使って《大ガラス》のデザインなどもやっています。デュシャンは偶然にできたかたちから選ぶというやり方です。建築で図面を描くとき雲形定規が五〇枚くらいないと描けなかったわけです。それを一枚にする方法を考えただけのことです。《マリリン・モンロー》を思い付いたのは、明らかにデュシャンの思考をフォローしていると言えますね。それに物語を付けるというくらいが僕の仕事です(笑)。

## 2 ル・コルビュジエ的、丹下健三的プロポーションではない立方体

**日埜**――「手法論」の範疇でつくられていたものはコンベンショナルで、四角く、垂直水平があるものだとすれば、《水戸芸術館》のタワーの正四面体やパンタドームは基本となる形自体が特殊です。この時期には平行してガウディの逆さ吊り模型や、ブルネレスキの二重ドームへの関心も示されてたことも考えると、そこには構造というひとつのロジックを用いることで建築的言語をつくるという意識があったのではないかと思うのですが。

**磯崎**――それが新しい言語になるのかどうかは僕にとってはいつも難問でした。先日、新宿の《ホワイトハウス》がまたオープンしたので、呼ばれて行ったわけですが、あれもホワイトキューブだったということが自分でもわかりました。三間立方に階段と中二階を付けただけでした。それが「ホワイトキューブ」の原型だったらしいと後からわかる有様です。自分自身で自己の精神分析しても無意味ですが、そのときの気分を推量しても、クライアントの吉村益信に三間角のアトリエが入るくらいの土地が手に入ったので設計してくれと言われた。それが契機になっていることは確実です。

ル・コルビュジエは後に黄金分割につながっていく「トラセ・レギュラトゥール」を提唱しました。そして、「モデュロール」を考え出しました。それらを僕らは吉阪隆正さん経由で学びました。吉阪隆正さんが一九五〇年代半ば頃に翻訳して本になったのです。モデュロールは坂倉準三さんの時代にはなかったのですが、ル・コルビュジエは戦争中に暇だったのでこんなまとめをやったわけですね。丹下健三さんは、それを元に「丹下モデュール」を考えました。「モデュロール」はル・コルビュジエ自身の身長が基準でしたが、丹下さんは木

割の尺寸の単位に置き換えました。非常に単純な翻案ですが、これによっていかに迷惑したかということを多くの人が言いますね。僕も、建築は「丹下モデュール」で描く以外はないと五〇年代の頃は思っていました。木割はかつて大工がつくったものですから、本当は五〇年代ではもう使えないのです。しかし、《大分県医師会館》と《アートプラザ》では、まだ「丹下モデュール」を使っています。ル・コルビュジエは黄金比の体系が成立するようにフィボナッチ級数の数列を組み立てている。それが決定＝製図する根拠です。デュシャンがカーブを決めたのとは違い、ロジカルです。

日本の木割は、重力の下で建築物が木造の空間として成立するよう生まれたプロポーションの考え方だったと僕は理解していたのですが、丹下さんはそうではなく、ル・コルビュジエ経由で入って来ているので、重力とは関係なく使っています。黄金分割と日本の木割が同じように見えてきます。石元泰博が桂の骨組みの図面的構成をモントリアンの構図に重ねて切り取ったことと、丹下さんの「モデュロール」の扱いは似ていますね。いずれも日本の伝統的な構図をモダニズムの先例を手がかりにして切り取っている。《中山邸》も《旧大分県立図書館》もできた後、一九七〇年代にそれらの論理を僕は「手法論」というかたちで整理していきました。丹下さんは、ミケランジェロ以来、木割やモデュロールという比例体系が建築空間の基準線を組み立てているという理解をしていたと思いますが、それらとは違うものはないかと考えているうちに立方体へ行き着きました。三辺が同じ長さということはプロポーションが成立しません。美的なプロポーションが自動的に成立するというシステムを外した場合、何ができるかということがテーマでした。立方体は扱いにくいのです。プロポーションをはずしたとはいえ、輪郭はあります。だが柱梁の区別がない。重力に耐えるため太さを変えていたのに、見かけを等しくしたい。こうやってでき上がる空間と概念を優先させて、工学的なさらには制度的適合性を従にせねばならない。そんなストラグル過程からメジャー・フレームとマイナー・システムを重層させることになりました。これはミケランジェロが使ったジャイアント・オーダーとヒューマン・スケールの対比ともつながるし、都市的と建築的の両面性とも重なる。単純化したため実は配慮すべき隠れた細部の対処が無限に増加したのです。

これと同じような問題として、コンピュータのアルゴリズムで樹状の『フラックス・ストラクチャー』を一九九〇年代につくり始めました。佐々木睦朗さんと一緒にやっています。理論的には力の流れが可視化されたものですが、現実につくる時にはその力の流れと構造的な力の受け方はずれてくるわけで、それが一番の問題でした。これは鉄骨などの線材で組むということは基本的に矛盾しているわけです。可塑性を持っているコンクリートがよいわけですが、そこでも型枠をつくるのが無理だとか、いろいろ難問が生じます。

これはもうズレを見せるしかしょうがないということでデザインを決めています。

《上海ヒマラヤセンター》の解決やスラブを曲げる解決があります。実験的には《北方町生涯学習センターきらり・岐阜県建築情報センター》でやりました。今もっと大型のものが中国の大同でき上がっています。ひとつの面を変形させていくという理論はどれも同じです。

とにかくそのような種類の問題は、かつてから既に起こっていました。形そのものの問題です。ガウディの話は、そのあたりから後の流体構造の話につながっていくものです。

立方体の成立のさせ方は二つありました。ひとつは、建築の存在の条件に重力があるということです。重力は縦にも横にも力が働くわけですが、その力の流れ方と建築の構造、輪郭、骨組みの問題です。もうひとつは、敷地の形があるわけです。敷地の形が三角であればそれに合わせてつくらざるをえない。敷地の地形は必然なのか偶然なのかですが、建築家が参入する時にはギブン(given)、与えられる条件になっています。それは必然的なギブン(given)なものなのか、操作可能なものなのか、ということで違ってきます。長い歴史の中で、都市でのパーツとして建築を存在させる方法として、教会の形式など、『デュラン比較建築図集』(玲風書房、一九九六年)で整理されたようなビルディングタイプがあれば、建築側のロジックにしうると考えられました。形式は、地形によって少し曲がってもトポロジカルには全部同じでいい。「ビルディングタイプ」に注目した理由は、非決定性という状況の中で、建築の条件を決定させるもののうち、かなり確実なのがそれだからです。もうひとつは建築物の骨組みを形成するための「重力」です。通念からすればほとんど理不尽と思えるような純粋幾何学的形態を設計の機能分析などにこだわらずア・プリオリに選択する。敢えてそれを建築的決定にする。こんな反機能主義的な形式主義をドライヴさせるのがテンタティヴだとするならば、「立方体」を意図的に選んだ僕の仕事はそのはじまりからそれ程展開してないのかもしれません。二〇年くらいさまよったあげく、やっと時代(情況)に合わせるような説明ができるようになった。それが《アート・タワー・水戸》の塔だったといえるのかもしれません。九〇年代に「テンタティヴ・フォーム」を理論化する初めの頃です。「テンタティヴ・フォーム」が意外と理屈として使えるのではないかと思い始めた理由は、単発で設計をやると、決定不能状態が続いていたわけですが、空間の中に仮定的に独特の基準線をつくり出す手掛かりになるからです。たとえばそれを反復させたり、角度を繰り返したり、立方体を並べたり、碁で言えば「手」で、これを使えば一応定石ができ上がるというものです。かつてはこれを組み立てることを「手法論」といったけれど、理論的な展開をやるいとまもなく僕はポストモダンのネオ・ラショナルといったラベルを貼られていました。昔ながらのスタイルだけで仕分けするファッションが判断基準になるメディアが表面化したためでしょう。

## 3 一九九〇年代におけるテンタティヴの必然性

**磯崎**　『人体の影――アントロポモルフィスム』(鹿島出版会、二〇〇〇年)に僕の西欧古典主義の理解を整理したのですが、これは、「ひとがた」を幾何学と重ね合わせてこれを建築の基準にする思考や方法がルネサンス以降の〈建築〉概念を決定づけてきたことを『建築行脚』をしながら書いた文章をまとめたものです。そんなアイディアの手がかりをハンス・ホラインからの手紙で見てもらうとよいのですが、彼は「磯崎はこれまでの近代建築の基準を勝手に変えている。だから、こいつの論は成立しない」というようなことを書いています。僕の人体解剖図みたいなものも描いて、あれこれ引っ掛けていました。僕からみれば、「すべてが建築だ」と言って、チェスの手を崩してしまったのは彼ではないかと思うわけですが。量子力学をやった物理学者で、ポール・ディラックという人がいます。ディラックが考えた空想的なチェスの場は、グリッドが球面になっているものです。これでチェスをやるとどういう勝負になるかという数学的な難問を考えていました。ホラインは、決定不能性の中で建築を考えることは、その盤の上でチェスをやっているようなもので、普通の盤だと勝負が読めるけれど、ここでやっているはずのことは裏でも勝負が起きているようなものだ、評価基準が組み立てられないと言っています。彼と付き合い始めて五、六年の頃ですから、よく見ているなと感心しました(笑)。

僕はそういうチェスを意識的にやっていたわけではなく、決定不可能性の状況の中で、「差し当たり」何かやらなくてはいけない。それにはシンギュラーな解決法しかないと思っていたに過ぎません。「テンタティヴ・フォーム」は、一般解、一般論にはならない。しかしそれ自体では成立していなければならないというものです。ですから、イグナシ・デ・ソラ＝モラレスは「お前は結構やっているけれど、誰もが一般的にモデルにできるようなものではない。だからそこまでだ」とも言いたかったわけですね。でも、僕は逆に実はこの世界の状況の中で普遍的な解決手段はないと考えています。だからAnyを議論する理由ができてきたのです。ヨーロッパには、近代のロジックがあります。啓蒙主義的理性によってルネサンスの人文主義およびその古典主義理解を正統した系列です。近代主義さえもこの線上にあると僕は思いますが、それがミースをあらためて評価する。アルド・ロッシの「タイポロジー(類型学)」。それを〈建築〉の構成規範として、さらにバナキュラーなテクノロジーに接続させたラファエル・モネオがいます。IAUSの『oppositions』が批評性をもった言説の発表舞台だった。これが「解体の世代」以後のAnyの後半に僕らが討議へのせようとした建築サイドの視点でした。イグナシ・デ・ソラ＝モラレスにヨーロッパにおいてこれを継ぐ役をしてもらったのです。

「タイポロジー」は日本では「町家」のようなものだと理解されてしまっていますが、その認識は陣内秀信★一たちがロッシたちの歴史解釈の視点を敢えて町屋のデザイン・サーヴェイの説明に使った。アレゴリカルな町の記憶、たとえば一九一〇年代のジョルジュ・デ・キリコのノスタルジックな光景を都市の背後に読みとることがポイントだったのに、何故か地方の日常生活の表層に類似性を探す。こんな方向に流れてしまいました。スターリニズムの時代の社会主義リアリズムの中に「典型論」という議論がありました。それは、労働者像を描写する際に、ああいう人がいた、こういう人もいたと書くわけですが、理想像としての労働者、労働英雄を文学として表現できなければ社会主義リアリズムとして役に立たないという話です。そういった一種の文学理論の中でのタイポロジーです。

要するに文学では、その人の生活や人生のすべてが表現できるような一言、仕草などがあり、社会主義リアリズムはそれを理論化しているわけです。アルド・ロッシやマンフレッド・タフーリはスターリニズムを勉強していますから、それを自分たちのいるイタリアの状況下で言い始めただけです。日本において実測調査をするデザインサーヴェイのようなもので、ヴェネツィアや蘇州のタイポロジーを語るわけです。四合院であれば、ひとつのことしか言う必要はない。日本のタイポロジー論では、四合院の良し悪しが言えないのです。都市や社会の中で、ひとつの形式を設定するための手掛かりにしていきますし、彼らはそれが一般論だと思っているわけです。だからアルド・ロッシはどこでも同じような絵を描くわけです。ロッシはロッシでいいけれど、ひとつつくればそれで終わりだと思います。彼は何十とやっているし、未だに似たようなことをやる人たちもたくさんいるわけです。世の中に需要があればいい。毎回毎回、それぞれ別の問題がある中で、ひとつのものを押し付けて売るというのは、資本主義のマーケット理論みたいなものです。タイポロジー論は単純にマーケティングの理論になってきた。スターリニズムが頽廃して、形骸化し、かつてロシア・アヴァンギャルドに投げたような型にはまった形式主義にみずから陥ってしまったのと似ています。それは仕事をやる上で最初に行き当たる問題です。

**日埜**｜一般性があるはずのタイポロジーは実はフィクションみたいなもので、むしろそれは当人の世界観の投影であって、たいていはそこに閉じてしまうということですね。

**磯崎**｜テンタティヴな特殊解、シンギュラーな解をいくつつくれるかがその人の仕事だと思います。一般的にはひとつやればいいと思われています。リチャード・マイヤーも安藤忠雄も、立派にやっていますが、僕から見るとひとつのことをやっているだけです。いい建築家だとは思いますが、どうしてひとつしかやらないのかと。彼らはもうやることがなくなってしまっているわけです。

**日埜**　逆に言うと、磯崎さんの場合それが複数だから、他人から見ると磯崎さんがどういう建築家であるかスタイルとして見えてこないということにもなる。

**磯崎**　「アーキペラゴ」とは、同じ型で同じものを大量に反復的に生産するのではなく、全部違うものが寄せ集まっているということです。都市の中ではそれが自然にできるわけです。秋葉原や渋谷や池袋や原宿は固有性とみえる性格がそれぞれ少しずつ違います。色々な場所に、癌のようにできるということがまともなでき上がり方で、僕は関心を持っています。

**日埜**　ある種のダイナミクスというか、自己生成ですね。

**磯崎**　ニュータウンは均質ですよね。ルートヴィヒ・ヒルベルザイマー、ミース・ファン・デル・ローエの描いた絵も、同じ形の部屋に同じ顔をした人間が住んでいます。対して、ル・コルビュジエは芸術でいくということで、毎回デザインを変えようとしたわけです。そのあたりの議論の、もう少し先をやろうとすれば、毎回シンギュラーな解を探すことで、僕はそれが一番面白いと思っています。

## 4　風水と場所

**日埜**　大きく言うと「テンタティヴ・フォーム」は「手法論」からやはりつながっている連続性があるというわけですが、「アーキペラゴ」についてはそれとは少し違う面もあるように思います。ある種の風景をつくるといいますか、地形の中で付置をすることでその場所が固有の場として成立させるということのように思うわけです。たとえば《秋吉台国際芸術村》や静岡県の《舞台芸術センター》、軽井沢の別荘など、地形や風景に鋭敏に反応しながら、その場を形成している。そういった環境に対する関心は布置自体を問題としていて、また別の系統の問題なんじゃないかと思います。それはどこに由来するものなんでしょうか。

**磯崎**　僕のアーキペラゴ論は一般的なアーキペラゴ論とは少し違うかもしれません。少なくとも、《秋吉台国際芸術村》の時にアーキペラゴと言ったのは、パフォーミングスペースの組み立て方についてだけです。

昔話になりますが、毛綱毅曠★一二という建築家がいました。彼は、ともかく変わり者だと言われています。また六角鬼丈★一三も少しそういう傾向があります。彼らの仲間で有名になった建築家もたくさんいますが、そのふたりは少し違っていると僕も思いながら付き合っていました。六角鬼丈が京都で設計した《雑創の森学園そよかぜ幼稚園》では、新宮晋に彫刻をつくらせりしています。彼は、その幼稚園について僕のアトリエで説明をしていたのですが、毛綱毅曠と一緒にそこへ行った話になりました。毛綱は六角に「あそこから先は魔物が住んでいるから、行ってはいけない。お前はあの先の増築を頼まれているみたいだけど、やっちゃダメだぞ」と言ったそうです。毛綱は別の時でも、風水のせいか何かわからないのですが、「ここらへんに寝るとやばい」と言って、二段ベッドの高いところにわざわざ寝ているようなおかしな男でした。何かそういう感覚を持っていたようです。近代は、そんなことを言うやつはアホだと思われてきました。

でもあの頃は結構、家相見と関係なども あったのですね。六角鬼丈は最初からその問題に行き当たっていました。石黒敬七というNHKに徳川夢声などと一緒によく出ていた人がいました。そして、石黒敬七の奥さんが六角のおばさんにあたり、彼は僕のアトリエから独立した時に、家の設計を頼まれました。あれこれプランを考えたそうですが、うまくできたものを見せても、彼女は何も言わずに家相見のところに持って行き、いくつもダメ出しをされて、やり直せと言われてしまった。六角は何十もの図面をつくったそうですが、何をやってもOKが出ないと思い、相手の手の内を読む以外ないと思ったそうです。そして、日本の家相羅盤は八角形だったので、八角形平面で、ダイニング、ベッド、トイレなどその家相に応じたプランをつくった。家相見に「いまだかつてこんなパーフェクトなプランは見たことない」と言われたそうです(笑)。それで、すぐに実施設計をして、ガスタンクのような家ができ上がりました。彼は他の住宅などで有名になっていますし、それを発表していないのかもしれませんが、僕はその《石黒邸》は面白い建築だと思います。それだけ苦労しているので。毛綱が言うような理論を全部クリアしていて、窓が取れないから全部トップライトになっています。これは文句ないわけです(笑)。そんな理屈で押していったあげく、もうほとんどバックミンスター・フラーの住宅です。フラーは旋回する太陽との関係において、パッシヴ・エナージー・システムを純技術的に組み立てている。六角鬼丈はさらに広範な天体の運行をシステム化した風水=家相を直截に翻案したわけです。住宅のなかでひとつの生活が営まれる。そのリズムがつくられる環境と対応させる空間を設計する、という方法においては一緒ですよ。現存しているかどうか知りませんが、彼の家からそう遠くないところにあったと思います。建築はクライアントからそんな依頼が来るわけです。風水は手のつけようがない。

蔡國強という美術家がいますが、彼が日本で初の展覧会を《水戸芸術館》でやりました。新人だった頃僕はちょっと付き合っていました。その時に、天津大学の建築の教授で王其亨という人を一緒に連れてきました。なぜ連れてきたのかを聞くと、《水戸芸術館》の風水を判定させて、プロジェクトをつくるとのことでした。彼はその辺の勘がいいんですよ。水戸にはトンネルがひとつあり、それを塞がなければいけないと言って帰ったそうです。さすがに実現しなかった(笑)。いろいろな提案があり、《水戸芸術館》の部屋の隅に墓石を建てるとよいと言われるコーナーがありました。水戸の近辺は御影石の産地ですから石屋から墓石をもらってきて、それで建てたのです(笑)。さらに、室内から鳩がある角度で次々に外に出ていくようにするとか、すべて風水の通りで、支離滅裂な展覧会でした。先日亡くなった吉田秀和は「いまだかつてこんなバカをやるアーティストを見たことがない。しかも水戸でやるとは何ごとだ」とまあ批判的ではありましたね。こんなスットンキョウをヌケヌケとやることがいい。火薬をまいて、爆竹のように破裂させ、焦げ跡を作品と呼ぶ。上海APEC(二〇〇一)では外灘(バンド)に仕掛け花火を打ちあげる。都市イベントです。そして、ヴェネツィアで文化大革命時の一〇八体の泥の彫刻を再現し、グランプリを獲る(一九九九)。僕は彼のこの時期の仕事を最も高く評価しているのです。

その少し前に《京都コンサートホール》の設計をやっていて、京都だから風水だということで、安倍晴明などを調べたりしました。それのさらに前は、荒俣宏と付き合っていました。『風水先生 地相占術の驚異』(集英社、一九九四年)にありますが、彼の「都庁コンペ」案のうち「全部ダメだけど磯崎案だけは風水から見て一番良い」ということをかなり長い文章として書いています。今でもあの丹下さんの案について、「一番風水に合わない案なのに、一等になるのはおかしい」と言っている。それが建ったので東京都は傾くとか(笑)。その後、彼は全く責任を取っていませんね(笑)。コンペの時は、僕はあまり付き合いはありませんでしたが、味方をしてくれた形になりました。まあ、余談で笑い話ではあります。

京都の風水の原点は船岡山という丘で、敷地がその東にありました。もうひとつ、南北に下鴨神社と上賀茂神社があり、葵祭ではこの間を行列が移動します。それらの東西南北が少しずれている角度なんかをプランに反映させています。コンペですから何がデザインで当たるかはわからない。提出模型はブロンズで鋳込みました。《京都》はもうこれでいくしかないと。プロポーザルが通ったのは、風水以外の理由だろうと思いますが、都庁のコンペの続きですから、どういう結果になるかわからなかった。風水を逆手にとってみた。都庁コンペの説明書きで「やみくろ」が新宿地下に住んでいるなんて書き入れてしまった。説明書なんて審査会で細かく読んでない。

**日埜**　風水というと、まずうさんくさいものというイメージがありますから、当時多くの人がびっくりしたと思います。それも「テンタティヴ」な仮措定だったわけですね。

**磯崎**　シンガポールの羅盤を見つけたので、それを埋め込み、その周りの柱にあまり見えないようにしていますが十二支を入れています。先日、『朝日新聞』の大阪の記者が「風水をやっている建築家」ということで取材にきたので、それを見せました。もう二〇年経っていますが、そのままちゃんと残っていますので、メンテナンスはよくやられている方だと思います。風水が当たっているかどうかは誰もわからないですが。

風水もやはり先ほどの決定論のうちのひとつなのです。

都市におけるタイポロジーも成立しない。つまり、コンサートホールというビルディングタイプでは成り立たない時にどうするかと。実際はコンペの相手への説明に使った程度でしたが、デザインの手掛かりになりました。そんなわけで、これも「テンタティヴ」なのかどうかはわかりません。

**日埜**――そういう意味では「アーキペラゴ」も「テンタティヴ」なものになるんでしょうか。

**磯崎**――アーキペラゴの特徴は、シンギュラーなものがネットワークとして組み立てられているもので、均質な細胞が集まっているだけのものとは違います。それだけは僕なりに考えたところです。「ハイパー・ヴィレッジ」にコンセプトが行き着く前、ゼロ年代になって「メトロポリス」に何かの変化が起きて「シマ」になるだろうというのは一〇年くらい前の定義ですね。『GA JAPAN』では最後に、ひとつはサティアンで、もうひとつはカブキ町というい加減な文章を書いたので信用されていないのですが(笑)、実は渋谷のガングロとか秋葉原のＩＴガジェットという独特の界隈が成立するのも「アーキペラゴ」だろうと思っています。

**日埜**――「アーキペラゴ」というコンセプト、「海市」、そして最近の「都市ソラリス展」まで、それはずっとつながっている問題なんでしょう。場所を考えるコンセプトとしてはいわゆるコンテクスチュアリズム★一四がありますね。街区や街路からかたちを規定する文脈を拾いだし、ひとつの手掛かりとするわけですが。

**磯崎**――タイポロジーが成立していた時代は、コンテクスチュアリズムです。

**日埜**――そういうコンテクスチュアリズムが一方にあり、他方に場所なんか関係ない機能主義があります。おそらく「テンタティヴ・フォーム」は、そのどちらでもないというところが重要なところなんじゃないでしょうか。たとえば、《水戸芸術館》になぜあのタワーが必要なのかはコンテクストからも機能からも説明できません。しかしある種の異物が、シンボルがそこに置かれることで初めて実現する固有の場というのはやはりある。とりわけ僕はスペイン北西部の《ラ・コルーニャ人間科学館》がとても面白いと思うのですが、敷地のすぐ前に広がっている海に対して帆船の帆のように孕んだシェルで構えながら、その背後にそのシェルを支えるように控える屏風壁がある、それだけで建築が規定されています。建築の基本的な成り立ちはただそれだけのことで一気に決まり、それが場所のコンテクストと機能の間を調停している。「テンタティヴ・フォーム」の明快な例と言えるのではないかと思います。

**磯崎**――そう言われるとその通りですね。

**日埜**――その場所のシチュエーションに対して一回性のシンギュラーな解決を与えている。テンタティヴ・フォームがそのようにして構成によってシンギュラーなものを生むことに向かっているとするなら、「アーキペラゴ」も布置によってシンギュラーなものを生むことだったようにも思います。地形、景観、その場の文化と歴史、エンジニアリングや素材、そうしたものを引き寄せて、一回性の建築を成立させるというように。

## 5 一九九五年のパラダイム・シフト

**日埜** いずれにせよ一九九〇年代には、いわゆる「手法論」の時期の建築よりもダイナミックな形態が出てきます。抽象的形式や幾何学への建築を還元を思考していた時期から、より大胆で複合的な形態が多くなってきます。こうしたシフトは、大きくはグローバリズムのなかでの建築家の役割の変化と対応していると言ってよいのではないかと思います。とりわけ、いわゆる商業建築家や住宅建築家のようなロールモデルに自足することを磯崎さんは拒否され、ある種の自律性の基準として芸術や文化を掲げられてきたわけで、そのような抵抗の身振りとしてこのようなシフトを見ることが出来るのではないかと思います。

**磯崎** 大まかな枠組みとしては、モダニズムがあり、その後ポストモダニズムがあり、それが続いていましたが、一九九五年頃に切り替わったと考えています。普通は連続して展開していくものとして歴史が見られていますが、大きな枠組み自体がガラっと変わってしまい、それ以前のものが説明しにくくなっているというような状態です。これはミシェル・フーコーが言っていたと思いますが。

**日埜** エピステーメーとか、パラダイムとか、その時代の思考の枠組みですね。

**磯崎** パラダイムがガラっと変わると、その社会を組み立てているコンテクストそのものがつながらなくなり、すべての組み換えが起こってきます。近代以前であれば、近代という型になっていきました。建築もその流れに含まれるので、タイポロジーができ上がってくるのもそのうちのひとつです。監獄のタイポロジーも、やはり近代の仕組みから来ています。フーコーは、可視化された中心とそこから排除された部分があり、監獄や精神病院が必要になる、それらのガバナンスについての仕事にずっと取り組んでいました。その間には、セクシャリティのような基本的な部分も関わっていますが。

僕はそのような大きな枠組みのパラダイム・シフトがあり、さらに言えば、それは都市の問題ではないかと思います。ヨーロッパで一九世紀から二〇世紀あたりにできたメトロポリスからは、基本的な仕組みが変わってきていると考えています。それが起こったのが九〇年代です

一九六〇年から「虚像」と言ってきましたが、やはり世間に対しての投映のような状態でした。ところが今や虚像しかないと、みんながわかってきています。リアル、アンリアル、ヴァーチュアルなどとも言いましたが。枠組みの転換を、何を手掛かりにしてどう見たら説明がつくかをずっと考えてきています。

僕がそういったことをなぜやるようになったかと言えば非

常に簡単な理由です。アーティストであれば自分の思うことをやっていればよいのです。リチャード・マイヤーは本当はアーティストなのですよ。全然売れませんが、フランク・ステラそっくりのものやコラージュを大量つくったりもしています。建築家としても同じようなやり方でやっています。彼は《サヴォア邸》の模型を学生の時につくった。それがその後の全体像を支配している（笑）。自分の事務所を最初につくる時から、《サヴォア邸》の二〇分の一の大きな模型を置いています。約半世紀、いまだに変わってなくて、ずっと同じことをやっているというのは立派なものですよ（笑）。そういうアーティストや建築家がいるということもよくわかりますが、僕はやはり都市を相手にすることが始まりでした。都市は変わっていきます。社会構造や経済構造が変わり、それにつられてクライアントも変わります。それらがすべてが都市とつながって変化していくので、フォローしない限りしょうがない。その時の、こちら側の将棋の手をどれくらい開発できるかが仕事だと思っています。ハンス・ホラインのように「その将棋の舞台自体が普通の碁盤と違うじゃねえか」と言われると、「いや、それはパラダイム変化の認識の問題だ」としか答えられないわけですよ（笑）。

ホラインはそうしたパラダイムのことはよくわかっている人だと思います。その中でこれだけのことをやるということをきちんとわきまえていますし、周りの連中の仕事もそういう目で見ています。一方、ピーター・クックはタイプが違います。彼はやっぱりアーキグラムで今でも走っているわけです。リチャード・マイヤーのように、「スタイル」が建築の仕事だとは考えていなくて、新しいテクノロジーがつくりあげるフォルムが、相手によって変わるという認識だと思います。最近できた作品は、オーストラリアで僕が昔やった大学の一部の建築学科ですが（Abedian School of Architecture at Bond University）、一九六〇年代以来いまだに変わってない（笑）。彼は建てないつもりだったのではなくて、建てたかったのだけど、ようやく建ち始めたのです。

［二〇一四年二月二一日、磯崎新宅にて］

［註］

★一――パルティ（Parti）：建築の各部分の配置配分。

★二――テンタティヴ・フォーム（Tentative form）：英語で「暫定的な形態」の意。ここでは、状況や相手に応じて、その都度、導きだされる特殊解や、形態を決定づける絶対的な規範を持たずに、その場所のシチュエーションに応じた一回性の建築の形式。

★三――アーキペラゴ（Archipelago）：群島、多島海を意味する英語。一定の範囲に多くの島々が点在する海域のこと。ギリシアのエーゲ海を指していた固有名詞 αρχιπελαγος / Arkhipélagos が一般名詞化した。自律した存在が互いに影響を与え合う状態の比喩。

★四――イグナシ・デ・ソラ＝モラレス・ルビオー（Ignasi de Solà-Morales Rubió）：一九四二―二〇〇一。スペイン、カタルーニャの建築家、歴史家、批評家。バルセロナ工科大学教授。作品に、ミース・ファン・デル・ローエの《バルセロナ・パヴィリオン》再建など。著書に『Differences:

Topographies of Contemporary Architecture』(未邦訳)など。

★五——オリオール・ボヒガス(Oriol Bohigas):一九二五—。スペインの建築家、都市プランナー。一九八〇—八四年まで、バルセロナの都市計画局長を務める。旧市街の歴史的芸術遺産の保全やコミュニティ維持を図りつつ、プロジェクトベースで都市を変えていくことを提案。都市再生の成功例となる「バルセロナ・モデル」を実現した。

★六——ラファエル・モネオ(Rafael Moneo):一九三七—。スペインの建築家。一九九六年、プリツカー賞受賞。敷地の歴史や周囲の文脈に敬意を払い、土着の素材や技術を用いて設計を行う「批判的地域主義」の建築家として知られる。《国立古代ローマ博物館》では、伝統的な街並みや遺跡に合わせ、壁のレンガを古代ローマの手法で積んでいる。他の作品に《セビリア空港》、《アトーチャ駅》など。

★七——ジェームズ・スターリング(James Frazer Stirling):一九二六—一九九二。イギリスの建築家。一九八一年、プリツカー賞受賞。ル・コルビュジエなど近代建築の言語分析をもとに設計を始めたが、その形状や色彩の華やかさから、ポストモダニズムの建築家として解釈されることもある。モダニズム、ポストモダニズムの方法論にとらわれず、表現の豊穣さを追求。作品に《レスター大学工学部ビル》、《ケンブリッジ大学歴史学部》など。

★八——J.M.リチャード(James Maude Richards):一九〇七—一九九二。建築についての著述家、編集者。長年イギリスの『アーキテクチュラル・レヴュー』誌の編集者を務めた。

★九——レイナー・バンハム(Peter Reyner Banham):一九二二—一九八八。建築史家、建築批評家。ロンドン大学コートールド美術研究所卒業。『アーキテクチュラル・レヴュー』誌の編集者、シカゴのグレアム財団研究員を経て、ロンドン大学環境学部教授。『第一機械時代の理論とデザイン』において、文明史の視点からテクノロジーの発展過程を整理し、近代を論じる「機械時代」の概念を確立。他の邦訳書に『環境としての建築』(鹿島出版会)など。

★一〇——ジョセフ・リクワート(Joseph Rykwert):一九二六—。ポーランドの建築史家。一九三九年渡英、ロンドン大学、AAスクールで建築を学び、一九四七年から建築設計の実務につく。一九五二年以降各国の学校で教鞭をとる。エセックス大学教授、ペンシルヴァニア大学教授。邦訳書に『〈まち〉のイデア』(みすず書房)、『アダムの家』(鹿島出版会)など。

★一一——陣内秀信(じんない・ひでのぶ):一九四七—。建築史家。イタリア建築・都市史。法政大学デザイン工学部教授。イタリアでの留学経験をベースに、都市の地層・地形に埋め込まれたヒトの記憶や営みを掘り起こすフィールドワークによって、都市史に新しい光を投げかける。著書に『東京の空間人学』(筑摩書房)、『都市のルネサンス—イタリア建築の現在』(中央公論社)など。

★一二——毛綱毅曠(もづな・きこう):一九四一—二〇〇一。異才の建築家として知られる。作品に《反住器》、《釧路市湿原展望資料館》など。

★一三——六角鬼丈(ろっかく・きじょう):一九四一—。建築家。東京藝術大学美術学部建築科卒業。磯崎新アトリエ勤務の後、独立。東京藝術大学名誉教授。作品に《クレバスの家》、《雑創の森学園》、《東京武道館》、《東京藝術大学美術館》など。

★一四——コンテクスチュアリズム(Contexturalism):哲学、思想の分野から始まり、一九六〇～八〇年代に提唱された、都市計画、建築計画、建築設計の領域にまたがる概念。対象を常に文脈(コンテクスト)の中で捉える態度。コンテクスチュアリズムの建築家として、レオン・クリエ、ジェームズ・スターリング、アルド・ロッシなどが有名。

# 19 二一世紀のアーキテクト／アーキテクチャ



## 1 メディアクラシーという決定機構

**磯崎新**　「都市破壊業ＫＫ」の続編として、二〇〇一年に「流言都市（ルーマー・シティ）」を書きました。四〇年後の状況に応答したものです。いつものように先行きわからぬまままあのようなものを書いてしまったのですが、四〇年後に社会情勢を見直してみれば、テクノクラシーからメディアクラシーに変わったということです。政治も経済も、都市も建築もすべてメディアのフィルターによって決まる。クライアントはプロジェクトの相手をメディアを介して組み立てる、その全体が広義のアーキテクチャに見えてきたのです。僕がアーキテクトの定義をあれこれ言っている理由は時代の文化構造がシフトしたためです。それは一九九七年の「海市」展、それから一六年後の「都市ソラリス」展ともいくらかのつながりを持っています。

**日埜直彦**　そうした流れをすこしパラフレーズしてみると、一九九五年以降、資金や情報のグローバル化が進むなかで、都市間競争の目玉として建築が扱われ、また建築自体にもそうした話題性が求められるようになります。そして今言われたメディアクラシー上の存在として「スターアーキテクト」が流通し、消費されていくという状況が成立します。こうした建築家のありかたの変質に対して磯崎さんが提示されたのは、単にその消費の流れに乗って流動していくのではなく、その流れを変える、堰き止める、別の流れを起こす、という状況の転機、切断の局面に立つのが本当の意味でのアーキテクトではないか？ということでした。資本と情報の流れにおいて、かつて建築家はそうした役割を主体的に引き受けていたけれど、いま誰がそれをコントロールしているのかという問いです。むしろホワイトハウスのシチュエーションルームとウォールストリートの証券取引所がその役割を果たしているのではないか、ということになるわけですね。

そのような切断の主体であろうとするなら、複雑な流れの奔流に分け入ることになる。政治的な文脈、経済的な条件、その場の歴史的文脈から都市のなりたちまで、そして表層を流通する流言飛語だけではなくてその場の現実的で具体的な状況を引き受けながら、それに応えるものを建築として組み立てる存在か建築家であるというわけですね。もちろんそれは磯崎さんの自己認識とある程度対応していて、ご自身の仕事がまさにそうしたことを要求される場となっていたわけでしょう。

**磯崎**──かつて、二一世紀型オリンピックとして、「博多湾モデル」を提案しました。海の上を動く都市である大型客船がありますす。客船はモダニズムの最初期にル・コルビュジエ、ヴァルター・グロピウスなどが共有していたメタファーです。サイロとオーシャンライナー、さらに、動くものの象徴として飛行機や自動車がありました。それまで歴史で考えられてきたいわゆるビルディングを超えるにはどうしたらよいかという問題設定をするとき、それらが手がかりになるというのが彼らの共通理解だったと思います。そのイメージはいずれ戦後になって、アーキグラムの《ウォーキング・シティ》や、様々な動く装置へつながります。飛行機などの交通機関を含め、都市を流動するいろいろな要素が物質から情報になったと考えられ始めたのが一九六〇年代でした。マーシャル・マクルーハンが出てきた頃ですね。「サイバネティック・エンバイロメント」や「電脳都市」と言っていたのは、旧来のメトロポリスから情報の瞬時的な伝達に変わったその区切りをイメージしたものです。

一九七〇年代にオイルショックがあり、世界的に経済が落ち込みました。その中で、冷戦状態ながら、ニクソン大統領が中国に行く、田中角栄か日中の国交正常化のために動く、といった国際政治的な変化が七〇年代初めに起こりました。そして、中国では文化大革命を一段落させ鄧小平が改革開放政策を始めます。サッチャーやレーガンのネオリベラリズムが七五年頃に出始めた、彼らの政策は経済システムさらには文化的な思想をも変え始めています。そのようなネオリベの大きな流れのリアクションとして反動的になったのかはわかりませんが、建築のデザインは後退しました。一九八〇年代には、コンテクスチュアリズムやタイポロジー的な普通の建築が出現しました。歴史的な連続性を断ち切ることで、ひたすら前進するモダニズムが終ったあと、七〇年代はポストモダニズムに移行したといまでは説明されているけれど、このとき歴史的諸事象を貯蔵庫と見立てて、ここから自由に検索・引用する、つまり諸事項を順不同に見立てて転移置換してしまう、こんな思考方式がうまれてきたのです。一九九〇年代になり情報ネットワークがテイクオーバーしました。これがそれまでのモダニズムとポストモダニズムの固定してしまった歴史的事象への視点を崩してしまったと言うべきでしょう。建築家が付き合わなければいけないクライアントは、そのような起こるか起こらないかわからないような兆候と共にあります。僕なりに考えると、一九六〇年代は世界的な転換の状況を常識的な捉え方で理解することができましたが、七〇年代、八〇年代はより混沌とし始めました。いつも手探りでした。変化に対応していくしかない。「海市」は、あのような結果になりましたが、最初はまともなものを考えていたのです（笑）。海上都市はメタボリズムの頃にみんなが考えていた類のものでしたので、推論できました。ですが、このようなプロジェクトの構造そのものが新しく勃興したメディアのネットワークの中に組み込まれると、クライアントもはっきりしなくなります。「海市」はそのようなメディアクラシー的状況への応答を手さぐりでやったらしいということが段々わかり始めた。後始末のようにして書いたのが「流言都市（ルーマー・シティ）」だったわけです。

## 2 現代アートの仕組みと横浜トリエンナーレ二〇〇五での提案

**磯崎**　「流言都市」は分裂気味でしたが、そんな中でリアルなプロジェクトを偶然やることになりました。その最初が「横浜トリエンナーレ二〇〇五」です。それまでのトリエンナーレのフォーマットに倣えば簡単に対応できることはわかっていましたが、それなら僕がやるまでもありません。そこで考えたのは、状況を組み替えること、新しいフォーマットづくりです。

当時は金融で儲けた連中が現代美術を買い始めた時期でした。ヨーロッパではそれほど変化はありませんでしたが、アメリカでは九〇年代末頃から、ある現象が起きていました。ヨーロッパでは夏期にビエンナーレ、トリエンナーレがいろいろ開かれるわけですが、アメリカの美術館は、館長やディレクターが儲かっている企業の人や、金持ち予備軍、コレクター予備軍を案内してツアーをします。航空券はすべてファーストクラスです。それが美術館の資金集めの仕掛けです。日本の美術館のディレクターは要するに官僚のようなものですから、何もしなくても給料をもらえますし、左団扇で少しフォーマットを整理するような仕事ですが、アメリカは厳しい。会社と同じで、すぐにクビにされてしまいます。

ＬＡ ＭＯＣＡの設計をやって以降、アメリカの美術の動きに少しつき合ったのですけど、メディアクラシーの時代へのシフトと考える一九九〇年頃から、彼らの動きが変わりはじめたのです。

トーマス・クレンツはブルックリン美術館で改造コンペをオルガナイズして、磯崎／ポルシェック案をえらんで、その直後にグッゲンハイム美術館に移動。僕にソーホーの分館をやらせ、ついでビルバオにゲーリーを推薦する。ここまでは八〇年代までの美術館システムの延長だったのだけど、ディズニーのマイケル・アイズナーが世界戦略を樹てたようにグッゲンハイム・システムを世界にひろげる。ゼロ年代にはポンピドゥーやニュー・テートまでが中近東・中国などで競合する動きをつくりだす契機をつくりました。

九〇年代中期には更なるシフトが起こりました。公共的インスティテューションとしてのビエンナーレやトリエンナーレに対して、市場に直結するアートフェア・アートオークションへと注目度が転移したのです。

ヨーロッパの中ではアートフェアの「アート・バーゼル」が流行ってきました。またロンドンでは、オークションは普段からやっていますが、大型のものを夏に合わせて大々的に打ち出しています。アメリカで組まれるツアーは、九〇年代まではフランス、ドイツ、イタリアでいくつかのビエンナーレをピックアップして、それぞれのオープニングを回るのが一般的でしたが、それ以降は最初にバーゼルへ行くようになりました。まずバーゼルとオークションで値が張るものを見せて、その後にヴェネツィアやカッセルを順々に回るのです。ゼロ年代以降、全世界のアートの仕組みが組み換えられていきました。今やアートはそれらのマーケットに乗らない限りアートではないわけです。それ以外の展覧会はそこからこぼれ落ちたものを拾い集めて並べているに過ぎません。

世界はそのような状況ですが、痩せても枯れても横浜トリエンナーレは全世界に発信をしたいと言っていました。国際交流基金の理解は、そのアートマーケットが勃興する九〇年代以前のものですから、すべてズレていました。一方、横浜でアートの売り物を集めてもあまり意味がないですし、かと言って、かつてのように新しい展覧会や新しいコンセプトを出して、アーティストをピックアップするのも既に古いフォーマットで、とりわけハラルド・ゼーマン（Harald Szeemann）が組み立ててきたものです。ゼーマンはスイス人ですが、中国のアイ・ウェイウェイ以下の新しい美術家何十人かをニューウェーブとしてヴェネツィアに連れて行きました。それから中国の現代美術が全世界に飛躍したわけです。彼はそれ以前にも似たようなおもしろい展覧会を組んでいますが、最後が中国の展覧会でした。日本では長谷川祐子がその末端の流行りを嗅ぎつけて国際的なお金が少し動き始めているというような状況です。日本だとそれは水戸芸術館から始まっていますが、大元をつくったのはやはりハラルド・ゼーマンです。

横浜トリエンナーレはほとんどブランドになっていませんでしたし、国内向けにしか考えていなかったわけですから、国際発信なんてできるわけがないと思いました。そこで辛美沙さんを引き抜いて、美術の新しい仕掛けをつくろうとしました。現代美術はアーティストの作品がつくっているのではありません。ＭｏＭＡや、世界中の財団、個人の会社のコレクションなど、さまざまなインスティテューションがありますが、それぞれが何かを組み立て、アーティストを売り出そうとしているのが現代美術です。建築家もそのようなインスティテューションを目当てにしていて、《ビルバオ・グッゲンハイム美術館》はその典型です。

なので、そのようなインスティテューションを呼んでくること自体がアートの事件になると考えました。五〇ほどをリストアップして、それぞれとコンタクトを取り、二〇、三〇くらいの、日本ではあまり知られていないインスティテューションがOKしてくれました。それぞれ建築家とアーティストをひとりずつ選び、建築家がインスタレーションや、パヴィリオンをつくり、中に入るアーティストはインスティテューションがキュレーションすればよいというものです。こちらは場所だけセットするという段取りでした。小さいインスティテューションは、「これこそ二一世紀の新しいフォーマットだ」という反応で、これはやれると思ったわけです。ところが、横浜市としては予算が一年前に決まっていたので、それを使ってしまってできないというタイミングになっていました。横浜市にはおもしろいものができるから開催を一年先に延ばしてほしいと言ったのですが、市としては中身は何でもよくてとにかくやればよい。延期すると市長が落選するというわけです(笑)。

## 3 マスタープログラム

**日埜**　横浜トリエンナーレのときは僕もすこしお手伝いさせていただきましたが、実現したら面白かったでしょう。つくづくもったいない機会でした。

建築家やアーティストを集めると言えば、龍湖の計画でも建築家を集められていますね。もっと遡れば《ネクサスワールド》や《くまもとアートポリス》など、プロデューサーのような役目を果たされることは過去にもありました。

**磯崎**　かつてから、マスタープランではなくマスタープログラムしかないという言い方をしてきました。プログラムは形なく組み立てられます。そのひとつが《くまもとアートポリス》です。熊本県知事細川護熙が、行政として後世に残せるものは建築物だけだ、と言ったのがきっかけでした。何が文化になるかはわかりませんが、やればどうにかなるというものです。あそこで初めてパブリックな仕事をやる人も多く、新しい経験になったのではないかと思います。相手が変わり者であればおかしなことをやっても問題は起きません。たとえば毛綱モン太の《反住器》は、自分の母親の家だから成り立ちます。ですが、やはりパブリックな建物はいろいろな抵抗が生まれるので、建築家自身のスタンスが問われます。

篠原一男と僕はケンカしたことになっていますが、論点は、僕は他者を相手にしたときに建築になると考えているのに、篠原は建築は芸術であるという考えでした。それは同意してきたのですが、造られかたが閉ざされている。これは思想上の問題で、建築論ではないですし非難していたつもりもありません。

**日埜**　日本の建築家は戦後、プライベートを相手とする方向に進んでいきました。今もその傾向にあると思いますが、その挙句の果てに「みんなの家」みたいなねじれた話になっているわけです。建築家なら住宅はやるな、と言って物議をかもした磯崎さんが、公共建築に取り組む機会を若い世代に作った《くまもとアートポリス》ですが、今やるなら少し違う意味合いも違ってくるでしょうね。

**磯崎**　今は公共がクライアントにならないという意見が強いですよね。けれど、会社などの組織はひとつのパブリックインスティテューションと似たようなものです。社長ひとりの判断でお金が自由に動かせるような会社であればよいのですが普通はそうなりません。だから、本社ビルは普通のビルしか建たないのです。《電通本社ビル》をジャン・ヌーヴェルが設計して、大林組が自分の言う通りに施工しないと文句を言っても、それはやはり制度上のフィルターの問題であって、良し悪しの問題ではないのですね。ジャン・ヌーヴェルは公共でもそうでなくても、おかしなアイディアを試みて、当たればできるということを繰り返してきている建築家です。僕が彼と付き合ってきている理由はそのやり方をおもしろいと思っているからですね。細かいところに無理が起きてもそれに構っていないところが彼らしいところです。

**日埜**　公共かプライベートの区別以前に、そもそも誰に向けて建築をつくっているのかということもあります。住宅と公共建築、あるいは都市の中の建築では問題のなりたちが違うということがあるはずです。

**磯崎**　われわれが学んできたものは、近代の資本主義のロジックで、機能主義、合理主義です。また論理的整合性が求められます。公共建築の常識では、法制化された枠内において、機能と容器に整合性があり、建築に関わるコストにも整合性がないと許可されません。それはアメリカでも今の中国でも多かれ少なかれそうですし、日本の場合はより細かくその計算をしています。つまり残余があってはいけないわけです。しかし、建築家は実は残余の部分をやりたくて、整合性なんてどうでもいい。整合性のある部分と残余を分裂させて、妙なものをつくることで有名になった建築家も歴史的にはいます。整合性のあるものでもエレガントにつくればミース・ファン・デル・ローエのような建築家になりますし、フランク・ゲーリーは魚のオブジェをやっていますが、彼にとっては魚の鱗へのフェティッシュなのです。ですから、網も鱗のつもりです。そしてパブリックアートになったわけです。

モダニズム建築を支えてきたロジックのひとつは形式と内容を一致させることでした。建築物の評価はこのロジックでなされている。流出論的であり、リプリゼンテーションが注目されるのはそのためです。とりわけビューロクラシーが建築・都市をうごかしてきたなかでは、表象が根拠によって説明できなければ、機構全体として承認される手がかりはない。

ところがメディアクラシーになると勝手がちがってくる。ブランドが注目され、それを推進するスター・システムが逆に注目される。アイドルがこれに替る。消費アイテムで使い捨てだと嫌われたとしても、理由にならないランキングなんかが優先されてしまう。一九世紀までは芸術と応用芸術が区別され、ハイとローが区分けされていたし、これが八〇年代までは通念でした。事態は記号が優位にたち情報のネットワークが成立したことによって、シフトしてしまったと思えます。建築家・デザイナーがアナログ思考からデジタル的手法へと、カメラさえフィルムからチップデータへと転換してしまった。建築の構法、工法だけは旧態のまんま。そんななかで僕らが六〇年代に議論した実像と虚像の関係が社会的レベルにおいても逆転したのです。

「アーキラボ」展（森美術館）で意図されたのは、情勢が変動するなかでアーキスカルプチャーとでも呼べる系列がフランスに在った、アンドレ・ブロック―クロード・パラン―ジャン・ヌーヴェル―オディール・デック……と一九九六年にブノワ・コルネットがヴェネツィア建築ビエンナーレでとりだした視点を都市的情況的に展開する。こんな意図と思われました。私なりに理解すれば、メディアクラシーとなった今日の都市・建築で求められるのがアイコニック・アーキテクチュアだというわけです。MoMAの「トール・ビルディング」展はこれを9・11以後のファッションとして編成するものでした。

## 4 福岡オリンピック計画の内情

**磯崎**　IOCは都市を主催者としていますが、首都でやる時には国が出てきて、国威発揚になります。これをやり始めたのがヒトラーですし、今のプーチンもそれです。今度は安倍晋三がそれをやりたいわけですよ。本当は石原慎太郎がそれをやりたかったのですが。日本では誰がそのゲッペルスになるかと考えると、森喜朗では役者に乏しい。どうせやるなら役者が揃わないとおもしろくないですね。これまで僕は、バルセロナやトリノというマイナーなオリンピックにつき合ってきましたが、彼らはそれぞれ国や首都に対抗するためにやっているわけですから、それなりにおもしろい。そして、福岡ならばその気分があって良いだろうと思ってプランづくりに参加したのです。

勿論東京の一〇分の一の人口と予算しかない福岡が選ばれるわけはない。そのハンディキャップを逆手にとるとすれば、オリンピックさえ、メディアのなかで催されている。すべてがメディアの情報として、記号化され転写されて全世界に伝達されていく。

かつてはスタジアムで観客を前にして競技をやっていた。それをスタジオに見立てて、いわゆる観客参加型のイヴェントと考える。かつてオーシャン・ライナーが都市モデルであったように、イヴェント・スタジオを環球情報モデルにすればいいではないか。オリンピックとは四年ごとに地球各地を巡るアスリートの祭典であり、海上を移動する大サーカスだ。

横浜トリエンナーレ案では世界に散在する各種のアート・インスティテューションを一堂に会させて祭典を組もうとしていましたが、今度はアスリートの生〈なま〉の肉体が瞬時に情報に変換されて一〇万人の観衆だけではなく一〇億人に同時的に伝達される。二〇世紀に主権国家が収奪してしまったイヴェントを二一世紀にはジオ・ポリティカルなレベルに拡張し、メディアを介して共有する。そんな新しいモデルを提案したつもりです。『10＋1』(No.43, 2006)でその細部を記録してくれています。超都市(ハイパー・ヴィレッジ)の時代にはすべての出来事が模擬的になっていく、そんな予測をしていました。

## 5　アンビルトの意義

**磯崎**　状況が読めない時に、建築家のような人間は、いつかどこかで既存の流れを組み換え得る、突破できるような仕組みを提案さえしておけば、ある体制が潰れた時でも生き延びます。それがアンビルトの意義です。九〇年代以降は、やればやるほどアンビルドが増えるのは仕方がない(笑)。

横浜トリエンナーレは、川俣正も友達ですからなんとも言えませんが、前年の水沢勉も普通で、昔の形をやっただけです。何もやってないようなものですよ。大げさに言えば、日本でキュレーターと称している人で世界の動きをリードするような人はいません。誰も使いものにならないということは国際交流基金も少しはわかっている。

森村泰昌は、映画で言えば、ビートたけしの登場と似ていると思います。マーケット側は値段のことばかりしか言いませんし、美術界は「あれはガセだ」とか「コピーしかやっていない」などと言うわけです。自分たちのやってきたものがいかに古くなっているかがわかっていない人が言うわけですから仕方ありません(笑)。

**日埜**　僕は今も横浜トリエンナーレに関わっていますが、やはりどこかで「トリエンナーレとはこういうものだろう」という暗黙の型があり、その枠内でそれぞれのディレクターが自分なりにやっているということはあると思います。まったく新しい型を組み立てようという意識はないでしょう。

**磯崎**　完全にシステムを組み替えるのは大変な仕事ですよ。社会的な制度設計の話ですから。

先日、都市工学の羽藤英二★1とトーク★2をしました。彼は、鄭州のプロジェクトで交通問題を一緒にやっていますので、僕のことをよくわかっています。僕がわざと交通問題が行き詰まるようなプランにしていると指摘されましたが、まさにその通りです(笑)。ガソリン車が二〇五〇年に沢山走っているはずがないので。その頃には変わっているはずなのに、誰も変わるとは言い切れません。なのでわざと行き詰まるプランを考えています。行き詰まった時の代替案は既にあります。小型の電気自動車や相互乗り換えのタクシーシステムやレンタサイクル、マス・トランジットの技術などですが、中国の担当者は現時点で採用することはできない。代替案をすぐに採用する段取りができているのだからいいじゃないかと言うわけです。ですが、簡単には動かない。

**日埜**　単に言うだけでは、新しいシステムにならないし、従来のテクノクラシーでも都市を組み替えることはできないということですね。もう少し現実にフックするアイディアで、そのことから見えてくる社会が明確でないと。

**磯崎**――これまでやられてきた強権発動では変わりません。社会学でも、強権発動の理論は多くありますが、今の支離滅裂な状況に対しては使い物になりません。ですから、自爆したり暗礁に乗り上げたりするようなプロジェクトを山のようにつくればよい、それしかない（笑）。ツナミの後に、残骸がどうにか息を吹き返すだろうと。

テルアビブでは海上都市の計画をやっています。メタボリズムの頃よりはおとなしい案です。日本は《関西国際空港》の事例があるのでできるだろうと言われて呼ばれたのが始まりです。二〇一二年頃ですね。八月にスイスで《アーク・ノヴァ》を発表して、その足で回ったのが最初でした。

一九六〇年代に丹下研究室に留学で来ていた、I・M・グドヴィッチから呼ばれたのです。一九六〇年代前半に、彼と一緒に取り組んだテルアビブの改造計画のコンペ案がありました。『建築』（一九六五年二月号「特集＝磯崎新・都市と建築における作品と方法」）の中に一枚くらい絵が載っているはずですが、自動車のネットワークをアミダくじ的なシステムで組み立てるというものです。ペデストリアンデッキを上に架けるのではデザイン的におもしろくないので、すべて下部に塹壕のようにネットワークをつくるという提案でした。当然落ちましたが。

その彼が一〇年ほど前に電話をかけてきて「テルアビブの都市計画部長になるため、新しい市長候補と組んで選挙をやっている」「テルアビブに来て応援してくれ。市長が当選したらがオレが都市計画部長になる。そうしたら四〇年前にお前とやったあの案を実現する」と言うわけです。ですが、その時は応援には行けませんでした。

ところが、その市長が当選して、彼は本当に都市計画部長になりました。なので、他の件も含めてテルアビブに行きましたが、色々やりすぎて二、三カ月で部長を降ろされていた（笑）。

その後、また彼から電話があって、テルアビブへ行ったのです。それは、海上に空港をつくらなければ、イスラエルはシリアの上空を通過することになる。今のイスラエルのシモン・ペレス大統領の公約で、海上に空港をつくって、その周辺にいろいろなロジスティックの拠点をつくるという計画です。まさに関西国際空港のりんくうタウンと同じようなもので、その相談に行ったわけです。

イスラエルには、一九二〇年代の終わりに、エーリヒ・メンデルゾーン★三などが火力発電所をやっています。メンデルゾーンの火力発電所はどこかの田舎の町にあるのですが、それよりもよくできているものがテルアビブにあります。その建物の前にある大学の映画学科が、その建物をスタジオに替えるそうで、ロジスティクスのエリアのマスタープランを手伝えと言われました。イスラエルのディベロッパーでユダヤ人の大物と電話をしたりしながら案をつくっているうちに、簡単にはできないということがわかってきた。それならもっと広げろということで群島状のニュータウンの絵になっている。ですから、きっかけがあって、そのコンセプトだけをのこしておく、その類のものがアンビルトです。

**日埜**――確かに最近の磯崎さんのプロジェクトには、ずいぶん昔のアンビルトのプロジェクトが息を吹き返して具体化に向かっているものがあります。ラディカルな種を撒いておくとそういうこともあり得るということですね。

**磯崎**――《国立エジプト文明博物館展示計画》は大体二〇年単位くらい寝ていて、人がやっと動くという状況です。数千年むかしのミイラと付き合っているともう驚きません(笑)。

[二〇一四年二月二一日、磯崎新宅にて]

[**註**]

★一――羽藤英二(はとう・えいじ)：一九六七―。都市工学研究者。東京大学工学系研究科社会基盤学専攻教授。観光まちづくり、地域防災、都市戦略などに関する研究を手がける。世界交通学会賞などを受賞。

★二――トーク：「都市に未来はあるのか――建築と都市工学の対話」と題し、二〇一四年二月九日に青山ブックセンターにて磯崎新と羽藤英二によるトークイベントが行なわれた。詳細は10+1web site (http://10plus1.jp/monthly/2014/04/post-96.php) に記事が掲載されている。

★三――エーリヒ・メンデルゾーン(Erich Mendelsohn)：一八八七―一九五三。ドイツの建築家。テオドール・フィッシャーに学び、一九二一年に表現主義の代表作と言われる《アインシュタイン塔》を設計した。ユダヤ系であったため、ナチスから逃れて一九三三年にロンドンに亡命。その後、パレスチナ、サンフランシスコと移住し、一九四五年にはサンフランシスコで事務所を開いた。他の作品に《Red Banner Textile Factory》、《Weizmann House》など。

# 建築家とは誰か?

日埜直彦

想像してみよう。建築家とは誰のことなのか、今とはずいぶん違って考えられていた時代のことを。磯崎新がそのキャリアをスタートさせたとき、もちろん建築家と呼ばれる人々が既にいた。しかし彼らがそう呼ばれていた意味は今と同じ意味ではなかった。かつてと今のその変化の軌跡において、磯崎新は重要な役割を果たした。過去の建築家像から、現在の建築家像へと至る変化を磯崎は牽引したが、しかし同時に彼自身はその変化の結果に距離を感じ、むしろその批判者ですらあった。建築家像をめぐるこの軌跡を追いかけることをひとつの切り口として、磯崎新とは誰であるかを浮かび上がらせることができるだろう。それは別の言い方をするならば、取り巻く状況との関係において磯崎新の姿を確かめるということだろう。筆者はかつて磯崎の思考をその内的な一まき貫性を軸に整理する論考を書いたことがある★1。ここではその反対に、外的な交渉においてこの建築家がいかなる存在として振る舞ってきたかを確かめながら、その肖像を描いてみようと思う。

明治以来少なくとも戦後しばらくまで、建築家は基本的に近代化する日本を支えるある種のテクノクラートであった。近代国家となる日本にふさわしい建築を定着・実現させることが建築家の役割だったのだ。急速に欧化する社会の要請に応えて、彼らは西洋の建築様式を学び、その産業技術を輸入し、結局のところ工学としての建築を日本に定義させ、その条件に合わせて独自に発展させた。政府に属す官僚であろうとも、アカデミックな領域にいようとも、彼らはエリートである。こうしたあり方が日本における建築家像のいわば原型であった。これに対していわば在野の建築家達がおり、やはり欧米文化の輸入の趨勢に

再建された中山邸(秋吉台国際芸術村)
[撮影:鈴木久雄]

乗って、その文化的意味において我こそが建築家であると自認した。この文脈では建築家は自由人であるはずであり、官僚機構に取り込まれる組織内の存在ではない。彼らは傍流に甘んじながらも、国際的な近代建築の動向を敏感に反映した独自の活動を展開していった。具体的に名を挙げれば、テクノクラートとしての建築家は辰野金吾、佐野利器のラインであり、自由人としての建築家は分離派を中心とした堀口捨己、山口文象のラインになる。この二つの建築家のアイデンティティに関する分裂は明治期に既に現われはじめ、大正期から第二次世界大戦にいたる過程で後者がさらに分裂していく。プロレタリア文学に見えるようなマルクス主義の日本への浸透と並行して、民主化された日本における新しい建築のあり方を模索する左翼の建築家達が登場し、また逆に近代化の進行とともに見失われる日本の伝統的な建築文化に目を向ける建築家も出てきた★二。戦後の伝統論争にいたるまでこの構図は一貫している。磯崎新が建築家としてのキャリアを歩み始めたころ、建築家像はおおむねこうした分極的な構図をなしていた。

磯崎新のアイデンティティの原型となったのは丹下健三であった。後に丹下に手向けた弔辞で磯崎は次のように師を讃えている。

> 建築することとは、単に街や建物を設計することではない、
> 人々が生きているその場のすべて、社会、都市、国家にいたるまでを構想し、
> それを眼に見えるよう組みたてることだ。
> これが私たちが教えて頂いた〈建築〉の本義であります。
>
> 先生はこの本義を体現されていました。
> 〈建築〉の化身だと私が考える由縁であります★三。

丹下健三は先に述べた意味でテクノクラートとしての建築家であった。第二次世界大戦戦中から日本浪漫派的な伝統への志向を示していた彼は、そのスピリットを抱えつつ、日本の戦後復興期のエネルギーを満身

に受けて頭角を現わし、高度成長期を通じて圧倒的な構想力を発揮した。建築から都市、そして国土そのものにいたる体系的で一貫した計画思想を組み立てようとする丹下とその研究室の活動は日本近代建築史におけるテクノクラート的活動のピークをなし特筆に値する★四。しかし七〇年万博をひとつの頂点として時代の変調がおとずれた。高度成長期の終わりとともに国家のイニシアティヴは退潮し、戦後日本の社会が求める建築家像も変化する。丹下もその変化のなかで活動に陰りを見せた。「虚構の崩壊」★四とも言われたこの転換期において、あらためて、建築家とは誰のことか、それぞれの建築家が模索することになる。絶頂期の東大丹下研究室に在籍した磯崎もまたその一人であった。

そのころ、磯崎新は建築家の行く末をいくぶんシニカルな戯画として描いている。伊藤ていじ、川上秀光とともに八田利也を名乗って書いた『現代建築愚作論』(一九六一)は、建築家という存在が、自意識における意気軒昂さの反面、社会からいかに枠付けされ、狭い領域においやられているかを冷徹に見定めている。その着眼の裏面に現われているのは、その趨勢に抵抗しようとする磯崎の意識だろう。『現代建築愚作論』は予言的な書である。結局のところその後日本の多くの建築家達はここで描かれた戯画を自らのあり方として暗黙に受け入れざるをえず、磯崎はその枠組からいかに離脱して自律性を担保しうるかを執拗に問いつづけた。白井晟一の「友よそんな調子でなく、もっと力強い調子で」★五を別様に生きる磯崎の軌跡は、日本の建築家のあり方の変容を先導し、かつそれを批判する、そのような存在であった。

## 「都市デザイナー」磯崎新

磯崎はそのキャリアの最初期に、建築家ではなく都市デザイナーと名乗っていた。このこと自体を磯崎の抵抗の表現と見ることができるだろう。

丹下健三の研究室在籍時には研究室の建築プロジェクトに参加し、また自身が当時の学生向けコンペ勝者の常連だった以上、建築家となることを意識しなかったはずはない。だが丹下研における建築とは、常にその向こう側に都市があるものとしての建築だった。先に引用した丹下への弔辞に表われているように、それが丹下研究室の当然だったのだ。広島をはじめとする丹下健三の復興都市計画、そして都市工学を包括的な学問としようとする丹下の都市への視点、これが「都市デザイナー」磯崎新の出発点にある。丹下がどこまで建築と都市の本質的な差異を意識していたかはともかくとして、建築の構想において都市を意識することが当然のことと思われ、そのうえでダイナミックに変容を遂げつつある当時の都市にこそリアリティが感じられた。そういう時代に、そんな職能があるものかどうかと逡巡しつつ、磯崎は「都市デザイナー」と名乗ったのだ。

## 丹下からの離陸

丹下研究室に在籍していた期間においては、磯崎もまたその参加メンバーの一人に過ぎない。具体的にそこでどのような貢献があったか跡づけることは難しい。しかし内部的にはともかく対外的にその名が挙がるようになるのは五〇年代後半の五期会の活動からで、六〇年代になると自身のプロジェクトの発表も行なうようになった。

磯崎新の丹下からの離陸はどのようなものだったか。磯崎の初期の都市プロジェクトである「空中都市」のアイディアの形成過程を見てみよう。

いくつか存在する「空中都市」のうち「渋谷計画」として知られている模型写真には、かなり異なったいくつかのヴァージョンが存在する。基本的には既存市街地の上空に屹立するメガストラクチャーによってできている「渋谷計画」だが、ごく初期の模型写真は、渋谷ではなく、実は静岡市の中心市街地の模型上に立ち上がっている。

ここには面白い事情がある。当時東大都市工学科の丹下研究室と高山研究室が共同で研究していた「静岡市中心部再開発計画」(一九五九―一九六〇)にともない作成した市街地模型を磯崎が譲り受け、その上に「渋谷計画」の模型は作られたのだ。これは単に模型の流用にとどまる話ではない。丹下がMITの客員教授を務めている間にこのプロジェクトは進められ、磯崎は定期的にプロジェクトの進捗を丹下に報告する手紙を送っていた。近年公開されたこの手紙をあわせて考えてみると、「空中都市」の基本的なアイディアはこの静岡での計画において磯崎が検討していたアイディアに由来しているようなのだ。

「静岡市中心部再開発計画」は、既存市街地はそのままにしながら新しい都市グリッドを設定し、戦災による空地からその構築をはじめて、既存建物の建替えを待ちながら漸進的に完成させようとするものだった。この計画が漸進的なプロセスを前提としていることがまず注目に値する。そして、先に言及した手紙において、土木スケールのコア柱によって持ち上げられ、コア柱間を結ぶグリッド状の都市を構築する壮大なイメージが提案されているのが確認できる★六。最終的な静岡市での計画にそこまでラディカルな提案が盛り込まれることはなかったが、しかし漸進的なプロセスを前提とする点、そしてコア柱とそこから展開される空中の都市空間という点において、これを「空中都市」のアイディアの原型と見ることができるだろう。手紙にメモ書きされたこの私案はいわば知られざる「静岡計画」と言えるかもしれない。

コア柱とそれを結ぶグリッドという形式は丹下研究室の「東京計画一九六〇」における磯崎担当部分に近いものでもある。だが「東京計画一九六〇」は、旧市街の市街地から導かれた道路の軸線に規定されているとは言え、基本的にはまっさらの土地に新市街地を構築するものだった。これに対して「渋谷計画」は既存市街地を明確に前提としている。「渋谷計画」のコア柱は市街地に実際に存在する適当な空地に構築されることになっており、上空の都市空間はその間を適宜連結するフレキシブルなネットワークとして構想されている。つまり「渋谷計画」はまっさらの土地に描かれるタブラ・ラサの開発計画ではなく、既存の雑多な市街地を前提として、その状況に応じてアドホックに介入しつつ不定形な都市に構造を与えるシステムの提案なのだ。

磯崎の「空中都市」と並行する時期に構想されたメタボリズムの都市プロジェクトもまた、基本的に丹下研究室の都市プロジェクトの影響圏にある。しかしメタボリズムの提案は丹下が設定した都市工学的な視野をそのまま継承しており、そのかぎりで丹下の問題をさらに発展させたというよりは、その枠内においてオルタナティヴを提示したと言ったほうがよい。さらに言うならば、丹下ほどの包括的な計画思想をそこに見ることはできず、むしろ造形的な構想力に力点があるとも言えるだろう。

これに対して磯崎の問題設定は、丹下やメタボリズムがシェアしていた視野から一歩踏み出して、都市の現実と乖離して空想的になるそれらの都市プロジェクトの限界を乗り越えるべく、ラディカルなアイディアによって都市と対峙する姿勢をあらわにしている。結局のところ、磯崎は丹下の影響下において、しかしその視野の外に踏み出していかざるを得ないような原理的な問題を見出し、そうして丹下とは異質な思考へと自らを押し出してしまう。

このケースに見られる磯崎が独白の着眼を確立するプロセスは、磯崎が自身の理論を組みたてるプロセスの典型である。一般化して言えば、ある一般的な問題について、その問題を原理的に考えて掘り下げることで問題の成り立ち自体を組み替える視点が拾い上げられ、そこを足がかりにして磯崎独特の問題が組み立てられていく。常に原理的思考によって磯崎は枠外に押し出されるのである。例えば近代建築について書かれた「プロセス・プランニング論」は、当時の機能主義的な計画手法を原理的に考えることからはじまり、その課題を本質的に解決するための鍵となる概念、プロセスを見出すことから計画概念の更新の提案に至った。あるいは都市についての論考においても、その集大成となる「都市デザインの方法」で近代都市計画の静的概念を原理的に批判し、そこから都市を構造化するメガストラクチャーと流動する都市要素の動的コントロールの二面からなる都市概念と計画手法の提案がなされる。また六〇年代後半になると磯崎は古典的な空間の概念とは異なる現象的で一時的な「環境」という着眼を得た。これも空間に対する原理的な問いに対して、空間を色や光線状態、音、匂いなどからなりたつ現象的「環境」として捉えることで、古典的な建築の空間概念を拡張し、より現代的な空間イメージを具体化していったのである。

原理的な問いの掘り下げから新しい問題を見出し、古典的な問題を現代的な問題に組み替え、結局のところモダニズムの影響圏から離陸する磯崎のアプローチは、そもそもなにに由来するのだろうか。おそらくその源流をたどれば、そのひとつに戦後の左翼運動とその周辺の文化活動からの影響があるだろう。とりわけ安部公房や岡本太郎のような左翼文学者・アーティストとの交流から影響をうけたことについては磯崎自身、本書のインタヴューでたびたび語っている。

共産党と文化活動になんの関係があるのか、今となっては想像すら難しいかもしれない。だがそこにはある必然が確かにあった。この時代の文化を考えるときには欠くことのできない背景であり、その状景を一瞥しておこう。

そもそも文学者や芸術家にとって、新しい芸術はかつての芸術と同じような保守層に支えられるものであるはずがなく、積極的に新しい市民のためのものであるはずだった。ごく普通の労働者のもとにその芸術が届き、そのことで彼らが生きている現実への視線を啓発し、より民主的な理想の実現に資することになるはずだったのだ。だから向かうべき対象が共通する政治的な運動と文学や芸術の連帯が成立し、共産党の周囲に多くの前衛芸術運動が組織された。一方で芸術は党の活動への動員の入り口となり、他方で党の理論を広めるメディアとなっていた。

安部公房、花田清輝、岡本太郎が組織した〈夜の会〉や〈世紀の会〉なども、基本的には芸術運動だが、共産党の影響下にあった。したがってそこには党の指導性が介在した。だが芸術運動と政治運動は一般論において協調できたとしても、具体的な局面ではさまざまな軋轢も生じた。作家としての表現の論理と政治理論はおのずから別のものであり、表現者としてその論理を党の論理に優先させれば党から批判を受けることは免れない。戦前のプロレタリア文学の時代からこうした構図はありふれたものだったが、戦後にあらためてこの問題が現実のものとなる。

こうした状況下で、党の主導する社会主義リアリズムとは異なる芸術表現が現われてくる。安部公房の文学や岡本太郎の芸術はまさにその実例である。一方で現実の社会にはえぐり出されるべき困難があるが、他方で理想主義の教条化は避けられず、その距離が表現の領域となる。この分裂が深く掘り下げられ、理論的葛藤のなかから芸術の問題が深められていった。戦後長らく知識人、芸術家が左翼へのシンパシーを持っていた事情は、共産主義そのものへの共感もさることながら、共産党の周囲にあったこうした軋轢自体が近代そのものの思想的課題の縮図であり、そしてそこから生産的で真摯な議論が起こっていたことによると言えるだろう。

とりわけ磯崎新への影響を考えるときに重要な意味を持つのが岡本太郎の「対極主義」である。共産党の論理、マルクス主義の本流からすれば、社会の矛盾は党の指導において弁証法的に止揚されるはずである。しかし岡本太郎は、その矛盾はそのような止揚によって解消されるべきものではなく、むしろその矛盾が対立するままに存在し、その引き裂かれたリアリティこそが現実であり、芸術の問題だとした。

収録されたインタヴューにおいて磯崎はこの対極主義への共感を、丹下健三の弁証法的思考への拒否感とともに語っている。丹下はあらゆる建築の問題を弁証法的に捉えようとする。近代化の理想と時代の現実のコントラスト、インターナショナルな近代建築と日本の建築文化を調和させる困難、そしてなによりも建築の論理と都市の論理の乖離、こうした矛盾をいわば一本の軸線を通すことによって丹下は止揚する。だが磯崎はこのような予定調和に違和感を覚えざるを得なかった。そのとき、岡本太郎の対極主義は磯崎にとって共感できる論理であった。実際に建築と社会は矛盾をはらんでいるのであって、その矛盾の表面的な解消はナンセンスなのだ。例えば「渋谷計画」のラディカルなメガストラクチャーのシステムと既存市街地に介入していくプロセスの現実主義の同居は、このような矛盾の反映と言えるかもしれない。

## 磯崎の対極主義

磯崎の対極主義は丹下の古典的調和に反抗する。建築概念を解体することへと向かうのは必然だった。おおむね六〇年代末には、磯崎の建築に関する認識は以下のような理解に至っている。

・いかなるプロセスも切れ目がない。持続であり、流転である。始まりもなければ終わりもなく、明確な形をなさぬままにその姿は転変し、不定形なままにダイナミックな運動を続ける。その運動を分節して扱いやすいように仕立てる近代主義の手法は所詮はこのとりとめのなさを覆い隠す弥縫策に過ぎない。

・プロセスの運動を切断するのは、便宜的なものであり、あるいは非論理的な決断である。そして建築はその切断によりはじめてその姿を定める。その切断の主体が建築家と呼ばれる。建築家は調停者というよりは、事態を切断し、そこに非連続線を刻むことで、プロセスを再起動させる暴力的存在である。

・切断という暴力的行為を取り繕い、止揚を装うのが建築という古典的概念である。このような建築概念はいずれ解体されるだろう。『建築の解体』に取り上げられる多くの同時代の建築家のプロジェクトには既に古典的建築概念の限界を乗り越えようとする試みが徴候的に現われている。

建築の近代主義への信頼が色褪せる転換期にあって、磯崎のこうした建築概念への遡行は新鮮であったに違いない。袋小路の気配を濃くしていた近代建築の理論に、磯崎は原理的な問いを突きつけた。そのなかで結局磯崎はその後一貫して問うことになるひとつのモチーフの対にたどり着いたようだ。磯崎自身がそう呼んでいるわけではないが、この対をここで〈フレーム〉と〈フラックス〉と呼んでみよう。

・〈フレーム〉とは建築が形作る空間の枠組である。柱梁は構造の〈フレーム〉であり、床壁天井は空間の〈フレーム〉である。〈フレーム〉には形があり、建築家はこれを定めることができる。また〈フレーム〉を定めることで建築を定めることができる。

・〈フラックス〉は建築が形作る空間の実質である。時を経て変化し、感覚によって揺らぐような、不定なものであり、我々が空間と呼んでいるものだ。建築家は〈フレーム〉を定めることにより空間を定めようとするが、建築家が建築が完成した後のことをすべてコントロールできるわけがないのと同じように、空間はついに不定のままにある。

例えば丹下の軸線は都市を定める〈フレーム〉になるだろう。しかしそれはついに都市そのものを定めえない。それは失敗ではなく、本質的にそのようなものなのだ。

〈フレーム〉と〈フラックス〉は対極主義的な関係にある。磯崎の建築論にはこのモチーフが絶えずリフレインしている。「空中都市」の屹立するメガストラクチャーと繁茂する市街地のコントラスト、「プロセス・プランニング」における中空梁と耐力壁によってなるスケルトンと多様な諸室のコントラスト、《お祭り広場》のスペースフレームとその下の多様なイベントのコントラスト。この対極の間にこそ、空間の問題、建築の問題、都市の問題が存在する。

## 「建築の解体」の世代

『建築の解体』はとりわけ磯崎より若い世代に大きな影響を及ぼした。まず証言を見てみよう。

——あの時代には内藤さんが言ったキーワードのほかに、建築の世界では「建築の解体」があった。大学に入った頃、『美術手帖』で磯崎新さんが「建築の解体」という連載を書いていて、僕は強い影響を受けました★七。

——北山さんと同様、僕も『美術手帖』に連載されていた「建築の解体」を一生懸命コピーして、それを製本したものを読んでいました。ですからコピー本の「建築の解体」がひとつのバイブルとしてあったわけです★八。

——僕は「解体」という言葉にはあまり反応しなかった。当時は解体ばやりだったからね。僕の周辺では、解体という言葉が、建築という価値の背負ってしまう業のようなものに対する免罪符みたいに使われていたから★九。

時代は学生運動の時代であり、カウンター・カルチャーの時代である。大学で教えられる正統の空疎さが痛感され、なにか新しいもの、ラディカルなものが求められていた時代であった。『建築の解体』は時代の風を背に浮け、新鮮な着眼点とボキャブラリーがそこに具体的に示されていた。近代建築が色褪せはじめたこの時代にこのテクストは若い建築家達に新しい羅針盤として熱烈に受け入れられた。距離感を感じていたという内藤廣の反応もまたその影響の裏返しなのだろう。一方で永続的な古典的建築のアンチテーゼとしてアーキグラムなどの仮設的な建築のイメージが提示されたとき、本来的に意味があったのは空間概念の拡張だったはずだ。だが実際にはその影響は仮設的な建築物そのものへの関心として現われ、結果として建築が歴史的に担ってきた永続的なものを支える「業」の意味を等閑視する傾向も現われた。

おそらく磯崎自身の『建築の解体』の方向の反映は《エレクトリック・ラビリンス》(一九六八)と《おまつり広場》(一九七〇)に象徴的に現われていると言えるだろう。前者はその空間に立ち入るものに反応して変容する一種の迷路的な装置であり、後者は光や音を駆使することにより空間を変容させることが試みられた。動く装置、光や音、色や匂いなど空間の経験的質を操作することによって、経験された空間としての「環境」を構築することが様々な形で試みられた時期だったと言える。そうしたことが正統的な建築概念の解体の磯崎にとっての意味だったが、内藤が言う「免罪符」は磯崎の手を離れて勝手に流通しはじめる。

## 建築の自律性

七〇年の《祭り広場》をひとつの契機として磯崎新はある種の転回をする。『建築の解体』の方向は磯崎にとって結局のところある種の状況のレポートでしかなく、個々のボキャブラリーにおいては『建築の解体』の反響を磯崎自身の仕事に見ることができるとしても、磯崎自身が進んだ方向はそれとは別だった。

のなかで磯崎は宮川淳と彼の反芸術批判について語っている。その構図と相似のものとして『建築の解体』からの転回を理解することができるかもしれない。宮川の反芸術批判の要点は、反芸術と言えども芸術の否定であるかぎり、芸術から離れることはできないというものだった。これと同様に、『建築の解体』が古典的建築への否定である限り、古典的建築概念を払拭できないのだ。反措定ではなく、それとは異なる水準を持った自律性の有無が問題なのだ。

その意味で磯崎は七〇年代からしばらく、彼が〈手法論〉と呼ぶ一種のフォルマリズムを構築することへ向かった、と言えるのではないだろうか。〈手法〉とは建築のなりたちを定める形式を操作し決定する方法を意味する。プリミティヴな幾何学的形態を原型として、それが配列重合されたものとして建築の形態を定めるというルールを磯崎は自らに課した。立方体の配列によってその姿を決定される《群馬県立近代美術館》にはじまるこの一連の仕事は、古典的な建築概念と「解体」が指し示したその否定という対極に対して、まったく異なる座標軸、建築の自律的な論理を組み立てようとするものだった。

六〇年代の磯崎の建築、例えば《大分県医師会館》(一九六〇)や《旧大分県立図書館》(一九六六)は多かれ少なかれ丹下のボキャブラリーを引きずっていた。だがそのなかで《中山邸》(一九六四)と呼ばれる住宅に見えていた可能性が、丹下の影を払拭し、〈手法〉へと展開したと磯崎自身は語っている。《中山邸》の空間は立方体によって規定されている。形態を定めるその不自由さゆえに機能主義的な説明はなりたたない。先に述べた〈フレーム〉と〈フラックス〉の対比で言うなら、立方体によって厳格に定義された〈フレーム〉に対して、茫洋とした〈フラックス〉としての内部空間、という分裂が他の理論の存在を示唆する。《中山邸》が住宅である以上そこには生活が営まれるはずだが、生活に最適化された容器としての住宅にはとても見えない。むしろただ超然と即物的にその建築がそこにあり、たまたまそれが住まいとなっただけであるようにさえ見える。どことなく不格好ですらある生硬な姿と、泰然とした空間の表情の対比は、後の磯崎建築独特の空気を漂わせている。それはたしかに《群馬県立近代美術館》の空間の表情に通ずるものだ。

〈手法論〉の時期に磯崎が多用したのは立方体、正四角錐、円筒、球といった非常に単純化された幾何学的形態であった。プラトン立体が世界の抽象であったように、こうした形態の組み合わせへと建築を還元しようとした。形態そのものを束縛するルールとしての〈手法〉はある種のストイックさであるが、他方で合理主義に沿うことを求める古典的な建築観もまた別種の堅苦しさで建築を抑圧してきたことも確かだろう。建築外の与条件の束から一個の形態へと写像する古典的な規範から身を引きはがし、建築自体の内的な論理のもとへ建築を取り返すこと、そのようにして一定の自律性を持った芸術としての建築の境位を磯崎は求めた。それが『建築の解体』からの離脱であり、〈手法〉の第一義的な意味であったように思われる。磯崎のキャリアのうちほぼ四半世紀にわたって追求された〈手法〉の意味は多岐にわたる。かいつまんでその広がりを整理してみよう。

〈手法〉は脱人称的な建築家像と結びついている。つまり建築家の天才が紡ぎだす一回性のマジックとしての建築であることの拒否である。正方形は誰が書いても正方形であるように、幾何学的形態は普遍的であり、無主体的である。磯崎は造形において手の痕跡を残す作家的身振りを一貫して厳しく抑制してきた。〈手法〉は明示的かつ客観的であり、ほとんど自動的であることを目指す。

〈手法〉が建築家に課す規範は、現実的にはさまざまな困難を引き起こす。当然のことだが現実に建築に求められる要求は徹底的に現実的なものであり、それを規範に沿わせることはたやすいことではない。だがあらゆるディティールが統制され、建築の〈フレーム〉が幾何学に完全に還元されたとき、そこにはじめてあるかすかな詩情が生まれる。「薄暮の無重力感を漂わすような雰囲気」★一〇の空間と磯崎は言う。〈フレーム〉が研ぎ澄まされるほどに、〈フラックス〉の繊細な表情が見えてくるのだ。

プリミティヴな原型としての幾何学的形態は、時に秘教的な意味合いが込められる。幾何学は測量、すなわち世界を計測することにはじまり、そして世界の原器となる。建築家がネオ・プラトニズムに傾く例は歴史上稀ではないが、磯崎もまたときにそれを隠さない。完全な幾何学的形態を配列しただけの無骨さへの執着は、ブレのニュートン記念堂計画や重源の五輪塔を参照しながら折にふれて語られる(『建築における「日本的なもの」』、「重源という問題構成」)。いくらかそれはマレーヴィッチのシュプレマティズムに近いものでもあったかもしれない。

## 困惑と批判

こうした磯崎の七〇年代以降の展開に対して、周囲の状況はどうだっただろうか。先に見たような「建築の解体」に影響を受けた世代、槇文彦の論文に倣って「野武士」と呼ばれた世代の証言を見てみよう★一。

「建築の解体」以降、僕たちがやむにやまれず踏み込んで行って仕舞った〝違反〟の狭路、六角はその自らの好みそのものへの偏愛から石黒邸へ、毛綱は磯崎新の言う模型的思考を突き詰めて反任器へ、石井はサブカルチャーへの意図的なカタログ的退行を経て54の窓へ、僕はレディーメードの概念を手がかりに、反技術的技術が構成する幻庵へとそれぞれに突込んでいったのだが、それらの思考が辿り着いたと思われる地点を考えてみるならば、磯崎新の〝違反〟というのは少しばかり体が良すぎるのではないかとも思えるのだ★二。

若い世代の建築家の集まりであった「婆娑羅の会」の一員であるところの石山修武のこの言葉には、磯崎の〈手法〉以降に対するこの世代の困惑と違和感のようなものが窺える。『建築の解体』によって軛を外されて走りはじめた「野武士」が解放者、磯崎にこんなはずではなかったではないかと押し問答するような風情がある。言うまでもないがもちろん当時の状況がすべて『建築の解体』によって規定されていたわけではない。同時期に強い影響を及ぼした篠原一男の存在は大きいし、また比較的穏当に自らの仕事を持続した多くの建築家も活躍しつづけたのだから。しかし七〇年代以降の新しい世代の建築家にとって、のるかそるかは別として磯崎が提示するテーマの影響は大きかった。

磯崎自身はこうした反応に対して以下のように応えている。

国家的規模で商品化した建築への批判の構図が、直線的に取り出され始めたのは六〇年代の末だっただろう。私が「解体」や「違反」を語ったのもこの時代である。そのときの意識としては、まっとうな近代建築が規範として厳然とあり、それが自分の肉体の内側にも残存していることを感知していたため、その呪縛を解こうとするかけ声であった。このかけ声に、つられてつっ走る人が出現したのは結構だが、その前後の面倒を見るほどの余力が私にあるわけはない。だいいち、ここから生み出される回路は決してかつての建築運動のようではなく、すべて私的なものであって、これが圧倒的に本流化したりしたら本末

## 転倒、ナンセンスとなる★一三。

こうした困惑と否認のすれ違いの一方で、磯崎は《つくばセンタービル》に付して書いた論文「都市、国家、そして〈様式〉を問う」において、ある歴史観を提示しながら建築家をめぐる日本特有の文脈を整理している。既に本論は明治以来の建築家像の分極化について整理したが、ここでの磯崎の認識もある程度通底している。要約すると以下のようになろう。

日本の近代建築の展開過程を磯崎は、国民国家日本における様式の問題から整理している。これに対する立場として二者あるとしている。一方は既にテクノクラートの建築家として見てきた系譜であり、したがって彼らは国家の様式といったものを継続的に意識してきた。他方関西の建築家達の系譜があり、彼らのクライアントだった実業家達の実利的な傾向をうけて商品としての建築を作ってきたとする。その系譜の交錯として国家的様式と商品的様式が合体したメタボリズムを位置づけるのだが、結局のところ国家の存在感の後退とともに建築の商品化という状況が全面化するに至った、というのが本論の見立てである。

天皇、国家、資本のアマルガムが、商品としての建築という形態をとって支配機構を作り上げたようにみえた七〇年代において、これに対抗する言説は、私性を主張して対峙しようとするものだった。あらゆる建築的言説が商品としての建築論へと収斂されてしまうことがあきらかになったとき、私性を主張することは、その回路を二つの面で断つことになる★一四。

二つの面とは、まず当時のいわゆる七〇年代住宅に象徴されるような施主とのプライヴェートな回路へと建築を閉ざすことであり、そして文化的脈絡をたぐりながら自律性を組みたてること、この二つであり、要するに若い世代の住宅建築家と〈手法〉の磯崎自身の二つの立場のことだ。そして前者の一種のアマチュアリズムはマイナーなものにとどまるだろうとしながら、後者の私性こそが実務におけるプロフェッショナリズムを実質的な掛け金として、一定の抵抗たりうるはずだとまとめている。同時代の若い建築家の活動をひとくくりにして閉塞へ向かうものと喝破し、返す刀で自分の組み立てた論理を正当化するのだから、ずいぶん挑発的な見立てと言ってよいだろう。しかしこの挑発の予言的重みは深刻なものだ。

## 「日本的なもの」

〈手法論〉において建築を抽象に還元する原理的な問いに向かう一方で、磯崎は「日本的なもの」に目を向けている。この問題は長い時間をかけて深められてきたもので、全体像はざっと次のようになる。まずこの問題の原型は『日本の都市空間』(一九六三)に既に現われている。これは伊藤ていじと二川幸夫による『日本の民家』の都市空間版といったところがあり、日本各地の伝統的な街路空間をサンプリングしながら、その背景にある日本の街路空間のボキャブラリーを抽出しようとするものだった。例えば「かいわい」のような輪郭の不確定な都市の現象的空間への着目がすでにここにあった。組積造の建築物によって輪郭を固められた欧米型都市の広場や街路に対して、日本の街路空間はより曖昧で流動的な輪郭を持つという着眼は、「間」展(一九七八)のテーマである日本的な空間概念としての「間」に繋がり、磯崎独特の問題系に発展していく。さらにここに『建築の一九三〇年代』(一九七八)の日本における近代建築の黎明期に対する関心が合流し、『見立ての手法』(一九九〇)を経由しながら、「和様化」という着眼を九〇年代に発展させつつ、最終的にその全体像が『建築における「日本的なもの」』(二〇〇三)にまとめられた。桂離宮によせて日本の近代建築の美学のねじれを検討し、重源によせてアブストラクトなものへ引き寄せられる建築的欲望を想起し、伊勢神宮によせて建築的構成と歴史的文脈の共鳴を見て、日本における建築の文化的固有性の凝集と生成の歴史的プロセスが掘り下げられた。

しかしそもそもなぜ「日本」を問わねばならなかったのか。その答はひとつではない。まずごく単純に言えば、「間」展がそうだったように、海外に日本の文化を説明することを迫られたということがあっただろう。「間」展以前から既に海外での活動をはじめ、それぞれの場で自身作品の文脈を説明せざるを得なかった磯崎は、欧米文化のボキャブラリーと異質な「日本」を意識せざるを得なかったし、そのときにエドワード・サイードが言う意味でのオリエンタリズムに流されない「日本」を客体化して示す必要を感じたのは自然なことだったろう。

また建築の美学的問題として、タウト以来通用しているモダニズムの建築スタイルと日本の伝統的な建築空間に親和性があるという神話を解体することは、磯崎にとって丹下のロジックの解体という意味において宿命的だったかもしれない。広島平和記念堂や香川県庁舎に見られる、規矩術に則った木造軸組構造とRCラーメンのある種の野合は丹下の美学のいわばアキレス腱であり、磯崎はそこを反力として〈手法〉を組み立てたのだから。

そして重源がいる。あきらかに重源に磯崎は自分を重ね、野蛮な構築性と危機の思想に向かうその建築家の姿にシンパシーを抱いている。〈手法〉の幾何学的形態はいわば「不合理ゆえに我信ず」という体のものだったが、それに近いものが重源の天竺様に読み込まれた。異端としての重源とそれをも飲み込む和様化の帰趨は、磯崎と日本の建築の現状の構図に投影して読み取られるのが自然だろう。

そこで繰り返し問われている「日本的なもの」とは文化的な文脈上のものであり、あるいは歴史をあらためて読み込み、刻み直すことで建築を動機づけている文脈である。磯崎が歴史的建築に関心を寄せるのは日本建築に限ったことではないが、建築を組み立てた主体そのものに関心を寄せたのは、近代以降を別とすれば日本のそれに限られる。い

その意味で『建築における「日本的なもの」』の問いは、一面において実際に磯崎が活動している日本についての具体的なテーマであることは確かだが、しかし同時にそれはなんらかの固有性の生成のケース・スタディでもあったようだ。「日本」は偶有性の問題であって、現実であるとともに磯崎によって擬装された起源でもある。「間」は「日本的なもの」から見出された代表的な概念だが、同時にそれは先に述べた〈フレーム〉と〈フラックス〉の対で言うところの〈フラックス〉にあたる。流動的で定めがたいエフェメラルな「間」は、日本の文化に根ざした独特の感覚として言挙げされるのだが、しかしそれは磯崎において建築空間の原理的な本性でもある。むしろ西洋的な建築においても存在してきたが明示的にならなかったものを、「日本的なもの」を介して際立たせているという面もあるだろう。

## 〈大文字の建築〉

日本という固有性への関心と対応するようにして、九〇年代前後になると西洋文化の文脈における建築の伝統に意識が向けられるようになる。いわゆる〈大文字の建築〉である。

最初から整理されていた問題だったとは思えないが、少なくとも事後的に見るかぎり〈大文字の建築〉とはビルディングタイプとパルティの二つの問題に集約される。前者は基本的には都市的状況における建築のタイポロジーであり、後者は田園的な状況において建築をランドスケープのなかに配置構成する方法である。それぞれ歴史的に組み立てられてきた建築の伝統のなかに位置づけられるものだ。具体的な古今の建築を参照することで抽象的形式のなかに歴史が介入し、還元の果ての抽象的図式が歴史的建築との緊張関係に置かれる。〈手法〉が私的なものとするならば、〈大文字の建築〉は歴史的なものであり、そこに対極主義の構図があらためて組み立てられたと言ってもよいだろう。やや強引に言うなら、ビルディングタイプは〈フレーム〉に関する建築の伝統であり、パルティは〈フラックス〉に関する建築の伝統でもある。

それゆえ、〈大文字の建築〉は単に伝統にも意味があるというようなことをあらためて問うているのではない。既に我々は〈手法〉の問題が、建築の自律性を確保することと関係があることを見てきた。そしてその自律性は、単純な抽象から得られるものではなく、歴史の厚みのなかに実際に見出されるべきものとして磯崎は意識し始めた、ということなのだ。しかし〈大文字の建築〉という言葉が引き起こした反応は、ふたたびというべきか、混乱を来していた。

代表的なものとして鈴木隆之『「建築」批判』を見るなら、そこで〈大文字の建築〉に対して投げかけられている批判は、「建築の解体」によって概念的に解体された古典的な建築が、〈大文字の建築〉によってあらためて回帰してくるのは端的に反動的であり、むしろ退行ではないかというものだ。この論法は既に見た「野武士」世代からの磯崎批判とほとんどかわらない。〈手法〉において生じていたすれ違いが、さらに〈大文字の建築〉に引き継がれただけのことだ。磯崎にとって問われるべきは建築をそれ自体の論理において組み立てなおすことであり、、その底で〈大文字の建築〉に行き当たり対峙した。それだけのことである。しかしボタンの掛け違いを修正することは難しかった。

結局このすれ違いは、七〇年代末の近代主義批判がもたらした一種のノン・スタンダードな状況を謳歌し、私性へ撤退することで閉域に適応した多くの日本の建築家の認識と、そのような傾向のなかで私性を、それを超える社会的水準との緊張関係において考えつつ、そのあいだに建築の自律的な領域を確保しようとする磯崎の意識とのギャップに起因していると言って良いだろう。建築はどのみち社会的な存在である。私性への撤退と言えども、施主という社会内存在や近隣という空間的隣接関係のような社会性は失われることはない。その意味において大多数の建築家にしてもそれなりの社会との関係を意識しつづけたに違いないが、しかしそれは結局消極的なものだったのではないか。言うなれば私性への撤退とは、社会的責任を自ら以て任じ、近代化に資する建築を積極的に推進したテクノクラート的建築家像の反措定ではなかったか。磯崎はこのような反措定を乗り越える水準を建築に求める。だからこそ〈手法〉という私性と〈大文字の建築〉の対極が提起され、その間にこそ建築の問題を考えたのだ。

磯崎は丹下というテクノクラートを体現する存在の下で建築を学び、それとの緊張をはらんだ対峙から彼自身の論理を組み立てた。建築というものの包括性と私性のあいだの対極主義的ダイナミクスがそこから意識された。これに対して、以降の世代は磯崎にある種の解放者の姿を見て、磯崎が丹下に対して抱いたような緊張関係を持つことが結局なかったのではないか。少なくともこのなりゆきが若い建築達の多くに困惑と葛藤を覚えさせたことは確かだ。そしてその困惑と葛藤が私性に吹きだまるばかりだったとすればこのすれ違いが生産的だったとは思えない。磯崎は日本の建築家をめぐる状況を牽引するテーマを提示しながら、状況の批判者であった。ドメスティックな状況におけるこのすれ違いははたして過去のことだろうか。私性を開く回路はいまどこに見出されているだろうか。過去の文脈から確かめられるべきことはまだ多いように思われる。

## ふたたび建築家とは誰か？

二〇世紀の末になると、磯崎新についてドメスティックな状況との関係で考えることにあまり意味が無くなってくる。もちろんそれは海外での活動の比重が上がったという現実的な事情も関係あるが、それよりもむしろいわゆるグローバリゼーションの進行のなかで、建築をドメスティックな枠組で考えることの意味が希薄化したことによる。

前世紀末にあきらかになってきたことのひとつは、ポスト・クリティカルな状況の現実化だろう。九〇年代の一〇年間、毎年一回開催されたANY会議はその状況を戯画的に記録している。最初の数回にはポスト・モダニズムの建築理論の残響があったにせよ、次第に建築におけるフォーマルな批評言語を基礎とした議論は不可能になってくる。状況の多様性をカタチに結びつける方法がそれぞれに語られ、コンピュータが開いた形態の可能性を理論でバックアップしようとする試みが提示されはしたが、それが一般的になにを意味するか確かめる反省的言語としての建築の批評が機能不全に陥っていることは、是非はともかく現実として受け止めるほかない事態となった。

そうした状況下でグローバリゼーションの波が具体的に建築をめぐる状況に浸透してきた。建築家はその根拠地を遠く離れて設計を行なうようになり、コンペティションには世界中から提案が集まるようになった。クライアントもローカルな存在ではなく、建築家の存在もグローバルなメディアにのって流通している。ましてプロジェクトのファイナンスの仕組みに場所性など関係ない。建築家が敷地の地域的建築文化を反映して建築を構想することはこうなるとかなり難しくなるし、もはや期待されてもいないだろう。結果として現われたのは、場所の文脈を離れた目を惹くオブジェとしての建築である。もちろんオブジェだからと言って多様性がないわけではないが、それでも場所に根付いた必然性を欠けば、建築のある種の力は失われるのは必然だ。スター・アーキテクトとやや揶揄的に言われるようなグローバルに活躍する建築家達は大勢においてこうした方向に進んだ。

磯崎新もまた、ある意味でこうした状況の変化に鋭敏に反応してきたように見える。〈手法〉と〈大文字の建築〉の緊張関係は既に九〇年代には変質して、〈テンタティヴ・フォーム〉という概念が登場してきた★一五。おおむね一回性の形式といった意味の言葉だが、イグナシ・デ・ソラ＝モラレスによって投げかけられたこの言葉は、かなり適切に磯崎の赴いていた方向を捉えている。〈テンタティヴ・フォーム〉によって〈手法〉の時期は終わったと言ってよいだろう。〈手法〉が建築の成り立ちの抽象への還元だったとしたら、その抽象はもはや単純な幾何学に基づくものではなくなる。むしろ積極的に特徴的な構造形式やシンボリックな形態が用いられ、かつそれらの形態要素を複合することで、与件の特異性を受け止め建築の成り立ちを一気に決める特有の構成が組み立てられる。その構成はプロジェクトの固有性と対応しており、形式は一回性のものとなる。こうした変化は大きく見ればグローバリゼーションの時代の建築の多彩な形態に向かう傾向を先取りしていたと言えるかもしれない。

初期の典型的な例はバルセロナ・オリンピックのための体育館《パラウ・サン・ジョルディ》(一九九〇)だろう。この場合は巨大なアリーナの屋根を仮設足場なしで組みたてるパンタ・ドームと呼ばれる構造形式がひとつの鍵となった。地上で構造の大部分を組み立てたうえで全体を一気にジャッキ・アップし、キーストーンのような部材をその場で組み込むことで大空間を効率的に組みたてるこの構造形式の先駆的例だった。この構造形式は《奈良一〇〇年会館》(一九九八)にはじまるパラボリックアーチによる葉巻型のシリーズに展開する。〈フレーム〉が幾何学を離れ、むしろエンジニアリングの論理に従ったと言って良いだろう。

このように初期には構造形式が建築の成り立ちを決める例が多く見られるが、次第に融通無碍にその場の文脈と応答する建築の構成が試みられるようになってくる。敷地のランドスケープの特性から場所の歴史的文脈にいたるさまざまな水準において、建築全体がそれを際立たせていくらかシンボリックなイメージを組みたてるようになる。典型的にはスペイン・ラコルーニャの《人間科学館》(一九九五)だろう。常に強風に吹きさらされて波荒れる湾に向かって帆船の帆のように孕んだシェルが向かい、その背後にはこの地方特産の御影石の組積造によるマッシブな屏風壁がシェルを背後から支えるようにどっしりと控える。滑らかなシェル曲面と屏風壁がぶつかる間隙からワンルームの展示空間に光が落ち、その人類黎明の洞窟を思わせる石だけでできた階段状の展示室を来場者は一筆書きにめぐる、これだけの博物館である。単純だがコノテーションに満ちたこの建築の成り立ちは、〈手法〉のアプローチでは到底不可能な自由度の可能性を証立てている。ここでしか意味をなさない一回性の形式であり、一度見ればこれ以外の解決はないのではないかと思わせる説得力を持つ。こうして〈フレーム〉は自由度を増して状況と応答する雄弁さを獲得した。

文脈に鋭敏に反応して固有の建築の構成を得るこうしたアプローチは相対的に小さなプロジェクトにおいて展開されたが、多用途を一個の建築に収容することが求められる大規模プロジェクトでは、異質な空間要素を一個の全体に統合するエンベロープのような要素が登場する。おそらくその原型は《おまつり広場》なのだろうが、そこでニュートラルな屋根に徹していた〈フレーム〉が変形しはじめ、かなり異質なプログラムが一枚の屋根あるいはファサードで包まれることで全体像が与えられる。スペイン・バルセロナの《カイシャ・フォーラム》(二〇〇二)、《山口情報芸術センター》(二〇〇三)、《福岡オリンピック構想》(二〇〇六)、《深圳文化中心》(二〇〇八)、イタリア《ボローニャ新駅》(二〇〇八)、中国・上海の《ヒマラヤ芸術センター》(二〇一一)、《カタール国立コンベンションセンター》(二〇一三)と、主だったプロジェクトを見るだけでも矢継ぎ早にこのシリーズは展開されている。エンベロープが屋根の場合はプログラムの異質な要求に応じて起伏する三次元曲面の屋根が全体を包み、ファサードの場合は樹木状の構造体(フラックス・ストラクチャー)が大空間を支える。空間的要求の根本的に異なるプログラムを複合する都市スケールの巨大施設が求められる状況に柔軟に応える形式なのだろう。このエンベロープのような要素は、〈フラックス〉を反映した外皮に見えるのだが、やはりその源流としての《おまつり広場》を考えてみれば空間を規定する〈フレーム〉の、スケールの限界における姿なのだろう。

## ふたたび都市へ

実際の作品においてこのような展開が進行するのと呼応するように、あらためて都市が主題化してくるのが面白いところだろう。「都市デザイナー」としての磯崎新の姿は七〇年代以降あまり表に出なくなっていたが、九〇年代以降再び野心的な都市デザイン構想が出てくる。そのコンセプチュアルな実験とでも言うべき「海市」展(一九九七)から「都市ソラリス」展(二〇一四)までの磯崎の都市論は、グローバリゼーションの時代の都市の変容を主題としている。

建築家が関わるような野心的なプロジェクトはしばしば都市再開発と絡めて行なわれ、建築を考えるときに都市を意識する必然性が高まった。いわゆるコンテクスチュアリズムの問題としてではなく、むしろプロジェクトが都市に与える大きなインパクトゆえに都市を意識せざるを得ないのだ。こうしたプロジェクトはしばしば新興国における都市化と関係したものである。東京の都市化のピークは磯崎が「都市デザイナー」を名乗った一九六〇年代だったが、それと同様の、あるいはそれ以上の速度で都市が膨張しているのが二一世紀初頭の世界の状況であり、その現場がプロジェクトの舞台となるということだ。もちろん一九六〇年代の都市と半世紀後の現代の都市は根本的にそのありかたが異なるだろう。磯崎はかつての都市を大都市"Metropolis"と呼び、二一世紀の都市を超都市"Hyper Village"と区別して呼んでいる。

> 超都市は、崩壊・融解した大都市の後始末からはじめざるを得ない。すなわち幻影の廃墟から、その一切は開始されるのである。さし当り、私たちの眼前には都市文化と呼ばれたものの瓦礫が山積みになっ

ている。二〇世紀のはじめも、二〇世紀の中期も、それをより分けることから都市的思考ははじめられた。いま次の位相でやはり同じ仕分けをやることになるだろう。相変わらず「未来都市は廃墟」なのだから★一六。

半世紀前に既にその限界が指摘されていた近代都市計画がいまさら機能するとは思えない。都市のリアリティをいかに拾い上げるか。そこで磯崎が問うていることにはかつての課題からの連続が見えるのだが、かつてよりもさらに都市のミクロな変化への関心が強くなっているようだ。都市の大枠を決めるような大構造をなすインフラ構築は世界中どこでも同じように進められているが、それでも都市の実際の姿はそれぞれ違う。巨大インフラのような大構造がむしろ背景に退き、微細なミクロの都市活動が都市のキャラクターを生成している。この背景にいかなるミクロとマクロの相互作用の回路があるのか。一人のマスタープランナーがすべてをオーガナイズするのではなく、継起的に建築家がプロジェクトを引き継ぐ実験(「海市」展)、あるいはワークショップやシミュレーション、そしてそこから見えてくる自己生成性の実験(「都市ソラリス」展)、総じてアノニマス化する決定構造の都市における現象が試行された。

磯崎の現代都市への関心の中心はおそらく、ネットワークの技術革新にともなうコミュニケーションの変化とそれが社会のさまざまな面に波及した変調、そして政治の論理と資本の論理の交錯のグローバリゼーションにともなう変化が、都市の現在になにをもたらしているか掴むことにある。建築家あるいは都市デザイナーはいかにそれに対して主体的に関わることができるのか、そこに手掛りを得ないかぎり、建築も建築家も一種のブランド商品として消費されるだけの存在となるからだ。いわゆるスター・アーキテクトと呼ばれる存在は、「都市、国家、そして〈様式〉を問う」に言うところの商品の様式そのものである。建築の自律性の水準を一貫して求める磯崎は、こうした傾向への抵抗のよすがを現代都市に見定めた。いまや都市に介入しないかぎり、建築は商品の論理に絡めとられるほかない。

## アーキテクトとは誰か

だから「アーキテクトとは誰か?」と磯崎はあらためて問う。かつて建築家と名乗ることを忌避し、「都市デザイナー」と名乗った磯崎だったが、「都市デザイナー」とはつまるところ「アーキテクト」だったのだ。

元来、アーキテクトは社会の客観的な論理に従ったが如くにみせかけ、同調したとみせながら、対抗したり、不条理を押し切って骰を擲ってきたのではなかったか。アーキテクトがなす行為はアーティストの身振りに見えながら、常に政治的決定だった。さもなくば非政治的決定という政治的選択に過ぎなかった。そこでデミウルゴス(制作者)の背負わされるのは政治的責任である。すべてがコンピューターで自動制御されているとき、核戦争を開始するボタンを押すのは政治家である。「見えない都市」で「都市の設計は、まったくボタン戦争のメカニズムに似ている」と書いたときには、アーキテクトが都市のコントロールルームにいることになるだろうと思ったのに、いまでは、大統領が中枢のアーキテクトたちを従えてホワイト・ハウスのシチュエーション・ルームにたむろし、地球の反対側の暗闇で暗殺者たちの赤外線ゴーグルの送る映像をライブでみながら指揮している。そのアクションの決定を下したのは大統領である。彼がアーキテクトである★一七。

---

アーキテクトとは切断の主体である。彼がプロセスを切断し、再起動させる。しかし彼はどこにいるか。グローバリゼーションのなかで、建築家が商品の論理に絡めとられ、その波間に漂うときに、彼はもはやプロセスに抵抗することはなく、したがって彼はアーキテクトではないし、そもそも自律性など意識する必要はない。だが彼が切断の主体であるなら、かれはプロセスの外部に視点を確保し、プロセスの流れを感知しながら、その澱みと急流に介入するだろう。むしろそもそも、プロセスとは都市のことだったのではないだろうか。切れ目のないプロセスとは同時にとめどなく広がる「見えない都市」だったのだ。グローバリゼーションが空間的な領域の拡張、地球規模の一元化を意味するかぎり、その主体たろうとする意思には途方もない誇大妄想の気配があるかもしれない。しかし「決定」がいつでも上から来るというものでもないこともまた現代の事実ではないだろうか。その暗殺された男は、その少し前にはどこかの洞窟にひそみ、そこから指令を下してマンハッタンの虚像を狙っていたのだから。

「建築=都市=国家」を見据えていた丹下を磯崎は「〈建築〉の化身」と讃えた。アーキテクトとは誰か?と

DOMUS［撮影：鈴木久雄］

問うたとき、まさに丹下がアーキテクトだったあの頃のことを磯崎は思い出していたに違いない。国家が背景化して、グローバリゼーションがせり出して来たとすれば、「建築=都市=国家」の二一世紀ヴァージョンはさしずめ「建築=都市=グローバリゼーション」となるだろうか。今世紀に入ってからの磯崎の活動をここまで追跡してきた我々には、それこそがまさに彼がいま見据えていることではないか、と思い当たるのである。

［註］

★一――「解説」、『磯崎新建築論集三 手法論の射程』岩波書店、二〇一三。

★二――この分極的な構図に関しては拙稿「多数なる建築家」『建築雑誌』二〇一三年一一月号参照。

★三――「弔辞　丹下健三先生」。

★四――締帯「日本近代建築史再考―虚構の崩壊」『新建築』特別増刊号、一九七五。

★五――「縄文的なるもの」白井晟一。

★六――『芸術新潮』新潮社、二〇一三年八月号に掲載。なお記事中に静岡の市街地模型を「新宿計画」の土台として用いた旨の記述があるがこれは記憶違いと思われる。村井修撮影の「渋谷計画」模型には静岡市中心部再開発計画の街区模型が写っている。

★七――岸和朗、北山恒、内藤廣『建築の終わり』(TOTO出版、二〇〇三)、一八頁。北山恒発言。

★八――同上、二四頁。岸和朗発言。

★九――同上、三八頁。内藤廣発言。

★一〇――磯崎新「手法論」、『手法が』(美術出版社、一九八四)、四三頁。

★一一――槇文彦「平和な時代の野武士達」(『新建築』一九七九年一〇月号)。

★一二――石山修武「更なる違反へ」(『手法が』『建築の修辞』書評『新建築』一九七九年七月号)。

★一三――磯崎新「ラジカリズムとアマチュアリズム」、『建築のパフォーマンス』(Parco出版、一九八五)、一四一頁。

★一四――同「都市、国家、そして〈様式〉を問う」、前掲書、二八頁。

★一五――同「水戸芸術館への注釈」、『《建築》という形式Ｉ』(新建築社、一九九〇)、一四一頁。

★一六――同「都市の類型」、『磯崎新建築論集二』(岩波書店、二〇一三)、二四八頁。

★一七――同「反回想六 ユートピアはどこへ」『磯崎新建築論集六』(岩波書店、二〇一三)、p. xiii。

# あとがき

磯崎新

対談・座談・インタヴューなどと題した本を私は何冊も出版した。

さまざまな相手と対話し、討議した。もっぱら私の関心を持つテーマについて聞いた。討議の過程で次のテーマを見つけ、移動して、違うテーマの討議をする。私はそんな流れのなかに身を置いて、流向や流速を整える媒体の役をすればいいと考えていた。

Any会議などが終り世紀も変わった頃、9・11が発生、世界の文化情況も変化した。グローバル／ドメスティック、つまり外／内の二分法で議論できていた枠組みが、環球ネットと地政学的不均衡を配慮せねばならなくなった。ひとつの問題構制にしぼり込むような討議ができにくくなったのである。

列島内の建築界事情にしぼってみると、メディアは散乱する情報をそのまま伝達するのが精一杯で、これを選別し清明な声を聞き分ける程の余裕もなくなり、ひたすら量だけが増大し、噪音になりついにホワイト・ノイズ状態になる。過飽和（ハイパー）してしまった。

前世紀後半では「巨大数」に対応できる手段を見出せばこの事態に対処するイメージが見出せる

と考えて、数々の対談にのぞんでいたけれど、9・11以後世紀が変わってからは環球は高速の乱流でおおわれ、それがときには竜巻や津波になる。真正面に立ち向かえば溺れる。やりすごして、後に残る沈殿物からせめて棲息可能な〈しま〉をつくる。こんな対処を語りはしたが、有効な手段を探すいとまもないうちに列島は3・11にリアルな津波をかぶる。

『10+1』誌の編集をし、列島の建築メディアで独自に清明な声をさがしつづけていた荻原富雄さんと日埜直彦さんにより間歇的に、私はインタヴューされた。最初はその都度のトピックスにからんで昔話を聞かれているのだと考えていた。そのうち、活字印刷された『10+1』はネットに移った。私はネットを直接見ることはしない。プリントアウトされた活字は見る。つまり、現代の情報交換網から脱落している。発信すべきメモリーはときに白濁している記憶と、まだ動いている身体の癖のなかに残っているとしても、これは作動しているネットワークには接続していない。まだ人並みに会話しているけれど、声のとどく範囲であって、情報にはならない。社会的情報端末にとっては死に体になっているというしかない。荻原さん・日埜さんのインタヴューはその後も続いた。死蔵されたまんまになっている私の個人的メモリーを今日のチャンネルに適合するように再編しながら取り出してくれているのだ、と私は理解した。

言説を共有する世代はかつては三〇歳ぐらいの年齢差によって変わるといわれていた。今日では社会的変動の速度が上がり二〇歳ぐらいに縮まったと思われる。私の個人的な気分からすると、後段の区切りを採りたい。つまり、二〇歳上下の年齢差の人々が考えていること、その背景となる社会事情はおよそ見当がつく。考えている内容の推定ができる。組み立てられた言説の根拠も理解し共有もしている。建築家でいえばコンペティティヴである。ところが、それ以上年齢が離れると、建築家としてやっている内容は理解できても彼、彼女たちは、おそらく私と異なる根拠に基づいているに違いないと思える節が必ず見つかる。思考形式を各自がつくりあげていたときに異なった体験をし、異なった時代の気分を身体化しているためである。

日埜さんは私と同じく建築家である。世代計算すると二世代以上離れている。同じく日本国籍を持ち、日本語を語っているが、私がかつて『建築の解体』で世界の各地で私の同世代の建築家たちの仕事や言説を紹介した相手と比べると世代的にはるかに離れている。ハンス・ホラインやピーター・クックやピーター・アイゼンマンは、それぞれ個性はまったく違っても私は日埜さんたちの世代と比較してはるかに身近に感じる。それぞれ理屈は言っても、まとめてアナログの世代として共通している。

個人的に、世界、少なくとも建築はデジタル化するだろうと一九七〇年代頃に予測した。それに向けてのプロジェクトを組んだりした。すべてがアンビルトになった。世界はその二〇年後の一九九〇年頃にはもうデジタル化の徴候が見えた。それが思考方式となり始めた。日埜さんの世代はデジタルのネットワークのなかで思考を開始したと思われる。ここでまとめられたインタヴューを受けているとき、私が戸惑いながらもエキサイトしたのは、日埜さんの問いかけがデジタル的思考を根拠にしてなされている節々だった。私はこれにアナログ的思考を介して応答することにしている。こんなズレが白濁している私の記憶を整序し、配列しなおしてくれた。ぼんやりしていたかつての記憶が、かつての姿とちがう言葉になったりしてもいる。

アナログ的であることは、今日ではアナクロでもある。日埜さんは注意深くそんな退行する思考にはまることを避けている。だが建築家として、いわゆるポストモダン情況ともべったり付き合ってきた私は、ときにアナクロニックにみえる仕事を楽しんだりした。伊香保の《ハラ・ミュージアムARK・観海庵》(一九八七/二〇〇八)は木構法を、ラ・コルーニャの《DOMUS》(一九九五)は組石構法で、《砂漠の寝所(オブスキュアード・ホライゾン)》(二〇一〇)はセルフメイド。できるかぎり、プロフェッショナルに見えない工夫をした。私が言説のレヴェルで語ろうとしたのはひたすら虚像化したテーマパークのような超都市（ハイパー・ヴィレッジ）にかかわる諸要因なのだけれど、列島の固有性を語る段になると「もどき」や「やつし」や「ひ」を言ったりしている。本人はそれを分裂思考だとしか言えなかったが、日埜さんの数々の問いの過程で、アナログ的／デジタル的と、私の内部ではなく外部の世界がシフトしていく、その情況こそが分裂を惹起していたことをあらためて確認することになった。それは日埜さんがデジタル世代でありその核心から思考しながらも、アナログ世代のアナクロ思考を理解しているという幅のひろさを持っていることによると思える。つけ加えておきたいのは、岩波書店から私の著作集（八巻）が出版され、そのうちのひとつの巻の編集・解説を日埜さんにお願いした。この企画の素案のアイディアは、ここでまとめられたインタヴューが進行している途中のことであった。通常の論集とはまったく異なった編成を考えたのは、この過程でホワイト・ノイズのように混濁していた五〇年間の私の思考を切り分ける手がかりが見えたことであった。あらためて一〇年余りに及ぶ荻原さん・日埜さんの途切れなかった作業に感謝したい。

**二〇一四年七月一〇日**

# 人名・事項索引

## き



## く



## け



## こ



## さ



## し

**磯崎 新**（いそざき・あらた）

一九三一年大分県生まれ。一九六一年東京大学数物系大学院建築学博士課程修了。磯崎新アトリエ主宰。作品に《旧大分県立図書館》（一九六六、現アートプラザ）、《群馬県立近代美術館》（一九七四）、《つくばセンタービル》（一九八三）、《ロサンゼルス現代美術館》（一九八六）、《水戸芸術館》（一九九〇）、《ティーム・ディズニー・ビルディング》（一九九一）、《ラ・コルーニャ人間科学館》（一九九五）《山口情報芸術センター》（二〇〇三）、《オブスキュアド・ホライズン》（二〇一〇）など多数。建築家としての活動と並行して、「日本の時空間—間—」展（一九七八—一九七九）をキュレーション。また、ヴェネツィア・ビエンナーレ建築展日本館展示「亀裂」（一九九六）、「少女都市」（二〇〇〇）、「漢字文化圏における建築言語の生成」（二〇〇二）のコミッショナーを務める。著書に『磯崎新建築論集』（全八巻、岩波書店、二〇一三〜）の他に、浅田彰との共著『ビルディングの終わり、アーキテクチュアの始まり——10 years after Any』（鹿島出版会、二〇一〇）、『Anyシリーズ』（全一〇冊、NTT出版、一九九四〜二〇〇七）などがある。

**日埜直彦**（ひの・なおひこ）

一九七一年茨城県生まれ。大阪大学工学部建築工学科卒業。建築設計事務所勤務を経て二〇〇二年、日埜建築設計事務所設立。二〇〇八年、二〇一一年、二〇一四年の横浜トリエンナーレなど展示空間の設計を多く手がける。二〇一〇年、国際交流基金海外巡回展 Struggling Cities:from Japanese Urban Projects in the 1960s をキュレーション。編著に『手法論の射程——形式の自動生成（磯崎新建築論集 第3巻）』（岩波書店、二〇一三）、『白熱講義 これからの日本に都市計画は必要ですか』（学芸出版社、二〇一四）など。

# 磯崎新インタヴューズ

発行日……2014年8月30日 初版発行

著者……磯崎 新＋日埜直彦

発行者……坂村 格

発行所……LIXIL出版
〒104-0031
東京都中央区京橋3-6-18
電話03-5250-6571
http://www1.lixil.co.jp/publish/

印刷・製本……昭和情報プロセス株式会社

編集制作……メディア・デザイン研究所
協力｜横田紀子｜millegraph｜神谷彬大

ブックデザイン……鈴木一誌

DTPオペレーション……村上 和

ISBN978-4-86480-011-2 C0052 ¥3500E